高等职业教育系列教材

商务谈判与礼仪

第2版

主　编　左显兰

副主编　陈　玲　潘晓霞　钟小红

参　编　范明华　李　歆　郑　了　符建利

机械工业出版社

本书以谈判业务流程为主线，穿插基本的礼仪操作项目。具体包括商务人员形象设计、商务谈判准备、商务谈判开局、商务谈判实质磋商、商务谈判结束、商务谈判技巧应用、商务谈判礼仪方案设计、跨文化商务谈判、综合模拟谈判实训九个项目。

每个项目都以"项目导入"开始，介绍本项目应该具备的知识目标和能力目标，然后进行"任务分解"，让读者在任务驱动下进行学习。每一任务的编写，首先给出"操作步骤及分析"，其次是"案例分析"，再次是"实践训练"，最后是"课后训练"。这样的编排体系，充分体现了"基于工作过程系统化的项目导向、任务驱动、教学做一体化"的课程改革理念。本书内容通俗易懂、案例丰富，具有很强的实践性和操作性。

本书可供高职高专国际贸易、国际商务、国际物流、报关与国际货运、电子商务、市场营销、工商管理等专业作为教材，也可供政府机构、经济贸易部门作为培训教材，还可供工商管理人员、营销人员参考。

图书在版编目（CIP）数据

商务谈判与礼仪/左显兰主编．—2版．—北京：机械工业出版社，2018.4（2025.1重印）
高等职业教育系列教材
ISBN 978-7-111-59376-8

Ⅰ．①商… Ⅱ．①左… Ⅲ．①商务谈判—高等职业教育—教材
②商务—礼仪—高等职业教育—教材　Ⅳ．①F715.4　②F718

中国版本图书馆CIP数据核字（2018）第047834号

机械工业出版社（北京市百万庄大街22号　邮政编码100037）
策划编辑：孔文梅　　　　　责任编辑：张潇杰　杨晓昱
责任校对：肖　琳　樊钟英　封面设计：鞠　杨
责任印制：常天培
北京机工印刷厂有限公司印刷
2025年1月第2版第11次印刷
184mm×260mm・20印张・461千字
标准书号：ISBN 978-7-111-59376-8
定价：46.50元

电话服务　　　　　　　　　　网络服务
客服电话：010-88361066　　　机　工　官　网：www.cmpbook.com
　　　　　010-88379833　　　机　工　官　博：weibo.com/cmp1952
　　　　　010-68326294　　　金　书　网：www.golden-book.com
封底无防伪标均为盗版　　　机工教育服务网：www.cmpedu.com

前 言

教育部教高[2006]16号文件《关于全面提高高等职业教育教学质量的若干意见》明确提出：加大课程建设与改革的力度，改革教学方法和手段，融"教、学、做"为一体，强化学生能力的培养；大力推行工学结合、项目导向、任务驱动等有利于增强学生能力的教学模式；加强教材建设，与行业企业共同开发紧密结合生产实际的实训教材，并确保优质教材进课堂等。根据这一文件精神，我们编写了本书。

"商务谈判与礼仪"是高职高专国际贸易、国际商务、国际物流、报关与国际货运、电子商务、市场营销、工商管理等专业的必修课之一。知礼仪、善谈判，是现代商务人必备的素养和能力。

本书以谈判业务流程为主线，穿插基本的礼仪操作项目。具体包括商务人员形象设计、商务谈判准备、商务谈判开局、商务谈判实质磋商、商务谈判结束、商务谈判技巧应用、商务谈判礼仪方案设计、跨文化商务谈判、综合模拟谈判实训九个项目。

每个项目都以"项目导入"开始，介绍本项目应该具备的知识目标和能力目标，然后进行"任务分解"，让读者在任务驱动下进行学习。每一任务的编写，首先给出"操作步骤及分析"，其次是"案例分析"，再次是"实践训练"，最后是"课后训练"。这样的编排体系，充分体现了"基于工作过程系统化的项目导向、任务驱动、教学做一体化"的课程改革理念。

本书由宁波城市职业技术学院左显兰副教授担任主编，安徽财经大学的陈玲、宁波城市职业技术学院的潘晓霞、荆楚理工大学的钟小红担任副主编，宁波城市职业技术学院的范明华、李歆、郑了、符建利参与了本书的编写。具体编写分工如下：项目一由李歆编写；项目二和项目七由左显兰编写；项目三和项目九由潘晓霞编写；项目四和项目五由范明华编写；项目六由郑了编写；项目八由钟小红、符建利编写。

本书于 2014 年出版,经过 4 年的使用,一些同仁给我们提供了很好的反馈意见。根据这些反馈意见,我们对教材进行了修订,其中陈玲重点对项目三和项目四进行了修订,左显兰重点对项目二、项目五和项目六进行了修订。

　　本书在编写和修订的过程中,参考了大量相关文献,我们对这些文献的原创者表示真诚的感谢。由于编者学识、经验的局限,书中难免有不当之处,真诚希望广大读者提出宝贵意见。

　　为方便教学,本书配备了电子课件等教学资源。凡选用本书作为教材的教师均可登录机械工业出版社教育服务网 www.cmpedu.com 免费下载。如有问题请致电 010-88379375,QQ:945379158。

编　者

目　录

前言

项目一　商务人员形象设计 / 001
　　任务一　商务人员服饰设计 / 002
　　任务二　商务人员仪容设计 / 021
　　任务三　商务人员仪态设计 / 030

项目二　商务谈判准备 / 050
　　任务一　组建商务谈判团队 / 051
　　任务二　收集商务谈判资料 / 062
　　任务三　制订商务谈判方案 / 069

项目三　商务谈判开局 / 083
　　任务一　营造谈判气氛 / 084
　　任务二　实施开局步骤 / 096
　　任务三　开局策略应用 / 103
　　任务四　报价策略应用 / 112
　　任务五　价格解释与评论 / 123

项目四　商务谈判实质磋商 / 133
　　任务一　讨价还价 / 133
　　任务二　实施让步 / 143
　　任务三　僵局处理 / 150
　　任务四　磋商策略应用 / 165

项目五　商务谈判结束 / 184
　　任务一　商务谈判结束时机和方式的选择 / 185
　　任务二　谈判结束阶段策略的应用 / 191

项目六　商务谈判技巧应用／203

- 任务一　提问技巧的应用／204
- 任务二　应答技巧的应用／211
- 任务三　倾听技巧的应用／216
- 任务四　说服技巧的应用／223
- 任务五　叙述技巧的应用／231
- 任务六　示范技巧的应用／234
- 任务七　电话洽谈技巧的应用／238

项目七　商务谈判礼仪方案设计／244

- 任务一　商务迎送礼仪方案设计／244
- 任务二　商务宴请礼仪方案设计／252
- 任务三　商务洽谈礼仪方案设计／262

项目八　跨文化商务谈判／273

- 任务一　跨文化商务谈判中的语言沟通／274
- 任务二　去国外商务谈判须知／281
- 任务三　世界主要国家的商务谈判风格／291

项目九　综合模拟谈判实训／299

参考文献／311

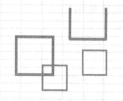

项目一
商务人员形象设计

 **项目导入**

小张的困惑

小张是一家公司的业务员,口头表达能力不错,对公司的业务流程很熟悉,对公司的产品及服务的介绍也很得体,给人感觉朴实又勤快,在业务人员中学历是最高的,可是他的业绩总是上不去。

小张自己非常着急,却不知道问题出在哪里。小张从小有着大大咧咧的性格,不修边幅,头发经常是乱蓬蓬的,双手指甲长长的也不修剪,身上的白衬衣常常皱巴巴的并且已经变色,他喜欢吃大饼卷大葱,吃完后却不知道除异味。小张的大大咧咧能被生活中的朋友所包容,但在工作中常常过不了与客户接洽的第一关。

其实小张的这种形象在与客户接触的第一时间就已经给人留下不好的印象,让人觉得他是一个对工作不认真,没有责任感的人,通常很难有机会和客户作进一步的交往,更不用说成功地承接业务了。

首轮效应:30秒决定第一印象!

一个人的仪表在社会交往过程中是构成第一印象的主要因素,你的仪容仪表会影响别人对你的专业能力和任职资格的判断。

商务人员个人形象设计得体,不仅是个人工作风貌和工作态度的体现,而且有助于提高企业形象和商务交往的成功率。世界著名公关大师说过:在世人眼里,每名商务人员的个人形象如同他所在单位生产的产品、所提供的服务一样重要,因为他不仅真实地反映商务人员本人的教养、阅历、职业能力,而且准确体现了所在单位的管理水平和服务质量。本项目你要完成以下几种典型的商务活动礼仪方案设计:①商务人员服饰设计;②商务人员仪容设计;③商务人员仪态设计。

▶ **知识目标**

1. 掌握商务人员的服饰规范;
2. 了解商务人员的仪容要求;
3. 掌握商务人员的仪态规范。

▶ **能力目标**

1. 能按照商务人员服饰礼仪进行穿着;

2. 能按照商务人员仪容要求进行个人妆容修饰；
3. 能根据商务人员的仪态要求进行举止训练。

任务分解

任务一　商务人员服饰设计
任务二　商务人员仪容设计
任务三　商务人员仪态设计

任务一　商务人员服饰设计

> 一个人其实就是服装！
> ——范思哲
>
> 西方的服装设计大师认为："服装不能造出完人，但是第一印象的80%来自于着装。"世界知名的服装心理学家高莱说："着装是自我的镜子。"

美国有关部门曾做了一个试验：让一个人到100家公司洽谈业务，到前50家时，他的衣冠不整，不修边幅，结果只有20%的公司勉强接待了他；到后50家时，他注重了自己的服饰，西装、领带、皮鞋穿戴合体、适宜，结果80%的公司热情接待了他，同一个人遇到了不同的结果。可见服饰是一个人在现代生活中尤其是商务活动中非常重要的一个部分。因此，我们有必要专门来谈谈商务人员服饰设计。

服装是一种无声的语言，在人与人的交流中，服饰给人留下的印象是深刻、鲜明的，一个商务人员的服饰是否得体，不仅反映了他的审美情趣和修养，同时也反映了对他人的态度，因此应谨慎对待。

对商务人员而言，个人服饰是个人教养和阅历的最佳写照。一个人对交往对象是否尊重，对场合是否关注和重视，表现在选择搭配是否到位，是否能给别人和谐美感。

 操作步骤及分析

商务着装礼仪是成功人士设计形象即外表塑造的重要内容，涉及方方面面。以下几个方面是必须考虑的。

> 见人不可不饰。不饰无貌，无貌不敬，不敬无礼，无礼不立。
> ——孔子

服饰是非言语交流的主要媒介，反映了一个人的社会地位、身份、职业、收入、爱好，甚至可以反映一个人的文化素养、个性和审美品位。

一、商务人员职业着装基本原则

得体的穿着，不仅可以使人显得更加美丽，还可以体现出一个现代文明人良好的修养和独到的品位。作为一个成功的职场人，必须掌握以下职业着装的基本原则。

1. 场合原则

场合原则即穿着要与场合气氛相和谐。工作场合的着装，要求与职业相协调；社交场合的着装，应该根据所处场合气氛的变化来选择服饰。

出席正式场合（宴会、正式会见、招待会、婚丧礼、晚间的社交活动），衣着应庄重考究，必须穿深色西装，穿白色衬衫，佩戴有规则花纹或图案的领带，颜色对比不宜太强烈。在半正式场合（上班、午宴、一般性访问、高级会议和白天举行的较隆重活动）可以穿中等色、浅色或较明快的深色西装，可穿素净、文雅、与西服颜色协调的衬衫，佩戴有规则花纹或是素雅的单色领带。而在非正式场合（旅游、访友等）穿着可较为轻便、舒适、自由，可选择色调明朗轻快、花型华美的西装，衬衫可任意搭配，领带也可自由搭配。试想一下，如果大家都穿便装，你却穿礼服就不适宜。同样的，如果以便装出席正式宴会，不但是对宴会主人的不尊重，也会令自己尴尬。

2. 时间原则

时间原则即穿着要应时，一般包含三个含义：一是指每天的日间和晚上的变化；二是指每年的春、夏、秋、冬四季的不同；三是指时代的差异。在不同的时间里，着装的类别、式样、造型应有所变化。例如，冬天要穿保暖、御寒的冬装，夏天要穿通气、吸汗、凉爽的夏装。白天穿的衣服需要面对他人，应当合身、严谨；晚上睡觉时穿的衣服不为外人所见，应当舒适、随意等。

不同时段的着装规则对女士尤其重要。男士有一套质地上乘的深色西装或中山装足以包打天下，而女士的着装则要随时间而变换。白天工作时，女士应穿着正式套装，以体现专业性；晚上出席鸡尾酒会就须多加一些修饰，如换一双高跟鞋，戴上有光泽的佩饰，围一条漂亮的丝巾。服装的选择还要适合季节气候特点，保持与潮流大势同步。

3. 地点原则

地点原则即穿着要因地制宜。在不同的地点，着装的款式理当有所不同，切不能以不变应万变。例如，穿泳装出现在海滨、浴场，是人们司空见惯的，但若是穿着泳装去上班、逛街，则定会令人瞠目结舌。在中国或欧美国家，一位少女只要愿意，随时可以穿小背心、超短裙；但她若是以这身打扮出现在着装保守的阿拉伯国家，就有些不尊重当地人了。

在自己家里接待客人，可以穿着舒适但整洁的休闲服；如果是去公司或单位拜访，穿职业套装会显得专业。外出时要顾及当地的传统和风俗习惯，如去教堂或寺庙等场所，不能穿过露或过短的服装。

4. 角色原则

人们的社会生活是多方面、多层次的，人们经常在不同的社会场合扮演不同的社会角色。在社会活动中，人们的仪表、言行必须符合他的身份、地位、社会角色，才能被人理解、被人接受。例如，一位成功人士以蓬头垢面、破衣烂衫的形象出现在众人面前，就很难让人相信他的经济实力。因此，得体的着装可以满足他人对自己社会角色的期待，促成社交的成功。

场合与着装

1983年6月，美国总统里根初访欧洲四国时，由于在庄重严肃的正式外交场合没有穿黑色礼服，而穿了一套花格西装，引起了西方舆论一片哗然。有的新闻媒体批评里根不严肃、缺乏责任感，与其演艺生涯有关；而有的新闻媒体甚至评论里根自恃大国首脑，没有给予欧洲伙伴应有的尊重和重视。里根的出访受到了这件花格西装严重的影响，无论怎么解释都无济于事。

5．整洁平整

无论是商务场合的正装，还是休闲场合的便服，均应以整齐、洁净为原则。例如，衣服不能沾有污渍，尤其要注意衣领和袖口处；衣服不能有脱线的地方，更不能有破洞；衣服的扣子等配件应齐全等。再新款的时装若不整洁，也将大大影响穿着者的仪表。

服装并非一定要高档华贵，但须保持清洁，并熨烫平整，这样穿起来就能大方得体，显得精神焕发。整洁并不完全为了自己，更是尊重他人的需要，这是良好仪态的第一要务。

6．整体性原则

培根说："美不在部分而在整体。"孤立地看一个事物的各个部分可能不美，但就整体看却可能显得很美。着装同样也是如此，服装颜色、质地、款式、配件的和谐搭配才能起到修饰形体、容貌等作用，与个人浑然一体，真正达到整体美。

（1）色彩技巧　不同色彩会给人不同的感受，如深色或冷色调的服装让人产生视觉上的收缩感，显得庄重严肃；而浅色或暖色调的服装会有扩张感，使人显得轻松活泼。因此，可以根据不同需要进行选择和搭配。

（2）配套齐全　除了主体衣服之外，鞋袜手套等的搭配也要多加考究。如袜子以透明近似肤色或与服装颜色协调为好，带有大花纹的袜子不能登大雅之堂。正式、庄重的场合不宜穿凉鞋或靴子，黑色皮鞋是适用最广的，可以和任何服装相配。

（3）饰物点缀　巧妙地佩戴饰品能够起到画龙点睛的作用。但是佩戴的饰品不宜过多，否则会分散对方的注意力。佩戴饰品时，应尽量选择同一色系。佩戴首饰最关键的就是要与你的整体服饰搭配统一起来。

7．个性化原则

着装的个性化原则，主要指依个人的性格、年龄、身材、爱好、职业等要素着装，力求反映一个人的个性特征。选择服装因人而异，其重点在于扬长避短，显现独特的个性魅力和最佳风貌。现代人的服饰呈现出越来越强的表现个性的趋势。

二、不同场合的着装搭配

（一）礼服

传统的西方礼服有大礼服、小礼服、晨礼服之分。大礼服也称燕尾服，由黑色或白色衣料做成，背后裁剪得像燕子的尾巴。大礼服是夜晚的正式礼服，如授勋仪式、诺贝尔奖授奖仪式等场合穿燕尾服。小礼服也称晚餐服或便礼服，一般是参加晚6点以后举行的晚宴、音乐会、剧院演出等活动穿着的礼服。小礼服的配饰是领结而不是领带。晨礼服则为白天参加典礼、星期日教堂礼拜的着装。女士礼服可分为大礼服、小礼服和长礼服，使用场合与男士的传统礼服相对应。女士礼服特点是日间密实，夜间露肤。

近些年，大多数国家在礼服方面日趋简化，男士均可以质料上好的深色西装作为礼服。而在中国，服装没有严格的礼服、便服之分，在正式场合男士不用穿礼服，可以穿正规西装、中山装、唐装等，颜色可多样，与身体和谐，要适合自己。女士则按季节和场合不同，以西装套裙、民族服装、旗袍或连衣裙等作为礼服。

（二）职业装

1. 男士西装

西装在欧洲已有一百多年的历史，清朝末年传入中国。西装造型优美，做工讲究。合体的西装能体现男士的风度。西装实用性强，四季皆宜，已被绝大多数人所接受，如图1-1所示。

2. 女士的职业套装

女式职业套装与男式的西装相对应，比男士西装更具多样性，但是有些规则是所有女性都必须遵守的，每个女性都要树立一种最能体现自己个性和品位的风格。女性职业套装由四个部分组成：西服、西裤、衬衫和套裙。正规来说，女式套装的下装应该是裙装，如图1-2所示。在西方社会，正统正规的女式职业装一定是以裙装为主的。某些比较传统的人甚至认为，只有裙装才是真正意义上的套装搭配。因此，套装也被称之为"套裙"。但是，在现代社会，裤装也成为套装中的重要"伴侣"。职业女性着裤装也能很好地体现大方、优雅的气质。

图1-1 男士西装

图1-2 女士裙装

（三）便装

便装包括休闲服装、运动便装等。日常活动、外出旅游或休闲在家，着装可随便些，根据自己的特点、爱好去选择，但也要注意得体适度。随着生活水平和着装品位的提高，人们已逐步改变了那种休闲时穿旧的或松垮衣服的观念。

三、男士西装仪表礼仪

（一）国际上男士西装的分类、特点与适合人群

1. 美式西装

特点：基本轮廓特点是O型，即比较宽松，不太强调腰身，垫肩不是很明显，通常

是后面中间开一个衩，最明显的特征是单排扣，一般是两粒扣或三粒扣。

适合人群：适合稍微宽松的一些场合和身材高大魁伟的一些男人，特别是肥胖一些的男人。

2．意式西装（欧式西装）

特点：基本轮廓是倒梯形，实际上就是宽肩收腰。相比美式西装，意式西装更为严格和讲究，有特别夸张的垫肩，最明显的特征一般是双排扣、枪驳领，裤子是卷边的。

适合人群：意式西装和欧洲男人比较高大魁梧的身材相吻合，对人的身材比较挑剔，因为其上身偏长，身材过于矮小和身材比较肥胖的人不太适合这种款式。

3．英式西装

特点：英式西装是意式西装的一个变种。英式西装多是单排扣，领子较狭长，强调掐腰，肩部也经过特殊的处理，后面一般是双开的（骑马衩），还有一种衩是中间衩，有两粒扣的，但以三粒扣子居多。

适合人群：对身材方面不是特别挑剔，适合普通身形的人。

4．日式西装

特点：基本轮廓是H型，一般而言，多是单排扣，衣后不开衩。

适合人群：适合亚洲男人的身材——肩不特别宽，不高不壮。

（二）男士西装及配件

1．西装外套

西装有单件上装和套装之分。非正式场合，可穿单件上装配以各种西裤或牛仔裤等；半正式场合，应着套装，可视场合气氛在服装的色彩、图案选择上大胆些；正式场合，则必须穿颜色素雅的套装，以深色、单色为宜。

西装的肩宽应略宽于穿着者的实际肩宽，把男士标准的"倒三角"体型展现出来；胸围应以可着一件羊毛衣为标准；袖长以到手腕为宜，可把里面所穿着的衬衫袖子露出1～2厘米；西装的长度以盖住自己臀部的五分之四为佳。

西装有单排扣和双排扣之分。单排扣以两粒到三粒扣为主。单排扣西装是传统规范的式样，其扣法很有讲究：若是三粒扣子的只系中间一粒，两粒扣子的只系上面的一粒，或者全部不扣。双排扣西装比较庄重，一般要求将扣全部扣好。

西装外套的左胸袋，又称手帕兜，除了可插入一块用以装饰的真丝手帕外，不要再放其他任何东西，尤其不应当别钢笔、挂眼镜；西装上衣内侧的胸袋，可用来别钢笔、放钱夹或名片夹，但不要放过大或过厚的东西；西装裤子上两侧的口袋只能够放纸巾、钥匙包；其后侧的两只口袋大都不放任何东西。穿西装之前，西服袖口的商标牌应摘掉；西装要经常熨烫，保持平整挺括；穿套装必须穿皮鞋。

2．西装长裤（西裤）

穿着西裤要考虑两个因素：一是大小，二是长短。西裤大小的检测标准是将裤扣扣好，拉链拉好之后，一只手的五指并拢从腰间插进裤子，如刚好插进一个手掌，则表示合适；如能插进两个手掌，则太大；如一个手掌都不能伸进，则太小。西裤长短的检测标准是西裤穿上后，以裤脚前面接触脚背，后面达到皮鞋后帮的一半为佳。

3. 衬衣

搭配西装的衬衣，颜色应与西装颜色协调，在正式场合，一般选择棉质的白色衬衣。西装穿好后，衬衫领应高出西装领口 1～2 厘米，衬衫袖长应比西装上装衣袖长出 1～2 厘米。在正式场合，不管是否与西装合穿，长袖衬衫的下摆必须塞在西裤里，袖口必须扣上，不可翻起。系领带时衬衣领口扣子必须系好，不系领带时衬衣领口扣子应解开。图1-3 为各种样式的衬衣。

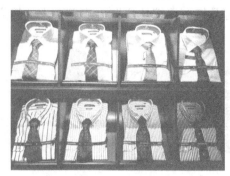

图 1-3 衬衣

衬衣的面料以高织精纺的纯棉纯毛制品为主，以棉、毛为主要成分的混纺衬衫亦可，绒布、水洗布、化纤、真丝、纯麻的不可。立领、翼领和异色领的衬衫，不适合与正装西装配套。领角有扣的衬衫即使不打领带也要扣上。

4. 领带

领带被称为"西装的灵魂"，是西装的重要装饰品，在西装的穿着中起画龙点睛的作用，是专属于男士的饰物，如图 1-4 所示。男士穿西装时，特别是穿西装套装时，不打领带往往会使西装黯然失色。一套同样的西装，只要经常更换不同的领带，往往也能给人以耳目一新的感觉。领带以丝质的为上乘，使用最多的花色品种是斜条图案领带，如图 1-5 所示。商务场合应该选择正规几何图形的领带，而不应该是花花草草、卡通图案等。

图 1-4 领带

图 1-5 斜条图案领带

5. 皮带

与西服相匹配的皮带的要求是皮质材料，光面，深色，带有钢质皮带扣，如图 1-6 所示。宽窄一般在 2.5 厘米左右，皮带的颜色应与鞋子和公文包的颜色统一。穿西装时，皮带上不要挂手机、钥匙等物品。

6. 鞋子

穿西装一定要穿皮鞋，并且以黑色的牛皮鞋最好，即便是夏天也应如此，鞋子是最能够反映出一个男人修养和品位的东西，如图1-7所示。正式的鞋子是黑色的、系带的、制式的皮鞋。不能穿旅游鞋、布鞋、凉鞋，否则显得不伦不类。和西装搭配的皮鞋最好是系带的、薄底素面的西装皮鞋，皮鞋的颜色要与服装颜色搭配，深色西装搭配黑色皮鞋，但是要注意棕色系列西装最好是搭配深棕色皮鞋。皮鞋要上油擦亮，不留灰尘和污迹。

图1-6 皮带

图1-7 鞋子

7. 袜子

穿西装皮鞋时，袜子的颜色要深于鞋的颜色，一般选择黑色，袜筒的长度要高及小腿并有一定弹性，袜口太短或松松垮垮的袜子，坐下来时会露出腿部皮肤或腿毛，不符合礼仪规范。特别强调的是，穿西装一定不能穿白色袜子。

8. 颜色搭配

考究的男人忌讳两天重复穿同一身衣服。因此，秋冬时节，男人至少要备上五套服装，五套中可以有成套西装，也可以有自由搭配的套装，但一定要协调。在五套服装里，有一套应是能出入一定场合所用的，既适于白天的活动，也适于晚上场合，颜色最好是深灰或深蓝。建议男士在选购衣服时，注意款式的传统性与质量。质量考究、式样传统的衣服会经久耐用，永不过时。西服，尤其是毛料的西服，穿过之后要使之"休息"，这会帮助布料延长寿命，而不用常去洗衣店清洗，最好是衣服穿过一天之后，挂入衣柜几天后再穿，衣柜最好能常通风。从传统上说，单排扣的西装，通常是白天的装束，可加西服背心或不加。而双排扣的西装，一般在下午才可以穿，适合参加鸡尾酒会或晚会，白天的西装最好配浅蓝色衬衫，晚间穿的西装若配上白色衬衫，会使人更显庄重，晚上穿的皮鞋以黑色为佳。面料上带花纹或格子图案的西装被看作休闲类的服装，灯芯绒布的西装也可视为同类，但又有高雅一面，建议每位白领男士的衣柜应备有一套羊绒或羊绒与其他纤维混纺的外套，既高雅又有休闲之感。至于春夏的服装，与秋冬的大同小异，不过就是布料薄、颜色浅一些。

9. 饰物

（1）公文包　与西装搭配的公文包是长方形公文包，面料以真皮为宜，并以牛皮、羊皮制品为最佳，如图1-8所示。颜色一般选择黑色或咖啡色，最好与皮鞋和皮带的颜色一致。造型要求简单大方，除商标之外，公文包在外观上不宜再带有任何图案和文字。再高级的运动包也不要和西装搭配使用，如果需要使用手提电脑，应选择专业的电脑包。

（2）手表　与西服相配的手表要选择造型简约、没有过多装饰、颜色比较保守、时钟标示清楚、表身比较平薄的商务款式，如图1-9所示。

图1-8　公文包

图1-9　手表

（三）不同场合的着装知识

1．正式场合的着装

出席正式场合（宴会、正式会见、招待会、婚丧礼、晚间的社交活动）必须穿深色西装，穿白色衬衫，佩戴有规则花纹或图案的领带，颜色对比不宜太强烈。

2．半正式场合的着装

半正式场合（上班、午宴、一般性访问、高级会议和白天举行的较隆重活动）可以穿浅色或较明快的深色西装，可穿素净、文雅、与西服颜色协调的衬衫，佩戴有规则花纹的或是素雅的单色领带。

3．非正式场合的着装

非正式场合（旅游、访友等）的穿着可较为随便自由，可选择色调明朗轻快、花型华美的西装，衬衫可任意搭配，领带也可自由搭配。

（四）西装扣子系法要领

1）常见的西装是双排扣，或者是单排扣，以两粒到三粒为主。

2）西装扣子可以不系，特别是单排扣的西装可以不系（在特别宽松的场合中，表达自己的潇洒和自如的时候，完全可以不系）。

3）如果要系的时候，两粒扣的西装，只系上面一粒，下面一粒不要系；三粒扣的西装，要么就系住中间的一粒，要么系住上面的两粒扣子。

4）各种款式的西装，最基本的原则就是下面的一个扣子永远是不系的，包括双排扣的西装。

5）马夹往往不扣最下面一粒纽扣。若扎领带的话，应置于马夹里面，注意领带尖不要露出。

（五）不同季节的着装要领

1．春季
春季万物复苏，欣欣向荣的气象张扬着轻松而温暖的心情。这一季的颜色可以是光谱中的任意一组，由冷色向暖色过渡是最常见的，如米黄、葱绿。面料质地以紧密、有弹性的精纺面料为主。搭配最好是协调的两件套加风衣。

2．夏季
夏季烈日骄阳，无处躲藏的炽热让我们渴望凉爽。中性色、白与黑的对比，纯质和明质相对弱些的颜色会受欢迎，如象牙黄、浅米灰。棉、麻、丝是这一季着装的首选面料。式样简单而裁剪恰当，做工精致的套装可以在工作时或晚会上穿。

3．秋季
秋季草木萧疏，满地黄叶堆积起沉甸甸的收获心情。由一组暖色面料构成的着装方式值得推荐，如咖啡色、芥末黄。秋季最能体现"整体着装"的方式，如两件套的套装、带有马夹的三件套装，或许再加上外套——潇洒的风衣。面料的选择可以多样化，蓬松的质地和柔软的材质值得考虑。

4．冬季
冬季寒极暖至，自然界的暗淡给我们创造展示色彩的机会，反季节的颜色同样会有吸引力。当然，常规的应该是藏蓝、深灰、姜黄、深紫、褐色。面料可以用羊毛、羊绒、驼绒为原料。

（六）西服质量的简易鉴别方法

消费者在购买服装时，受时间、条件因素的影响，只能采用简易鉴别法，在步骤上可分为"一量三看"，即量尺寸规格，看外形、质量，看内在做工，看原料疵病。

1．量尺寸规格
上衣主要测量衣长、胸围，高档服装可加量领长、袖长、总肩宽。裤子主要测量裤长、腰围、裤脚。将测量结果与成衣规格要求对比，看是否正确，每个部位公差在 ±1.5% 以内即可。

2．看外形质量
（1）上衣三步法　上衣的外形、质量分三步鉴别，目测前面、后面、侧面。

前面：看领头、驳头是否平服、端正；看前身胸部是否饱满圆顺，看袋的位置大小是否正确，袋与盖是否平服。

后面：看身后是否平整，肩胛骨部位是否宽舒；看后衩是否平服；看领圆是否平服。

侧面：看肩缝是否顺直；袖子应圆顺；看绱袖是否前后一致；看摆缝是否顺直。

（2）裤子三步法　裤子的外形质量也可分三步鉴别：平面、上部、立体。方法也是目测、尺量。

平面：先看外平面（即将挺缝对齐排平），看侧缝是否顺直；看侧缝袋是否服帖，袋势不外露；看裤脚是否服帖，大小一致，不吊兜；然后看里平面（即将一只裤脚拉起），检查下档缝是否对齐、顺直；看裤缝下档缝处是否吊起。

上部：看腰头是否平直；看褶裥、省缝是否对称；后袋是否服帖、整洁；看串袋小祥是否平服、位置是否准确；看门襟、里襟配合是否合适、圆顺。

立体：将裤子按穿着时的形状拎起，看前后裤缝是否圆顺，四个挺缝，裤片、裤缝是否平整。

3．看内在做工

主要检查针迹、手工、夹面和拼接。

4．看原料疵病

主要检查色差情况，表面疵点、倒顺毛、花纹及对格对花情况，表面污渍、变色情况，经纬斜度（布料的纹路）和底边反翘情况，以及虫蛀情况等。经过"一量三看"的简易鉴别方法基本可以确认一件服装的质量。熟练后"三看"可以合并一起进行，这是简单易行的好方法。

（七）西装上衣的种类及系扣的规矩

单排单扣：仅用于燕尾服。

单排两扣：18世纪用作猎装，19世纪中开始广泛流行。

单排三扣：双开衩（后身开两个衩）被视为最庄重最经典式，仅需系中间纽扣，或仅系上边扣。

正装休闲：四扣明兜，单开衩，被视为介于休闲及正装之间的款式。

（八）领带的花样

基本上，领带的花样可分为圆点、直条纹、格子、织花、立体花纹，各种活泼花样以及蝴蝶领结。

圆点：圆点越小，给人越正式的感觉。圆点大的领带使人较有精神。

织纹：针织的领带，通常是金或银的颜色，织成的结构就是领带的花样。

条纹：斜条纹的领带来自英国俱乐部以及军团制服所使用的花样。

（九）领带的保养方法

1）领带使用后，请立即解开领结，并轻轻从领口解开，因为用力拉扯表布及内衬，纤维极易断裂，造成永久的皱褶。

2）领带每次戴完，结口解开后，将领带对折平放或用领带架吊起来，并留意置放处是否平滑，以免刮伤领带。

3）开车系安全带时，勿将领带置于安全带内，以免产生皱褶。

4）领带戴完一次后，请隔几天再戴，并将领带置于潮湿的场所或喷少许水，使其皱褶处恢复原状后，再收至干燥处平放或吊立。

5）领带沾染污垢后，立即干洗。

6）处理领带结口皱褶，请用蒸气熨斗低温熨烫。水洗及高温熨烫容易造成变形而受损。

（十）男士最常用领带结法全图解

1．平结

平结为最多男士选用的领结打法之一，几乎适用于各种材质的领带，如图 1-10 所示。

要诀：领结下方所形成的凹洞需让两边均匀且对称。

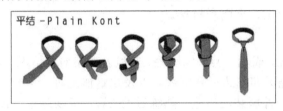

图 1-10　平结

2．交叉结

交叉结适合单色素雅且质料较薄的领带，对于喜欢展现流行感的男士不妨多使用"交叉结"，如图 1-11 所示。

图 1-11　交叉结

3．双环结

一条质地细致的领带再搭配上双环结颇能营造时尚感，适合年轻的上班族选用。该领结特色就是第一圈会稍露出于第二圈之外，可别刻意给盖住了，如图 1-12 所示。

图 1-12　双环结

4．温莎结

温莎结适合用于宽领型的衬衫，该领结应多往横向发展，应避免用于材质过厚的领带，领结也勿打得过大，如图 1-13 所示。

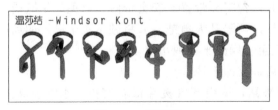

图 1-13　温莎结

5．双交叉结

这样的领结很容易让人有种高雅且隆重的感觉，适合正式活动场合选用。该领结应多运用在素色且丝质领带上，若搭配大翻领的衬衫不但适合且有种尊贵感，如图1-14所示。

图1-14　双交叉结

6．亚伯特王子结

该领结适用于浪漫扣领及尖领系列衬衫，搭配质料柔软的细款领带，正确打法是在宽边先预留较长的空间，并在绕第二圈时尽量贴合在一起即可完成这一完美结型，如图1-15所示。

7．四手结（单结）

四手结是所有领结中最容易上手的，适用于各种款式的浪漫系列衬衫及领带，如图1-16所示。

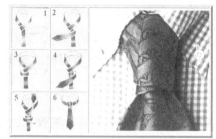

图1-15　亚伯特王子结　　　　　　图1-16　四手结

8．浪漫结

浪漫结是一种完美的结型，适合用于各种浪漫系列的领口及衬衫，完成后按压领结下方宽边的皱褶可缩小其结型，亦可将窄边往左右移动使其出现于宽边领带旁，如图1-17所示。

9．简式结（马车夫结）

简式结适用于质料较厚的领带，最适合搭配标准式及扣式领口的衬衫，将其宽边以180度由上往下翻转，并将折叠处隐藏于后方，待完成后可再调整其领带长度，如图1-18所示。

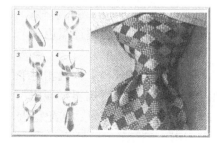 

图1-17　浪漫结　　　　　　　　　图1-18　简式结

四、女士套装仪表礼仪

女性的服装比男性更具个性的特色,合体、合意的服饰将增添女士的自信。商界女士在正式场合的着装以裙装为佳,而在裙式服装之中,套裙是名列首位的选择。

相对于偏于稳重单调的男士着装,女士们的着装则亮丽丰富得多。得体的穿着,不仅可以显得更加美丽,还可以体现出一个现代文明人良好的修养和独到的品位。

著名设计师韦斯特任德说:"职业套装更能显露女性高雅气质和独特魅力。"

(一)女式套装颜色的选择

在现代社会,对女性,尤其是职业女性来说,着装有着特殊的要求。无论你在生活中是个多么有个性、多么追求新潮、前卫、时尚的人,一旦到了职业场合,就必须按部就班地依照特有的规定来改变自己的着装风格。须知,不能将职业场合的自己与生活中的自己相混淆。否则你留给别人的印象就是不成熟、不稳重。

女性职业套装由四个部分组成:西服、西裤、衬衫和套裙。当然,这四件套是可以有选择地穿着。

在职场上,女士如果想要塑造专业、权威感强的职业形象,一定要选择具有"权威感"色彩的职业装。

1. 黑色

女士在职场上比男士更适合使用黑色。黑色让女士在展示权威感的同时,又不失时尚感。其"无彩色"特性,易于和各色衬衫、丝巾、首饰互相搭配;在服装面料质量欠佳时,具有最好的掩饰效果。

2. 深灰色

采用高档面料、制作精良的深灰色套装,最能够表现职业女性严谨、细致、优雅的一面。找到适合自己的深灰色,职业权威感一定会"脱颖而出"。深灰色的服装单品,也很容易和其他单品进行搭配组合。

3. 深蓝色

深蓝色是沉稳、冷静、智慧的最佳表现色,相对于黑色来说亲和力更强一些,是塑造专业权威感的基础用色之一。

4. 红色

红色是最热情的权威色,具有很强的吸引力和感染力,最容易让自己成为别人瞩目的焦点。因其具有喜庆意味和强势意味,所以使用时要注意把握分寸。另外,肤色偏暗的人不适合穿着红色。适合暖色的人要找偏黄的红色,适合冷色的人要找偏紫的红色等。

5. 深咖啡色

深咖啡色最能展示职业女性的成熟感——在这一点上有时甚至会超过黑色。

6. 米色

米色是暖色调的一种。这种颜色的套装容易给人轻快、阳光的感觉,而且相对于传统的套装颜色,米色会使人看上去比较有亲和力,肤色偏白的女性穿着会显得更加端庄、大方。

在现代商务环境中,对于套装的颜色要求,总的来说就是颜色庄重、搭配稳重、风格持重。

虽然现在套装的风格已经不再是整齐划一，职业女性也能在不同的场合彰显个性，但是端庄、稳重的原则始终没有变化。颜色过分耀眼、鲜艳，色彩过渡不和谐、过分跳跃，都是职业套装的禁忌。

（二）女士职业着装及配件

1．女士职业套裙的着装要领

1）正式的西服套裙，首先应注重面料，最佳面料是高品质的毛纺和亚麻，最佳的色彩是黑色、灰色、棕色、米色等单一色彩。

2）在正式的商务场合中，无论什么季节，正式的商务套装都必须是长袖的。

3）职业裙装的裙子应该长及膝盖，坐下时裙子会自然向上缩短，如果裙子缩上后离膝盖的长度超过 10 厘米，就表示这条裙子过短或过窄。

4）职业套裙最好与衬衣相配。

5）职位较低的女性即使有经济能力也不能穿比同性上级更好的品牌，这几乎是一条不成文规则。

2．女士西装套裙配件——衬衫

1）与职业套裙搭配的衬衣颜色最好是白色、米色、粉红色等单色，也可以有一些简单的线条和细格图案，如图 1-19 所示。

2）衬衣要求轻薄而柔软，故此真丝、麻纱、罗布、涤棉等，都可以用作其面料，最佳面料是棉、丝绸。

3）套裙配套穿的衬衫不必过于精美，领形等细节上也不宜十分新奇夸张，款式要裁剪简洁，不带花边和皱褶。那些样式极其精美、新奇、夸张的衬衫，其实仅适合单穿。

图 1-19　衬衫

4）穿衬衫时，衬衫的下摆必须放在裙腰之内，不能放在裙腰外，或把衬衣的下摆在腰间打结。

5）除最上端一粒纽扣按惯例允许不系外，其他纽扣不能随意解开。

6）在穿着职业套裙时，不能在外人面前脱下西装，直接以衬衫面对对方。身穿紧身而透明的衬衫时，特别要注意这一点。

3．女士西装套裙配件——皮鞋

1）与套裙配套的鞋子，应该是高跟、半高跟的船式皮鞋，如图 1-20 所示。黑色的高跟或半高跟鞋是职场女性必备的基本款式，几乎可以搭配任何颜色和款式的套装。

2）系带式皮鞋、丁字式皮鞋、皮靴、皮凉鞋等，都不宜在正式场合搭配套裙，露出脚趾和脚后跟的凉鞋和皮拖也不适合商务场合。

图 1-20　女士皮鞋

3）鞋子的颜色最好与手袋一致，并且要与衣服的颜色相协调。任何有亮片或水晶装饰的鞋子都不适合于商务场合，这类鞋子只适合正式或半正式的社交场合。

4）皮鞋要上油擦亮，不留灰尘和污迹。

4．女士西装套裙配件——丝袜

穿套裙时所穿的袜子，可有肉色、黑色、浅灰、浅棕等几种常规选择。只是它们宜为单色。多色袜以及白色、红色、蓝色、绿色、紫色色彩等的袜子都是不适宜的。而且丝袜上不能有图案或是几何图形，网状丝袜也不适宜，在有些国家，花哨的丝袜会引起别人的不良误会。

另外，在选择长筒丝袜的时候，最好选择连档裤袜，这样既不容易因走路而使得丝袜下滑，也不会勒得大腿疼或是痒。丝袜容易划破，如果有破洞、跳丝，要立即更换。可以在办公室或手袋里预备好一两双袜子，以备替换。不能同时套穿两双袜子，也不能把健美裤、羊毛裤当成长筒袜来穿。

（三）饰品的佩戴

商务女性饰品佩戴要少而精，一般不超过三种。饰品佩戴的原则是符合身份、以少为佳、同质同色、风格一致。几种常见饰品的佩戴方法如下。

（1）戒指　一般只戴在左手，而且最好仅戴一枚，至多戴两枚，戴两枚戒指时，可戴在左手两个相连的手指上，也可戴在两只手对应的手指上。戒指的佩戴是一种无声的语言，往往暗示佩戴者的婚姻和择偶状况。戒指戴在中指上，表示已有了意中人，正处在恋爱之中；戴在无名指上，表示已订婚或结婚；戴在小手指上，则暗示自己是一位独身者；如果把戒指戴在食指上，表示无偶或求婚。

（2）耳环　其使用率仅次于戒指，是主要饰品之一。佩戴时应根据脸型特点来选配耳环。如圆脸型不宜佩戴圆形耳环，因为耳环的小圆形与脸的大圆形组合在一起，会加强"圆"的信号；方脸形也不宜佩戴圆形和方形耳环，因为圆形和方形并置，在对比之下，方形更方，圆形更圆。

（3）项链　这也是受到女性青睐的主要首饰之一。它的种类很多，大致可分为金属项链和珠宝项链两大系列。佩戴项链应和自己的年龄及体型协调。如脖子细长的女士佩戴仿丝链，更显玲珑娇美；马鞭链粗实成熟，适合年龄较大的女士选用。佩戴项链也应和服装相呼应。例如，身着柔软、飘逸的丝绸衣衫裙时，宜佩戴精致、细巧的项链，显得妩媚动人；穿单色或素色服装时，宜佩戴色泽鲜明的项链。这样，在首饰的点缀下，服装色彩可显得丰富、活跃。

（4）胸针　胸针是西服裙装最主要的饰品，穿西装套裙时，别上一枚精致的胸针，能造成视线上移，让身材显得高挑一些。胸针一般别在左胸襟，胸针的大小、款式、质地可根据每个人的爱好决定。

胸针适合女性一年四季佩戴。佩戴胸针应因季节、服装的不同而变化，胸针应戴在第一、二粒纽扣之间的平行位置上。

（5）帽子　帽子必须与衣服、年龄、发型相配。长脸的人不要戴高顶帽或小帽，而戴宽边帽或帽檐向下耷拉的帽子为宜；宽脸的女性宜戴小檐帽，帽顶要高；尖下颌脸形，不要戴遮住额头的帽子；矮个子女性不要戴平顶宽檐帽。

此外，手帕也可作为饰品使用，它与衣服相配既有对比美，又有协调美，使人显得更有风度。

两类不适宜佩戴的首饰：展示财力、在社交场合才佩戴的珠宝首饰和展示性别魅力的首饰（如夸张性的头饰、脚链）。

案例分析 1-1　请代我向你的先生问好

李丽在接待客户时,领导让她照顾一位华侨女士。临分别时,华侨对小李的热情和周到的服务非常满意,留下名片,并认真地说:"谢谢!欢迎你到我公司来做客,请代我向你的先生问好。"小李愣住了,因为她根本没有男朋友。可是,那位华侨也没有错,她之所以这么说,是因为看见小李的左手无名指上戴有一枚戒指。

思考:为什么华侨会对李丽说"请代我向你的先生问好"?

分析:李丽没有搞清戒指佩戴所代表的意义,所以给客户错误的信息。戒指佩戴,有着特定的规范,不可随心所欲,左手无名指上戴有一枚戒指是代表已婚。可见,商务场合正确地佩戴戒指是一个人文化素养、气质风度和审美格调的表现,反之,可能给自己带来尴尬。

(四)女士职业套裙的规范穿着要求

1. 女士套裙的规范穿着要求

职业女性穿着套裙,会使其精神倍增,看起来精明、干练、成熟、洒脱、优雅、文静,凸显出女性的气质和知性美。

职业女性在选择套裙时最好选择比较保守、经典的款式,而不是过于时尚,重要的是面料要好、做工精细、剪裁合体,特别是能扬长避短的那种。同时,套裙适当地搭配一些饰物,如丝巾、胸针、领花等也可以收到很好的效果。

职业女性穿着套裙时应注意套裙大小适度,穿着到位,注意场合,可根据年龄、形体、性格、肤色等加以选择。年轻一些的职业女性穿职业装的时候尽可能线条简单、简洁些,不要有过多的装饰;成熟一些的女性则可以选华丽的颜色;身材胖一些的女性穿上下颜色一致的套装最典雅,上身较胖一些的不要穿浅色的或横条纹的上装,上身清瘦的女性还可以有双兜、硬面料,用开领、翻领、垫肩使自己显得丰满。

2. 鞋袜的规范穿着要求

穿套裙一般搭配黑色的皮鞋或与套裙颜色相近的皮鞋为宜,不要有图案,装饰不宜过多。袜子以单色的肉色最佳,高筒袜和连裤袜为标准搭配。穿着鞋袜应当注意大小适宜,完好无损,不可当众脱下,袜口不可暴露在外,丝袜要无皱、无脱丝。

五、职业套装的禁忌

(1)忌过分杂乱　生活中存在这样一些人,虽然穿了一身很高档的套装或套裙,看上去的确是正式的职业装,可是给人的感觉却非常别扭。主要原因就在于他(她)的穿着过分杂乱,不够协调,例如,男士穿西装配布鞋、运动鞋,也有个别女士穿很高档的套裙,却光脚穿露脚趾的凉鞋,这些都不合职业场合着装规范。

(2)忌过分鲜艳　制服也好,套装也好,需要遵守三色原则,即全身颜色不多于三种,不能过分鲜艳。图案也要注意,重要场合套装或制服尽量没有图案,或者是规范的几何图案,比如领带,条纹的、格子的、带点的都可以,但是不能过分花哨。

(3)忌过分暴露　无论男士或女士,在职业场合着装都要注意不能过分暴露——不暴露胸部、不暴露肩部,不暴露腰部,不暴露背部,不暴露脚趾,不暴露脚跟。

（4）忌过分透视　重要场合注意，不能让人透过外衣看到内衣颜色、款式、长短、图案，这都是非常不礼貌的。

（5）忌过分怪异　商务人员不是时装模特，不能过分追求新奇古怪，招摇过市。

（6）忌过分紧身　衣服过于紧身，甚至显现出内衣、内裤的轮廓既不雅观也不庄重。

 知识链接

一、新西装、衬衫使用前的注意事项

1）先将袖口处的标签去掉，只能用剪刀小心地剪断标签上缝线，千万不能拉拽，以免将西装织线扯断。

2）去掉西装开衩处固定用线。

3）摘去裤子上的标签。

4）认真检查衬衫固定用大头针是否去掉。

二、各种体型的人着装要领

1）肥胖体型的人不宜穿浅色、带格的西服，最好穿单色且颜色较深的西服，不应穿宽条纹西服，应穿隐条纹面料的西服，不宜穿双排扣西服。

2）身材矮小型的人衣着要简洁明快，适合穿肩部较宽的上衣，使身体呈V字形，可使身材显高一些，简单、单色的服装也能在视觉上增加人的高度。

3）肤色较白的人的衣服的颜色可自由选择，深浅皆宜。

4）皮肤较粗糙的人不宜穿质料特别精细的衣服，否则衬托出面部皮肤更加粗糙。

5）瘦削体型的人不宜穿深色西服，最好穿颜色浅或是带花格的西服，面料应选择窄条面料。

6）肤色较黑的人不宜穿浅色的西服，适宜穿颜色较深的西服。

三、西装选购

1．西装上衣的选购

试衣时，感觉衣服与身体是否舒适。西服上衣扣上纽扣后，衣服与腹部之间能放下一个拳头。从侧面看领子没有不自然的隆起。在背上或前肩没有横斜的皱褶。西服上衣长度基本处于手伸直后食指的第二关节处。

不扣西服扣，前下摆不能有分开或重叠现象。西服袖口处，没有任何不自然的皱褶出现。胳膊做上下、前后、左右摆动也不会有压迫感。

2．西装裤子的选购

裤腰位置以胯骨上2～2.5厘米系腰带处为宜。如身体较胖，则到3.5～4.1厘米为宜。裤挺缝线顺织纹垂直落下。裤子的大腿部位，留有适度余量。

四、西装的兜与兜盖

带兜盖的西服上衣属休闲类，兜盖的长短一般与口袋一样，上下高度为4.5～5.5厘米，兜盖可以放入口袋内。19 世纪时，只有猎装才有兜盖，十分正规的西装没有兜盖。在西服上部的内兜用于装文件或钱包；下边的内兜用于装香烟和糖果。

案例分析

案例分析 1-2　漂亮女模特的衣着

　　一外商考察团来某企业考察投资事宜，企业领导高度重视，亲自挑选了庆典公司的几位漂亮女模特来做接待工作，并特别指示她们穿着紧身的上衣，黑色的皮裙，领导说这样才显得对外商的重视。但考察团上午见了面，还没有座谈，外商就找借口匆匆走了，工作人员被搞得一头雾水。

　　思考：请问外商为何匆匆走了？本案例中存在什么问题？
　　分析：商务接待人员在接待工作过程中要注意仪容、仪表整洁，服装得体。本案例中企业选择漂亮女模特本是想告诉外商考察团企业对客户的重视，而在衣着上却犯了职业着装禁忌。首先在这种商务场合接待人员得体的做法是穿职业套裙，而非穿着紧身的上衣；其次，接待人员穿黑色的皮裙，这是裙装最忌讳的，穿黑皮裙，在国际上被认为是妓女标准装。这样的衣装，也着实"雷倒"了客户。

案例分析 1-3　为什么这次合作没能成功

　　国内一家效益很好的大型企业的总经理叶明，经过多方努力和上级有关部门的牵线搭桥终于使德国一家著名的家电企业董事长同意与自己的企业合作。谈判时为了给对方留下精明强干、时尚新潮的好印象，叶明上身穿了一件 T 恤衫，下穿一条牛仔裤，脚穿一双旅游鞋。当他精神抖擞、兴高采烈地带着秘书出现在对方面前时，对方瞪着不解的眼睛看着他上下打量了半天，非常不满意。这次合作没能成功。

　　思考：为什么这次合作没能成功？
　　分析：男士着装首先要符合场合原则。与客户谈判，衣着应庄重考究，案例中叶明上身穿了一件 T 恤衫，下穿一条牛仔裤，脚穿一双旅游鞋，这种休闲服装不适合这种庄重场合，也与叶明的大型企业的总经理角色不符，这不仅是对客户的不尊重，也会令自己尴尬，所以，合作没能成功也是意料之中。

案例分析 1-4　西服革履

　　小刘和几个外国朋友相约周末一起聚会娱乐，为了表示对朋友的尊重，星期天一大早，小刘就西服革履地打扮好，对照镜子摆正漂亮的领结前去赴约。北京的八月天气酷热，他们来到一家酒店就餐，边吃边聊，大家好不开心快乐！可是不一会儿，小刘已是汗流浃背，不住地用手帕擦汗。饭后，大家到娱乐厅打保龄球，在球场上，小刘不断为朋友鼓掌叫好，在朋友的强烈要求下，小刘勉强站起来整理好服装，拿起球做好投球准备，当他摆好姿势用力把球投出去时，只听到"嚓"的一声，上衣的袖子扯开了一个大口子，弄得小刘十分的尴尬。

思考：小刘的穿着有什么问题？

分析：首先穿着要注意场合，要应时，聚会娱乐应以休闲装出席，再加上北京的八月天气酷热，小刘要穿通气、吸汗、凉爽的夏装。其次穿着要因地制宜，大家到娱乐厅打保龄球，小刘的着装显然不能运动，所以小刘为自己的"西服革履"付出了代价。

实践训练

新立公司的总经理李先生和财务总监张小姐带领公司工作人员一行 4 人，就贷款事项与工商银行进行一次洽谈。

1．任务

1）为李先生和张小姐进行着装设计。

2）说出李先生和张小姐的着装是如何体现职业着装原则的。

3）说出公司和银行双方的男士分别适合哪种领带的打法，并一一打上领带。

4）讨论商务着装还应注意哪些礼仪规范。

2．操作

把全班同学分组，分别扮演任务中的新立公司和银行的工作人员，运用所学的职业着装礼仪规范知识完成上述任务。

课 后 训 练

一、简答题

1．简述男士西装着装要领与女士西装套裙的穿着要领。

2．职业场合服装的着装原则。

3．当需着职业装参加商务活动时，须注意哪些着装规范？

二、实训操作

1．请同学们以 6~8 人分为一小组，成立一个虚拟公司，给公司命名，写好公司简介，准备公司成员集体照并附名，公司成员简介，职位分工，并定好公司的礼仪章程。选好公司的礼仪形象大使，介绍选取他（她）作为礼仪形象大使的原因。下次课小组一位发言人以 PPT 展示。

2．假设你即将参加某公司的面试，你如何进行着装准备？

实训要求：

1．学生根据所要面试的单位类型，自行准备面试的服装；

2．学生进行服装展示，同时对所准备的服装进行说明；

3．全体同学评选出最佳的面试服装。

实训提示：服装的准备需符合面试场合的要求。

三、案例分析

1. 为何竞聘失败

王姐年近四十岁了，却整天喜欢穿少女装，虽有很强的工作能力，却一直没有得到很好的重用。一次，公司内部竞聘项目经理，这是王姐向往已久的职位，便满怀信心，又穿着精心准备的少女装参加了。经过层层选拔，王姐进入只剩两名竞聘人的面试复试。但最后，王姐还是与项目经理这一职位失之交臂。

思考：请找找王姐竞聘"失败"的原因。

2. 服装美与个性

列夫·托尔斯泰的《安娜·卡列尼娜》有这样一段情节：在安娜和渥伦斯基相识的舞会上，安娜穿着全黑的天鹅长裙，长裙上镶威尼斯花边，闪亮的边饰把黑色点缀得既美丽安详，又神秘幽深，这同安娜那张富有个性的脸庞十分相称，当安娜出现在舞会的门口，吸引了在场所有人的视线，吉蒂看到安娜的装束后，也强烈地感受到安娜比自己美。安娜的黑色长裙在轻淡柔曼的裙海中显得高贵典雅，与众不同，也与安娜藐视世俗的个性融为一体。又如，一位性格活泼的姑娘，身穿裘皮大衣在路边与他人手舞足蹈地高声谈笑，让人看了很不舒服，尽管裘皮大衣高雅华贵，但与姑娘的性格极不相称，给人一种"张扬、毛躁"的感觉。

思考：服装美的最高境界是外在美和内在美的统一，你对这个问题是怎样理解的？

任务二　商务人员仪容设计

职业场合的仪容礼仪，不仅反映了个人的精神面貌和内在气质，也代表了公司形象，透视出公司的企业文化。职业场合仪容礼仪的基本要求是干净整洁、端庄大方。

操作步骤及分析

一、头部——仪容的重心

"远看头，近看脚"，头发位于人体的"制高点"，它往往最先吸引别人的注意力，在人的仪容中占有举足轻重的地位。因此，修饰仪容，头发不可忽略。

（一）商务人员头发的规范要求

每个人的头发都是一种有生命的纤维质，在显微镜下观察，可以看到它的表面排列着无数的鳞片，科学家将其称为鳞状表层。鳞状表层可以吸收营养，但也很容易受伤。

一般人大约有10万根头发，每根头发平均每月可长1厘米。头发的寿命约4～5年。一般来说，健康的头发从外观和感觉上看，其主要特征是头发有很好的弹性、韧性和光泽；头发柔顺，易于梳理，不分叉，不打结；用手轻抚时有润滑的感觉；梳理时无静电，不容易折断。

（二）头发的清洁

从医学和美学角度讲，健康毛发的前提就是清洁，就如同保养脸部皮肤的基础在于洗脸一样。近年来，中国健康教育协会正在积极开展"头发天天清洁，把握成功瞬间"的宣传活动，建议人们根据个人发质的不同，养成每周洗头4～7次的卫生习惯。大量的科学研究已证明，常洗发不仅不会使头皮屑增多，头发干燥、枯黄、脱落，反而还能促进头皮部分的血液循环，令头发更富有光泽和弹性，更有利于头发的生长并延长其寿命。

再者，干净的头发对塑造发型有非常重要的作用。美发界中的行话"发根不直立，发尾不飘逸"，充分说明了干净的头发对塑造发型的重要性。清洁的发根有助于自然地支撑起发型，让头发看上去蓬松而富有动感；如果不及时清洗，头发会显得油腻厚重，黯淡而缺乏生气。

根据皮脂的分泌量，头发可分为油性、中性和干性三类。一般而言，洗发间隔的时间因发质而定，只要感觉不洁便要清洗。此外，选用的洗发水性质也要配合得当，选用的洗发水一般略带微酸性者较佳，泡沫太多反而不好。洗发时，不应摩擦或抓揉头发，最好的方法是用手边按摩头皮边清洗的方式进行洗发。清洗时双手要适度地移动，注意不要使洗发水残留在头发上。使用护发素后，应将多余的护发素用温水冲洗干净。洗完头发后，要用毛巾将头发上的水分轻柔地擦干净。最好是用温水，37～38℃是洗发最适当的水温。要仔细洗净，最后用温水将头发彻底冲净，洗发次数要适度，油性头发的人，由于头皮油脂分泌非常旺盛，头发易显油腻，建议每天洗发一次。中性或干性的头发，建议一周清洁4～5次，这样可使头发更粗壮、更亮泽。

（三）发型的选择

发型可以快速改变你的形象，如果发型不得当，美丽马上会打折扣。为了更好地提升自己的形象，应根据脸型和体型来选择发型。

1．与脸型协调

发型对人的容貌有极强的修饰作用，甚至可以"改变"人的容貌。任何一种脸型都有其特殊的发型要求，根据自己的脸型选择发型，这是发型修饰的关键。例如，圆脸型适合将头顶部分头发梳高，两侧头发适当遮住两颊，要避免遮挡额头使脸部视觉拉长；长脸形适宜选择用"刘海"遮住额头，加大两侧头发的厚度，以使脸部丰满。

2．与发质协调

各人的发质不一，不同的发质适合不同的发型。例如，柔软的头发容易整理，适合做任何一种发型，但俏丽的短发更能体现柔软发质的个性美；自然的卷发适合留长发，这能展现其自然的卷曲美；服帖的头发最好将头发剪短，如在修剪时将发根稍微打薄一点，使颈部若隐若现，这样能给人以清新明媚之感；细少的头发适合长发，将其梳成发髻比较理想；直硬的头发很容易修剪得整齐，所以设计发型时最好以修剪技巧为主，尽量避免复杂的花样，做出比较简单而且高雅大方的发型。

3．与体型协调

发型的选择得当与否，会对体型的整体美产生极大的影响。例如，脖颈粗短的人，适宜选择高而短的发型；脖颈细长者，宜选择齐颈搭肩、舒展或外翘的发型；体型瘦高的人，适宜留长发；体型矮胖者，适宜选择有层次的短发。

4．发型与年龄、职业相协调

发型是一个人文化修养、社会地位、精神状态的集中反映。通常，年长者最适宜的发型是大花型短发或盘发，以给人精神、温婉可亲的印象；而年轻人适合活泼、简单、富有青春活力的发型。

5．发型与服饰协调

头发为人体之冠，为体现服饰的整体美，发型必须根据服饰的变化而改变。如穿着礼服或制服时，女性可选择盘发或短发，以显得端庄、秀丽、文雅；穿着轻便服装时，可选择各式适合自己脸型的轻盈发式。

二、面部——皮肤的保养

商务人员想要保养自己的皮肤，首先要了解自己的皮肤。然后再有针对性地进行，这样才能起到应有的效果，皮肤的属性及护理要点如下。

1．干性皮肤

干性皮肤的生理特点是皮脂分泌少，缺乏自身保护功能。这种皮肤一般肤色较浅、干净、不冒油、毛孔细腻，但由于缺乏自然油脂的滋润，肤面显得干燥，缺少光泽，面部容易过早地出现皱纹。

保养方法是加强对皮肤的防护，尽量减少刺激，避免曝晒、冷冻和热风的吹袭。洗脸不可过多，以早晚两次为宜。洁面用含脂肪多的香皂或洗面奶，护面用油脂较多的冷霜或香脂。

2．油性皮肤

多见于年轻人，且男性较女性为多。这种皮肤一般肤色较深，毛孔粗大，内中藏有黑色污秽，外观粗糙，甚至有的人皮肤呈橘皮样病变。

生理特点是皮脂腺发达，皮脂分泌旺盛，面部及头发油光发亮，油腻不爽，常出现痤疮和面疱，很容易受到空气中不洁物质的污染。

护理关键是认真彻底地洗脸，每天用温水洗脸3～4次，洁面用中性或偏碱性的香皂，以利于清除过剩的皮脂和污垢。整理肌肤用收敛性化妆水，它可以控制皮脂腺的分泌，并可收缩扩大了的毛孔，使皮肤变得细腻。护肤用清爽的、含水量高的化妆品，避免用香脂类含油多的膏霜，以防堵塞毛孔。

3．中性皮肤

中性皮肤也称正常皮肤，这种皮肤具有良好的生理功能，皮脂和汗液分泌通畅、适中，皮肤丰满而富有光泽，外观亮丽光艳，对环境的刺激具有一定的耐受性，是比较理想的皮肤。

在护理中，主要是保护生理性皮脂膜，使它更好地发挥功能。

4．混合性皮肤

混合性皮肤即干性、油性同时存在于面部的一种皮肤，女性皮肤有80%属于此种类型，且多见于25～35岁的年轻人。油性区多分布于额部、鼻及鼻子周围和下巴，而在其他区域则表现为中性或干性皮肤。

三、化妆技巧

（一）商务女性妆容的规范要求

商务女性的妆容受到职业环境的制约，必须给人一种专业性、责任性、知识性的感觉，所以职业场合化妆以淡妆为佳，给人以干净、整洁、大方的感觉。具体要做到：

1）化妆要自然，没有明显的痕迹，给人一种天然的感觉。
2）局部化妆要与周围融合在一起。
3）化妆要美化，不能过分和前卫。美化要符合大众审美标准。
4）不要在公众场合化妆或补妆。

（二）化妆的基本步骤

1．面部基础护理

1）洗脸的时间与次数：洗脸的时间一般是早上起床和晚上睡觉前，一天两次。男性的皮肤多为油性或偏油性，可以增加洗脸次数，以除去油光，保持面部皮肤的清爽、洁净。

2）洗脸的步骤与方法：取洗面奶适量，用双手的中指和无名指的指肚在脸上打圈揉搓。

3）清洗的步骤：T字区——额头——鼻翼及鼻梁两侧——嘴巴四周——清水洗去泡沫。天冷时要使用温水洗脸，以免毛细孔紧闭而影响清洗效果。洗脸后用毛巾擦拭脸上水分时，不可用力揉搓，以免伤害肌肤。正确使用毛巾的方法是将毛巾轻敷在脸颊上，让毛巾自然吸干水分。

要保持面部的润泽光洁，仅仅洗脸是不够的，面部的保养也很重要。面部保养需要使用基础护肤品，一般包括洗面奶、柔肤水（爽肤水）和乳液。正确的步骤：用洗面奶洗脸——拍打柔肤水（爽肤水）——涂抹乳液。

2．职业女性化妆步骤

化妆可以增添自信，缓解压力，对交往对象表示礼貌和尊重。职业女性的化妆受到职业环境的制约，必须给人一种专业性、责任性、知识性的感觉，所以职业场合化妆以淡妆为佳。

（1）面部底妆

底妆是护肤程序的最后一步和完美化妆的第一步，它可以掩饰面部皮肤瑕疵，令肤色更加均匀，还可以修饰、改善面部结构和鼻形，是获得清新、持久妆容的基础步骤。

粉底具有遮盖性，可掩盖皮肤的瑕疵、调节肤色、改善皮肤质地，使皮肤显得光滑细腻，通过粉底的深浅变化还可以增强面部的立体感。深浅粉底可搭配使用。要突出某部分的特征，则用明度较高的浅颜色，可起到拉近放大的效果；要隐藏某一部位，则用明度较低的深色，可起到缩小和不突出的效果。如果没有任何粉底色与肤色相配，可以混合不同颜色的粉底进行调配。选粉底的基本原则就是选与肤色相近的粉底。

涂抹粉底液，要顺着脸颊纹路由内往外、由上往下推开。先从较干燥的两颊开始，然后是嘴、鼻、额、眼睛周围。注意发际、脖子等连接处不要留下清楚的痕迹，而嘴、眼睛周围等活动较多的部位，要仔细涂均匀，使粉底与肤色自然融合。全部完成后用手掌捂住脸庞几秒钟可以借助掌心的体温来帮助吸收。

（2）定妆散粉

化淡妆时，蜜粉要选择与粉底颜色相近的颜色，定妆散粉要用清洁的海绵蘸取蜜粉，稍微用一些力气，按压在脸、鼻、额头等处，这些部位油脂分泌较旺盛，容易脱妆，要多搽几次。不要忘了脸与颈部的交接处和露出的颈部也要扑上一层蜜粉。当粉充分附着肌肤后，用粉刷由上往下刷落多余的粉。特别要注意：皮肤油脂分泌较多的T区，多擦几次，每次要薄。另外，要做好粉扑的清洁，防止微生物对皮肤的感染。

(3) 眼部彩妆

眼睛是心灵的窗户，是脸部最动人之处，所以眼妆通常被认为是化妆的灵魂。它不但可以增加眼部的立体感和美感，还能够烘托整个脸部形象，让妆容自然生动，张扬个性。

1）眼影，用于修饰眼睛，增加面部的色彩，加强眼部的立体感。眼影的修饰是运用不同颜色的眼影粉在眼睑部位进行涂抹，通过晕染的手法和不同颜色眼影的协调变化，达到增加眼部神采和丰富面部色彩的目的，同时还可以矫正不理想的眼型和脸型。画眼影时颜色不能成块状堆积在眼睑上，而是要有一种由深到浅的变化，可将眼影色在睫毛根部涂抹，并向上晕染，越向上越淡，色彩由深到浅渐变。也可将眼影由外眼角向眼睛前部晕染，或由内眼角向眼睛后部晕染，颜色逐渐变浅，过渡要自然。

2）眼线，会给人以睫毛浓密，眼睛轮廓清晰的感觉，为眼部增添神韵。眼线一定要画在睫毛的根处，上下眼线均可从眼部的内眼角到外眼角由细到粗变化，上眼线和下眼线的粗细比例是1:2。但下眼线一般只画1/3（遵守黄金法则规律）。眼球周围的皮肤特敏感，一不小心会流泪，容易破坏妆面。眼线要求整齐干净，宽窄适中。

3）睫毛液，可以使眼睫毛变得长而浓密，让眼睛看起来又大又有精神。如睫毛较短或稀疏，可选用较亮丽的颜色。涂睫毛液的时候，先从睫毛的中间部位开始涂，然后涂眼梢，最后涂内眼角。如果睫毛较直，涂睫毛液之前，先用睫毛夹将睫毛卷曲，这样可以充分发挥睫毛液的使用效果。涂上睫毛时，把下巴微微抬起，目光向下，然后用没有拿睫毛刷的那只手轻轻地把上眼皮向上提，使睫毛的根部露出来。涂下睫毛时，要将下巴向里收紧，眼睛从下向上看镜子，垂直拿着睫毛刷，放在睫毛上，左右摆动睫毛刷的尖端。如果睫毛出现粘连，在睫毛液还没有干的时候可用睫毛梳（双面眉刷）将睫毛梳理一下，使睫毛一根一根分开。

4）眉形，作为眼睛的外框，眉在很大程度上勾勒着眼睛，影响着我们的脸部表情，不同风格的眉形可以传递不同的个性和时尚。眉可以改变形状，所以适当的修整和描画，就可以让我们拥有自然、出色的眉毛。从鼻翼朝外眼角画一条无形的连线，最适当的眉尾，就在这无形的对角线上，而眉峰的位置在眉尾的三分之二处，这两点决定之后，画眉就很容易了。利用眉笔或眉粉将眉毛较稀疏处补上色彩，最后，利用眉刷将眉毛刷整齐，就会呈现美丽的眉形。要注意定期修剪眉毛，保持一定的眉形。

(4) 面颊彩妆（腮红）

淡淡红晕的双颊，洋溢着青春和健康。面颊彩妆就是运用胭脂，给皮肤增添活力，使整张脸看上去自然、富有立体感，同时还可以掩盖皮肤的瑕疵。

腮红颜色的选择，应与肤色相近或是配合妆型色调涂胭脂。标准胭脂的位置应该在颧骨上，就是笑时面颊能隆起的部位。一般情况下，胭脂向上不可高于外眼角的水平线；向下不得低于嘴角的水平线；向内不超过眼睛的1/2垂直线。当然，胭脂具体的位置和形状要根据脸型和化妆造型的具体情况来确定。使用胭脂时，切勿蘸取过多的胭脂粉。可将蘸取了胭脂粉的胭脂刷在手背上轻轻拍打，将多余的胭脂粉掸掉。如果胭脂颜色太深，可以在胭脂上面扫些半透明的散粉来减淡胭脂的颜色。

(5) 唇部彩妆

唇部是面部中最强调美感的部位，唇部彩妆，可以令整个妆容更加生动明艳，是化妆中的点睛之笔。

先画唇线,唇线笔的颜色与唇膏颜色相近或比唇膏的颜色稍微深些。上唇线先画唇峰,然后由嘴角向中间描画;下唇线则先画唇底边,然后由嘴角向中间描画。口红色彩的选择与唇形要适合,与脸部其他部位相比,不可太突出。在涂唇膏之前,可先涂一层透明润唇膏,能令唇部肌肤变得柔软,更易于上色。要想唇膏的效果更加持久和饱满,可在第一次涂完唇膏后,用纸巾轻轻在嘴唇上印一下,将多余的唇膏和油分吸去,提高唇膏与唇部的融合感,然后再重新涂上一层唇膏。如果要营造有光泽而又透明的唇部效果,则可以在涂完唇膏后再涂一层透明润唇膏。完妆后要检查唇膏是否沾到了牙齿上。

(6)卸妆

卸妆是我们需要特别强调的,因为往往在精心的妆容背后,卸妆的重要性容易为大家所忽视。当化妆品残留在皮肤上过久,会造成毛孔堵塞,阻碍皮肤正常的新陈代谢,从而导致肤色晦暗、长暗疮等问题。因此,彻底卸妆是美丽肌肤的第一步。

面部卸妆时,取适量的卸妆乳,用化妆棉或指尖均匀地涂于脸部、颈部,以打圈的方式轻柔按摩,以螺旋状由外而内轻抚鼻子,卸除脖子上的粉底时要由下而上清洁。用面巾纸或化妆棉拭净,直到面巾纸或化妆棉上没有粉底颜色为止。特别注意,卸妆完毕,应再用性质温和的洗面奶洗脸,然后再用爽肤水对肌肤做最后的清洁,以平衡肌肤的 pH 值。

知识链接

一、头发的护理与保养

当前,最好的护发方法是焗油。这是一种通过提供头发鳞状表层易于吸收的营养素来保养头发的方法。它们所含有的成分与头发中的角蛋白相似,可以在很短时间内渗入到毛发皮层,对头发起到营养和修复作用,其中的有效成分在头发表面迅速形成薄而透明的保护膜,增加头发的弹性、柔软性和保湿性,使头发看起来光亮照人,如丝缎一般,并易于梳理。

1. 头发的保养与饮食

若想拥有一头秀发,注意自己的饮食起居是十分必要的。一般来说,含有叶酸、泛酸,维生素 A、B_1、B_2、B_6、B_{12}、E 等成分的物质,能促进头发的生长。

为此,平时要尽可能多吃一些含蛋白质、铁、钙、锌和镁的食物。鱼类、贝类、橄榄油和坚果类干果,也有改善头发组织、增强头发弹性和光泽的效能。

2. 护发中出现的问题

1)有一些头发早白或枯燥、变黄者,除体力和精神过度紧张、疲劳的因素外,还因为食用了多盐和脂肪过多的食物,而导致体内代谢过程中产生过多的乳酸、酮酸和碳酸等物质所造成的。

2)头发的光泽要归于甲状腺素的作用,碘具有促进甲状腺分泌的功能,可使头发滋润光亮,钙和铁有充盈毛孔的作用,可使头发显得更加秀美。

3)许多人苦恼于头屑过多。其实引起头皮屑出现的原因是多种多样的,有的是因为身体健康状况,有的是因为卫生习惯。

我们可以用一些抑制皮脂分泌的药物，如维生素 B_6、B_2 或复合维生素 B 及首乌片等。避免用碱性很强的肥皂和热水洗头。洗头次数太多，特别是用刺激性极强的肥皂洗头，会刺激皮肤，使皮脂腺的活动更加活跃。头皮屑过多或头发油腻者，则应少吃脂肪及甜食，宜多吃蔬菜及含维生素 B 的食物。

脱发是由于糖果、盐分与动物性脂肪摄取太多，导致血液循环的不良。脱发现象严重的人应多喝冷开水，并应多摄取新鲜的青菜及铁质多的食物。

头发过于干燥或营养不足，会导致头发分叉。处理办法是将分叉的地方用剪刀剪掉，再于头皮上和发梢处抹上发蜡，用油性洗发水连续清洗三至四次后，便可以改善头发分叉的情况。此外，还应该多食用含钙质的食物与含丰富维生素的青菜。

二、不同脸型的发型

1．方形脸的发型搭配

脸形描述：方形脸的人一般前额宽广，下巴颧骨突出，人显得木讷。

适合发型：波浪形状发型。

最忌讳发型：忌讳留短发尤其是超短型的运动头。

2．圆形脸的发型搭配

脸形描述：圆脸的宽度和长度几乎一样，因此额前发际都比较低，耳部两侧较宽，脸部肌肉比较丰满，总给人一种胖乎乎、很孩子气的感觉。

适合发型：最好采用五五分头，发缝一定要笔直清晰。

最忌讳发型：不能留过长的刘海，头发避免偏分，否则使人感觉脸更大。

3．长脸形的发型搭配

脸形描述：长脸形的人天生拥有难以言说的高贵气质，是古代贵妇所钟爱的脸型。但脸形太长的话，则变成马脸。

适合发型：蓬松式发型最为恰当。

最忌讳发型：垂直长发或短发，这让你显得老成而且呆板，无形中进一步拉长了脸部长度。

4．三角形脸的发型搭配

脸形描述：脸形比较尖，具有上宽下窄的特征，额头较宽下巴较尖，会给人忧愁的感觉。

适合发型：尽量把刘海剪高一点，使额头看起来高一些。

最忌讳发型：下巴附近头发太多，发尾有厚重感。

三、色彩基础知识

化妆中缤纷的色彩常常让人欢喜让人忧，和谐的搭配和变化令人风姿绰约，但也是大家无从下手的难点。其实，当你掌握了色彩的基本知识和搭配规律，以及各种颜色在不同光线下的变化后，色彩就会轻松地成为你手中点化美丽的魔棒。

1．色彩的分类

丰富多彩的颜色通常可分为无彩色系和有彩色系两大类。无彩色系是指白色、黑色和深浅不同的灰色，有彩色系则是色环谱上的各种颜色。

（1）无彩色系　白色、灰色和黑色组成了素雅的无彩色系，随着白色向黑色的渐变，色彩也逐渐由明亮变得阴暗。

（2）有彩色系　色环谱为我们呈现了绚烂的彩色世界，是学习色彩的极好工具。借助它，你可以清晰地找到各个色彩的位置，以及色与色之间的区别和联系。有彩色系可按色彩的构成分类，分为原色、间色和复色。

1）原色：红、黄、蓝为三原色。原色是指颜色在混合的过程中，不能用其他任何颜色混合调制出来的最基本的颜色，因此又称"第一次色"。

2）间色：由两种原色调配出来的颜色，又称"第二次色"。红色和黄色可调配成橙色，黄色与蓝色可调配成绿色，蓝色和红色可调配成紫色。所以橙、绿、紫这三种颜色就是三间色。在调色时，原色量的不同又可以产生丰富的间色变化。

3）复色：又称"第三次色"，是由间色与间色或三原色调配出来的颜色，如橙绿色（呈黄灰色）、橙紫色（呈红灰色）、绿紫色（呈蓝灰色）。大多数复色都呈灰色性。复色千变万化，丰富异常，也更具有表现力，是化妆用色的基础色。

2．色彩搭配

（1）同类色搭配　有单纯、雅致、平静的效果，但有时也会感觉单调、平淡，如淡紫和紫蓝色。

（2）类似色搭配　视觉效果和谐，对比柔和，避免了同类色的单调感，如亮粉红与紫晶砂。

（3）邻近色搭配　视觉效果既变化又和谐，是常用的色彩搭配，如橄榄绿和孔雀蓝。

（4）对比色搭配　对比色在色环上跨度大，搭配起来色彩对比强烈，视觉效果醒目、刺激、具有冲击力，如金霞与紫晶砂。

（5）互补色搭配　互补色组合具有最强烈、最刺激的视觉效果，如金霞与孔雀蓝。

（6）冷暖色搭配　冷色在暖色衬托下更冷艳，暖色在冷色衬托下更暖。

3．光色与妆色的关系

化妆后，当光色发生了变化，在光线投照下的妆色也会随之发生不同程度的变化。冷暖色光可以使相同的妆色产生不同的效果，暖色光照在暖色的妆面上，妆色会变浅，效果更加柔和；冷色光照在冷色的妆面上，妆面则显得清晰、艳丽。而暖色光投照冷色妆面、冷色光投照暖色妆面则都会产生模糊、不明朗的妆型效果。所以，黄色光下，棕色、绿色等偏暖的妆色会变浅、变亮，妆面显得淡雅和谐，而紫色、蓝色等妆面则会显得混浊。相反，蓝色光投照在紫色等妆面上，就会令你更加艳丽、醒目。

 案例分析

案例分析1-5　面试前不应这样做准备

某科研机构招聘科研人员。由于待遇优厚，应聘者如云。某高校李云小姐前往面试。只见她挽着同宿舍的张某袅袅婷婷地步入科研所面试大厅。进入前她又掏出化妆盒补了一下妆。进入面试所在的屋子后，主考官问她有什么特长，她说她在学校是公关部长，有能力领导各种文艺活动，说着便想将给主考官看的资料从包里拿出来，在包里翻了半天，好不容易找到了，结果拿出来的时候将她的化妆品也带出来了，撒了一地。主考官们面面相觑。最终，结果可想而知。

思考：试分析下李云小姐面试失败的原因。

分析：首先，她不应该在面试的时候带伙伴，这表明她缺乏自信。其次，她不应该在面试的大厅里化妆，因为也许就有人在观察应试者的一举一动。再次，她回答的特长与所要应聘的单位不符合。最后，她对应聘时自己的准备物品存放得不合理，没有次序。

 实践训练

大学毕业的王小姐刚入职新立公司，该公司将和日方客户进行商务洽谈，王小姐将作为公司的代表出席洽谈会。

1．任务

1）为王小姐设计面部的妆容、发型等外形设计。

2）模拟洽谈场景等王小姐可能遇到的商务场合，做出王小姐在此场景下恰当的举止与神态。

3）说出作为一名商务人员应注意哪些仪容仪态礼仪与规范？

2．操作

把全班同学分组，分别扮演任务中的新立公司和日方客户的代表，运用所学的仪容仪态礼仪规范知识完成上述任务。

课 后 训 练

一、简答题

1．商务女性化妆的基本要求是什么？

2．简述商务人员头发的规范要求。

二、实训操作

各位女同学课后观看专业化妆师毛戈平的《现代美容化妆技法》录像，学习他的"日妆"及"晚妆"的化妆技法。并试着进行自我化职业淡妆的练习。鼓励学生大胆化妆，并让学生相互化妆以熟悉化妆步骤并对比指导。

三、案例分析

王女士工作认真负责，几次晋升却与她失之交臂。原来王女士特别注重自己的个人形象，不管置身于何处，只要稍有闲暇，便会掏出化妆盒来，一边"顾影自怜"，一边"发现问题，就地解决……"旁若无人地"大动干戈"，替自己补一点香粉，涂两下唇膏，描几笔眉形。她这样珍惜自我形象固然正确，但若当众表演化妆术，尤其是在工作岗位上当众这样做，则是很不庄重的；也会让周围的人觉得她对待工作用心不专，只把自己当成了一种"摆设"或是"花瓶"。

思考：请分析王女士为什么几次晋升失败？请给王女士提出建议。

任务三 商务人员仪态设计

案例1-1　面试还没开始就已经结束了

一次,有位老师带着三个毕业生同时应聘一家公司做业务员,面试前老师怕学生面试时紧张,同人事部主任商量让三个同学一起面试。三位同学进入人事部主任办公室时,主任上前请三位同学入座。当主任回到办公桌前,抬头一看,欲言又止,只见两位同学坐在沙发上,一个架起二郎腿,而且两腿不停地颤抖,另一个身子松懈地斜靠在沙发一角,两手攥握手指咯咯作响,只有一个同学端坐在椅子上等候面试。人事部主任起身非常客气地对两位坐在沙发上的同学说:"对不起,你们二位的面试已经结束了。"两位同学四目相对,不知何故,"面试怎么什么都没问,就结束了?"

思考:你知道其中的缘故吗?

世界著名画家达·芬奇说:"从仪态了解人的内心世界、把握人的本来面目,往往具有相当的准确性和可靠性。"用仪态表情达意,往往比语言更让人感到真实、生动。

仪态是一种不说话的"语言",即"体态语言",它反映了一个人的素质、受教育的程度以及能够被人信任的程度。

仪态是指个人的举止和风度,神态和表情,在商务交往中,80%取决于仪态礼仪的表达,而且高雅庄重的举止和神态是一种无声的语言,反映出个人较高的礼仪修养,这一点在商务领域中是尤为重要的。仪态也称为举止,是指人在行为中的姿势和风度。

操作步骤及分析

"行为举止是心灵的外衣",它不仅反映一个人的外表,也可以反映一个人的品格和精神气质。有些人尽管相貌一般,甚至有生理缺陷,但举止端庄文雅、落落大方,也能给人以深刻良好的印象,获得他人的好感。为了我们的举止、形态和谐得像一支动人的旋律,带给人意气风发、朝气蓬勃的快感,应注重以下训练。

一、仪态礼仪——站姿

> 相貌的美高于色泽的美,而优雅得体的动作的美又高于相貌的美。
> 这是美的精华,是绘画所表现不出来的。
>
> ——培根(英国哲学家)

体态是一种不说话的"语言",是内涵极为丰富的语言。举止的高雅得体与否,直接反映人的内在素养,举止的规范到位与否,直接影响他人对自己的印象和评价。

修饰你的仪态美,从细微处流露你的风度、优雅,远比一个衣服架子更为赏心悦目。

(一)站姿礼仪

站立是人们生活交往中的一种最基本的举止。

站姿是人静态的造型动作，优美、典雅的站姿是发展人的不同动态美的基础和起点。优美的站姿能显示个人的自信，衬托出美好的气质和风度，并给他人留下美好的印象。

1．站姿要领

俗话说"站如松"，就是说人的站立姿势要像青松一般端直挺拔才会美丽。站立时，整个人要收腹、立腰、提臀。具体是一要平，即头平正、双肩平、两眼平视；二要直，即腰直、腿直，后脑勺、背、臀、脚后跟成一条直线；三要高，即重心上拔，人体有向上的感觉，两腿并拢，膝盖挺直，小腿向后发力，人体的重心在前脚掌。站立是人们生活交往中的一种最基本的举止。要注意以下两点。

（1）肃立

头正、脖颈挺直、双目平视、嘴唇微闭、下颌微收、面容平和自然，两肩放松、稍向下沉，自然呼吸，躯干挺直，做到收腹、立腰、挺胸、提臀；双臂自然下垂于身体两侧、手指并拢自然弯曲，中指贴拢裤缝；双膝并拢，两腿直立，脚跟靠紧，脚掌分开呈"V"字形，角度呈45°～60°。肃立适用于隆重集会的场合，如升旗庆典、剪彩等仪式。

（2）直立

1）男士。两脚平行分开，两脚之间距离不超过肩宽，以20厘米为宜，两手手指自然并拢，右手搭在左手上，轻贴在腹部，双目平视，面带微笑；或两脚跟相靠，脚尖展开呈现60°～70°，两手叠放在背后，双目平视，面带微笑，其余要求与肃立相同。

2）女士。两脚并拢或两脚尖略展开，右脚在前，将右脚跟向前位于左脚内侧；两手自然并拢，大拇指交叉，右手放在左手上，轻贴在腹前；身体直立，挺胸收腹，身体重心可放在两脚上，也可放在一脚上，通过重心移动减轻疲劳，其余要求与肃立相同。此种站姿适用于商业服务，表示对客人的尊重与欢迎。

直立时，两脚展开的角度呈90°，右脚向前将脚跟靠于左脚内侧中间位置，成右丁字步，左手背后，右手下垂，身体直立，重心置于两脚，双目平视，面带微笑；或两脚展开的角度呈90°，左脚向前，脚跟靠于右脚内侧中间位置，成左丁字步，右手背后，左手下垂，身体直立，重心置于两脚，双目平视，面带微笑，其余要求与肃立相同。此种站姿适用于给客人指示方向，或解决疑难问题，提供其他服务。

2．基本站姿训练

（1）顶书训练

站立者按要领站好后，在头上顶一本书，努力保持书在头上的稳定性，以训练头部的控制能力，如图1-21所示。

（2）五点一线训练

背墙站立，脚跟、小腿、臀部、双肩和头部靠着墙壁，以训练整个身体的控制能力，如图1-22所示。

具体做法：头正；肩平，双臂自然下垂；背直，挺胸收腹；提臀；双腿并拢直立；脚跟相靠；身体重心放在两脚正中；微收下颌，两眼平视前方；嘴微闭，表情自然，稍带微笑。

（3）三点一线训练

脚后跟离墙壁10厘米，背墙站立，臀部、双肩和头部靠着墙壁，以训练收腹及整个身体的控制能力，如图1-23所示。

（4）背靠背夹纸站姿训练

背靠背夹纸站姿训练要求训练者身高相差不多，背靠背站立，臀部、双肩和头部贴紧，可以在背部或小腿肚部夹张纸，以训练整个身体的控制能力，如图1-24所示。

图1-21　顶书训练

图1-22　五点一线训练

图1-23　三点一线训练

图1-24　背靠背夹纸站姿训练

特别提醒：站姿训练中需要注意的问题如下：
① 是否有歪头、斜眼、缩脖、耸肩、塌腰、挺腹、屈腿的现象；
② 是否有叉腰、两手抱胸或插入衣袋的现象；
③ 是否有身体倚靠物体站立的现象；
④ 是否有身体歪斜、晃动或脚抖动的现象；
⑤ 是否面无表情，精神萎靡；
⑥ 是否身体僵硬，重心下沉等。

3．手位

站立时，双手可取下列之一手位：
1）双手置于身体两侧，如图1-25、图1-26所示。
2）右手搭在左手上叠放于体前，如图1-27、图1-28所示。
3）双手叠放于体后，如图1-29、图1-30所示。

4）一手放于体前一手背在体后，如图1-31、图1-32所示。

图1-25　两侧

图1-26　两侧（放大）

图1-27　体前

图1-28　体前（放大）

图1-29　体后

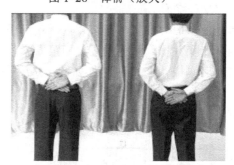
图1-30　体后（背面）

图1-31　一手体前一手体后

图1-32　一手体前一手体后（放大）

4．脚位

站立时可采取以下几种脚位：

1) "V"形，如图 1-33 所示。
2) 双脚平行分开不超过肩宽，如图 1-34 所示。
3) 小"丁"字形，如图 1-35 所示。

图 1-33　"V"形　　　　图 1-34　平行分开　　　　图 1-35　小"丁"字形

5．常见的几种站姿

（1）标准站姿

头正，脖颈挺直，双目平视，嘴唇微闭，下颌微收，面容平和自然，两肩放松平齐、稍向下沉，自然呼吸，躯干挺直，做到收腹、立腰、挺胸、提臀；双臂自然下垂于身体两侧、手指并拢自然弯曲，中指贴拢裤缝，两脚并拢，身体重心落于两腿正中，从侧面看，头部、肩部、上体与下肢应在一条垂直线上，总之，整个身体庄重挺拔，如图 1-36 所示。

（2）"V"字形

身体立直，抬头挺胸，下颌微收，双目平视，嘴角微闭，面带微笑，双手自然垂直于身体两侧，双膝并拢，两腿绷直，脚跟靠紧，脚尖分开呈"V"字形。女士双脚成 30°～45°，男士双脚成 45°～60°，如图 1-37 所示。

图 1-36　标准站姿　　　　图 1-37　"V"字形站姿

（3）男士的背手位站姿

身体立直，抬头挺胸，下颌微收，双目平视，嘴角微闭，双脚平行分开，两脚之间距离不超过肩宽，一般以 20 厘米为宜，双手在身后交叉，右手搭在左手上，贴于臀部，如图 1-29、图 1-30 所示。

（4）男士的前手位站姿

身体立直，抬头挺胸，下颌微收，双目平视，嘴角微闭，双脚平行分开，两脚间距离不超过肩宽，一般以20厘米为宜，双手手指自然并拢，右手搭在左手上，轻贴于腹部，不要挺腹或后仰，如图1-27、图1-28所示。

（5）女士的"V"字形前手位站姿

身体立直，抬头挺胸，下颌微收，双目平视，嘴角微闭，面带微笑，两脚尖略分开，右脚在前，将右脚跟靠在左脚脚弓处，两脚尖呈"V"字形，双手自然并拢，右手搭在左手上，轻贴于腹前，身体重心可放在两脚上，也可放在一脚上，并通过重心的移动减轻疲劳，如图1-38所示。

（6）女士的"丁"字形前手位站姿

图1-38　女士的"V"字形前手位站姿

图1-39　女士的"丁"字形前手位站姿

图1-40　女士的"丁"字形前手位站姿（侧面）

6．站姿禁忌

1）一条腿抖动或整个上体晃动。这种举动会让人觉得你是一个漫不经心的人。

2）双手抱臂或者交叉着抱于胸前，这种动作往往表示消极、抗议、防御等意思。

3）双手叉腰站立，这是一种潜意识中带有挑衅或者侵犯意味的举动，如果是在异性面前，它还可以透露出一种性侵害的消息。所以这是你千万要注意避免的动作。

4）两腿交叉站立，这种方式很容易给人以轻佻的感觉。

5）不得前仰后合，或倚靠他物，不得插兜、不得东张西望、摇头晃脑，不得两人并立聊天。

二、仪态礼仪——坐姿

坐姿也是举止的主要内容之一，是身体的一种静态造型。商业服务主要是站立服务，但也有些岗位采用坐姿服务。总的来说，坐姿文雅、端庄，不仅给人以沉着、稳重、冷静的感觉，而且也是展现自己气质与修养的重要形式，如图1-41所示。

图1-41　正确的坐姿

（一）正确的坐姿要求

1）入座时要轻、稳。走到座位前转身后，右脚向后退半步，然后轻稳坐下，再把右脚与左脚并齐。如是女士，入座时应先背对着自己的座椅站立，右脚后撤，使右脚肚确认椅子的位置，再整理裙边，挺胸，双膝自然并拢，双腿自然弯曲，双肩自然平正放松，两臂自然弯曲，双手自然放在双腿上或椅子、沙发扶手上，掌心向下。

2）入座后在上身保持站姿的基础上收腹立腰，双手自然置于腿上，双膝并拢，足跟并拢，脚掌完全触地，切忌抖脚，上半部分身体与大腿侧面成 90°，大腿与小腿成 90°，坐在椅子的前 2/3 部分，后背不可以靠在椅背上。

3）头正，嘴角微闭，下颌微收，双目平视，面容平和自然。

4）离座时要自然稳当，右脚向后收半步，然后起立，起立后右脚与左脚并齐。

（二）双手的摆法

就座时，双手可采取下列手位之一：

1）双手平放在双膝上（男士坐姿手位），如图 1-42 所示。

2）双手叠放，放在一条腿的中前部，如图 1-43 所示。

图 1-42　男士坐姿手位

图 1-43　双手叠放

3）一手放在扶手上，另一手仍放在腿上或手叠放在侧身一侧的扶手上，掌心向下（女士坐姿手位），如图 1-44 所示。

图 1-44　女士坐姿手位

（三）双腿的摆法

入座后，双腿可采取下列姿势之一。

1. 标准式（见图 1-45）

2. 侧腿式（女士坐姿腿位）（见图 1-46）

3. 侧挂式（女士坐姿腿位）（见图 1-47）

4. 重叠式（见图 1-48）

图 1-45　标准式

图 1-46　侧腿式

图 1-47　侧挂式

图 1-48　重叠式

5．前交叉式（见图 1-49）

图 1-49　前交叉式

（四）女士常见的坐姿训练

1．标准式

上身挺直，头部端正，双脚的脚跟、膝盖直至大腿都需要并拢在一起，上半部分身体与大腿侧面成 90°，大腿与小腿成 90°，小腿垂直地面呈 90°，双手叠放于左（右）大腿上，如图 1-50 所示。

2．前伸式

在标准坐姿的基础上，两小腿向前伸出一脚的距离，脚尖不要跷起，如图 1-51 所示。

3．前交叉式

在前伸式坐姿的基础上，双腿并拢，右脚后缩，与左脚交叉，两踝关节重叠，两脚尖着地，如图1-49所示。

图1-50　标准式

图1-51　前伸式

4．曲直式

右脚前伸，左小腿屈回，大腿靠紧，两脚前脚掌着地，并在一直线上，如图1-52所示。

5．重叠式

在标准坐姿的基础上，两腿向前，一条腿提起，腿窝落在另一条腿的膝关节上边，要注意上边的腿向里收，贴住另一条腿，脚尖向下，如图1-53所示。

6．后点式

两小腿后曲，脚尖着地，双膝并拢。这也是变化的坐姿之一，尤其在并不受注意的场合，这种坐姿显得轻松自然，如图1-54所示。

图1-52　曲直式

图1-53　重叠式

图1-54　后点式

7．左侧点式

两小腿向左斜出，两膝并拢，右脚跟靠拢左脚内侧，右脚掌着地，左脚尖着地，头和身躯向左斜，如图1-55所示。男士不宜采用这种坐姿。

8．右侧点式

两小腿向左右斜出，两膝并拢，左脚跟靠拢右脚内侧，左脚掌着地，右脚尖着地，头和身躯向右斜，如图1-56所示。男士不宜采用这种坐姿。

9．左侧挂式

在左侧点式基础上，左小腿后曲，脚绷直，脚掌内侧着地，右脚提起，用脚面贴住左踝，膝和小腿并拢，上身右转，如图1-57所示。男士不宜采用这种坐姿。

10．右侧挂式

在右侧点式基础上，右小腿后曲，脚绷直，脚掌内侧着地，左脚提起，用脚面贴住右踝，膝和小腿并拢，上身左转，如图1-58所示。男士不宜采用这种坐姿。

图1-55　左侧点式

图1-56　右侧点式

图1-57　左侧挂式

图1-58　右侧挂式

（五）男士常见的坐姿训练

1．标准式

上身挺直，头部端正，男士双膝可略分开，但不应宽于双肩，上半部分身体与大腿侧面成90°，大腿与小腿成90°，小腿垂直地面呈90°，双手平放在双膝上，如图1-59所示。

2．前伸式

在标准坐姿的基础上，两小腿向前伸出一脚的距离，脚尖不要跷起，如图1-60所示。

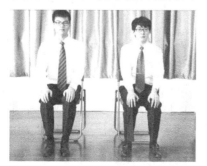

图1-59　标准式

图1-60　前伸式

3. 前交叉式

在前伸式坐姿的基础上，双腿并拢，右脚后缩，与左脚交叉，两踝关节重叠，两脚尖着地，如图 1-61 所示。

4. 曲直式

右脚前伸，左小腿屈回，大腿靠紧，两脚前脚掌着地，并在一直线上，如图 1-62 所示。

图 1-61　前交叉式

图 1-62　曲直式

5. 重叠式

在标准坐姿的基础上，两腿向前，一条腿提起，腿窝落在另一条腿的膝关节上边，要注意上边的腿向里收，贴住另一条腿，脚尖向下，如图 1-63 所示。

6. 后点式

两小腿后曲，脚尖着地，双膝并拢。这也是变化的坐姿之一，尤其在并不受注意的场合，这种坐姿显得轻松自然，如图 1-64 所示。

图 1-63　重叠式

图 1-64　后点式

（六）坐姿禁忌

1）就座时不可前倾后仰或歪歪扭扭。
2）双腿不可过于叉开，或长长地伸出。
3）坐下后不可随意挪动椅子。
4）不可将大腿并拢，小腿分开，或双手放于臀部下面。
5）高架"二郎腿"或"4"字形腿。
6）腿、脚不停抖动。

7）不要猛坐猛起。
8）与人谈话时不要用手支着下巴。
9）坐沙发时不应太靠里面，不能呈后仰状态。
10）双手不要放在两腿中间。
11）脚尖不要指向他人。
12）不要脚跟落地、脚尖离地。
13）不要双手撑椅。
14）不要把脚架在椅子或沙发扶手上或架在茶几上。

三、仪态礼仪——走姿

走姿是人体所呈现出的一种动态，是站姿的延续。走姿是展现人的动态美的重要形式。走路是"有目共睹"的肢体语言。

走姿一般要行如风，即在保持站姿的基础上，水平向前，步伐轻盈、快步行走，双臂自然摆动，前后不超过 30°，面部表情自然、微笑。多人行走时不可并排同行，遇到客人，主动侧身让路问好。

（一）正确的走姿要求

1）规范的走姿首先要以端正的站姿为基础。

2）双肩应平稳，以肩关节为轴，双臂前后自然摆动，摆幅以 30°～35°为宜，手臂外开不超过 30°。

3）上身挺直，头正、挺胸、收腹、立腰，重心稍向前倾，提臀曲大腿带动小腿向前迈。

4）注意步位。脚尖略开，起步时，身体微向前倾，脚跟先接触地面，依靠后腿将身体重心送到前脚掌，使身体前移，两脚内侧落地时，行走的轨迹应是一条直线。行走中身体的重心要随着移动的脚步不断向前过渡，而不要将重心停留在后脚，并注意在前脚着地和后脚离地时要伸直膝部。

5）步幅适当。一般是前脚的脚跟与后脚的脚尖的距离为步幅，跨步时，两脚之间相距约一只脚到一只半脚，步伐稳健，步履自然，要有节奏感。保持一定的速度。速度过快容易给人以浮躁、慌张的印象；过慢则显得没有生气和活力。一般情况下，男士每分钟行走 108～118 步，女士每分钟行走 118～120 步。

男士穿西服时要注意保持身体挺拔，后背平正，走路的步幅可略大些，手臂自然放松、伸直摆动，手势要简洁、大方，步态要舒展、矫健。

女士穿裙装时步幅不宜太大，两脚内侧要落到一条线上，脚尖略向外开，两手臂自然摆动，幅度也不宜过大，胯部可随着脚步和身体的重心移动而稍左右摆动，体现出柔和、含蓄、典雅的风格。穿高跟鞋时，由于鞋跟较高，身体重心自然前移，为了保持身体平衡，必须挺胸、收腹、提臀、膝盖绷直，全身有挺拔向上的感觉。行走时步幅不宜过大，膝盖不要过弯，两腿并拢，两脚内侧落到一条线上，脚尖略向外开，足迹形成柳叶状，俗称"柳叶步"。

（二）常见的走姿训练

1. 标准走姿

要避免走路时前俯、后仰，或脚尖向外、向内呈"外八字""内八字"，步幅太小或双手反背。标准走姿如图1-65所示。

图1-65　标准走姿

2. 后退步

向他人告辞时，应先向后退两三步，再转身离去。退步时，脚要轻擦地面，不可高抬小腿，后退的步幅要小。转体时要先转身体，头稍候再转。

3. 侧身步

当走在前面引导来宾时，应尽量走在宾客的左前方。胯部朝向前行的方向，上身稍向右转体，左肩稍前，右肩稍后，侧身向着来宾，与来宾保持两三步的距离。当在较窄的路面或楼道中与人相遇时，也要采用侧身步，两肩一前一后，并将胸部转向他人，不可将后背转向他人。

4. 平行步

平行步走姿的注意要点是收腹、两眼平视前方、下颌微收、两臂前后摆动，两手离支撑腿的距离约15~20厘米，肘关节微屈。

训练初期在地上画好直线，练习者以立正姿势站好，出左脚时，脚跟着地，落于离直线5厘米处，迅速过渡到脚尖，脚尖稍向外，右脚动作同左脚，注意立腰、挺胸、展肩。

5. "一字步"走姿

在商务活动以及服务工作中，女士常见的走姿是"一字步"。"一字步"走姿的要领是行走时两脚内侧在一条直线上，两膝内侧相碰，收腰提臀，挺胸收腹，肩外展，头正颈直，下颌微收。

训练初期在地面上画好几根直线，练习者踩直线，以立正姿势站好，出左脚时，稍前送左胯，出右脚时，稍前送右胯，两脚踩在一条直线上。两臂自然摆动，前摆后摆距离相等，手半握拳，立腰，挺胸，收腹，沉肩，肩后展，两眼平视前方，头正，微收下颌，注意左右送胯时上体保持平稳，不可左右摇摆。

（三）不雅的走姿

1）方向不定，忽左忽右。

2）摇头、晃肩、扭臀。
3）"外八字"步和"内八字"步。
4）左顾右盼，重心后移或前移。
5）与多人走路时，或勾肩搭背，或奔跑蹦跳，或大声喊叫等。
6）双手反背于背后。
7）双手插入裤袋。

四、仪态礼仪——蹲姿

在日常生活中，当人们拿取、捡拾低处物品时，往往需要采用蹲姿。但是很多人却因不雅的蹲姿而破坏了个人形象，同时也令旁观者感到尴尬。

（一）标准的蹲姿

下蹲时注意两腿靠近，臀部始终向下。如果旁边站有他人，尽量使身体的侧面对着别人，保持头、胸和膝关节自然、大方、得体。

（二）常见的蹲姿

1．普通式

下蹲时，左脚在前，右脚稍后，两腿靠紧往下蹲。左脚全脚着地，小腿基本垂直于地面，右脚脚跟提起。脚掌着地。右膝低于左膝，右膝内侧靠于左小腿内侧，形成左膝高右膝低的姿势，臀部向下，基本上靠一只腿支撑身体。男士选用这种蹲姿时，两腿之间可有适当距离。男女普通式蹲姿如图1-66、图1-67所示。

图1-66　男士普通式蹲姿

图1-67　女士普通式蹲姿

2．交叉式

下蹲时右脚在前，左脚在后，右小腿基本垂直于地面，全脚着地。左腿在后与右腿交叉重叠，左膝由后面伸向右侧，左脚跟抬起，脚掌着地。两腿前后靠紧，合力支撑身体。臀部向下，上身稍前倾。此姿势较适合于女性，如图1-68所示。

（三）蹲姿的禁忌

1．忌方位失当

如正对或背对客人蹲下，会让对方感到尴尬或不便。

图1-68　交叉式蹲姿

2. 忌毫无遮掩

下蹲时，注意不要让背后的上衣自然上提，露出皮肤和内衣裤；女士无论采用哪种蹲姿，切忌两腿分开，既不雅观，更不礼貌。此外，下蹲的禁忌还有忌弓背撅臀、忌突然下蹲、忌离人过近、忌蹲着休息。错误蹲姿如图1-69、图1-70所示。

图1-69　错误蹲姿（男）

图1-70　错误蹲姿（女）

（四）优雅的取物姿态

1）靠近，让物品在右前方。
2）上身保持垂直地蹲下，略低头。
3）眼睛看着物品。
4）下蹲双膝一高一低。
5）下蹲速度不易突然、过快，不可东张西望。
6）避免露出内衣，穿裙装时应注意双腿并拢。

知识链接

一、手势训练

手势是商务服务工作中极富表现力的一种"体态语言"，是通过手和手指活动传递信息的，它作为信息传递方式不仅远远早于书面语言，甚至早于有声语言。商务人员正确地掌握和运用手势，可以增强感情的表达，提高服务效果。

1. 手势的规范标准

五指伸直并拢，注意将拇指并严。腕关节伸直，手与前臂成直线。做动作时，肘关节既不要成90°直角，也不要完全伸直，弯曲140°为宜，男性可用平行手。掌心斜向上方，手掌与地面成45°角。身体稍前倾，肩下压，眼睛随手走，位于头和腰之间。运用手势时，一定要目视来宾，面带微笑，体现出对宾客的尊重。

一般来说，掌心向上的手势有一种诚恳、尊重他人的意义，向下则不够坦率，缺乏诚意等，有时是权威性的，如对女士行礼，开会时领导要求"安静"等。

2. 手势的基本形式

1）横摆式。在商业服务中，表示"请"的意思时，经常采用手臂横摆式。以右手为例，具体动作要求如下：五指并拢伸直，掌心向上，手掌平面与地面呈45°，肘关节微曲为140°左右，腕关节要低于肘关节。做动作时，手从腹前抬起，至上腹部处，然后以肘关节为轴向右摆动。摆到身体右侧稍前的地方停住。注意不要将手臂摆到体侧或体后，同时身体和头部微微由左向右倾斜，视线也随之移动；双脚并拢或成右丁字步，左臂自然下垂或背在身后，目视客人，面带微笑。

2）直臂式。当给客人指示方向时，可采用横摆式，也可采用直臂式。

以左手为例，具体动作要求如下：五指并拢伸直，曲肘由身前向左斜前方抬起，抬到约与肩同高时，再向要指示的方向伸出前臂，身体微向左倾。与横摆式不同的是手臂高度与肩基本同高，肘关节伸直。

3）曲臂式。当工作人员一只手扶着门把手或电梯门，或一手拿着东西，同时又要做出"请"或指示方向的手势时，可采用曲臂式手势。以右手为例，具体动作要求如下：五指伸直并拢，从身体的右侧前方，由下向上抬起，抬至上臂离开身体105°时，以肘关节为轴，手臂由体侧向体前的左侧摆动，摆到距身体20厘米处停住，掌心向上，手指尖指向左方，头部随着客人的移动从右转向左方。

4）双臂横摆式。庆典活动来宾较多，向众多来宾表示"请"或指示方向时，可采用双臂横摆式。具体动作要求如下：两手五指分别伸直并拢，掌心向上，从腹前抬起至上腹部处，双手上下重叠，同时向身体两侧摆，摆至身体的侧前方，肘关节略微弯曲，上身稍向前倾，面带微笑，头微点，向客人致意。如果来宾站在某一侧，也可将两手臂向同一侧摆动。

3. "三位"手势训练

1）高位手势。高位：头（客人在5米以外）。

2）中位手势。中位：肩（客人在2~5米）。

3）低位手势。低位：腰（客人在1米左右）。

4. 常见的"三位"手势运用

1）请进，用中位手势。迎客时，站在一旁，先鞠躬问候，再抬手到身体的右前方。微笑友好地目视来宾，直到客人走过，再放下手臂。

2）引导，用中位手势。在客人的左前方2~3步前引路，尽量让客人走在路的中央，并且要与客人步伐保持一致，注意客人的反应，适当地做些介绍。如果要指引方向，先用语言回答来宾询问的内容，并用手势指出方向的位置，尽可能带来宾到适当的地方，再做手势，眼睛应同时兼顾到手指的方向和来宾，直到来宾表示清楚了，再把手臂放下。

3）请坐，采用低位手势。接待来宾入座时，一只手由体前抬起，从上向下摆动到距身体45°处，使手臂向下形成一条斜线，表示请入座。

4）请往高处看，采用高位手势。

5）里边请，采用中位手势。

二、表情礼仪训练

（一）微笑训练

1. 微笑是人际交往的通行证

微笑既是一种人际交往的技巧，也是一种礼节。它表现着友好、愉快、欢喜等情感，几乎在所有的商业服务都提供"微笑服务",微笑成了评价服务质量的重要标志。

2．笑容训练的具体要求

商务人员在工作中应表现出笑容可掬的神态:略带笑容,不显著、不出声,热情、亲切、和蔼,是内心喜悦的自然流露,而非傻笑、抿嘴笑、奸笑、大笑、狂笑等。

根据人际关系学家的观点,笑可以分为三种,①哈哈大笑,哈哈大笑时,嘴巴张得较大,上牙和下牙均露出,并发出"哈哈"之声;②轻笑,轻笑时嘴巴略微张开,一般下牙不露出,并发出轻微的声音;③微笑,微笑时,嘴巴不张开,上、下牙齿均不露出,也不发出声音,是一种笑不露齿的笑,仅仅是脸部肌肉的美丽运动,这也是微笑的具体要求。

(二)眼神训练

1．眼神运用的具体要求

1)正视客户的眼部,向客户行注目礼。接待客户时,无论是问话答话、递接物品、收找钱款,都必须以热情柔和的目光正视客户的眼部,向其行注目礼,使之感到亲切温暖。

2)视线要与客户保持相应的高度。在目光运用中,正视、平视的视线更能引起人的好感,显得礼貌和诚恳,应避免俯视、斜视。俯视会使对方感到傲慢不恭,斜视易被误解为轻挑。如站着的服务人员和坐着的客户说话,应稍微弯下身子,以求拉平视线;侧面有人问话,应先侧过脸去正视来客再答话。

3)运用目光向来客致意。当距离较远或人声嘈杂,言辞不易传达时,服务人员应用亲切的目光致意,不致使来客感到受冷落。

2．多种眼神的训练

1)柔和、亲切的眼神。

2)困惑、烦恼的眼神。

3)激动、兴奋的眼神。

4)高兴、快乐的眼神。

(三)微笑、眼神的训练方法

1)微笑训练以教师传授要领后学生个人对着镜子自我训练为主,学生对着镜子来调整和纠正"三度"微笑。

2)多想想微笑的好处,回忆美好的往事,发自内心地微笑。

3)发"一""七""茄子""威士忌"等音,使嘴角露出微笑。

4)把手指放在嘴角并向脸的上方轻轻上提,使脸部充满笑意。

5)同学之间通过打招呼、讲笑话来练习微笑,并相互纠正。

6)情景熏陶法,通过美妙的音乐创造良好的环境氛围,引导学生会心地微笑。

7)在眼神训练中,同样可采用面对镜子完成各种眼神练习的方法。

8)手张开举在眼前,手掌向上提并随之展开,随着手掌的上提、打开,使眼睛一下子睁大有神。

9)同学之间相互检测对方眼神是否运用恰当。

10)在综合训练时,在教师监督下学会正确运用表情,注意微笑与眼神协调的整体效果。不当之处由教师现场指出、修正。

案例分析

案例分析 1-6　请另谋高就

一次某公司招聘文秘人员，由于待遇优厚，应者如云。中文系毕业的小李同学前往面试，她的背景材料可能是最棒的：大学四年中，在各类刊物上发表了 3 万字的作品，内容有小说、诗歌、散文、评论、政论等，还为六家公司策划过周年庆典，一口英语表达也极为流利，书法也堪称佳作。小李五官端正，身材高挑、匀称。面试时，招聘者拿着她的材料等她进来。小李穿着迷你裙，露出藕段似的大腿，上身是露脐装，涂着鲜红的唇膏，轻盈地走到一位考官面前，不请自坐，随后跷起了二郎腿，笑眯眯地等着问话，孰料，三位招聘者互相交换了一下眼色，主考官说："李小姐，请下去等通知吧。"她喜形于色："好！"挎起小包飞跑出门。

思考：

（1）李小姐的应聘为什么会失败？

（2）服装美的最高境界是外在美和内在美的统一，你对这个问题是怎样理解的？

分析：①小李的着装不符合面试这种严肃的场合，面试者应穿职业套裙，而小李穿着迷你裙，上身是露脐装。②小李的仪容设计不得体，面试场合应以淡妆为主，而小李涂着鲜红的唇膏。③小李的仪态不符规范，面试者应得到面试官的允许方可入座，而小李是不请自坐；随后小李跷起了二郎腿，这是坐姿禁忌，是非常不礼貌的。小李笑眯眯地等着问话，也显得特不严肃。④小李喜形于色，挎起小包飞跑出门。这是面试禁忌，面试结束后面试者得体的做法是向面试官鞠躬致谢，轻轻走出面试室。

案例分析 1-7　不拘小节误大事

风景秀丽的某海滨城市的朝阳大街，高耸着一座宏伟楼房，楼顶上"远东贸易公司"六个大字格外醒目。某照明器材厂的业务员金先生按原计划，手拿企业新设计的照明器样品，兴冲冲地登上六楼，脸上的汗珠未及擦一下，便直接走进了业务部张经理的办公室，正在处理业务的张经理被吓了一跳。"对不起，这是我们企业设计的新产品，请您过目，"金先生说。张经理停下手中的工作，接过金先生递过的照明器，随口赞道："好漂亮呀！"并请金先生坐下，倒上一杯茶递给他，然后拿起照明器仔细研究起来。金先生看到张经理对新产品如此感兴趣，如释重负，便往沙发上一靠，跷起二郎腿，一边吸烟一边悠闲地环视着张经理的办公室。当张经理问他电源开关为什么装在这个位置时，金先生习惯性地用手搔了搔头皮。好多年了，别人一问他问题，他就会不自觉地用手去搔头皮。虽然金先生做了较详尽的解释，张经理还是有点半信半疑。谈到价格时，张经理强调："这个价格比我们预算的高出较多，能否再降低一些？"金先生回答："我们经理说了，这是最低价格，一分也不能再降了。"张经理沉默了半天没有开口。金先生却有点沉不住气。不由自主地拉松领带，眼睛盯着张经理，张经理皱了皱眉，问道："这种照明器的性能先进在什么地方？"金先生又搔了搔头皮，反反复复地说:"造型新,寿命长,节电。"张经理托辞离开了办公室,只剩下金先生一个人。金先生等了一会儿,感到无聊,便非常随便地抄起办公桌上的电话,同一个朋友闲谈起来。这时,门被推开,进来的却不是张经理,而是办公室秘书。

(资料资源:杨眉主编,《现代商务礼仪》东北财经大学出版社,2000年5月版)

思考:请指出金先生的问题出在哪儿?

分析:①在商务拜访中,应先与对方预约一下,然后再登门拜访,案例中的金先生没有这样做。②金先生在进张经理的办公室前应该先整理一下自己的仪容,把汗擦干净,进门之前应先敲门,等里面的人说"请进"以后,再进入。猛然闯进去吓人一跳是违背尊重他人的原则的,是不礼貌的。③金先生坐在沙发上是不应该跷二郎腿的,因为第一次见面,这样坐的姿势是不礼貌的。何况,金先生是去求人办事的,更不应这样做。也不应在没有经得主人的同意下吸烟。④习惯性地挠头皮的动作既不卫生,又让人感到作为一个推销人员的不自信和对自己的产品方面的业务知识的不熟悉。⑤随便用别人办公室的电话聊天是不对的。

实践训练

1. 各虚拟公司成员根据自己性别进行站姿训练,并将各种站姿练习拍照做成课件上交,在实训课上进行站姿作业展示。

2. 各虚拟公司成员根据自己性别进行坐姿训练,并将各种坐姿练习拍照做成课件上交,在实训课上进行坐姿作业展示。

课 后 训 练

一、简答题

1. 请简述商务人员站姿、坐姿、行姿、蹲姿的规范要求。
2. 请结合实际,谈谈商务人员在商务场合要避免哪些走姿、坐姿?

二、实训操作

1. 五人一小组,人人过关站姿考核,没有通过或做错的同学再随下一组考核,直至过关;教师示范男、女生不同的坐姿,同学分开练习,最后以小组对抗练习成果。

2. 五人一小组,人人过关坐姿考核,没有通过或做错的同学再随下一组考核,直至过关;教师示范坐姿,同学分开练习,最后以小组对抗练习成果。

3. 五人一小组(女生),人人过关蹲姿考核,没有通过或做错的同学再随下一组考核,直至过关;教师示范蹲姿,同学两人一小组训练。

三、案例分析

酒店老板与无赖

一个人走进酒店要了酒菜,吃完摸摸口袋发现忘带钱了,便对老板说"我今日忘带钱了,改日送来"。店老板连声"不碍事,不碍事"并恭敬地把他送出了门。

这个过程被一个无赖给看见了，他也进了饭店要了酒菜，吃完后摸了一下口袋对店老板说"我今日忘带钱了，改日送来"。

谁知店老板脸色一变，揪住他，非剥他的衣服不可。

无赖不服说："为什么刚才那人可以记账，我就不行？"

店家说："人家吃饭，筷子在桌子上放齐，喝酒一盅盅地筛，斯斯文文，吃罢掏出手绢揩嘴，是个有德行的人，岂能赖我几个钱，你呢？筷子在胸前放齐，狼吞虎咽，吃上瘾来，脚踏上条凳，端起酒壶直往嘴里灌，吃罢用袖子揩嘴，分明是个居无定所、食无定餐的无赖之徒，我岂能饶你！"

一席话，说得无赖哑口无言，只得留下外衣，狼狈而去。

读过这个案例之后，你可以得到什么启示？

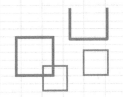

项目二
商务谈判准备

 项目导入

几年前,某日本商人在我国举办的农业加工机械展销会上,展出了国内几家工厂急需的关键性设备。于是某公司代表与日方代表开始谈判。按惯例,卖方首先报价,他们报出了1000万日元的高价。我方代表事先做了精心的准备,对这类产品的性能、成本及在国际市场上的销售行情了如指掌,立即判断出其价格的"水分",并马上拒绝说:根据我们对同类产品的了解,贵公司的报价只能作为一种参考,不能成为谈判的基础。日方代表没有料到我方代表会马上判断出价格过高,有点措手不及,便答非所问地介绍产品的性能与质量。

我方代表故意用提问法巧妙地问道:不知贵国生产同类产品的公司有几家,贵公司的产品价格高于贵国××品牌的依据是什么?中方代表的提问使日方代表非常吃惊,日方不便回答也无法回答。

最终中方主动提出休会,给对方一个台阶。当双方重新坐在谈判桌前时,日方主动削价10%,我方根据该产品近期在其他国家的行情,认为750万日元较合适。日商不同意,最后我方根据掌握的信息及准备的一些资料,让对方清楚,除他外还有其他一些合作伙伴。在我方坦诚、有理有据的说服下,双方最终握手成交。

此次谈判,中方代表之所以能占优势,是因为在谈判前做了充分的准备,对谈判有关的信息进行了充分的收集与整理。

此项目你需要了解:①谈判前要做好哪些准备工作?②如何做好这些准备工作?

▶ 知识目标

1. 了解商务谈判人员应具备的素质;
2. 掌握商务谈判团队组建的方法与原则;
3. 了解影响商务谈判的环境因素;
4. 掌握谈判计划的组成要素;
5. 了解商务谈判信息收集的原则、内容和方法。

▶ 能力目标

1. 能根据谈判内容组建商务谈判团队;
2. 能根据实际情况搜集相关的谈判信息;

3. 能制订商务谈判方案。

↘ 任务分解

任务一　组建商务谈判团队
任务二　收集商务谈判资料
任务三　制订商务谈判方案

任务一　组建商务谈判团队

参与商务谈判的成员构成一个整体，这个整体的每一个部分对其他部分都是有利的。整体具有高度的战斗力，可以及时适应环境，不断灵活变化阵形。商务谈判的目的是最终达成协议并增进双方之间的关系。用最合理的方式对团队成员进行搭配组合，使团队成员之间相互补充，从而产生源源不断的动力。

管理者们在组建商务谈判团队时，应根据项目需要配备专业人员（如技术、财务、法律、营销等人员），还要考虑本团队成员的性格是否具有互补性，以及能否与对方谈判团队成员的德行相协调等。

操作步骤及分析

一、确定谈判小组规模

组建谈判小组，首先要考虑的问题是应该选择多少人组成这一小组。谈判小组人数的多少应根据谈判项目的实际需要和谈判性质来确定，不宜过多，可以是一个人，也可以是多人。金额小、老客户、内容简单的谈判可以是一个人；金额大、新客户、内容复杂的谈判就需要多人参与。

具体说来，谈判小组规模的确定，应遵循以下几项原则。

1. 依据项目大小和难易程度来确定谈判小组规模

如果是一对一的谈判，对于参与谈判的人的要求是很高的，因为他单独谈判时，代表着一个小组和整个谈判的某一方。所以谈判人员应该把自己训练成多方面的专家。

但是当项目很大、很复杂，涉及多方利益，靠一个人的力量就很难完成谈判任务，需要考虑选派一个小组来完成谈判任务。小组谈判的好处在于：许多不同知识背景的人参加谈判，能够集思广益，增加谈判成功的把握。

2. 依据项目的重要程度来确定谈判小组

一些大型的、内容复杂的交易，比如大宗涉外业务项目等，必须组织一个强有力的谈判小组负责进行谈判。通常情况下，过多的人参加或单独谈判对于重大项目来讲都较为不利，最好是组成一个人数适中的小组。从大多数的谈判实践来看，工作效率比较高的谈判人数规模在 4 人左右，最多不超过 8 人。因为这样便于管理、便于有效的沟通。

3. 依据谈判对手的特点配备谈判人员

通常，客商的商务谈判人员是由雇主聘请技术咨询顾问，负责审查商品的质量、性能指标并提出修改意见,以满足特殊要求;聘请法律顾问洽谈商务条件,然后运作出最佳方案让雇主决定。己方配备的谈判人员必须与之匹配,做到对等、对口。

二、明确谈判小组人员构成

在一般商务谈判中,所需的专业知识大体上可以概括为以下几个方面:一是工程技术方面的知识;二是价格、支付条件、交货、风险划分等商务方面的知识;三是合同权利义务等法律方面的知识;四是语言翻译方面的知识。

根据上述专业知识的需要,一支谈判队伍应包括以下几方面人员。

1. 技术人员

熟悉生产技术、产品性能和技术发展动态的技术人员,在谈判中负责有关产品性能、技术质量标准、产品验收、技术服务等问题的谈判,也可与商务人员密切配合,为价格决策做参谋。

2. 商务人员

熟悉交易惯例、价格谈判条件,了解交易行情,可由有经验的业务员或厂长经理担任。

3. 法律人员

律师或学习经济、法律专业知识的人员,通常由特聘律师、企业法律顾问或熟悉有关法律规定的人员担任。

4. 财务人员

由熟悉成本情况、支付方式及金融知识,具有较强财务核算能力的会计人员担任。

5. 翻译人员

熟悉外语和有关知识,善于与人紧密配合,工作积极,纪律性强的人员。

6. 谈判队伍领导人

可以委派专人,或者从上述人员中选择合适的人员担任。

7. 记录人员

一般由上述各类中的人员兼任,也可以委派专人担任。

根据谈判的复杂程度,参加谈判的上述人员可多可少,少的一人身兼数职,多的可分几个小组,如商务小组、技术小组、法律小组等,各自负责自己领域的谈判。

商务谈判人员的构成原则:一是少而精原则;二是层次分明原则,即分工明确;三是具有法人资格,即谈判者中应有法人或法人代表。

三、选拔谈判小组人员

根据谈判规模,明确了谈判小组人员的构成后,就要进行具体人员的选拔,在选拔过程中,主要考虑商务谈判人员的个体素质和能力,具体包括以下几个方面。

1. 忠于职守、平等互惠、团队意识

作为谈判人员,必须要有高度的责任心和事业心,自觉遵守组织纪律,维护组织利益;必须严守组织机密,不能自作主张,毫无防范,口无遮拦;要一致对外,积极主动。优秀谈判人员的理念是一旦坐到谈判桌前,就要彼此尊重,并在此基础上展开智勇较量。但最终目的不是谁压倒谁,也不是置对方于死地,而是通过沟通和协商,使双方都能满足己方的基本要求，达成一致。双方采取高境界的积极行为，力求公平合理的谈判结果。

2．观察判断能力

谈判人员不但要善于察言观色，还要具备对所见所闻做出正确的分析和判断的能力。观察判断是商务谈判中了解对方的主要途径。例如，在"第二次世界大战"中，德军的一位参谋根据法军阵地附近的坟地上出现的一只波斯猫，判断出坟地下肯定有法军的指挥部，从而一举摧毁了法军的指挥部。因为战争期间，普通士兵是不会养这种高贵的猫的；而这只猫每天上午9点准时到坟地上晒太阳，肯定他的主人离坟地不远。可见，只有通过准确、仔细的观察判断，才能为了解对方、辨别信息真伪提供强有力的依据。

那么，在谈判中如何锻炼自己的观察能力呢？比如你的对手是个爱抽烟的人，当他点烟的时候是暗示你停止谈话的信号。等他开始吞云吐雾时，你可接上刚才的话题。如果他不停地抽烟，你可以有技巧地在他拿起烟的时候，适时地递上一份文件或报表，或其他能令他参与谈判的东西，那样，他就不好意思再享受抽烟了。

3．灵活的现场调控能力

善于应变、权宜通达、机动进取是谈判者必备的能力。随着双方力量的变化和谈判的进展，谈判中可能会出现比较大的变动。如果谈判人员墨守成规，那么谈判要么陷入僵局，要么破裂。所以，优秀的谈判人员要善于因时、因地、因事，随机应变。著名的主持人杨澜在现场调控能力方面的灵活表现令人拍案叫绝。一次，杨澜在广州天河体育中心主持大型文艺晚会。节目进行到中途，她在下台阶时不小心摔了下来。正当观众为这种意外情况吃惊时，她从容地站起来，诙谐地说："真是人有失足、马有失蹄啊！刚才我这个狮子滚绣球的表演还不太到位，看来，我这次表演的台阶还不太好下。不过，台上的表演比我精彩得多。不信，你看他们！"

观众听到她略带自嘲的即兴发挥，忍不住大笑起来。这样，杨澜就巧妙地把观众的注意力吸引到了台上。

4．巧妙的语言表达能力

谈判重在谈，谈判的过程也就是谈话的过程，得体的谈判语言能力至关重要。所以，谈判人员必须能娴熟地驾驭语言。古今中外，许多著名的谈判大师也都是出色的语言艺术家。

有一次，美国和苏联关于限制战略武器的协定刚刚签署，基辛格向随行的美国记者介绍情况。当谈到苏联生产的导弹大约是每年250枚时，这位随行的美国记者问："美国大约每年生产多少枚导弹？"

基辛格回答说："数目我虽知道，但我不知道是否要保密？"

该记者回答："不保密。"

基辛格立即反问道："那么，请你告诉我，是多少枚呢？"

在回答那些应该回避的问题时，为了使自己不陷入尴尬的境地，巧妙地运用语言的魅力，可以避免对抗性谈判。

5．高度的自信心和创造力

优秀的谈判者往往有一定的创造力，有丰富的想象力，有勇于拼搏的精神、顽强的意志和毅力。他们愿意接受不确定性，敢于冒险，把谈判看成一次竞技，要大展身手，与对手好好较量一番。

在他们看来，拒绝是谈判的开始，越有竞争性就越勇敢，有胆识去冒险，争取更好的目标。所以，他们从来不在谈判之前就锁定自己的方案。在认真执行计划的同时，他们会努力拓展自己的想象空间。即便是在双方达成一致的基础上，他们也会寻找达成协议的更好的选择。

6．心理承受能力

谈判人员宽广的心胸，良好的修养能为双方进行观点的表述搭建一个稳固的平台。他们通常都具有极高的涵养，在顺境时不骄不躁，不目中无人；在逆境时保持良好的进取心态，不把自己的缺点和错误强加给别人；当别人侮辱自己时，不以牙还牙，而是宽大为怀，用智慧来应对。具有这种非凡气质的谈判人员，那种自然流露出来的力量会使对方在心理上不敢轻视。

7．注重礼仪

礼仪作为一种道德规范，是人类文明的重要表现形式。任何行业都有一定的礼仪规范。在谈判中，礼仪作为交际规范，是对客人的尊重，也是谈判人员必备的基本素养。

在谈判桌上，一个谈判者彬彬有礼、举止坦诚、格调高雅，往往能给人带来赏心悦目的感觉，能为谈判营造一种和平友好的气氛。反之，谈判者的无知和疏忽不仅会使谈判破裂，而且还会产生恶劣的影响。因此，谈判的不同阶段要遵循一定的礼仪规范。

8．身体素质好

商务谈判往往是一项牵涉面广、经历时间长、节奏紧张、压力大、耗费谈判人员体力和精力的工作。特别是赴国外谈判，还要遭受旅途颠簸之苦；若接待客商来访，则要尽地主之谊，承受迎送接待、安排活动之累。所有这些都要求谈判人员必须具备良好的身体素质，同时也是谈判人员保持顽强意志力与敏捷思维的基础。

商务谈判涉及巨大的经济利益，所以谈判人员必须博学多才，掌握一定的谈判技能。将彼此双方的利益置于首位，努力实现双赢。具备了这些素质和能力，你也能成为谈判高手，就可以在谈判场上尽情驰骋了！

知识链接

商务谈判者心理是商务谈判者围绕谈判活动所形成的各种心理现象及心态反应。它不仅影响着谈判者的行为举止，也直接关系谈判的成功与否。

一、掌握和了解商务谈判者心理

商务活动中，谈判者的各种心理活动具有内隐性、相对稳定性和个性差异性。谈判人员了解和掌握商务谈判者心理的意义包括：

1）有助于培养商务人员自身良好的心理素质。

2）有助于揣摩谈判对手的心理，实施心理诱导。

3）有助于恰当地表达和掩饰自己的心理。

4）有助于营造良好的谈判气氛。

二、把握并利用商务谈判活动的需要与动机

需要是缺乏某种东西时产生的一种主观状态，是人对某种客观事物需求的反应。商务谈判需要是商务谈判客观需求在谈判人员头脑中的反映。

马斯洛的需要层次理论将人的需要分为五个层次：
① 生理的需要，即衣食住行等基本的生存需要。
② 安全的需要，即保护人身、财产安全和防备失业的需要。
③ 社会的需要，即希望被群体所接受从而有归宿感和获得爱情的需要。
④ 尊重的需要，即实现自尊、赢得赏识、获得好评和地位等的需要。
⑤ 自我实现的需要，即充分发挥个人的能力，实现理想和抱负，取得成就的需要。

1．谈判中的生理的需要

谈判是一项花费脑力、体力且劳动强度较大的工作。谈判人员必须吃得好，穿戴整洁，住得舒适，外出行动方便。

2．谈判中的安全和寻求保障的需要

谈判中的安全和寻求保障的需要体现在人身安全和地位安全方面。主场谈判，对来宾提供专车接送、陪同参观等服务，会给对方一种安全感。

3．谈判中的爱与归宿的需要

谈判中的爱与归宿的需要体现在对友谊、对建立友好关系的希望，以及对本组织的依赖并希望加强内部的团结与凝聚力。谈判中要利用一切机会促成和发展与对方的友谊，如为对方举行家宴，邀请对方参加联欢、赠送礼品等。对谈判小组的负责人来讲，保持组织的高度团结协作是他的职责之一。内求团结、外讲友好，这样才能满足谈判人员对爱与归宿的需要。

4．谈判中的获得尊重的需要

1）身份地位的尊重：接待的礼节要符合规格要求，特别是在双方人员的级别职务上要讲究对等。

2）学识能力的尊重：在谈判过程中，对方可能会在某些概念上进行混淆，或者搅乱谈判的秩序与思路。这时不要有意指责对方学识浅薄、能力低下，只要将搞错的事实进行澄清、理顺就行。在谈判中尊重对方是对己方有好处的，对方会受到尊重的约束，而不去做不令人尊重的事。

案例 2-1　尊重的价值

某国内企业为了引进一套先进的技术设备而同时与几家外国公司接触谈判，其中一家是国际著名公司，中方在与这家公司谈判时向对方说："贵公司在国际上的知名度很高，我们信得过你们，也很想与你们做成这笔交易，但令人很遗憾的是贵公司在谈判中提出的交易条件与其他几家公司相比，实在不具备竞争力，看来我们只好找其他公司了。这笔生意本身做成与否不是什么大问题，但贵公司声誉的损失可是大事，请诸位考虑一下，以贵公司的实力和在金融界所享有的声誉，居然败给其他无名的公司，其影响和后果是可想而知的。"

中方的这番话非常尊重对方，并从对方的角度指出了其目前的行动后果，最后该公司权衡再三，为了维护企业的声誉而大幅度降低了交易条件。

5．谈判中的自我实现的需要

这是最高层次的需要，也是最难满足的需要。难在对方是根据其在谈判中取得的成绩来体现和评价自我实现的需要是否得到满足。而谈判中的成绩实际上是通过谈判而获得的利益。这就意味着对方自我实现的需要与我方的利益相矛盾。由此我们可以想到，在对方通过谈判可能获得较少利益的情况下，我方可以通过强调种种客观上对他不利的条件，赞赏他主观上所做的努力和过人的能力，使他的内心得到平衡，从而使自我实现的需要得以满足。为此我方并没牺牲自己的利益，可以说是一种圆满的解决办法。在谈判过程中对方处于不利的地位，在结束时对方只能获得较少利益的情况下，适当掩饰一下自己所获得的利益，尽可能当着他的上司和同事赞赏他主观上所做的努力与工作精神，使他从愧对上司和同事的心态中走出来。事后，他会格外地感谢你。

三、利用商务谈判中的需求

需求产生动机，动机指导行为。需求有不同的种类和层次。我们在谈判中要深入分析对方的需求，只有掌握了对方的需求资料，才能使谈判有的放矢，取得实效。因此，要对对方当前的主导需求、需求满足的状况、需求满足的可替代性进行充分的调查。

1．主导需求

对方急切的需求往往是一种主导需求。

2．需求满足的状况

主导需求得到满足后，其主导需求会发生转移。某种主导需求未得到满足，谈判者对相关项目的谈判力度仍然不会减弱，这些都会对谈判产生影响。

3．需求满足的可替代性

如果谈判对手只能选取唯一的谈判对象来满足需求，同时会受制于唯一的谈判对象，仅此一家别无选择，需求满足的可替代性弱，那么成交的可能性大。需求满足的可替代性强，可货比三家，与某一谈判方达成协议的确定性就差。

四、了解并利用商务谈判人员的个性

1．气质类型与谈判

（1）多血质谈判者　其特征是活泼好动、灵活多变，表现为自信、善于社交，不断发表见解和要求，以积极的态度和诚意来谋求利益。弱点在于注意力不易持久，兴趣多变，不善于发现和注意谈判中的某些细节，性子急，不适合长时间的谈判。

（2）胆汁质谈判者　其特征是热情率直、急躁冲动，表现为反应迅速，精力充沛，但不灵活，不易改变自己的决定。工作起来全神贯注，有效率，喜欢提问题和建议。但致命的弱点是做事毛躁，忍耐性差，易发火，但一转身又笑容可掬向你问好，好像什么事都没有发生一样。因此在同这类人谈判时，言行一定要慎重，态度要平和，决不能用语言刺激对方。与这种类型的谈判对手交手，往往气氛比较紧张，但达成协议比较迅速。

（3）黏液质谈判对手　其特征是安静沉着，表现为沉默寡言，注意力稳定，情绪不宜外露，善于忍耐，但反应缓慢。这类人在谈判中从容不迫，很少显示紧张慌乱的神情，善于控制自己，有很强的自信心和影响力。一旦做出决定很少受外界因素干扰。但比较内向，不善于交际，缺乏热情，有时会错过极好的交易机会。总的来说是一种较理想的谈判气质类型。

（4）抑郁质谈判者　其特征是孤僻多疑，行动迟缓。观察问题深入细致，体验深刻，但不易相处，慎重多疑，往往能发现不宜察觉的细微之处，对合同条款千思万虑，反复推敲，不轻易下结论。多疑在关键时刻常会导致优柔寡断，反复不定。与这类人交手，要有一定的耐心。

2．性格与谈判

性格有内向和外向之分。在谈判中人的性格可分为四类。

（1）权力型　一是对权力和成就热烈追求，在谈判中想尽一切办法使自己成为权力的中心，充分利用手中的权力向对方讨价还价；二是敢冒风险，喜欢挑战；三是急于成功，决策果断。这类谈判者因为追求权力和成就，会为了实现目标不惜一切代价，对对方缺乏同情，因此在谈判中是最难对付的一类。

（2）关系型　一是具有良好的人际关系；二是考虑问题全面，十分注重谈判双方的面子问题，即使不同意对方的意见也不会直接拒绝，使对方下不了台，而是想尽办法说服对方；三是善于发现和利用对方的弱点。这类谈判对手正因为过分热心于与对方搞好关系，往往会忽略必要的进攻和反击。

（3）顺从型　一是对上级的命令绝对服从，毫无怨言；二是工作方法一成不变，喜欢有秩序、没有太大波折的谈判，在特定的局部领域，工作起来得心应手，有效率；三是缺乏创造性，缺少想象能力和决策能力，不愿意接受挑战，易顺从他人的意见，安于现状是他们最大的愿望。

（4）疑虑型　一是凡事都要怀疑，只要是对方提出的，不管是否有利，都要怀疑和反对；二是决策犹豫，对问题考虑慎重，不轻易下结论，不能当机立断，拿不定主意。

3．能力与谈判

谈判能力是谈判人员具有的可以使谈判活动顺利进行的个性特征。

（1）观察能力　"眼观六路，耳听八方。"伯明翰大学的艾文·格兰博士说："要留心椭圆形的笑容。"因为这不是发自内心的，是皮笑肉不笑。

（2）决断能力　决断能力与风险有关，决断准确，风险减小；反之，风险变大。谈判人员要在学习和实践两方面多下功夫，提高自己的决断能力。

（3）语言表达能力　语言包括口头语言和书面语言，都应具有规范性、准确性和艺术性。谈判贵在谈，谈得好坏与谈判结果有着密切的关系。沙特阿拉伯的石油大亨亚马尼精通谈判的语言艺术。有位美国的石油商曾经这样评价他——亚马尼在谈判中总是轻声细雨，决不高声恫吓。但最厉害的一招是心平气和地重复一个又一个问题，最后把你搞得筋疲力尽，不得不把自己的"祖奶奶"都拱手让出去。他是与我打交道的人中最难对付的谈判对手。

（4）应变能力　应变能力是对突发性和意外性事件进行紧急处理的能力。在谈判中，经常会遇到一些令人意想不到的异常情况。

五、商务谈判心理的实用技巧

（一）善于利用谈判期望心理

谈判期望是指谈判者在一定时期内达到一定的谈判目标，以满足谈判需要的心理活动。

1．谈判期望强度的利用

谈判者认为实现目标的可能性大、期望强，就会对谈判付出积极的努力。当谈判者对谈判有很强的期望时，往往会不惜代价。在谈判中随时注意了解谈判对手的期望强度，可使我方做出正确的谈判决策，决定是否让步，何时让步，可以调节谈判对手的谈判欲望。

2．谈判期望目标效用的利用

同样的东西对不同人的价值是不一样的，这是效用问题。一般说来效用高的报价目标总是比效用低的报价目标更受谈判者的追求。在谈判中，与对方期望目标或期望水平偏差太大的报价可能无法激起谈判者的欲望，导致谈判流产。

同时，效用也是一种主观判断，当对方对效用缺乏认识时，应给予解说，提高对方对目标效用的评价。在实行组合报价时，把几个效用大的报价目标组合在一起，易于使谈判对手让步和接纳。

（二）正确利用谈判中的感觉、知觉

1．第一印象

在谈判中我们要注意给对方的第一印象，应该做到精神饱满，举止文明得体，善于表达而不失沉稳，平易近人，富有竞争能力。良好的第一印象能够为日后彼此间的进一步接触、搞好关系和进行谈判打下良好的基础。为此要特别注重第一印象，给对方留下好的第一印象。同时我们在认识对方时也要避免第一印象造成的认识上的片面性。

2．晕轮效应

晕轮效应往往使观察者只看到一个人突出的品质、特征，而看不到其他的品质、特征，从而从一点出发做出对整个面貌的判断，导致以偏概全。

3．刻板（成见效应）

人的知觉具有对人进行归类定型的习惯，人的这一知觉叫作刻板或定型。其原因包括：①谈判人员把自己的经验教条化，以不变应万变；②谈判人员把自己在过去谈判接触中的感受无限地延伸和扩大，使之固定化。刻板容易导致偏见。商务谈判时有人故意造成刻板的假象迷惑你，我们要做到"眼观六路，耳听八方"，透过现象看本质。

（三）适当调控商务谈判的情绪

情绪调控策略主要有以下几点。

1．攻心术

这是指使对方感情、心理上不舒服或软化，使对方放松警惕而做出错误的决策。常见的形式有：

1）以愤怒、指责的情绪使对方感到强大的心理压力，在对方惶惑之际迫使对方让步。
2）以人身攻击来激怒对方，严重破坏谈判对手的情绪和理智。

3）以眼泪或可怜相等软化方式引起对手同情、怜悯而让步。
4）献媚讨好对方，使对方忘乎所以地做出施舍。

2．红白脸策略

"红脸"表现出温和友好、通情达理的谈判态度，以换取对方的让步；"白脸"通常吹毛求疵，与人争辩，极力从对方手中争夺利益。

3．情绪调控的原则

1）注意保持冷静、清醒的头脑。
2）要保持正确的谈判动机。
3）将人和事分开，对事不对人。

（四）正确理解身体语言

1．眼睛

1）眼睛直视，表示关注和坦白。
2）在倾听时，不时地眨眼睛，表示赞同；眼帘略低垂，表示默认。
3）沉默中眼睛时而开合，表明他对你的话已不感兴趣，甚至是厌倦。
4）若目光左顾右盼，表明对你的话已心不在焉。
5）若对方说话时望着我方，表明对自己所说的话有把握。

2．脸色、表情

1）面红耳赤是因为激动，脸色苍白是因为过度激动或身体不适，脸色铁青是因为生气或愤怒。
2）谈判人员用笔在白纸上乱画、眼皮不抬、表情麻木，这表示厌倦。

3．嘴巴

1）嘴唇肌肉紧张，表示拒绝，或有防备、预防心理。
2）嘴巴微微张开，嘴角朝两边拉开，脸部肌肉放松，这是友好的表现。
3）嘴巴呈小圆形开口张开，脸部肌肉放松，这是近人情的表现。
4）嘴巴后拉，嘴唇呈椭圆形的笑，是狞笑，有奸诈之意藏于其后。

4．手

1）一般情况下，摊开双手表示真诚，给人胸怀坦诚、说实话的感觉。
2）除非双方是亲密的朋友，不然则与对方保持一定的距离，双手交叉于胸前，是具有设防的心理。若交谈一段时间后仍出现这种姿势，表明对对方的意见持否定态度。
3）用手摸下巴、胡子，表明对提出的材料感兴趣并认真地思考。
4）在谈判中自觉不自觉地把手扭来扭去，或将手指放在嘴边轻声吹口哨，表明紧张、不安。

5．腿脚

1）恐惧和紧张时，双腿会不自觉地夹紧，双脚不住地上下颤动或左右晃动。
2）表面专注听讲的人，而双腿却在不住地变换姿势或用一只脚的脚尖去摩擦另一条腿的小腿肚，那就表明其实他已经很不耐烦了。

6．其他

从容而谨慎的言谈表明说话充满自信、舒展自如。勉强、快速或支吾说话表示说话者紧张。忧郁、坐立不安表示缺乏自信。把笔收好，整理衣服和发饰，表明已做好结束会谈的准备。

 案例分析

案例分析 2-1　组建商务谈判小组

新星公司是A市的一个电视机生产企业，该公司近年来发展迅速，技术先进，产品名气较响，在国内同行业中名列前茅。

最近新星公司获得一个重要的市场信息：B市有计划引进电视机生产线。为了扩大产品在国内市场的份额，新星公司决定参加B市电视机生产线引进项目的竞争。新星公司决定抽调人员组成一个谈判小组，专门负责该项目的谈判。经公司领导会议研究做出如下决定：

谈判小组组长：新星公司负责技术的副总经理兼总工程师廖杰，谈判的总负责人，负责整个谈判的活动。在礼宾场合，他是主角；在谈判桌上，以"旁听"身份出现，充分发挥主谈人的作用；在谈判出现僵局时，适时出面斡旋，打破谈判僵局，推动谈判；紧密跟踪谈判全局，随时指导与调度，确保谈判顺利进行。

谈判小组主谈：市场营销部经理施明浩，与谈判组长配合、组织对外的谈判，如价格、支付、交货、保险、保证等条件的谈判，并订立合同；配合技术人员谈判相关技术条件，并订立相应的技术附件。

谈判小组成员：技术部经理唐超、动力设备部副经理何英、市工程设计院工艺室主任王克强、新星公司常年法律顾问李银华先生等。

谈判小组成员分工如下：

技术部经理唐超负责产品设计和制作工艺的技术资料的准备及谈判，并撰写合同项目的产品大纲、工艺技术条件等附件，配合市场营销部经理施明浩谈判交易的技术价格。

动力设备部副经理何英负责交易项目所需动力（水、电、气）的制造系统性能的确认及文字撰写，并入合同技术附件中；同时配合市场营销部经理施明浩谈判该部分供货的价格。

市工程设计院工艺室主任王克强负责工厂与设计院的联络，并负责组织交易项目有关工程方面的所有工作。例如，工艺流程图、工艺平面布置、工艺条件（上下水、采暖、通风、空调净化、三废处理）、动力条件（水、电、气）保证等工艺设计条件；厂址选择、厂房结构、取材、面积、施工图等土建设计条件。

常年法律顾问李银华负责核对所有合同正文和技术附件文字表述的准确性、完整性。必要时，协助主谈和技术人员谈判合同、附件的条款并撰写成文。

谈判小组组建完成后，由廖副总经理带队前往B市进行谈判。

分析：在一场正式的商务谈判开始之前，公司都会有针对性地抽调人员组建谈判小组，一方面要注意知识、专长的结合，人员气质的结合；另一方面还要注意公司内部职位与谈判小组职位的设置与分工。

案例分析 2-2

A方商人和B方商人进行一次谈判。由于A方的商人对B方的谈判代表及其公司的情况不够了解，因此，在第一次接触时，A方的代表故意不谈生意，只是谈了许多不太相关的事，给B方造成一种轻松的感觉，使他们放松警惕。A方却在这些看似闲聊的谈话中从各个侧面了解到B方的谈判目的和意图。

为了更好地实现谈判目的，摸清每一个谈判对手的情况，A方甚至请来一位有名的性格分析专家在一旁观察，分析对方每个成员的个性特征。会晤结束时，A方的负责人请B方代表每人给他签名留念。会晤后，这些签名将给那位性格分析专家做笔迹分析用，以便更全面地了解对方。

晚上，A方宴请B方，在宴会和之后的娱乐活动中，A方采取一个盯住一个的做法，派出了自己的谈判问题研究分析人员，深入了解B方的详细情况。

B方的谈判代表都休息后，A方全体人员连夜开会。性格分析专家已写出了关于B方每一个谈判代表的性格分析报告；其他人也都将他们各自了解的情况写出了报告。情况汇总后，他们便有针对性地研究新的谈判策略，对每一个细节都做了详尽的安排。

经过了一个不眠之夜的性格分析和策略准备，第二天，A方在谈判桌上轻松地实现了谈判目标。这是运用性格分析取得谈判成功的一个典型例子。

分析：商务谈判人员要具备良好的心理素质和敏锐的观察分析能力，博学多才，善于分析谈判对手的心理，通过观察谈判对手的言行，分析谈判对手的性格，制定相应的策略，取得谈判成功。

实践训练

宁波一家机电出口公司欲出口一批电动机到印度，通过往来函电与印度这家进口公司进行了好几轮磋商后，准备到印度与这家进口公司进行面对面磋商，签订进出口合同，请你做好谈判小组的组建工作。

课后训练

一、简答题

1．组建商务谈判小组团队，需要考虑哪些因素？
2．谈判小组的规模如何确定？
3．一个中型规模的谈判小组应有哪些人员构成？
4．选择谈判人员时，应着重考察哪些素质和能力？

二、实训操作

学生分成若干个谈判小组，代表不同的供货厂家和沃尔玛超市，通过洽谈成为沃尔玛超市的供货商。每个谈判小组应包括谈判小组长、主谈人、业务经理、记录员、幕后指挥人员等。每个小组选出各自的谈判人员并安排相应的职务及其在谈判中的角色，明确每个小组成员的职责。

三、案例分析

A 工厂要引进环形灯生产技术及设备，并委托 N 进出口公司与日本 H 公司开始了谈判，N 公司从 A 工厂处知道：贵州 B 工厂、辽宁 C 工厂、江苏 D 工厂也有该计划。A 工厂担心把市场价格抬起来，N 公司建议把所有公司联合起来一起谈判，A 工厂表示同意。N 公司与各家联系后，建议在北京开会商讨联合对外谈判的可能。B 厂、C 厂、D 厂相关人员认为这是好事。有的厂正缺这方面的技术信息，有的厂虽也在与国外公司接触，但尚处在探讨阶段。于是各单位约定在北京联合会谈。

四家工厂与 N 公司在北京开会交流了信息。各家引进技术范围略有不同，资金预算也不同。国外供应商在日本有两家，欧洲有一家。这三家均来过中国，与四家中的某几家分别有过接触或技术交流，有的已成为老朋友。根据这些情况，联合谈判班子统一了谈判方案及谈判日程。

联合谈判班子邀请了国外三家主要供应商到北京谈判。第一轮下来，彼此建立了关系也加深了了解，但对于这"一揽子"方案，国外三家公司的态度有些保留，对谈判条件咬得较紧，使谈判进度放慢。有的外商干脆终止了谈判。

在联合谈判班子研究如何破除僵局时，有的外商主动找到外地的工厂，借参观为名与其熟悉的、感兴趣的工厂进行了接触，接触过程中表示了某些优惠条件。相关工厂看到来者比联合谈判时给的条件还好，心里很高兴，双方在工厂直接从外商处获得的交易条件较满意后，即提出是否还联合的问题。其他外商和工厂看联合谈判班子有分裂，对统一谈判代表态度反而更强硬，使谈判僵局更加混乱。

N 公司知道这些情况后，与各工厂代表协商，但彼此均为独立法人，也不是上下级关系，有意见只能说说而已。工厂代表一看 N 公司也奈何不了他们，而外商都表示"友好"，自觉继续下去好处不大，于是提出了退出的要求。N 公司眼看联合四分五裂，却束手无策，只剩与 A 工厂代表叹息的份。

思考：
（1）这次联合谈判为什么没有取得成功？
（2）怎样可以避免类似的情况发生？

任务二　收集商务谈判资料

商务谈判前，组建好了商务谈判小组，接下来谈判小组成员就要分头收集本次商务谈判所需的一些资料，并对这些资料进行分析、整理，并在小组成员之间进行交流、传递，使小组每个成员对谈判所涉及的信息都充分了解，并做好保密工作。

操作步骤及分析

一、收集商务谈判信息

商务谈判前，对信息的收集是商务谈判中很重要的一项准备工作。值得注意的是，这里的信息收集并不仅仅指对谈判对方企业的信息收集,还包括对本方企业本次谈判中涉及的信息的收集,以及整个行业相关信息的收集。这就是我们通常所说的"知己知彼,百战百胜"。

1. 收集商务谈判信息的内容

在商务谈判前,首先要了解对方的底牌是什么,对方的谈判策略又是什么。谈判是双方心理素质的较量,也是谈判技巧、专业知识与信息收集能力的较量,谈判过程充满了变数和陷阱,只有"知己知彼",才能够"百战不殆"。磨刀不误砍柴工,漫长的谈判需要更为漫长的准备工作,其中信息的收集是谈判前重要的一项工作,往往决定了谈判的结果,但很多谈判代表由于准备工作做得不充分,常常输在起跑线上,却浑然不知。

(1) 谈判对手信息的收集

谈判对手的信息由对方企业和谈判代表两方面组成。

对方企业信息主要偏重于企业背景、企业规模、资金情况、信誉等级、经营状况及经营战略等方面资料。此外,与谈判相关的对方信息也需要详细地调查,例如,对方的销售政策、销售组织、价格政策、行业地位、市场份额等。

对方谈判代表的个人资料,包括企业职位、授权范围、职业背景、谈判风格及性格爱好等。作为本方企业的谈判代表,在日常的工作和生活中应该时刻关注相关行业信息的演变并持续进行系统性的收集,其中同行企业和潜在合作者的信息尤为重要。谈判对手信息的收集不是一日之功,只有日积月累、坚持不懈才会有最终的收获,任何一次谈判的日程安排都是紧凑的,临阵磨枪只会使你失去先机。

摸清谈判对手的最后谈判期限。双方在谈判前一定会结合本企业的需要制订谈判的期限,谈判期限短的一方压力大,让步的幅度也会随之增大,在谈判结束前往往会出现一些重要让步,所以如果你在前期调查出对方的谈判期限,会在谈判的过程中占据优势地位。在谈判桌上也可以摸清楚对方的期限,你可以通过对方的言谈举止以及谈判的速度来判断。通常你要掩饰本方的谈判期限,避免对方对此施加压力,在本方拥有谈判的绝对优势时,也会向对方公开自己的最后期限,以增加对方的压力,这是一种有效的谈判策略。

在上述信息收集的基础上,对下列问题进行思考和准备:

- 预估对方在谈判中的各项指标;
- 对方的谈判策略和最期望达到的利益以及最低能接受的底线;
- 对方的第一、第二替代方案分别是什么;
- 对方可能做出哪些让步,幅度有多大;
- 哪些是绝不会妥协的原则问题;
- 如果在某一问题上分歧过大,导致谈判被迫终止,这时对方的压力有多大,会对他们产生何种影响。

有时在一场艰难的谈判后,你突然发现对方谈判代表并没有相应的决策权,需要向他的上一级管理者汇报,你长时间的说服工作无异于在浪费时间,这时你除了无奈地愤怒外并没有其他可行的办法。为了避免这种局面的发生,在准备期间你就要尽可能确定谁是真正的决策者,是某一个人还是类似董事会的一个团体。当然,这种信息的确很难获取,你可以通过与对方公司员工进行非正式的接触获得信息,也可以在谈判开始前向对方询问:

"如果我们的意见达成一致,你是否有权对此做出决定。"如果对方没有相应的决定权,那么可以要求对方决策者出席,你可以说:"我方决策者已经出席,为了便于双方的沟通、节省时间,我方希望贵公司的决策者也能够出席此次谈判。"如果对方坦诚地面对此次谈判,相信他们会给出一个合理的解释。

每一名谈判代表在本企业中都会有相应的职务和一定的权力,相比较而言,你会更愿意同一位总经理谈判而不是某一部门经理,凭借他们的名片可以很清晰地辨别出权力的大小,事情是这般简单吗?的确很难讲。任何一家企业都会有适合本方管理的组织架构和人员配备,并没有统一的标准,在两个不同企业中相同职务的权限或许有很大的区别,也就是说一位副总经理的权力可能很大也有可能很小,所以,不要被名片上的头衔所迷惑,你要找到真正的决策者,而不必太在意名片上的头衔。

在前期准备阶段,你所搜集的信息不会面面俱到,也永远不会如你期望的那样多。有时会因为收集成本过高而放弃,或许对方故意隐藏信息也说不定,在谈判过程中你同样会得到一些重要信息,在后面的章节中会有详细介绍。

(2)本企业信息的收集

在了解对手信息的同时,也要对自身状况有清晰的认识,这是你日后制订谈判策略和计划的基础。自身的信息比较容易收集,但要注意一定是与谈判有关的关键信息。

首先要对本企业总体成本状况及单项产品成本进行深入的了解。因为价格永远是谈判的焦点,只有在熟悉产品成本的基础上才能够制订出有效的价格策略,设计出最佳报价与最低所能承受的价格底线。

其次是对本谈判小组成员的充分了解。商务谈判并不全是由谈判代表单枪匹马完成的,较为重要的谈判是由多位代表共同完成的。谈判团队由不同领域的专家组建而成,一般包括营销、财务、技术、法律等专业人员。你如果是谈判小组的负责人,就必须对每一位小组成员进行全方面的了解,如性格、思维方式、心理素质、专业知识等。小组成员的选择必须非常严格,除了掌握必要的专业知识外,还要懂得一定的谈判知识以及具备良好的沟通能力,并且每一位成员都应该具备独当一面的能力。既然是团队,相互间的配合就要非常默契,在谈判期间经常会实施不同的策略和战术,应该做到一个眼神或者一个动作就能相互理解的程度。默契的合作没有捷径可言,只有不断地磨合与演练才能造就一支出色的谈判团队。

(3)同行业同类产品的市场信息

同行业同类产品的价格体系也是前期调查的重点,你要比谈判对手更加了解本行业的价格现状和走势,因为你的对手在谈判中一定会用其他企业产品的价格来压低你的报价,唯有胸有成竹才能以不变应万变。具体包括:

1)有关国内外市场分布的信息,如市场分布情况、地理位置、运输条件、政治经济条件、市场潜力和容量、与其他市场的经济联系等。全球经济的一体化,使一国市场与世界市场紧密相连。通过调查摸清本企业产品可以在什么市场销售,确定长期、中期及短期的销售计划,从而建立科学的谈判目标。

2)消费需求方面的信息。消费需求信息包括消费者忠于某一特定品牌的期限、忠于某一品牌的原因;使用者与购买者之间的关系;购买的原因和动机;产品的多种用途;消费者的购买意向和计划;产品的使用周期;消费者喜欢在何处购买;本产品的市场覆盖率和市场占有率；市场竞争对手对本企业产品的影响等。

3）产品销售方面的信息。如果是卖方，应调查本企业产品的销售情况，包括产品过去几年的销售量、销售总额及价格变动情况，产品的长远发展趋势，消费者对企业的看法等，反之则应调查本企业购买产品的情况。

4）产品竞争方面的信息。生产或购买同类产品的竞争者数目、规模及产品种类；生产该类产品的各主要生产厂家的市场占有率及未来变动趋势；各品牌商品推出的形式及售价幅度；消费者偏爱的品牌与价格水平、产品的性能与设计；售后服务情况；经销商的毛利水平；广告投入等。

5）产品销售渠道信息。主要竞争对手采用何种经销路线；各种类型的中间商有无仓储设备；批发商与零售商的数量；销售推广和售后服务情况等。

（4）商务环境的信息

如果是国际商务谈判，信息收集还包括对这个国家或地区的商务环境进行分析，具体包括政治状况、宗教信仰、法律制度、商业习惯、社会风俗、财政金融状况、基础设施和后勤供应系统、气候等。

2．收集商务谈判信息的途径和方法

（1）信息收集的渠道

信息收集的渠道有正式渠道和非正式渠道。正式渠道指通过正式和相对公开的网络、媒介刊载和传递信息的渠道，如国家统计局公布的统计资料、行业协会发布的行业资料、图书馆中的有关资料（书籍、文献、报纸、杂志等）、专业组织提供的调查报告、研究机构提供的调查报告、相关公司网站发布的信息等。

非正式渠道指通过组织之间、人与人之间的私人关系而获得信息的渠道。

（2）信息收集的途径

信息收集的途径主要有以下几条，见表2-1。

表2-1 信息收集的途径

序 号	途 径	类 别
1	公开传播信息	统计机关、行业协会、图书馆、报纸杂志等
2	相关单位搜集	样本、说明书、宣传册等
3	委托收集	委托专业机构、信息情报网、单位或个人收集
4	信息交换收集	国际、国内定期信息交换
5	实地收集	实地现场调研，面谈、访问等
6	参观展会	参观国内外各种博览会和专业展览会
7	网络收集	通过各种搜索引擎和公司网站进行收集

（3）信息收集常用的方法——市场调研法

市场调研法以科学的方法，有目的、系统地收集、整理、分析和研究所有与市场有关的信息，从而提出解决问题的建议，并以此作为商务谈判决策的依据。

市场调研分类见表2-2。

表 2-2 市场调研分类

序号	分类标准	分类类型
1	按调查问题性质	探索性调查、描述性调查、因果性调查
2	按调查对象范围	全面调查、非全面调查
3	按调查时间	定期调查、不定期调查
4	按获取资料方法	间接调查、直接调查

商务谈判常用的市场调研方法见表 2-3。

表 2-3 市场调研方法

序号	分类标准	主要内容
1	文案调查法	间接调查法，对现有资料进行收集、分析、研究
2	实地调查法	直接调查法，直接收集、整理、研究对手
3	网上调查法	利用网络了解、收集资料
4	购买法	从市场上专业调研公司购买信息
5	专家顾问法	借用"外脑"，聘请专家进行调查

市场调研步骤如图 2-1 所示。

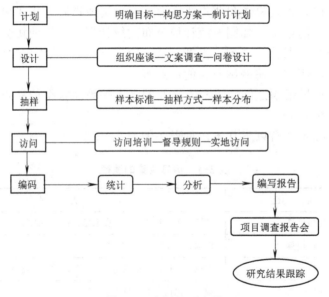

图 2-1 市场调研步骤

二、分析和整理商务谈判信息

商务谈判信息资料整理一般分为下面几个阶段：
（1）筛选阶段　筛选就是检查资料的适用性，这是一个去粗取精的过程。
（2）审查阶段　审查就是识别资料的真实性、合理性，这是一个去伪存真的过程。
（3）分类阶段　分类就是按一定的标准对资料进行分类，使之条理化。
（4）评价阶段　评价就是对资料做比较、分析、判断，得出结论，提供参考。

三、商务谈判信息资料的传递与保密

商务谈判信息资料的搜集整理与其传递与保密是紧密相连的，谈判者在做好谈判信息资料搜集整理的基础上，还需要十分注意谈判信息资料的传递与保密工作。

1．资料的传递

商务谈判信息资料的传递是指谈判人员同己方企业的联系。在外地谈判的情况下，为了保持联系，进行有效的控制调节，上下级间会有信息资料的传递。例如，国外的谈判小组因为需要听取有关专家意见或请示总部决策，就有必要同国内取得联系，国内的管理部门因为需要及时了解国外谈判进程，必须同在国外的谈判小组联系。为此，应事先规定好联络方式和制度，并明确联络程序、责任人，以便迅速、顺利地汇报谈判情况，请示下一步行动，避免推诿以致丢失商机。

2．资料的保密

对谈判所涉及的内容、文件及双方各自有关重要观点等资料应做好保密工作。如果不严格保密，将造成不应有的损失。在重要的生意谈判中，有的企业不惜花重金聘请"商业间谍"摸对方的底。因此，应加强谈判信息资料的保密工作。

谈判信息资料保密的一般措施有：

1）不要给对方制造窃密的机会，如文件调阅、保管、复印等。
2）不要随便托人代发电报、电子邮件等。
3）不要随意乱放文件。
4）不要在公共场所，如餐厅、机舱、车厢、过道等地方谈论有关谈判业务问题。
5）不要过分信任临时代理人或服务人员。
6）最后的底牌只能让关键人物知道。
7）在谈判达成协议前，不应对外公布。
8）必要时使用暗语。

案例分析

案例分析 2-3

在20世纪60年代我国开始大庆油田的建设时，有关大庆的一切信息几乎都是保密的。除了少数一些有关方面人员以外，外界连大庆油田的具体地址都不知道，但是日本人却不仅知道，而且还掌握得非常准确。

他们既没有派间谍、特务，也没有收买有关领导和一般群众，完全依靠对我国有关大庆油田公开资料的收集与综合分析得出正确结论。

1960年7月，《中国画报》封面上登出了一张大庆石油工人艰苦创业的照片，画面上，工人们身穿大棉袄，正冒着鹅毛大雪奋力拼搏。日本人根据这一张照片分析出，大庆油田可能是在东三省北部的某个地点。

接着，日本人在《人民日报》上又看到这样一篇报道，说王进喜到了马家窑，说了一声："好大的油海啊！我们要把中国石油落后的帽子扔到太平洋里去。"

于是，日本人找来伪满时期的旧地图，发现马家窑是位于黑龙江省海伦市东南的一个村子，在兆安铁路上一个小车站以东的 10 余公里处。

接着，日文版的《中国人民》里又有报道说，中国工人阶级发扬了"一不怕苦，二不怕死"的精神，大庆石油设备不用马拉车推，完全靠肩扛、人抬运到工地。日本人据此分析出，大庆的石油钻井离马家窑远不了，远了人工是扛不动的。

当 1964 年王进喜光荣出席第三届全国人民代表大会的消息见报时，日本人肯定地得出结论：大庆油田出油了，不出油王进喜当不了人大代表。

他们又根据《人民日报》上一幅大庆油田钻塔的照片，从钻台上手柄的架式等方面推算出油井的直径，再根据油井直径和国务院的政府工作报告，用当时公布的全国石油产量减去原来的石油产量，估算出平时大庆油田的石油产量，在这个基础上，他们很快设计出适合大庆油田操作的石油设备。

这样，当我国大庆油田突然宣布，向世界各国征求石油设备的设计方案时，其他各国都没有准备，而唯独日本人胸有成竹，早已准备好了与大庆油田现有情况完全吻合的方案与设备，在与大庆油田代表的谈判中一举中标。

分析：商务谈判前要做好充分的、详细的信息调查研究和整理，做到知己知彼。

谈判的准备和谈判进行一样重要，如果没有谈判前充分、细致、全面的准备工作，也不会有谈判的顺利进行。任何一项成功的谈判都是建立在良好的准备工作基础上的，俗话说："大军未动，粮草先行。"打仗是这样，谈判也是如此。

案例分析 2-4

有两家鞋厂分别派了一位推销员到一个岛上推销鞋，他们上岛后发现岛上居民一年四季都光着脚。一家鞋厂的推销员失望地给公司拍电报："岛上无人穿鞋，没有市场。"然后他就回去了。而另一家鞋厂的推销员则心中大喜，他也给公司拍了一份电报："岛上无人穿鞋，市场潜力很大，请速寄 100 双鞋来。"他把凉鞋送给了岛上的居民，岛上的居民穿上之后都觉得很舒服，不愿再脱下来，他为公司赢得了市场。

分析：信息是有价值的，但是要以积极开拓的心态去评价信息、使用信息、才能发挥信息的价值。信息可以增值，信息只有被人们利用，才有价值。

实践训练

某公司生产电动机供出口，该公司与孟加拉国一家大的电动机进口商进行商务洽谈，于是派业务部经理王先生带领其团队事先对谈判信息做出一些调研，如果你是业务部经理王先生，应该调研哪些内容？用什么方法和途径进行调研？最后要将调研的信息进行筛选和整理后，提交给公司总经理罗总。

课 后 训 练

一、简答题

1．收集商务谈判信息的内容有哪些？

2．商务谈判信息收集的途径和常用方法是什么？
3．怎样做到商务谈判信息的保密？

二、实训操作

假如你是一家纺织服装的生产商，想洽谈成为沃尔玛超市的供货商，在洽谈前，你该调研哪些内容？用什么方法和途径进行调研？试拟定一份调研方案，模拟调研。

三、案例分析

荷兰某精密仪器厂与中方就某种产品的商务谈判在价格条款上一直没有达成协议，因此双方决定专门就价格进行谈判。

谈判一开始，荷兰方面就对自己企业在国际上的知名度进行了详细的介绍，并声称按照其知名度其产品单价应定为4 000美元。

但是中方代表事先做了详尽的调查，国际上的同类产品价格大致在3 000美元左右。因此中方向荷兰方面出示了非常丰富的统计资料和说服力很强的调查数据，令荷兰方面十分震惊。荷兰方面自知理亏，因此立刻将产品价格降至3 000美元。

然而中方人员在谈判前早已得知对方在经营管理上陷入了困境，背负了一笔巨额债务，急于回收资金，正在四处寻找其产品的买主。根据这种情况，我方以我国外汇管理条例中的有关用汇限制为理由，将价格压至2 500美元。对方以强硬态度表示无法接受，要终止谈判。我方当即表示很遗憾，同意终止谈判，而且礼貌地希望双方以后再合作。对方未料到中方态度如此坚决，只好主动表示可以再进一步讨论，最后双方以2 700美元的价格成交。

思考：

（1）荷兰方面为什么同意将4 000美元的价格降至3 000美元？
（2）当荷兰方面提出终止谈判时，中方人员为什么能够依旧从容应对？

任务三　制订商务谈判方案

在谈判前制订商务谈判方案也是必不可少的，商务谈判方案是指企业最高决策层或上级领导就本次谈判的内容所拟定的谈判主体目标、准则、具体要求和规定。谈判方案的制订可根据谈判的规模、重要程度的不同而定。内容可多可少，可简可繁，可以是书面形式的也可以是口头交代。

制订商务谈判方案要考虑的因素很多，但主要有以下几方面的操作：
1）明确主要或基本交易条件可接受范围，以及保证标准和理想标准。
2）规定谈判期限。
3）明确谈判人员的分工及其职责。
4）规定联络通信方式及汇报制度。

操作步骤及分析

一、明确商务谈判的目标及底线

1．谈判目标层次

谈判目标实际上就是在谈判中所要争取的利益目标，有经济目标、技术目标等。谈判目标可分为三个层次：

（1）最优期望目标

最优期望目标是对自己最有利的理想目标，即在满足自己实际需求利益之时还有额外收益。它有以下特征：

1）是对谈判者最有利的理想目标；

2）是单方面可望而不可即的；

3）是谈判进程开始的话题；

4）会带来有利的谈判结果。

最优目标一般说来是可望而不可即的，因此在适当的时候是可以放弃的。但这并不是说这一目标在谈判桌上没有实际意义，它往往是谈判进程开始时的话题。

美国著名的谈判专家卡洛斯对两千多名谈判人员进行的实际调查表明，一个良好的谈判者必须坚持"喊价要狠"的原则。这个"狠"的尺度往往接近喊价者的最优期望目标。在讨价还价的过程中，倘若卖主喊价较高，则往往能以较高的价格成交；倘若买主出价较低，则往往也能以较低的价格成交。

（2）最低限度目标

最低限度目标即通常所说的底线，是最低要求，也是谈判方必定要达到的目标。如果达不到，一般会放弃谈判。最低限度目标是谈判方的机密，一定严格防护。它有以下特征：

1）是谈判者必须达到的目标；

2）是谈判的底线，如果达不成这一目标，谈判可能陷入僵局或暂停；

3）属于内部机密，一般只在谈判过程中的某个微妙阶段才提出；

4）一般由谈判对手提出，采购人员可适当做出决策；

5）受最高期望目标的保护。

最低限度目标是最终必须达成的目标，也是谈判者必须死守的"最后防线"。他与最优目标有着内在的联系。在实际谈判中，表面上一开始要求很高，其实是一种策略，目的在于保护最低目标。从另一个侧面看，明确最低目标也就知道了谈判有无继续下去的"底线"。最低目标的确定，不仅为谈判者创造应变的心理环境，还为该谈判提供了可选择的契机。

（3）可接受的目标

可接受目标即可交易目标，是经过综合权衡、满足谈判方部分需求的目标，对谈判双方都有较强的驱动力。在谈判实战中，经过努力可以实现。它具有以下特征：

1）是谈判人员根据各种主客观因素，经过科学论证、预测和核算之后所确定的谈判目标；

2）是己方可努力争取或做出让步的范围；

3）实现该目标意味着谈判成功。

可接受的目标能满足己方部分需求、实现部分经济利益，是可接受的目标。但要注意的是在谈判过程中不要过早暴露，被对方否定。这个目标具有一定的弹性，谈判中都抱着现实的态度。买卖双方的弹性目标如图 2-2 所示。

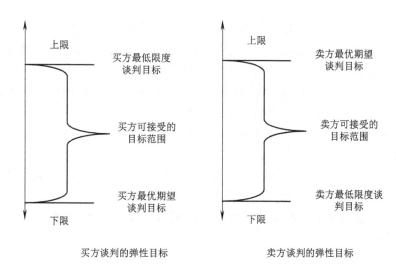

图 2-2　买卖双方的弹性目标

2．谈判目标的确定原则

谈判目标的确定是一个非常关键的工作。

（1）不将全部精力放在最高目标上

谈判时，不能盲目乐观地将全部精力放在争取最高期望目标上，而很少考虑谈判过程中会出现的种种困难，造成束手无策的被动局面。谈判目标要有一点弹性，定出上、中、下三个层次的目标，根据谈判实际情况随机应变、调整目标。

（2）要将各个目标按主次进行排队

有时，最高期望目标不仅有一个，可能同时有几个目标，在这种情况下就要将各个目标进行排队，抓住最重要的目标努力实现，而其他次要目标可让步，降低要求。

（3）最低限度目标要严格保密

己方最低限度目标必须严格保密，除参加谈判的己方人员之外，绝对不可透露给谈判对手，这是商业机密。如果一旦疏忽大意透露出己方最低限度目标，就会使对方主动出击，使己方陷于被动。当涉及人员太多，无法监督时，利益攸关的关键信息只能由几个关键人物掌握。

3．谈判目标可行性分析

谈判目标能否实现，要进行可行性分析，在分析时主要考虑的因素有以下几个方面：

1）本企业的谈判实力和经营状况；

2）对方的谈判实力和经营状况；

3）竞争者的状况及其优势；

4）市场情况；

5）影响谈判的相关因素；

6）以往合同的执行情况。

二、确定商务谈判的地点和时间

1．谈判场地分类

在正式谈判中，具体谈判地点的确定很有讲究。它不仅直接关系到谈判的最终结果，而且还直接涉及礼仪的应用问题。商务谈判场地可以分为以下四类。

（1）主座谈判　所谓主座谈判，指的是在东道主单位所在地所举行的谈判，通常认为，此种谈判往往使东道主一方拥有较大的主动性。

（2）客座谈判　所谓客座谈判，指的是在谈判对象单位所在地所举行的谈判。一般来说，这种谈判显然会使谈判对象占尽地主之利。

（3）主客座谈判　所谓主客座谈判，指的是在谈判双方单位所在地轮流举行的谈判。这种谈判，对谈判双方都比较公正。

（4）第三地谈判　所谓第三地谈判，指的是谈判在谈判双方所在地之外的第三地点进行。这种谈判，较主客座谈判更为公平，更少干扰。

显而易见，上述四类谈判地点对谈判双方的利与弊往往不同，因此各方均会主动争取有利于己方的谈判地点。

2．确定场地的操作细则

对参加谈判的每一方来说，确定谈判的具体地点均事关重大。从礼仪上来讲，具体确定谈判地点时，有两个方面的问题必须为有关各方所重视。

（1）商定谈判地点　在谈论、选择谈判地点时，既不应该对对手听之任之，也不应当固执己见。正确的做法是应由各方各抒己见，最后再由大家协商确定。

（2）做好现场布置　在谈判中，身为东道主时，应自觉地做好谈判现场的布置工作，以尽地主之责。具体布置细节，在后面谈判礼仪中详细介绍。

3．明确谈判时间

谈判时间是指总的期限，包括开始时间、各轮次时间、每次时间的长短以及休会时间等。

三、明确谈判的程序和基本策略

商务谈判的程序主要包括始谈、摸底、僵持、让步和促成几个阶段。

始谈阶段（开局）：就是指一场谈判开始时，谈判各方间的寒暄和态度。开局很重要，开局的好坏决定了以后谈判的进展。谈判一开始就形成良好的谈判气氛会使双方容易沟通，便于协商。开局的策略在后面项目中进行详细介绍。

摸底阶段：摸底阶段是实质性谈判的开始阶段，是指在正式谈判开始以后，没有报价以前，谈判双方经过交谈，相互了解各自的立场观点和意图的阶段。

僵持阶段：报价与讨价还价陷入对峙的阶段。如何制造僵局、突破僵局，在后面的章节进行介绍。

让步阶段：僵持不会无期限地持续下去，要么是做出妥协，要么是谈判破裂。毕竟谈判破裂是双方都不愿意看到的一种局面，那么为了打破僵局，只好做适当的让步，相关策略在后面进行详细介绍。

促成阶段：拍板、签约阶段。谈判协议的签订必须注意以下几个问题：①谈判达成的协议必须形成文字。②协议的文字要简洁，概念要明确，内容要具体。③不要轻易在对方协议书上签字，要仔细检查，以免掉入陷阱。

上述每一阶段中可能会出现什么问题，要采用什么策略应对，都要事先思考，做好充分的准备。

谈判对策的确定应考虑下列影响因素：
1）双方实力的对比；
2）对方的谈判作用和主谈人员的性格特点；
3）双方以往的关系；
4）对方和己方的优势所在；
5）交易本身的重要性；
6）谈判的时间限制；
7）是否有建立持久、友好关系的必要性。

四、拟订商务谈判方案

在明确了谈判目标、时间、地点、谈判程序和基本策略等重要因素后，就要着手拟订商务谈判方案。在谈判前制订商务谈判方案也是必不可少的环节，商务谈判方案是指企业最高决策层或上级领导就本次谈判的内容所拟订的谈判主体目标、准则、具体要求和规定。商务谈判方案的制订可根据谈判的规模、重要程度的不同而定。

1．学习、借鉴已有的商务谈判方案文稿

为了更清楚、明白商务谈判方案的内容和结构，我们不妨在网上搜索一些目前其他公司拟订的商务谈判方案，作为参考。

案例 2-2　延迟交货索赔商务谈判方案

一、谈判主题
解决汽轮机转子毛坯延迟交货索赔问题，维护双方长期合作关系

二、谈判团队人员组成（甲方：　　　　　　乙方：　　　　　　）
主　　谈：胡明，公司谈判全权代表
决 策 人：贺宇翔，负责重大问题的决策
技术顾问：陶佳，负责技术问题
法律顾问：张伟燕，负责法律问题

三、双方利益及优劣势分析
我方核心利益：1. 要求对方尽早交货
　　　　　　　2. 维护双方长期合作关系
　　　　　　　3. 要求对方赔偿，弥补我方损失
对方利益：解决赔偿问题，维持双方长期合作关系
我方优势：我公司占有国内电力市场 1/3 的份额，对方与我方无法达成合作将对其造成巨大损失
我方劣势：1. 在法律上有关罢工属于不可抗力范围这一点对对方极为有利，对方将据此拒绝赔偿
　　　　　2. 对方延迟交货对我公司已造成利润、名誉上的损失
　　　　　3. 我公司毛坯供应短缺，影响恶劣，迫切与对方合作，否则将可能造成更大损失

对方优势：1. 法律优势：有关罢工属于不可抗力的规定
　　　　　2. 对方根据合同，由不可抗力产生的延迟交货不适用处罚条例
对方劣势：属于违约方，面临与众多签约公司的相关谈判，达不成协议将可能陷入困境

四、谈判目标

1. **战略目标**：体面、务实地解决此次索赔问题，重在减小损失，并维护双方长期合作关系
2. **原因分析**：让对方尽快交货远比要求对方赔款重要，迫切要求维护与对方的长期合作关系
3. **索赔目标**：

（1）报价
1）赔款：450万美元
2）交货期：两个月后，即11月
3）技术支持：要求对方派一技术顾问小组到我公司提供技术指导
4）优惠待遇：在同等条件下优先供货
5）价格目标：为弥补我方损失，向对方提出单价降5%的要求

（2）底线
1）获得对方象征性赔款，使对方承认错误，挽回我公司的名誉损失
2）尽快交货以减小我方损失
3）对方与我方长期合作

五、程序及具体策略

1. 开局

方案一，感情交流式开局策略：通过谈及双方合作情况形成感情上的共鸣，把对方引入较融洽的谈判气氛中。

方案二，采取进攻式开局策略：营造高调谈判气氛，强硬地指出因对方延迟交货给我方造成巨大损失，开出450万美元的罚款，以制造心理优势，使我方处于主动地位。

对方提出有关罢工属于不可抗力的规定拒绝赔偿的对策：
（1）借题发挥的策略：认真听取对方陈述，抓住对方问题点，进行攻击、突破。
（2）法律与事实相结合原则：提出我方法律依据，并对罢工事件进行剖析，对其进行反驳。

2. 中期阶段

（1）红脸白脸策略：由两名谈判成员其中一名充当红脸，一名充当白脸辅助协议的谈成，适时将谈判话题从罢工事件的定位上转移到交货期及长远利益上来，把握住谈判的节奏和进程，从而占据主动。

（2）层层推进，步步为营的策略：有技巧地提出我方预期利益，先易后难，一步一步地争取利益。

（3）把握让步原则：明确我方核心利益所在，实行以退为进的策略，退一步进两步，做到迂回补偿，充分利用手中筹码，适当时可以退让赔款金额来换取其他更大利益。

（4）突出优势：以资料作支撑，以理服人，强调与我方达成协议给对方带来的利益，同时软硬兼施，暗示对方若与我方协议失败将会有巨大损失。

（5）打破僵局：合理利用暂停，首先冷静分析僵局原因，再运用肯定对方形式、否定对方实质的方法解除僵局，适时用声东击西策略，打破僵局。

3．休局阶段

如有必要，根据实际情况对原有方案进行调整。

4．最后谈判阶段

（1）把握底线：适时运用折中调和策略，严格把握最后让步的幅度，在适宜的时机提出最终报价，使用最后通牒策略。

（2）埋下契机：在谈判中形成一体化谈判，以期建立长期合作关系。

（3）达成协议：明确最终谈判结果，出示会议记录和合同范本，请对方确认，并确定正式签订合同时间。

六、准备谈判资料

1．相关法律资料

《中华人民共和国合同法》《国际合同法》《国际货物买卖合同公约》《经济合同法》。

2．备注

《中华人民共和国合同法》违约责任："第一百零七条 当事人一方不履行合同义务或者履行合同义务不符合约定的，应当承担继续履行、采取补救措施或者赔偿损失等违约责任。"

联合国《国际货物买卖合同公约》规定：不可抗力是指不能预见、不能避免并不能克服的客观情况。

合同范本、背景资料、对方信息资料、技术资料、财务资料。

七、制订应急预案

双方是第一次进行商务谈判，彼此不太了解。为了使谈判顺利进行，有必要制订应急预案。

（1）对方承认违约，愿意支付赔偿金，但对450万美元表示异议。

应对方案：就赔款金额进行价格谈判，运用妥协策略，换取交货期、技术支持、优惠待遇等利益。

（2）对方使用权力有限策略，声称金额的限制，拒绝我方的提议。

应对方案：了解对方权限情况，"白脸"据理力争，适当运用制造僵局策略，"红脸"再以暗示的方式揭露对方的权限策略，并运用迂回补偿的技巧，来突破僵局；或用声东击西策略。

（3）对方使用借题发挥策略，对我方某一次要问题抓住不放。

应对方案：避免没必要的解释，可转移话题，必要时可指出对方的策略本质，并声明对方的策略影响了谈判进程。

（4）对方依据法律上有关罢工属于不可抗力从而按照合同坚决拒绝赔偿。

应对方案：应考虑我方战略目标是减小损失，并维护双方长期合作关系，采取放弃赔偿要求，换取其他长远利益的策略。

（5）若对方坚持在"按照合同坚决拒绝赔偿"一点上，不做出任何让步，且在交货期上也不做出积极回应,则我方先突出对方与我方长期合作的重要性及暗示与我方未达成协议对其恶劣的影响,然后做出最后通牒。

案例2-3　关于大豆贸易具体事项的商务谈判

黑龙江大豆出口有限公司是中国一家自主生产、自主加工大豆产品的大型对外贸易出口公司,但由于企业对外贸易范围还比较小,而且国际竞争对手较多、市场剩余空间较小,低价格便成了该公司的一大优势。

一、谈判主题

黑龙江大豆出口有限公司向韩国食品有限公司出口大豆,由于国际市场价格的波动而导致贸易价格的调整,以致贸易双方产生摩擦;此外,双方需针对该项交易的具体事项进行细致的探讨。

二、谈判团队人员组成

主谈:李丽给,公司总监,维护我方利益,主持谈判进程。
副主谈:陈爱飞,助理,做好各项准备,解决专业问题,做好决策论证。
副主谈:郑源,市场销售,做好各项准备,解决市场调查问题,做好决策论证。
副主谈:王好金,财务经理,收集处理谈判信息,分析产品财务相关知识。
副主谈:莉莉,法律顾问,解决相关法律争议及资料处理。

三、双方利益及优劣势分析

我方利益:
① 韩国食品有限公司是我方的大客户,有着多年合作关系,希望双方可以达到双赢的效果。
② 扩大企业知名度,打开国际市场。

对方利益:
企业品牌知名度高,资金雄厚,而且有大量业务需要。

我方优势:
① 价格低廉,两国相隔较近,省去不少的运费,与韩国食品有限公司的其他贸易伙伴相比我们的优势较为明显。
② 企业口碑好,而且和韩国食品有限公司有过合作经历,双方较为放心。

我方劣势:
① 品牌的知名度还不够,有大量竞争对手。
② 产品生产机械化程度不高,对于部分达标要求还不能完全符合。
③ 对对方公司的具体供应商没有做细致的了解,对国际市场不是十分清晰。

对方优势:
① 企业品牌知名度高,而且有大量业务需要。
② 资金雄厚,而且有较多的供应商,深知其对我方走向国际市场有很大帮助。

对方劣势:
相比其他合作商而言,我公司的价格是最低的,而且我公司正积极扩展其他业务需求。

四、谈判目标
（1）达到合作目的，争取签下我们预期合作条件下的合同。
（2）提高交易价格。
（3）由对方提出产品要求，我方实行具体设计。
（4）由我方负责产品的运输和保险。

五、程序及具体策略

1．开局
方案一：感情交流式开局策略。通过谈及双方合作情况，形成感情上的共鸣，把对方引入较融洽的谈判气氛中。
方案二：采取进攻式开局策略。营造低调谈判气氛，指出本公司的优势所在，令对方产生信赖感，使我方处于主动地位。
方案三：借题发挥的策略。认真听取对方陈述，抓住对方问题点，进行攻击、突破。

2．中期阶段
（1）红脸白脸策略：由两名谈判成员的其中一名充当"红脸"，另一名充当"白脸"辅助协议的谈成，适时将谈判话题从价格转移到产品质量上来。
（2）层层推进、步步为营的策略：有技巧地提出我方预期利益，先易后难，步步为营地争取利益。
（3）把握让步原则：明确我方核心利益所在，实行以退为进策略，退一步进两步，做到迂回补偿，充分利用手中筹码，适当时可以答应部分要求来换取其他更大利益。
（4）突出优势：以以往案例作为资料，让对方了解到我们的优势。强调与我方协议成功给对方带来的利益，同时软硬兼施，暗示对方若与我方协议失败将会有巨大损失。
（5）打破僵局：合理利用暂停，首先冷静分析僵局原因，再运用肯定对方形式、否定对方实质的方法解除僵局，适时用声东击西策略，打破僵局。

3．休局阶段
如有必要，根据实际情况对原有方案进行调整。

4．最后谈判阶段
（1）把握底线：适时运用折中调和策略，把握最后让步的幅度，在适宜的时机提出最终报价，使用最后通牒策略。
（2）埋下契机：在谈判中形成一体化谈判体系，以期建立长期合作关系。
（3）达成协议：明确最终谈判结果，出示会议记录和合同范本，请对方确认，并确定签订合同的具体时间和地点。

六、制订应急预案
双方是第一次进行商务谈判，彼此不太了解。为了使谈判顺利进行，有必要制订应急预案。
（1）对方使用借题发挥策略，谈判僵持不下。
措施：以幽默缓和僵持的气氛或者中断谈判，使双方保持冷静。
（2）乙方拒不让步。
措施一：公平技巧。表明我方提出此价格的公平性。同谈判对手进行的竞争应该是一种"公平竞争"，同潜在的合作外商的谈判应建立在平等互利的基础上，过程的公平比结果的公平更重要。机会的平等是今天能做到的最大的公平。因此在一个公平的机制下进行的谈判，才能使双方信服和共同遵守。

措施二：制造假信息。根据自己的材料，给对方制造一种合理的假信息，说明对方当前金融危机下的某种危险境遇等，以此来达到交易目的。

2．分析商务谈判方案应包含的内容和基本结构

根据上述案例，自行概括出商务谈判方案的内容。商务谈判方案的内容一般包括以下几部分。

（1）分析商务谈判双方的背景资料

这一部分主要是进一步分析双方的背景、合作的基础、共同的利益以及各自的优势和劣势，为后面谈判目标的确定和策略的选择提供依据。

（2）确定商务谈判的主题和目标

（3）确定谈判的程序和基本策略

（4）谈判人员的组织安排

前面已经做了详细介绍，这里只是以书面的形式，将参与谈判人员及分工订下来。

（5）明确谈判议程

谈判议程包含谈判的时间、谈判的地点、谈判的主题，即《关于××××的谈判》和谈判的日程，洽谈事项的先后顺序。

知识链接

商务谈判人员在制订商务谈判方案前，还要明确商务谈判的基本原则。有人认为，谈判的成功与否完全取决于谈判人员的个人素质、谈判小组综合水平的发挥和技巧的运用，没有什么须遵循的原则可言，只要谈判能够达到预期的目的，可以不择手段，更谈不上什么原则。这些看法是偏激的，其实谈判是有原则可循的，一般商务谈判遵循以下基本原则。

一、着眼于利益而不是立场的原则

谈判就是为了解决利益矛盾，寻求各方都能接受的利益分配方案。因此在谈判中要紧紧着眼于利益，而不是立场。

例如，两个学生在图书馆阅览室里争吵了起来，原因是一个想开窗，一个想关窗，他们为了窗户开多大而争论不休。一位图书管理员走了过来，问其中一个同学为什么要开窗。其回答："让空气流通。"又问另一个同学为什么要关窗，他说："为避免噪声。"那位管理员想了一下，然后打开旁边房间的窗户，这样既可以让空气流通，又可以避免噪声。在这个例子中，"开窗""关窗"是立场，"空气流通""避免噪声"是两方潜在的利益要求。

谈判的根本不在于双方立场上的冲突，而在于双方需求、愿望、想法等方面的冲突。

1．着眼于利益而不是立场的必要性

立场上讨价还价具有一定的消极性：一是违背了谈判协商的准则，无法达成协议。二是会破坏协商谈判的气氛。

2. 着眼于利益而非原则的可行性

调和双方的利益而不是立场,这种方法之所以奏效,有两个原因:一是每一项利益可以通过多种方式得到满足,人们如果只采取最显而易见的立场态度,容易陷入僵局。二是对立的立场、态度背后不仅有冲突的利益,还有更多其他的利益。所以,协调利益而不是立场、态度,更容易解决问题。

购买商品是每个人都要经历的事。商家想要把商品推销给消费者,此时商家和消费者在立场上就是对立的,消费者的立场显然是花最少的钱买最好的东西,商家的立场通常是把现有的东西以更高的价钱销售出去。如果双方都站在各自的立场上不肯让步,那么购买行为势必会无法进行下去,此时立场服从利益原则就显得尤为重要。作为谈判主体的商家可以主动将立场的对立转移到产品的质量等利益方面,商家通过提高产品的质量得到期望中的利益,而消费者则可以通过多付出金钱得到较高质量的产品,这样就将双方立场对立转移到了利益得失;反之,如果双方都不肯让步,其结果只能是消费者拒绝购买,商家商品滞压,双方都会消极面对买卖行为,造成恶性循环。

二、互惠互利原则

商界人士在准备进行商务谈判以及在谈判过程中,在不损害自身利益的前提下,应当尽可能地替谈判对手着想,主动为对方保留一定的利益。

谈判的每一方都渴望自己的需要得到满足,同时谈判者也清楚地知道要顾及对方的需要,只有顾及双方(或多方)的利益、需求,这样的谈判才能成功。从某种意义上讲,成功的谈判应该是双赢,即谈判的每一方都是胜者,每一方都在谈判中得到了想要的利益,双方(或多方)的关系是互惠互利的。

下面是两个小孩分橘子的故事。两个孩子将一个橘子分成了两半,一个孩子扔了皮,将果肉榨成果汁喝了,而另一个孩子扔了果肉,将果皮处理后烤制成蛋糕吃了,如果当时他们能够彼此沟通一下,就会各取所需,使资源最大限度地利用。

从这个小故事我们可以看出,人们在一件事上的利益不一定是矛盾、对立的,当双方的目标利益有差异存在时,双方可能会更容易取得双赢的结果。反之当谈判的双方目标利益相同时,则双方分歧会较大。但是,谈判人员的利益目标往往会有多个,此时就需要谈判人员协调双方的利益,提出一个能够互惠互利的选择,这也正是"己所不欲,勿施于人"的将心比心的原则。

三、客观标准原则

所谓"客观标准"就是独立于谈判各方主观意志之外的、不受情绪影响的合乎情理、切实可行的标准。其衡量原则是:①从实质利益上看,以不损害谈判双方各自的利益为原则。②从处理程序上看,在双方决定扮演角色之前,可以针对他们心中的"公平程序"进行谈判。例如,两个人分一个蛋糕,彼此都会担心对方会给他自己多分一点。这时,可以讨论出一个"公平程序",如一个人切,另一个人先挑,这样大家都会觉得很客观公平。

在谈判过程中,一定要用客观标准来谈判。这些客观标准,包括等价交换、国际惯例、法律法规等。例如,甲方向乙方购买一台设备,甲方希望低价,乙方希望高价,如何确定一个公平的价格?这既要考虑设备制造成本,又要参考同类设备的市场价格。只有这样坚持客观标准,才会使谈判有更高的效率。

在谈判的过程中,坚持使用客观标准的意义是:①有利于双方冷静而又客观地去面对和处理问题,从而达成明智而公平的协议;②有利于发展谈判双方的关系,由于客观性的存在不会让谈判双方在心理上留下被对方占便宜的阴影;③有利于高效率地达成协议。

四、求同存异原则

求同存异,即对于一致之处,达成共同协议,对于一时不能弥合的分歧,不求一致,允许保留意见,以后再谈。谈判既然是作为谋求一致而进行的协商洽谈,本身意味着谈判各方在利益上的"同""异",因此,为了实现成功的谈判,必须认准最终的目标,即求大同。同时要发现对方利益要求上的合理成分,并根据对方的合理要求,在具体问题上采取灵活的态度、变通的办法,做出相应的让步举动,这样才能推动对手做出让步,从而促使谈判有一个公正的协议产生。

五、知己知彼的原则

"知彼"就是通过各种方法了解谈判对手的礼仪习惯、谈判风格和谈判经历。不要违犯对方的禁忌。"知己"则是指要对自己的优势与劣势非常清楚,知道自己需要准备的资料、数据和要达到的目的以及自己的退路在哪。

六、平等协商的原则

谈判各方在地位上应平等一致、相互尊重。不允许仗势压人、以大欺小。谈判各方在谈判中通过协商求得双赢,而不是通过强制或欺骗来达成一致。谈判是智慧的较量,谈判桌上,唯有确凿的事实、准确的数据、严密的逻辑和艺术的手段,才能将谈判引向自己所期望的胜利。以理服人、不盛气凌人是谈判中必须遵循的原则。

七、人与问题分开的原则

这是指在谈判中区分人与问题,把对谈判对手的态度与对讨论的问题区分开来,就事论事,不要因人误事。把关系与实质问题分开,以一种向前看的眼光,将双方的关系建立在正确的认识、明朗的态度及适当的情绪上。

1. 把人与问题分开的必要性

1)自我往往容易卷入现实当中。由于双方的对峙地位,总是对对方抱有一种戒备心理,总是从本位的立场看问题,这样容易把自己的立场和现实混为一团,造成一些误解。

2)判断过于简单,结论缺乏根据。人们常常从没有根据的推论中得出结论,并把这些结论作为对人的看法和态度,而不去想其他的解释也可能是正确的。由于上述原因的存在,会给谈判带来致命的危害。

2. 把人与问题分开的方法

1) 当对方的看法不正确时，应寻找机会纠正，使他正确地理解你的看法和观点。
2) 当对方情绪过于激动的时候，应给予一定的理解，给对方面子。
3) 当发生误解时，应设法加强沟通，让双方都参与到提议与协商中来。
4) 当遇到问题时，尽量多阐述客观情况，避免指责对方。

总之，在思想上把对方当作自己同舟共济的伙伴，把谈判过程视为一个携手共进的过程；在方法上把对方当作朋友来看待，了解他的想法、感受、需求，给予应有的尊重，把问题按照其价值大小的顺序来处理。

八、礼敬对手的原则

礼敬对手，就是要求谈判者在谈判的整个进程中，要排除一切干扰，始终如一地对待自己的对手，时时、处处、事事表现出不失真诚的敬意。无论双方为了维护各自的利益争论得多么激烈，也不管讨价还价多么苛刻，始终应以礼相待，绝对不能因为话不投机便恶言相向，甚至进行人身攻击。因为那样做不仅不能够让对方接纳自己的观点，而且很有可能会使谈判破裂，在以后的谈判中影响自己的思维。为了要说服对方，或者改变他的意见或行为，最有效的方法就是冷静、客观地把事实摆给对方看，让他能够心悦诚服地接受意见。

有学者历时 7 年进行了一项研究，调查处于争论状态中的人，如争吵中的夫妻、售货员与顾客之间的讨价还价，甚至还调查了联合国的讨论会。研究的结果表明，凡是主动去攻击对方的人，是绝不会在谈判中获胜的，相反，那些能够沉着冷静，能够尊重对方人格的人，则往往能够改变对方的观点和看法，甚至能够使自己的观点成为对方的观点。

实践训练

某公司生产电动机供出口，该公司通过往来函电与孟加拉国一家大的电动机进口商进行了好几轮磋商后，打算到孟加拉国和他们进行面对面磋商，假设你是这家公司的业务员，请草拟一份商务谈判方案，提交给公司总经理罗总。

课 后 训 练

一、简答题

1. 商务谈判方案主要包括哪几个方面的内容？
2. 商务谈判目标分为哪几个层次？确定谈判目标的原则是什么？
3. 商务谈判的程序和基本策略是什么？

二、实训操作

宁波一家纺织服装生产商，欲成为沃尔玛超市的供货商，他们前期进行了一些调研，也与沃尔玛超市的相关负责人进行了几次口头磋商，双方拟定进行一次面对面正式磋商，假设你是这家公司的谈判代表,请草拟一份商务谈判方案,提交给公司总经理。

三、案例分析

日本的钢铁和煤炭资源短缺,澳大利亚则盛产煤、铁,日本渴望得到澳大利亚的煤、铁,而澳大利亚不愁找不到买主。按理说,日方的谈判地位低于澳方,澳方在谈判桌上占主动权,可日本把澳方的谈判人员请到日本去谈判,澳方谈判人员到日本后比较谨慎,讲究礼仪,不愿过分侵犯东道主的权益。因而在谈判桌上双方的地位发生了显著的变化。澳大利亚人习惯了富裕的生活,又恋家,所以在谈判桌上表现出急躁的情绪,而日方却不慌不忙,结果日方仅仅用少量的招待费作鱼饵,就钓到了"大鱼",在谈判桌上取得了大量原本难以获得的利益。

思考:分析日本为什么能在谈判中获得大量原本难以获得的利益?

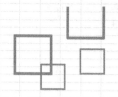

项目三
商务谈判开局

 项目导入

宁波牛奶集团有限公司是集科研、种植、养殖、生产、加工、制造、营销于一体的乳制品生产企业，专业生产乳制品已有50多年历史。主要产品包括袋装牛奶、盒装牛奶、酸奶等多种类型产品，是地方知名企业。沃尔玛超市是一家美国的世界性连锁企业。宁波牛奶集团有限公司与沃尔玛超市是长期的合作伙伴，是沃尔玛超市比较稳定的乳品供应商之一。在新的一年，沃尔玛超市准备与乳品供应商宁波牛奶集团有限公司就价格、入场、维护、促销、结款等问题展开新一轮的讨论，重新制定政策。宁波牛奶集团有限公司销售部与沃尔玛超市采购部已预约好商谈时间。届时作为宁波牛奶集团有限公司销售部的经理，你将率领谈判小组完成以下任务：①了解谈判对手并建立好谈判的开局气氛，使谈判能顺利进行；②制定商务谈判开局策略；③进行商务谈判的询价、报价和报价解释评述。

➤ **知识目标**

1. 了解良好谈判气氛的作用；
2. 掌握开局的方式；
3. 掌握开局的策略；
4. 掌握询价与报价的方式与技巧；
5. 掌握价格解释与评述的内容与技巧。

➤ **能力目标**

1. 能在谈判开局时营造良好的谈判气氛；
2. 能根据谈判实际背景选择谈判开局方式；
3. 能根据谈判实际背景制定开局策略；
4. 能根据实际情景进行询价、报价和价格解释。

➤ **任务分解**

任务一　营造谈判气氛
任务二　实施开局步骤
任务三　开局策略应用
任务四　报价策略应用
任务五　价格解释与评论

任务一　营造谈判气氛

有句谚语："良好的开端是成功的一半。"谈判开局的好坏将直接左右整个安排的格局和前景。任何谈判都是在一定的氛围中进行的。成功的谈判者都很重视在谈判的开局阶段营造一个有利于自己的谈判氛围。所谓谈判气氛，是指谈判双方通过各自所表现的态度、作风而建立起来的谈判环境，是谈判双方人员进入谈判场所的方式、目光、姿态、动作、谈话等一系列有声和无声的信号在双方谈判人员大脑中迅速得到的反映。谈判气氛受多种因素的影响，如双方面临的政治经济形式、市场变化、文化氛围、实力差距以及谈判时的场所、天气、时间、突发事件等。谈判开局阶段，谈判双方为了完成各自目的和使命，很容易对陌生的对方抱着各种各样的猜测和戒备的心理。为了消除双方的隔阂，会谈前，谈判一方往往通过收集对方资料来获取相关信息，试图多了解对方，发掘双方的共同点，这样，在谈判沟通交流中容易营造一种热烈、积极、友好的谈判气氛，为谈判成功打下良好的基础。

操作步骤及分析

一、选择良好的谈判环境

谈判环境所营造出来的谈判氛围，对谈判参与者的心情会产生影响。谈判环境可分为场所和座位两方面。

1．场所选择

谈判场所选择会议室或专门的谈判间，显示主方对此次谈判比较重视；如果场所选择饭店餐馆边吃边谈，多半是主方希望在正式谈判前或谈判后营造一种热情友好的气氛，或借机试探一下对方的意图。若是场所选在酒店大堂的休息区或茶座，则多少显得有些怠慢，或是向对方施加只有短暂会谈时间的压力。如果场所选择风景如画的郊外，则传达出一种轻松愉悦，容易达成共识的信息。若是场所选择东道主个人的庄园或别墅，则说明主方强烈希望通过建立私人友谊的方式感动对方，最终达成共识。总之，谈判环境应舒适、简洁、宽敞、大气，谈判桌要宽大，座椅、沙发要舒服，环境布置要有商业气氛，没必要为了高雅而故弄玄虚，将谈判场所弄得像个艺术陈列室。

2．座位安排

商务谈判中，双方的主谈者应该居中坐在平等而相对的位子上，谈判桌应该是长而宽阔、明净而考究的；其他谈判人员一般分列两侧而坐。这种座位的安排通常显示出正式、礼貌、尊重、平等。同时，桌子和椅子的大小应当与环境和谈判相适应，任何不协调与别扭的随意安排都会给谈判者心理带来压抑感或不适。同时，必须注意座位的朝向。通常人们总是认为面对门口的座位最具影响力，西方人觉得这个座位具有权力感，中国人则习惯称此座位为"上座"；而背朝门口的座位最不具影响力，西方人一般认为这个座位具有从属感，中国人习惯称此座位为"下座"。因此，在安排就座时要充分考虑这方面的心理习惯，避免发生不愉快，比较合乎社交礼仪的是，往往礼待来宾坐上座，否则还不如在第三方场地举行谈判以避讳。

如果在谈判中想通过座位的安排暗示影响力,最好的办法是在座位上摆名牌指明某人应当就座于某处,这样就可以形成这种影响力。按照双方各自团体中地位高低的顺序来排座,也是比较符合社交礼仪规范的。

二、利用正式谈判前的场外非正式接触

利用正式谈判前的场外非正式接触,对于未来营造良好的谈判气氛起着非常关键的作用。场外的非正式接触主要有迎送工作、欢迎宴会、礼节性拜访、赠送礼品等。这些场合轻松活泼,使谈判双方都能缓和紧张的心理,拉近彼此之间的距离,甚至有些关键问题就是在非正式场合解决的。因此,充分利用正式谈判前的场外非正式接触对于谈判双方而言非常重要。在一定程度上,非正式接触场合能充分影响双方人员对谈判的态度,融合双方感情、减少双方的陌生感,解决很多正式场合无法完成的任务和谈判内容,更有助于在正式谈判时建立良好的谈判气氛。

三、建立良好的行为方式

在谈判的开局阶段,谈判人员的基本目标是创造特定的谈判气氛,使谈判各方在谈判之初就密切配合,对双方发言的次序、发言时间的分配以及议事日程的确定等这些具体问题给予特别重视;并且能心平气和地阐述各自的观点和立场,从而为达到谈判的终极目标奠定良好的基础。在商务谈判开始之前,谈判者的行为方式可以从以下几方面考虑:

1) 在热烈友好氛围下交往,谈判的东道主应有主人的风范。
2) 态度平和、诚恳、真挚,作为强者的一方不以势压人、恃强凌弱。
3) 以自信、稳健的步伐出现在对方面前。
4) 诚恳、适当地和对方握手并进行第一次目光接触。
5) 讨论非业务的中性话题。
6) 把握导入和破题时间。
7) 讲究礼仪和礼貌。

四、谈判前分析对手行为,预测谈判气氛

在开始阶段认真分析研究对方的行为,预测谈判气氛,其目的是做最坏的打算,制定最好的目标。通过对谈判气氛的预测,选择适当的开场白,同时因势利导地引导对方和己方合作,这是创造和保持良好气氛的最佳方法之一。

一般来说,只要谈判者对对方进行认真、细致的分析与观察,对方的谈判经验与作风可暴露无遗。如果一个人在寒暄时不能应付自如,或讲话时夸夸其谈,或突然单刀直入地谈起生意来,或其姿势、表情不自然等,一般可说明他是一个经验不足者。同时,一个人的谈判作风也同样可以从其开始阶段的活动中表现出来。例如,对于一个喜欢谋求双方合作的谈判者来说,一般都是要费一定的时间去沟通思想、建立友谊,然后在彼此相互信赖的基础上才洽谈实质问题。而对于竞争型的谈判者来说,则不太重视双方的沟通,也不愿费时间去"闲聊",往往一进入开始阶段就极力去探求对方的优势与劣势、对方必须坚持的

原则与可以让步的范围、对方的诚意及其与之合作的前景等事项,以便作为他们在实质性谈判过程中的武器而加以利用。在此种场合下,如果对方事先心中无准备就有可能因突然的分歧而引起不愉快甚至僵局。

五、营造合适的谈判气氛

（一）根据具体的谈判背景营造不同的谈判气氛

从特定的谈判目标和具体的谈判环境条件出发,商务谈判的开局气氛可分为高调的谈判气氛、低调的谈判气氛和自然的谈判气氛。

1. 高调的谈判气氛

高调的谈判气氛是指谈判气氛比较热烈、积极、友好,谈判双方情绪积极、态度主动,愉快因素成为谈判情势,主导着谈判的开局气氛。

通常高调的谈判气氛适用于以下情况:谈判双方态度诚恳、真挚,彼此主动适应对方的需要;见面时,话题幽默,轻松活跃;双方显得精力充沛,兴致高昂;服装整洁大方,目光和善等。双方对谈判的成功充满信心,把谈判视为友谊的象征。

在高调气氛中,谈判要表现出我方的豁达、宽容,与对方的感情交流要真情流露,对对方的谈判人员要平等相待,对谈判前景的看法也倾向乐观,因此,高调的谈判气氛有助于协议的达成。

营造高调的谈判气氛有以下几种方法。

（1）称赞法

称赞法是指通过称赞来削减对方的心理防线,从而激发起对方的谈判热情,调节对方的情绪,营造高调的气氛。采用称赞法时应注意选择适当的称赞目标,并投其所好。同时,要选择适当的称赞时机和称赞方式。称赞方式一定要自然,不要让对方以为你是在刻意奉承他,否则会引起反感。

（2）幽默法

幽默法是通过幽默的方式来消除谈判对手的戒备心理,使其积极参与谈判,从而营造高调开局气氛。使用幽默法时必须要注意时机和场合,尽量不要使用冷笑话。

（3）感情攻击法

感情攻击法是指通过一个特殊事件来引发普遍存在于人们心中的感情因素,并使这种感情迸发出来,从而达到营造高调气氛的目的。

总之,谈判双方应该先彼此寒暄、互相正式介绍,然后大家围坐在谈判桌前开始洽谈。这时的会谈气氛是客气的、友好的,彼此可能聊一些谈判以外的话题,借以使气氛更加活跃、轻松,消除互相间的生疏感、拘束感,为正式谈判打下基础。但是,并不是说有良好的开端,就一劳永逸,会谈气氛就永远是融洽、和谐的。随着谈判的不断深入发展,分歧也会随之出现。如果不注意维护,不采取积极的措施,会谈气氛也会发生变化,良好的会谈气氛也会转向其反面,形成剑拔弩张、唇枪舌剑的紧张对立气氛,这无疑会阻碍谈判的进行。因此,还应随谈判的深入发展,密切注意会谈的气氛,有意识地约束和控制谈判人员的言行,使每个人自觉地维护谈判气氛,积极促进谈判。

当然，维护和谐的谈判气氛，并不是要我方一味迁就、忍让、迎合、讨好对方，这样，只会助长对方的无理要求，破坏谈判气氛。和谐的谈判气氛应建立在互相尊重、互相信任、互相谅解的基础上，该争取的一定要争取，该让步时也要让步。只有这样，才能赢得对方的理解、尊重和信任。如果对方是见利忘义之徒，毫无谈判诚意，只想趁机钻空子，那么就必须揭露其诡计，并考虑必要时退出谈判。

2．低调的谈判气氛

低调的谈判气氛是指十分严肃、低落的谈判氛围。在这种气氛下，谈判的一方情绪消极、态度冷淡，谈判情势的主导因素是不快因素。

低调的谈判气氛通常适用于以下情况：谈判双方的实力对比悬殊，对方在经济实力、企业背景、谈判能力等方面均处于优势，己方为弱方，有讨价还价的砝码，但是并不占有绝对优势，合同中某些条款并未达到己方要求，如果己方施加压力，对方会在某些问题上让步，这样会给谈判双方造成巨大的心理压力。在这种情况下，哪方心理承受力弱，哪方往往会妥协让步。因此，在营造低调气氛时，作为弱者的己方只能以先追求双方能平等对话，后创造友好谈判气氛为己方开局目标。

营造低调的谈判气氛有以下几种方法。

（1）沉默法

沉默法是指以沉默的方式来使谈判气氛降温，从而达到向对方施加心理压力的目的。此定义中所说的沉默并非一言不发，而是指己方尽量避免对谈判的实质问题发表议论。

采用沉默法要注意两点：①要有确实恰当的沉默理由。通常情况下，人们习惯采用的理由有假装不理解对方对某个问题的陈述；假装对某项技术问题不理解；假装对对方在礼仪礼节上的某些失误表示十分不满。②沉默并不是要一言不发，而是要把握好沉默的度，找准时机坚决进行反击，迫使对方做出让步。

（2）疲劳战术

疲劳战术是指使对方对某一个问题或某几个问题反复进行陈述，从心理上和生理上使对手疲劳，降低对手的热情，从而达到控制对手并迫使其让步的目的。一般情况下，人在疲劳的状态下会导致两种情况发生：①思维的敏捷程度下降，容易出现错误；②热情会降低，工作情绪不高，比较容易屈从于别人的看法与压力。

但是，采用疲劳战术时应该注意以下两点：①必须多准备一些问题，而且问题要合理，尽量使每个问题都能起到使对手疲劳的作用。②认真倾听对手的每一句话，抓住其错误或漏洞并仔细记录下来，并以此作为迫使对手让步的依据。

（3）感情攻击法

感情攻击法即以情感诱发作为营造气氛的手段。在营造低调气氛时，要诱发对方产生消极的情感，致使一种低沉、严肃的气氛笼罩在谈判开局阶段。

（4）指责法

指责法是指对谈判对手的某项错误或某个礼仪方面的失误加以指责，使其感到内疚，从而达到迫使谈判对手让步的目的。

3．营造自然的谈判气氛

自然的谈判气氛是指谈判双方情绪平稳，既不热烈也不消沉。在谈判双方实力相当的情况下，可选用自然的谈判气氛。自然的谈判气氛无须刻意去营造，许多谈判都是在这种气氛下开始的。这种谈判开局气氛,谈判双方都有良好的主观愿望,谈判的态度真诚,便于沟通交流;同时,在谈判的开局阶段,双方也表现出求大同存小异的意向,决心适应彼此需要,坚持不让小事、枝节问题影响大局等,谋求在平缓的气氛中开始对话,决定在互惠互利的基础上开展贸易。

营造自然的谈判气氛要做到:

1)双方都要求格局稳定,保持均势。
2)双方都希望达成彼此都大体满意的贸易协定。
3)多准备几个问题,询问方式要自然。
4)对对方的提问,能做正面回答的,一定要正面回答。不能回答的,采用恰当的方式进行回避。
5)要多听、多记,不要与谈判对手就某个问题过早发生争论。
6)注意自己的行为、礼仪。

(二)随谈判进展调节不同的谈判气氛

商务谈判应在紧张、严肃、和谐的气氛中进行。谈判气氛的发展变化直接影响着谈判的前景,谁能够控制谈判气氛,谁就能在谈判中处于主导地位。谈判中,如果长时间的紧张、态度强硬,谈判气氛就会发生变化,良好的谈判气氛也会转向其反面,剑拔弩张、唇枪舌剑地树敌,使谈判陷入僵局,不利于谈判的进行。

维护和谐的谈判气氛,并不是我方一味地迁就和妥协,需要双方共同努力,在相互尊重、相互信任、相互谅解的基础上开展谈判。当谈判的内容比较重要时,要求谈判气氛紧张、热烈,谈判代表应一丝不苟、认真严肃地讨论磋商合同条款。双方就主要问题达成协议后,就应调节一下谈判的气氛,如插入一些轻松愉快的话题,吃些水果、甜点,喝些饮料等。当双方商讨一些比较次要的细节问题时,要尽量创造轻松、愉快、热烈、活泼的谈判气氛,使大家能够畅所欲言,有助于融合双方感情,更有利于达成一个明智、有效的协议。

(三)利用谈判气氛调节谈判人员的情绪

气氛是在谈判双方人员相互接触中形成的,又对谈判人员的情绪影响甚大。在紧张、严肃的谈判气氛中,有的人冷静、沉着,有的人拘谨、恐慌;有的人振奋、激昂,有的人则沮丧、消沉。为什么人们会产生各种各样的情绪体验呢?根据心理学所阐述的理论,这是人的大脑对外界刺激信号的接收反应不同造成的。

随着正式谈判的开始,谈判人员大脑的运动加快了。大脑的运动轨迹有两条:首先是对外部刺激信号的接收,如谈判各方人员进入会谈室的方式、姿态、动作、表情、目光、谈话的声调变化等都对人的大脑产生影响。其次是大脑对这些信号的反应,反应的方式取决于信号的强弱。有的人会积极反应外部信号,有的人会消极反应外部信号。如内容重要或分歧较大的谈判,会谈气氛是紧张严肃的。积极反应者则情绪振奋,对谈判充满信心,消极反应者情绪沮丧,信心不足,疑虑重重。这会直接影响双方在谈判中应采取的行动。

人的情绪受环境的影响极大。人的情绪,如喜、怒、哀、乐、欲,都是随外界条件变化而产生的种种心理感受。在商务谈判过程中,如果谈判双方心理压力过大,谈判的气氛又过于紧张、严肃，就会使一些人难以承受。如有的谈判人员会歇斯底里地情绪爆发，这就是承受不了心理压力的表现。因此，谈判人员应注意采取各种灵活的方式来调节谈判气氛，缓解在长时间的谈判过程中紧张、严肃、疲倦的心情。例如，可以借助休会、听音乐、查询资料、提供水果和点心、改变座位等方式，增进友谊，缓解压力，促进合作。

相反，如果谈判气氛松松垮垮、慢慢腾腾，谈判人员的情绪也振奋不起来，会出现漫不经心、沮丧消极、无所谓等现象。这会严重影响谈判效率，固然也是应当避免的。

知识链接

一、商务谈判开局气氛的作用

商务谈判是互惠互利的谈判，也是谈判双方表达各自意愿的复杂过程。谈判双方在开局阶段要营造出一种互相尊敬的气氛，更加有利于谈判的成功。

良好的气氛具有以下几个特点：
1）为即将开始的谈判奠定良好的基础。
2）传达友好合作的信息。
3）能减少双方的防范情绪。
4）有利于协调双方的思想和行动。
5）能显示主谈人的文化修养和谈判诚意。

这些要点说明在谈判之初建立一种和谐、融洽、合作的谈判气氛无疑是非常重要的。如果商务谈判一开始就形成了良好的气氛，双方就容易沟通，便于协商，所以谈判者都愿意在一个良好的气氛中进行谈判。

二、谈判氛围的分类

谈判是具有利害关系的双方或多方，为了谋求共同利益进行协商洽谈的商务活动。不同的谈判氛围，对谈判有着不同的影响。在商务谈判中，能够灵活掌握并科学运用谈判的原则至关重要，有助于维护谈判各方的利益、提高谈判的成功率。商务谈判氛围主要包括以下几种。

（一）热烈、积极、友好、轻松的谈判气氛

谈判双方在开局阶段要营造出一种互相尊重、彬彬有礼的气氛。首先，出席开局阶段谈判可以有高层领导参加，以示对对方的尊重。其次，谈判人员要注意自身着装以及言语、肢体语言等，使双方能够在文明礼貌、相互尊重的气氛中开始谈判。再次，谈判人员在开局阶段可以随意谈一些题外的轻松话题，松弛一下紧绷着的神经，不要过早与对方发生争论。最后，谈判者应真诚地表达对对方的友好愿望和对合作成功的期望，此外热情的握手、热烈的掌声、信任的目光、自然的微笑都是营造友好合作气氛的手段。总之，在该气氛下，谈判双方态度诚恳、真挚、见面时话题活跃、语气轻松、情感愉快，双方都对谈判的成功充满热情，充满信心，把谈判成功看成友谊的象征。

(二)冷淡、对立、紧张的谈判气氛(低调谈判气氛)

这是与积极友好相对立的一种谈判氛围,在该气氛下,双方见面不关心、不热情、目光不相遇、相见不抬头、交谈时语气带双关,甚至带讥讽口吻等。这一类型谈判各方或是出于前期不愉快的合作经历,或是因为某方在谈判前故意提出让对方难以接受的过分要求。这种气氛通常也会在处于法院调解阶段,双方利益对立的情况下发生。这是一种使谈判濒临危机边缘的气氛。

(三)松弛、缓慢、旷日持久的谈判气氛

这在多边国际商务谈判中是司空见惯的。由于谈判各方对议题存在巨大分歧,任何一方不肯让步,都会影响整个谈判。这种在时间上旷日持久,在节奏上慢条斯理,在条款上咬文嚼字的马拉松式谈判,往往要拖上数年。这对谈判人员的精力、体力和心态都是一个极大的考验。

(四)平静、严肃、严谨的谈判气氛

通常双方已不是谈判生手,也非初次见面,双方自信而检点,平静如水而不声张,进入谈判场所速度适中,默默缓缓而行,处于一种相互提防,似有成见的气氛之中。即使谈判的一方表现出热情积极的姿态,但另一方——尤其是主方,也会出于文化习惯或谈判策略的考虑,一开始便营造出一种严肃拘谨的氛围,使谈判沿着其希望的方向和结果推进。

三、影响开局气氛的各种因素

谈判气氛是谈判对手之间的相互态度,它能够影响谈判人员的心情。要想达到好的谈判效果,谈判双方的态度必须是真诚的;气氛必须是自然轻松、互尊互敬的。要想取得融洽的气氛,不能在谈判刚开始不久就进入实质性内容,而是要花一定的时间,利用各种因素,来协调双方的思想或行动,营造和谐的谈判氛围。

商务谈判中,谈判的气氛不仅受开局的影响,双方见面之前的接触、谈判深入后的了解都会影响谈判气氛。特别是谈判开始瞬间的影响最强烈,它奠定了谈判的基础。

1. 表情、眼神

眼睛是心灵的窗户,谈判人员是信心十足还是满腹狐疑,是轻松愉快还是剑拔弩张,是精力充沛还是疲惫不堪,这些都可以在人的表情上反映出来。反映表情最敏感的部位是头部、背部和肩膀。通过观察这些部位,可以窥见谈判人员的心理状况。要特别注意脸上的表情,以下几点要予以重视:

1)面无表情,会使魅力与信任降低。
2)脸上的表情,只有善变和用得恰当,才可能产生正确的交流作用。
3)脸上的表情务必率真、自然。
4)脸上表情的表达关键在于眼睛的变化。当然,除了眼睛之外,口唇的变化,脸部肌肉的变化,也会改变脸上的表情。

谈判人员要重视目光的交流,通过观察眼神的变化,来窥测对方的心理情况。西方心

理学家认为，谈判双方第一次目光交流意义最大，对手是诚实还是狡猾，是活泼还是凝重，一眼就可以看出来。

2．气质

一个人具备什么样的气质，对其精神面貌有很大的影响。气质是指人们相对稳定的个性特征、风格和气度。良好的气质，是以人的文化素养、文明程度、思想品质和生活态度为基础的。在现实中，有相当多的人只注意穿着打扮，并不注意文化素养和思想品质，所以往往精心打扮却不能给人以美感，倒显得庸俗做作。气质美首先应当表现在丰富的内心世界上，理想则是内心世界的一个重要内容。品德是气质美的又一重要方面，为人诚恳、心地善良是不可缺少的。文化水平在一定程度上对气质起着很大的影响作用。气质美看似无形，实为有形。它通过一个人的态度、个性、言语和行为等表现出来，举手投足、待人接物皆属此列。

3．风度

文明和修养是谈判实力的一种体现。风度是气质、知识及素质的外在表现。风度美包括以下几个方面的内容：

1）饱满的精神状态。一入场就神采奕奕、精力充沛、自信而富有活力，这样能激发对方的兴趣，活跃会场的气氛。

2）诚恳的待人态度。不管是谁，一入场就应对所有的对手表现出诚恳而坦率的态度。应端庄而不矜持冷漠，谦逊而不矫饰作伪，热情而不轻佻。

3）受欢迎的性格。性格是表现人的态度和行为方面较稳定的心理特征。性格是通过行为表现出来的，与风度密切相关，要使自己的风度得到别人的赞美，就应当加强自身性格的修养。要大方、自重、认真、活泼和直爽，尽量克服性格中的弱点，诸如轻佻、傲慢及幼稚等，千万不要因小失大。

4）幽默文雅的谈吐。美的风度在语言上体现为言之有据、言之有理、言之有物、言之有味。语言是风度的窗口，出言不逊，满口粗话，就一点风度也谈不上了。

5）洒脱的仪表礼节。一个人仪表秀美整洁，俊逸潇洒，就能使人乐于亲近。这种魅力不仅在于长相和衣着方面，更在于人的气质和仪态，这是人的内在品格的自然流露。

6）适当的表情动作。人的神态和表情，是沟通人的思想感情的非语言交往工具，是社会交往风度的具体表现方式，所以一定不可忽视表情动作，哪怕是细小的表情和动作也一定要注意。

4．服饰

谈判人员的服装是决定其形象的重要因素。服装的色调与清洁状况，深刻反映着谈判人员的心理特征。

1）服装配色的艺术。色调是构成服装美的重要因素之一。衣服面料的各种色调的协调固然重要，但这些又要与环境、穿着者的年龄以及职业相协调。对于服装的色调来说，协调就是美。

2）款式与体型。服装的新颖款式可以给人增添魅力，能使自然美和气质美更加突出，也能使原有的体型、气质上的不足得到弥补。但是，由于现在的服装发展很快，服装款式的变化层出不穷，而人的体型又千差万别，所以，对于服装款式的选择并没有一定之规。谈判人员的服装是影响谈判人员形象的重要因素。服装的色调与清洁状态，反映着谈判人员的心理特征、审美观点和对对方的态度。一般来说,谈判人员的装束应当美观、大方和整洁,但由于服饰属于文化习俗范围,不同的文化背景也就会有不同的要求。如在法国谈判或对方是法国人,就应穿整洁的深色服装。

5. 个人卫生

谈判人员的个人卫生对谈判气氛也会有所影响。衣着散乱、全身散发汗味或其他异味的谈判人员都是不受欢迎的。

6. 言语、手势和触碰行为

人的姿态作为人体语言的一种形式,它与语言一样具有感染力。如握手,动作相当简单,但影响却是很大。在西方一些国家,如果用右手同人握手而把左手搭在对方肩上,就会引起对方的反感,被认为是过分轻狂、傲慢和自以为是。当然,由于各国文化习俗的差异,对各种动作的反应也不相同。仍以握手为例,在初次见面寒暄时,握手用些力气,有些外宾会认为这是相见恨晚的表现,心里油然而生亲近的感觉;也有些外宾则会觉得这是对方在炫耀力量,心里会有些不是滋味;更有甚者,有人认为这是故弄玄虚,是有意谄媚,从而产生厌恶之感。可见,我们必须了解谈判对手的背景和性格特点,区别不同情况,采取不同的做法。

7. 中性话题

创造良好的谈判气氛,开始很重要。一般来说,不能刚接触就谈正题,弄不好会适得其反,那么,在谈判进入正式话题之前该谈些什么问题呢?一般来说,选择中性话题最为合适,这些话题轻松而具有非业务性,容易引起双方共鸣,有利于创造和谐气氛。中性话题的内容通常有以下几种:

1)谈论气候、季节。
2)双方互聊个人状况、互致以私人问候。
3)会谈前旅途的经历或本次谈判后的游览计划。
4)双方的爱好与兴趣,如骑马、钓鱼等。
5)对于彼此有过交往的老客户,可以叙谈双方以往的合作经历和取得的成功。
6)文体新闻,如电影、球赛等。

8. 洽谈座位

座位安排是有学问的。例如,面谈的主动一方好像考官一样,背对窗户与阳光,坐在一把大椅子上,面前摆着一张大写字台;而被动的一方则在远离那张大写字台的一张小椅子上。这种座位安排显然使被动的一方处于不利的地位。阳光直射他的眼睛,使他感到很不自在;大写字台不仅给被动的一方造成了心理压力,而且它是双方处境不同的标志;椅子的大小差异则强调了主动一方的权力。这种安排方式说明主动一方丝毫不懂得交流的技巧,从一开始就使一方处于不快的状态当中。最好的办法是撤掉写字台这个障碍物,使被动的一方避开刺眼的阳光,把被动一方的位置安排在主动者的一侧,以增加亲近感。

有的人为了消除桌子所显示的"权力",干脆搬掉所有的像桌子一类的东西;有的谈判者把放文件或杯子的桌子摆在双方的身后或旁边。然而,较为保守的人对这种位置安排不以为然,他们认为面前没有桌子或类似的东西就有一种失落感。为了不使他们感到困窘,可以在前面摆上桌子,两人时应尽量避免面对面地坐着。安排面谈不仅要摆放好桌椅,而且要适时适量地提供一些茶点、冷饮等。另外，要尽量避免电话或来访者的干扰。

9．传播媒介

利用传播媒介制造谈判舆论或气氛，是指谈判的主体通过传播媒介向对方传递意图，施加心理影响，制造有利于自己的谈判气氛。在现代社会，许多谈判在没有正式开始以前，舆论的准备往往就已经开始了，并发挥相当大的作用。有效地制造谈判舆论气氛，可以引导谈判双方如何走到谈判桌前，如何开始谈判。

案例分析

案例分析 3-1　太太为我生了大胖儿子

中国一家彩电生产企业准备从日本引进一条生产线，于是与日本一家公司进行了接触。双方分别派出了一个谈判小组就此问题进行谈判。谈判那天，当双方代表团刚刚就座，中方的首席代表就站起来对大家说："在谈判开始之前，我有一个好消息要与大家分享——我的太太在昨天夜里为我生了一个大胖儿子！"此话一出，中方职员纷纷站起来向他道贺。谈判会场的气氛顿时高涨起来，谈判进行得非常顺利。中方企业以合理的价格，顺利地引进了一条生产线。

思考：这位中方代表为什么在谈判开始时提自己的太太生孩子的事情呢？

分析：因为日本人在以往的谈判中，很愿意板起面孔谈判，制造一种冷冰冰的谈判气氛，给对方造成一种心理压力，从而控制整个谈判，趁机抬高价码或提高条件。于是，中方代表用自己的喜事来打破日本人的冰冷面孔，营造有利于己方的高调气氛。可见谈判开局的气氛对整个谈判进程的发展起着重要作用。

案例分析 3-2　谈判氛围的有效转换

美国某公司想向一家日本公司推销一套技术先进的生产线。双方为此派出了阵容强大的谈判小组在东京举行正式谈判。出于对技术的绝对自信，美方坚信此次谈判必定大获全胜，因此显得十分自得。谈判刚开始，美方代表滔滔不绝地大讲自己的技术是多么先进，价格多么合理，售后服务多么完善。而日方代表则显得十分木讷，只是埋头记录，一言不发。当美方代表得意扬扬地演讲完毕，却发现日方代表一脸茫然，一问才知，对方说根本没有听懂。美方代表不得不一而再，再而三地反复表述，先前那种兴奋不见了，整个谈判氛围从最初由美国人主导的热情洋溢，逐渐随着日本人的态度转入一种低沉拘谨的状态。日方代表见时机已经成熟，于是很严肃地向美方代表指出一连串技术上的缺陷和价格上的问题，令美方代表十分难看，一下子乱了分寸。最终，日本公司将这套生产线的价格压低至美方所能承受的最大限度。

分析：其实日本代表最初就已经听明白了美方所讲述的每一个问题。但在被美方所渲染出来的高昂热烈的气氛中，日方所提的意见很难被美方所接受。于是，日本采取了化热为冷、令对方"再而衰、三而竭"的疲劳战术，使原先不利于己方的谈判氛围，朝着逐渐占据主动的态势发展，最终达到以最低的成本引进最先进的技术的目的。

实践训练

一、实训目的和要求

开局在任何谈判中都是最重要的部分,它将给接下来的谈判定下基调。按照谈判的惯例,双方在开局阶段一般不进行实质性谈判,只是见面、介绍、寒暄以及谈一些非关键的问题。

二、场景设计

中国广东格兰仕(集团)公司与法国家乐福公司关于微波炉(V尚系列)买卖的谈判。通过对采购方家乐福公司的了解及初步接触,制订了此次商务谈判的谈判计划,安排了此次谈判的议程。现在面临的问题是如何根据实际情况,营造恰当的谈判开局气氛,实施开局策略,使谈判顺利进行。

三、实训步骤

1)收集整理所有关于谈判对手的信息,为谈判开局做准备。

根据已收集的信息,分析双方的实力,了解这次谈判对双方的重要程度,法方与我方的合作态度,以及如果谈判失败对各自会产生什么样的影响。

根据前期与法方的接触,以及近两天法方在参观企业及微波炉生产线、游览顺德等活动过程中的言谈举止,对法方谈判代表的性格特征、为人处世风格、语言表达能力、处理问题能力、决策权限等进行判断。

2)营造恰当的谈判气氛,掌握开局主动。

通过彼此介绍谈判组成员、谈论一些中性话题等双方进行接触,进一步了解、观察对方谈判人员的组成及各自成员的身份、地位、性格、爱好及谈判经验,首席代表的能力、权限、其在谈判中的特点以及对谈判的态度倾向等,以便迅速修正我方的信息资料,以此决定采取什么样的谈判策略和技巧。

四、实训要求

请将学生每3~4人分为一组,一组扮演广东格兰仕,另外一组扮演家乐福,进行开局营造良好谈判气氛的模拟演练。要求:双方在开局阶段一般不进行实质性谈判,只是见面、介绍、寒暄以及谈一些非关键的问题。同时,请各小组进行开局营造良好谈判气氛的对话设计。

课后训练

一、简答题

1. 谈判自我形象体现在哪些方面?

2. 如何建立良好的开局谈判气氛？
3. 影响开局气氛的因素有哪些？

二、**判断题**

1. 严肃的谈判气氛有利于迅速达成协议。（　　）
2. 与谈判话题无关的杂事不要提到桌面上来，如开个玩笑、非业务性的问题。（　　）
3. 谈判涉及经济利益，谈判气氛不可避免会是紧张、充满火药味的。（　　）
4. 正式谈判前，与您的对手私下接触是有利无害的。注意，一定要保持冷静，不可以太激动而讲多了话。（　　）
5. 开局中倾听对方的谈话的艺术在于准备好如何反驳他，因为倾听时，你的任务是找对方说话的漏洞。（　　）
6. 当你处于极为有利的地位时，谈判一开始，你便可以狮子大开口，然后稍作退让，达成较有利的协议。（　　）

三、**实训操作**

案例导入中，以宁波牛奶集团有限公司与沃尔玛公司的案例背景为例，将学生每3~4人分为一组，一组扮演宁波牛奶集团有限公司商务谈判人员，另外一组扮演沃尔玛公司商务谈判代表，进行开局营造良好谈判气氛的模拟演练。要求：双方在开局阶段一般不进行实质性谈判，只是见面、介绍、寒暄以及谈一些非关键的问题。同时，请各小组进行开局营造良好谈判气氛的对话设计。

四、**案例分析**

1. 日本松下电器公司创始人松下幸之助平生第一次来到东京找批发商谈判推销自己的产品时，与批发商第一次见面，批发商就友善地问道：“我们是第一次打交道吧？以前我好像没有见过您。”批发商以此为托词，为的是要探测对手究竟是生意场上的老手还是新手。松下幸之助缺乏经验，马上恭敬地回答道：“我是第一次来东京，什么都不懂，请多多关照。”松下这番极其平常的答复却给批发商获得了一个非常重要的信息：对手原来是一个初出茅庐的新手。批发商接着问：“你打算什么价格出售你的产品？”松下又如实告知：“我的产品每件成本是20元，我打算卖25元。”按照当时的市场价，松下的产品每件卖25元价格是适中的，加上他产品的质量又好，争取更高的价格是完全有可能的。但批发商已经了解到松下幸之助在东京人地两生，而且急于为产品打开销路，因此乘机杀价："你首次来东京做生意，刚开张应该卖得更便宜。每件20元怎么样？"最后双方以20元成交。

思考： 松下先生的诚实回答并没有给自己带来多少利益，这是否说明谈判中是不能够讲真话的？

2. 韩国某家企业想成为日本某著名电子元器件公司在当地的代理商。双方经过几次磋商均未达成协议。在最后的一次谈判中，韩国企业的谈判代表发现日方代表喝茶以及取放茶叶的姿势十分特别，于是他说道："从真田君（日方谈判代表）喝茶的姿势看，您十分精通茶道，能否为我们详细介绍下茶道呢？"这句话正好点中了日方代表的兴趣所在，于是他滔滔不绝地讲述起来。最终，后面的谈判进行得相当顺利，该韩国企业终于拿到了他们所希望的该地区的代理权。

思考：

（1）该韩国企业在谈判中意图营造什么样的谈判氛围？

（2）该韩国谈判代表最终是通过什么方法来削弱日本谈判方的心理防线，从而激发起他的谈判热情的？

任务二　实施开局步骤

商务谈判的开局往往要经历三个环节：向每位代表提供会谈议程，就议程和其他相关问题交换意见，各方首席谈判代表分别进行陈述。

操作步骤及分析

一、向每位代表提供谈判议程

谈判议程是关于谈判的主要议题、谈判的原则框架、议题的先后顺序与时间安排等事项的拟定。谈判议程的安排对谈判双方非常重要，议程本身就是一种谈判策略，会根据谈判需要而设置议程，完整的谈判议程的内容主要包括谈判时间、场地、主题、日程、食宿、交通、游览、休息、馈赠等事项的安排。一般而言，典型的谈判议程拟定步骤如下。

（一）安排好谈判时间

时间的安排即确定在什么时间举行谈判、多长时间、各个阶段时间如何分配、议题出现的时间顺序等。谈判时间的安排是议程中的重要环节。如果时间安排得很仓促，准备不充分，匆忙上阵，心浮气躁，就很难沉着冷静地实施各种策略；如果时间安排得很拖延，不仅会耗费大量的时间和精力，而且随着时间的推延，各种环境因素都会发生变化，还可能会错过一些重要的机遇。

（二）确定谈判议题

所谓谈判议题就是谈判双方提出和讨论的各种问题。确定谈判议题首先须明确己方要提出哪些问题，要讨论哪些问题；要把所有问题全盘进行比较和分析，哪些问题是主要议题，要列入重点讨论范围，哪些问题是非重点问题，哪些问题可以忽略，这些问题之间是什么关系，在逻辑上有什么联系；还要预测对方会提出什么问题，哪些问题是己方必须认真对待、全力以赴去解决的，哪些问题可以根据情况做出让步，哪些问题可以不予讨论。

（三）拟定通则议程和细则议程

1．拟定通则议程

通则议程是谈判双方共同遵守使用的日程安排，一般要经过双方协商同意后方能正式生效。在通则议程中，通常应确定以下内容：

1）谈判地点、谈判时间的安排。

2）双方谈判讨论的中心议题，问题讨论的顺序。

3）谈判中各种人员的安排以及招待问题。

2．拟定细则议程

细则议程是己方参加谈判的策略的具体安排，只供己方人员使用，具有保密性。其内容一般包括以下几个方面：

1）谈判中统一口径，如发言的观点、文件资料的说明等。

2）对谈判过程中可能出现的各种情况的对策安排。

3）己方发言的策略，何时提出问题，提什么问题，向何人提问，谁来提出问题，谁来补充，谁来回答对方问题，谁来反驳对方提问，什么情况下要求暂时停止谈判等，谈判人员更换的预先安排。

4）己方谈判时间的策略安排、谈判时间期限。

二、初步交换意见

商务谈判的开局是整个商务谈判的起点和基础，直接关系到谈判双方的诚意和积极性；关系到谈判的格局和发展趋势。在正式进入商务谈判前，各方代表不妨先就一方提出的议程交换下意见，在谈判目标、主要议题、谈判日程等方面达成初步共识。

三、开场陈述

在实质性磋商阶段之前，谈判各方往往先要作一个正式的开局发言，分别阐明本方对所谈议题的基本原则，重点强调本方的利害所在，使双方彼此了解对方对本次谈判内容所持有的立场与观点。开场陈述的主要作用是亮明本方的观点，营造有利于本方的气势，试探对方的反应。

1．当对方陈述时，己方的注意事项

1）注意倾听，牢记对方陈述的要点。对每个问题都要认真查问，并引导对方尽量详细地说明其所有的立场、观点以及方案中的内容及其细节，切忌不懂装懂地含糊过去，并且切忌过早地表示同意或反对对方的陈述。

2）在听清和了解对方意图后，要及时明确地表示己方的看法，并找出彼此之间需求的差距。

3）若遇到对方有某些概念性错误或故意制造一些不良气氛时，应委婉地加以指出，并说明这样做对双方均无益，切忌不闻不问、过于迁就或激烈指责。同时当对方被己方说服之后，要注意顾全对方的面子。

4）要有全局观念，不要固执于一点，整个谈判是一盘棋，要灵活运用"弃车保帅"的策略，以求全盘的优胜。

2．己方做开场陈述的注意事项

1）书面方案以己方在开始阶段必须陈述的内容为限，切忌无保留地暴露己方所有的立场、观点和意向。

2）在回答对方的提问前，尽量利用反问的方式，引导对方对己方所提出的反问发表意见，并且越多越好，然后综合对方的看法去回答对方的提问。

3）在回答对方的提问时，首先应该弄清对方提问的目的，然后根据己方的策略慎重回答。回答问题时应明白：在商谈中有些问题不必回答，有些问题只回答一半就已足够，在没有弄清对方的提问之前，针对问题的实质做正面回答，往往是愚蠢的回答。

4）使谈判内容横向铺开，而不是纠缠某一个具体问题做纵向深入的洽谈。

 知识链接

一、什么是谈判议程

由于大多数国际商务谈判存在语言上的障碍，即使各方均能使用同一种语言，但有时为了提高谈判效率，也为了体现主方对客方的尊重与平等，通常都会由主方向各个参与谈判的人士分发一份以各方均能看懂的文字打印的谈判议程。人手一份谈判议程，对所谈的要点一目了然，这不但可以确保谈判的进度，还可以节省一部分记录的时间，使谈判人员有一定的心理准备，能更专注地聆听对方的发言，把握谈判的细节和要点。因此，谈判议程是指谈判将要讨论内容的清单，是谈判活动的各种事项和时间安排。谈判议程实际上决定了谈判的进程、发展方向，是控制谈判、左右局势的重要手段。谈判议程确定后，什么时间谈什么、先谈什么、后谈什么就很明确了，可以使谈判富有效率，避免冗长或急促，避免无谓的口舌。

二、拟定谈判议程时应注意的几个问题

谈判议程对各方来说，其重要程度有所不同，在己方安排议程之前，要对议题的轻重、大小、难易程度进行辨析，分析得出哪些议题对己方有利，也让对方容易接受，能增进友谊，促进合作。己方在设置谈判议程时，主要考虑以下几点：

1）谈判的议程安排要依据己方的具体情况，在程序安排上能扬长避短，也就是在谈判的程序安排上，保证己方的优势能得到充分的发挥。

2）议程的安排和布局要为自己出其不意地运用谈判策略埋下契机。对一个谈判老手来说，是决不会放过利用拟定谈判议程的机会来运筹谋略的。

3）谈判议程内容要能够体现己方谈判的总体方案，统筹兼顾，引导或控制谈判的速度，以及己方让步的限度和步骤等。

4）在议程的安排上，不要过分伤害对方的自尊和利益，以免导致谈判的过早破裂。

5）不要将己方的谈判目标，特别是最终谈判目标通过议程和盘托出，使己方处于不利地位。

三、开场陈述的基本内容

开场陈述是指在开局阶段，双方就本次谈判的内容陈述各自的观点、立场及建议。其任务是让双方先概述本次谈判的主要内容，并在此基础上，就一些原则性分歧发表建设性意见。

开场陈述的基本内容主要包括谈判双方在开始阶段理应表明的观点、立场、计划和建议。具体包括：

1）己方的立场。己方希望通过谈判应取得的利益，其中哪些又是至关重要的；己方

可以采取何种方式为双方共同获得利益做出贡献；今后双方合作中可能会出现的成效或障碍；己方希望当次谈判应遵循的方针等。

2）己方对问题的理解。己方认为当次会谈应涉及的主要问题，以及对这些问题的看法、建议或想法等。

3）对对方各项建议的反应。如果对方开始陈述或者对方对己方的陈述提出了某些建议，那么己方就必须对其建议或陈述做出应有的反应。

四、开场陈述的原则

陈述的目的是使对方理解己方的意图，既要体现一定的原则性，又要体现合作性和灵活性。在开场陈述中要让对方了解己方对谈判涉及问题的理解，并提出设想和解决问题的方案，然后听取对方的全面陈述并观察对方的合作诚意。为此，在陈述中可遵循的原则是：

1）开场的陈述要双方分别进行，并且在此阶段各方只阐述自己的立场、观点而不必阐述双方的共同利益。

2）开场陈述是原则性的而不是具体的。一般来说，开始阶段的谈判任务是向着横向而不是纵向发展，也就是说，只洽谈当次谈判中的原则性问题和陈述己方的基本立场、观点和建议，而不是就某一个具体问题作深入谈判。

3）开场陈述应简明扼要，通俗易懂。这样既可避免对方误会，又可使双方有机会立即交谈下去，还可避免被冗长烦琐的发言搅昏头脑而影响谈判气氛。

4）对方陈述时不要插言，待其陈述完毕后，再进行提问，只有等到问清对方的意图后，才陈述己方的建议和立场。

五、开场陈述的方式

开场陈述的方式一般有两种：一种是由一方提出书面方案，发表意见；另一种是会晤时双方口头陈述。在开场陈述时，到底采用哪一种方式，不能一概而论，应根据具体的谈判环境而定。

（一）书面陈述

1）开始阶段的书面建议应叙述方案方对当次谈判内容所持有的观点、立场等问题。这样一来，会使对方事先了解方案方的意图，从而有助于对方更好地制订谈判对策。

2）书面文字大多都使用较为正式的表达方式，从而有可能使建议缺乏灵活性和影响轻松气氛的建立。

3）在谈判中，对有些交易条件的妥协或让步往往是出于感情上的原因。因此，对于实力较弱的一方，越是使用书面文字，就越有可能难以充分利用"感情"因素去影响对方，从而就越有可能处于不利地位。那么，在此种场合下，若还是以书面文字来进行开场陈述，就显得多余。

（二）会晤时双方口头陈述

会晤时双方口头陈述，即会晤前双方不提交任何书面方案，仅仅在开场陈述时，由双方口头陈述各自的立场、观点和意见。这种陈述方式在谈判中比较多见。

1．优点

1）具有很大的灵活性。谈判者可以根据在开始阶段中对方所表现出来的立场、诚意及谈判中所出现的具体情况，灵活变更自己的立场和策略，从而使谈判气氛有可能更加活跃。

2）更能发挥人的主观能动作用。因为采用此种方式的谈判双方，均有很多问题是事先无法估计的，大多需要依赖临场发挥，因此，与上述第一种方式相比较，谈判者本身的素质就显得更加重要，若是素质高，且临场发挥也好的话，就有可能处于主动，否则，就可能处于被动的地位。

3）可以更好地利用感情因素。一般来讲，采取口头陈述观点、立场比用书面陈述更能充分地利用感情因素。因为他们可以充分利用谈话的内容、语气、声调等方式及其时机的把握等去建立某种人际关系，从而使对方不好意思提出异议。

2．缺点

1）陈述时很容易失去问题的中心，且要叙述清楚一些复杂的问题往往不太容易。

2）很容易发生误解，并且如果不能很好地控制个人情绪也往往容易出现冲动，从而有可能使谈判陷入僵局。

3）由于在开场陈述之前，要使对方看出己方的基本观点和立场，又不能使己方的全盘意图暴露在对方的面前，同时还需给予己方谈判者灵活机动的自主性。

 案例分析

案例分析 3-3　喝醉酒的商人

有一个做粮食贸易的商人，是一个大批发商。他经常从北方购进玉米，卖到南方小规模的饲料加工厂。每当他以较低的价格买进后，便分别拜访那些饲料加工厂的负责人，并且开价格单给对方。他拜访的时间多选择在中午，并且很自然地请对方吃饭，或被对方请。按照习惯，吃饭时喝一点酒是正常的，而他是有酒必喝，喝酒必醉。醉后失态，神志不清。结果把其他人给他的还价单也落在饭桌上的公文包内，恍惚而返。到了晚上才打电话给对方，当然是索要他的文件包了，同时提及成交价格。同时，那些饲料厂的负责人以为他真的醉了，常常会以大大高出于他的成交底价的价格与他达成最终协议。

思考：

（1）该商人运用了什么技巧？

（2）运用上述技巧时需要哪些前提条件做保障？在商务谈判中，可使用哪些方法来破解？

分析：商人运用了对方的心理弱点，对方在当时的环境中，看到了商人的还价单，便一下就先入为主，没有怀疑过此还价单的真实性。殊不知此还价单正是商人伪造的诱饵，最终以远高出真正还价单的价格而成交。

熟悉对方的心理，制造适合的环境是前提条件。破解方法：一要保持头脑冷静，查实单据的真实性。二是采用同样的方法来回复对方，当作没有看到还价单，以原先自己觉得适合市场价的价格继续谈判。

实践训练

关于图书购销的商务谈判

甲方：宁波城市职业技术学院（主方）
乙方：蓝海图书有限责任公司（客方）

一、背景资料

临近学期结束，宁波城市职业技术学院教材采购中心需要为下学期准备大学英语教材，因此该教材的采购事宜被提上日程。为了改进长期以来该教材的采购依赖于原有的供货商（新视野图书公司），今年学校希望可以有新的供货商（蓝海图书有限责任公司）加入进来，于是委托教材采购中心老师与该供应商进行有关采购教材问题的谈判。

二、谈判内容

甲方：
1. 价格：主要是书的折扣情况。
2. 书的运送方式。
3. 书是否配备相关课件。
4. 供货商每年定期向学校赠送一些新书。
5. 保证书的质量等。

乙方：
1. 付款方式。
2. 折扣让价。
3. 运送方式。
4. 需要每年学校配合定期书展等。

三、实训步骤

1. 假设你是宁波城市职业技术学院的谈判代表，请在正式谈判前拟定谈判通则议程和细则议程。

2. 将学生分成3~4人一组，一组扮演甲方宁波城市职业技术学院的谈判代表，另一组扮演乙方蓝海图书有限责任公司。双方的谈判刚刚进入开局阶段。请分别以甲方、乙方的名义上台进行开场陈述演示，每组陈述不超过3分钟。

课 后 训 练

一、简答题

1. 开场陈述过程中应该注意哪些问题？
2. 如何拟定谈判议程？

3．简述开场陈述的两大方式：书面陈述与口头陈述的优缺点。

二、实训操作

根据项目二【项目导入】中宁波市牛奶集团有限公司与沃尔玛超市的谈判背景，宁波牛奶集团有限公司一方派出了：①销售部经理2名，负责数量、价格、交货方式、保险等方面的事务；②财务部一名会计，负责付款方式、信用担保等财务方面的事务；③法律顾问一名，负责合同条款的拟定与法律问题的解释等实务。④办公室秘书一名，负责信息资料的整理以保管，谈判过程的记录等后勤工作。

沃尔玛超市一方也派出了采购部经理等5人。双方如期在沃尔玛超市的会议室展开谈判，重点就产品的价格、入场费、维护、促销、结款、相关政策等问题进行讨论。

1．请以沃尔玛超市的名义，在正式谈判前拟定谈判通则议程和细则议程。

2．请分别以宁波牛奶集团有限公司与沃尔玛超市的名义上台进行开场陈述演示。

三、案例分析

案例分析1

A公司是一家实力雄厚的房地产公司，在投资的过程中相中了B公司的一块极具升值潜力的土地，想尽快拿到手进行商业投资。而B公司也想通过出售这块土地获得资金，发展国外市场，B公司目前在这块土地上还有现存建筑物的租约，对A公司提出的价格也不太满意。双方针对土地转让问题进行磋商，双方以前未打过交道。

A公司谈判代表："我公司的情况你们可能也有所了解，我公司是由于××公司与××公司合资创办的，经济实力雄厚，近年来在房地产开发领域成绩显著。在你们市去年开发的××花园收益很不错，听说你们的周总也是我们的买主啊。你们市的几家公司正在谋求与我们的合作，想把他们手里的土地转让给我们，但我们没有轻易表态。你们这块土地对我们很有吸引力。前几天，我们公司的业务人员对该地区的住户等进行了广泛的调查，基本上没有什么大问题。时间就是金钱啊。我们希望尽快就这个问题达成协议。不知你们的想法如何？"

B公司的代表："很高兴能与你们公司有合作的机会。我们之间以前虽没打过交道，但对你们的情况还是有所了解的。我们遍布全国的办事处也有多家住的是你们建的房子，这可能也是一种缘分吧。我们确实有出卖这块土地的意愿。但是我们并不着急出手，因为除了你们公司外，还有兴华、兴运等一些公司也对这块土地表示出了浓厚的兴趣，正在积极地与我们接洽。当然了，如果你们的条件比较合理，我们还是愿意优先和你们合作的。我们可以帮助你们简化有关手续，使你们的工程能早日开工。"

思考：请结合开场陈述的原则及其相关内容，分别评论A公司与B公司的陈述内容。

案例分析2

韩国AG公司应邀前往德国西门子公司，就引进德国西门子公司轨道交通控制系统的技术和设备进行谈判。在宽敞明亮的西门子总部大楼的谈判室内，双方人员相继入座。在德方主谈机智诙谐的开场白后，行政秘书先向每位谈判代表分发了一次此次谈判的议程表。然后双方代表开始对这份谈判议程交换意见。韩方代表提出增加两个与技术检测有关的议题，德方代表表示同意。接下来，双方首席谈判代表就此次技术转让的意义、如何确保各自的利益、该技术在国际同行中所处的水平、国际市场的供求状况、类似技术的转让价格，以及该项目交易中可能遇到的障碍等分别作了陈述。在德方代表陈述过程中，韩方人员认真倾听，并记下了所有要点，偶尔也会提问某个专有名词的含义以及具体技术性能的参数。当德方人员陈述完毕，德方代表对韩方所提出的一些问题一一作了解释，并通过投影仪进行了现场演示。最后，西门子公司的首席谈判代表作了一个概括性的总结，强调了此次技术转移给双方带来的实际利益，梳理出几个需要最先讨论的问题。

请结合案例，论述：
1．商务谈判开局的步骤是什么？
2．谈判开局时，双方应该就哪些问题交换意见。
3．开局陈述应该包含哪些内容？

任务三　开局策略应用

开局的策略是谈判者为谋求谈判开局中的有利地位，实现对谈判形势的控制所采取的手段。如能在开局时，有效地施展自己的谋略，则有助于强化对本方有利的谈判氛围，掌握谈判的主动权，进而控制谈判的节奏和走向，最终影响谈判结果。

操作步骤及分析

一、先行试探

先行试探，即通过行为、语言等向对方传递一定的信息或意图，并根据对方表现出来的情绪、动作、语言等推测对方的情况，从而对对方的实力、态度、风格、经验、策略以及各自所处的地位等形成一定的认知。因此，在谈判的开局阶段，谈判双方都会利用这一短暂的时间，相互间进行探测，以了解对方的虚实。如果谈判者不想过早、过多地暴露弱点，就不要急于发表观点或看法，应采取以静制动的策略，诱导对方先说，并用心观察、揣摩对手的言行。

二、判断谈判双方的实力

从特定的谈判目标和谈判环境条件出发，开局策略的选择受双方实力对比的影响，主要有以下三种情况：

1）彼此实力相当，宜采用共鸣式开局策略，其条件通常是商务谈判双方的实力相当，双方主谈人的谈判能力差别不大；双方态度坦诚、主观愿望良好；各自都有求大同存小异的意向，坚持不让小事和枝节问题干扰决策或影响大局等，共同营造和谐的谈判氛围。

2）己方实力占优，可以尝试进攻式开局策略，其条件通常是商务谈判双方实力对比悬殊，双方的主谈人的谈判能力存在明显差异，在经济实力、政治背景、协作关系等方面，我方占有明显的优势。在谈判开局阶段，觉察到作为弱者的对方，对本次交易的需要愿望不对等时，要密切关注对方的策略定位，谨防对方"反向行动"给我方造成不利，要设法营造平等坦诚、互谅互让、轻松愉悦的谈判气氛。

3）己方实力较弱，宜采用坦诚式开局策略，其条件通常是商务谈判实力对比悬殊，我方为弱方，对方为强方，在经济实力、谈判背景、谈判能力等方面，对方明显占有优势。在需求的愿望上，我方的愿望表现比对方强烈，在这种情形下，我方要追求双方能平等对话，不卑不亢，以礼相见，创造友好谈判气氛作为开局目标。

三、考虑谈判双方的关系

不同类型、不同对手、不同国家或地区背景的商务谈判，所采取的开局策略不尽相同。选择何种开局策略，应全面考虑彼此的关系。

1）彼此已有多年业务往来，关系也很好，可以选择坦诚式开局策略。
2）彼此关系一般，则应争取创造一个友好、和谐的气氛，宜采取共鸣式开局策略。
3）如果过去的合作并不顺利，则开局应采取略带挑剔式的开局策略。
4）如果彼此是初次交往，宜采用询问式、协商式或者共鸣式开局策略，以便消除彼此间的陌生感，营造一个真诚友好的谈判气氛。

四、选择合适的谈判策略

（一）一致式开局策略的应用

一致式开局策略主要适用于谈判双方实力比较接近,双方过去没有商务往来经历的场合。使用该策略时，要注意多运用外交礼仪性语言、中性话题，使双方在平等、合作的气氛中开局。如果这一策略应用得当，可以将谈判中的自然气氛转化为高调气氛。它可以在高调气氛和自然气氛中使用,但不要在低调的气氛中使用,因为在低调气氛中使用该策略，容易使己方陷入被动。

运用一致式开局策略的具体方式有很多，常用的有商量式、询问式和补充式等。

1．商量式

采用商量式的做法是，谈判双方进行简单自我介绍后，谈判一方以协商的口吻来征求谈判对手的意见，然后对对方意见表示赞同或认可，双方达成共识。需要注意的是，征求对方意见的问题应该是无关紧要的问题，如进行产品的自我介绍、经营介绍等，这就避免征求到的对方意见对自身利益造成损伤。在赞同对方意见时，谈判人员的态度要不卑不亢，不能过于献媚。要表现出充分尊重对方意见的态度，语言要友好礼貌，但又不刻意奉承对方。

2．询问式

采用询问式的做法是，将答案设计成问题询问对方，诱使对手走入你既定的目标。例如："你觉得我们把价格条款放在最后讨论怎么样？"

3．补充式

补充式的做法是，借补充对方意见的机会，把自己的意见转化为对方的意见。

（二）回避式开局策略的应用

回避式开局策略多适用于谈判一方处于主动地位，实力或形势上占有优势，或整个市场对己方有利，且对方的竞争对手较多时。同时，回避式开局策略多用于以自然和低调气氛开始的谈判中，高调气氛不宜采用。它可以将其他谈判气氛转为低调气氛。

（三）坦诚式开局策略的应用

坦诚式开局策略一般应用于以下场合：

1) 坦诚式开局策略比较适用于谈判双方过去有过商务往来，关系较好，双方之间有比较深的了解的老客户之间。由于双方关系比较密切，不用太多的客套，可以减少很多外交辞令，直接坦率地陈述自己的观点、要求或对对方的期望等，使对方产生信任感。

2) 坦诚式开局策略适用于实力较弱的谈判方。当彼此都清楚各自的实力时，坦言相告本方的局限性，让对方予以理解，更能显示本方的真诚，赢得对方的好感。

3) 坦诚开局策略可以在各种谈判气氛中运用。这种方式容易使低调和自然的气氛很快升为高调。采用这种策略时，要综合考虑多种因素，如自己的身份、与对方的关系、当时的谈判形势等。

（四）慎重式开局策略的应用

慎重式开局策略一般适用于谈判双方有过商务往来，但对方曾有过不太令人满意的表现的情况。在运用此策略时可以采取的方法有很多，如可以对过去双方业务关系中对方的不妥之处表示遗憾，并希望通过本次合作能够改变这种状况；也可以用一些礼貌性的提问来考察对方的态度、想法，但不要急于拉近关系，注意与对方保持一定的距离。

这种策略也适用于己方对谈判对手的某些情况存在疑问，需要经过简短的接触摸底。当然，慎重并不等于没有谈判诚意，也不等于冷漠和猜疑，这种策略正是为了寻求更有效的谈判成果而使用的。

（五）进攻式开局策略的应用

由于进攻式开局策略会在一开始就使谈判陷入剑拔弩张的紧张气氛中，很可能会损害对方的自尊心，从而影响谈判的进行，因此也不宜随便采用。它只有在特殊情况下使用：

1) 发现谈判对手居高临下，以某种气势压人，有某种不尊重己方的倾向，如果任其发展下去，对己方是不利的情况。

2) 发现对方正在刻意制造低调气氛，且这种气氛阻碍了本方的讨价还价，进而可能损害本方的利益时，可以考虑采用进攻式策略，以便把开局时的不利气氛扭转过来。

采取进攻式开局策略时一定要谨慎，必须注意有理、有利、有节。在运用此策略时，要切中问题要害，对事不对人，不能进行人身攻击或给对方的行为定性。在语言表达中，既表现出己方的自尊、自信和认真的态度，又不能过于咄咄逼人，使谈判气氛过于紧张，一旦问题表达清楚，对方也有所改观，就应及时调节一下气氛，使双方重新建立起一种友好、轻松的谈判气氛。

（六）挑剔式开局策略的应用

挑剔式开局策略在运用时要慎重，应掌握好挑剔的尺度，不能过分，也不能进行人身攻击，应就事论事，对其错误或失误进行挑剔。此种策略适用于，对方已出现明显的过失，而己方又想利用这种过失迫使对方妥协，以达到己方目的。

 知识链接

一、实施开局策略时应考虑的因素

（一）谈判双方的关系

面对不同的谈判对手，不同的谈判内容，不同的谈判类型，需要采取有针对性的开局策略。因此，在选择恰当的开局策略时，需要考虑以下几个因素：

1．友好型关系

友好型关系，即谈判双方在过去有过业务往来，且在合作过程中关系很好，那么这种友好的关系可以作为双方谈判的基础。在这种情况下，开局阶段的气氛应是热烈、真诚、友好和轻松愉快的，开局的话题可以畅谈以前合作过程中友好的关系或双方间的人员交往，也可适当地称赞对方企业的发展。态度应比较放松、亲切。寒暄后，可快速地切入实质性内容。

2．一般型关系

一般型关系，即双方有过业务往来，但关系一般。那么开局的目标应定位为努力争取创造一个比较友好、和谐的气氛。但是，谈判人员的语言上要注意对热情的程度进行控制，不能过于热情，以防对方产生刻意讨好的印象。此外，在开局话题的选择上，不能过多地谈论过往的合作或人员往来，可以适当地选择热点话题或对方感兴趣的话题进行交流，努力营造轻松、自然的谈判气氛。谈判人员的态度应自然、随和。在适当的时候，比较自然地切入主题。

3．冷淡型关系

冷淡型关系，即双方过去有过一定的业务往来，但在合作过程中，曾发生不愉快的事情，从而留下不好的印象。那么开局阶段谈判气氛应是严肃、凝重的。谈判人员应在注意礼貌的同时，以比较严谨的态度进行开局。开局话题的选择可以就过去双方的关系表示不满或遗憾，并表达出希望通过此次磋商改善这种情况的意愿；也可以谈论一些与谈判无关的话题，如天气、体育、娱乐等。在开局交流中，应注意与对方保持一定距离，在适当的时候，小心谨慎地将话题引入到实质性谈判中来。

4．陌生型关系

这种关系类型表明，双方人员过往并没有业务往来，此次是第一次合作。那么，在开局阶段应力争创造一个真诚、友好、自然的气氛，以淡化和消除双方的陌生感以及由此带来的防备，为后面的实质性谈判奠定良好的基础。因此，在开局话题的选择上可以天气、旅游、体育、个人爱好等中性话题打开局面，态度要做到不卑不亢，语言上要表现出友好、礼貌，但不失身份。对实质性内容的切入要巧妙。

（二）谈判双方的实力对比

谈判双方之间实力的关系，主要有以下三种情况。

1．双方实力相当

双方实力相当是指双方实力势均力敌，不相上下。这种情况，容易使对手产生戒备心

理甚至敌对的情绪。这种情绪的产生，容易造成谈判中互不妥协、让步的紧张局面，在开局阶段应努力营造一个轻松、友好的气氛。谈判人员在语言和姿态上要做到轻松而不失严谨，礼貌而不失自信，热情而不失沉稳。

2．己方实力强于对方

如果己方实力明显强于对方，在开局阶段就要使对方能够清醒地意识到这一点，并且在谈判中不要抱有过高的期望，同时又不至于将对方吓跑，让其望而却步。因此，谈判人员在语言和姿态上，既要表现得礼貌、友好，又要充分显示出本方的自信和优势。

3．己方实力弱于对方

在这种情况下，由于己方处于劣势地位，心理上容易产生较大压力，行为表现为过于拘谨。为了不使对方在气势上占上风，从而使己方在整个谈判过程中处于被动，开局阶段在语言和姿态上，既要表示出友好、积极合作的态度，又要充满自信、举止沉稳、谈吐大方，避免对方的轻视。

二、谈判开局的技巧

在开局阶段，掌握和适当运用一些有效开局的谈判技巧，就能很好地掌握谈判中的主动权，从而获得满意的结果。其中最为常见几种的技巧如下。

1．起点高

起点高，即开局时提出的交易条件（要求），要高于你的期望值，给自己留出回旋的余地。需要注意的是，高起点并不是"漫天要价"，更不能把己方的高起点建立在损害对方利益的基础之上。

2．不要动摇

不要动摇，即确定一个立场之后就要明确表示不会再让步。在谈判的开局阶段，应在涉及己方重大利益的问题上站稳脚跟，坚持自己的立场，绝不轻易妥协或动摇。

3．权力有限

权力有限，即谈判人员在谈判中涉及某些问题时，以上司给予自己的权力有限为由，达到降低对方条件、迫使对方让步或修改内容等目的。权力受到限制，会迫使对方只能根据他们所拥有的权限来考虑问题，可以使己方人员拥有更多的主动权。

4．沉着应对

沉着应对，即不要用带有感情色彩的词汇回答你的对手，不要回应对方的压力，要恰如其分地表明己方的意向。因为，谈判人员的情绪、态度的恶化，往往会导致谈判人员产生怀疑、戒备、不安等负面情绪，使谈判陷入僵局。所以，谈判人员无论是阐述还是倾听，都要注意控制和调节情绪。

5．出其不意

出其不意，即要通过出人意料地改变谈判方式来破坏对手的心理平衡，不要让对手猜出你下一步的策略，出其不意，攻其不备。这种方式能很好地破坏对方的谈判节奏，打乱对方的计划，扰乱思路，使对方不能碰触己方底线。

6．保持耐心

保持耐心，即在谈判中不要急躁。如果时间掌握在己方手中，可以延长谈判时间，提高胜算。哪方时间越少，哪方压力越大，接受对方条件的可能性就越高。

三、谈判开局的策略的内涵

1．一致式开局策略

一致式开局策略又称为"协商式开局策略"或者"共鸣式开局策略",是指在谈判开始时,为了使对方对自己产生好感,以"协商""肯定"的方式创造或建立起对谈判的"一致"的感觉,从而使谈判双方在愉快友好的气氛中不断将谈判引向深入的一种开局策略。运用一致式开局策略,目的是为对方同意自己的观点创造条件。

2．保留式开局策略

保留式开局策略是指在谈判开局时,对谈判对手提出的关键性问题不做彻底、确切的回答,而是有所保留,从而给对手造成神秘感,以吸引对手步入谈判。注意采用保留式开局策略时不要违反商务谈判的道德原则,要以诚信为本,向对方传递的信息可以是模糊信息,但不能是虚假信息。否则,会将自己陷入非常难堪的局面之中。

3．坦诚式开局策略

坦诚式开局策略,也称开诚布公策略,是指谈判一方以开诚布公的方式向对手陈述自己的观点或意愿,尽快打开谈判局面。运用坦诚式开局策略的目的在于,通过开诚布公的形式,获得谈判对手的信赖和好感,这有助于谈判的顺利进行,并提高谈判效率,节省时间,还能避免一些不必要的误解和矛盾的产生。

4．慎重式开局策略

慎重式开局策略是指以严谨、凝重的语言进行陈述,表达出对谈判的高度重视和鲜明的态度,目的在于使对方放弃某些不适当的意图,以达到把握谈判的目的。

5．进攻式开局策略

进攻式开局策略是指通过语言或行为来表达己方强硬的姿态,从而获得谈判对手必要的尊重,并借以制造心理优势,使谈判顺利进行下去。与偶然抓住对手短处进行攻击的策略不同,进攻式开局策略是指有准备地通过语言或行为来表达本方的强硬立场,从而赢得对手的敬畏,迫使对手按本方意图开始谈判。

6．挑剔式开局策略

挑剔式开局策略,是指开局时对对手的某项错误或礼仪失误严加指责,使其感到内疚,从而达到营造低调气氛,迫使对手让步的目的。

案例分析

案例分析3-4　推销员的失误

书店里,一对年轻夫妇想给孩子买一些百科读物,推销员过来与他们交谈。以下是当时的谈话摘录。

客户:这套百科全书有些什么特点?

推销员:你看这套书的装帧是一流的,整套都是这种真皮套封烫金字的装帧,摆在您的书架上,非常好看。

客户:里面有些什么内容?

推销员:本书按字母顺序编排内容,这样便于查找资料。每幅图片都很漂亮逼真,比如这幅,多美。

客户：我看得出，不过我想知道的是……

推销员：我知道您想说什么！本书内容包罗万象，有了这套书您就如同有了一套地图集，而且还是附有详尽地形图的地图集。这对你们一定会有用处。

客户：我是为孩子买的，让他从现在开始学习一些东西。

推销员：哦，原来是这样。这个书很适合小孩的。它有带锁的玻璃门书箱，这样您的孩子就不会将它弄脏，小书箱是随书送的。我可以给你开单了吗？

（推销员作势要将书打包，给客户开单出货。）

客户：哦，我考虑考虑。你能不能留下其中的某部分比如文学部分，我们可以了解一下其中的内容？

推销员：本周内有一次特别的优惠抽奖活动，现在买说不定能中奖。

客户：我恐怕不需要了。

思考：

（1）这位推销员的失误之处在哪？

（2）你若是这位推销员，你会怎样做？

分析： 不明白客户购买此书的动机；没有掌握一些产品介绍的技巧；自始至终以自己为主，忽略客户的感受。

客户在选购各类产品时，都会有其不变的大方向。如购买办公机器是为提高公务处理的效率及合理化，购买生产设备是为提高生产率等。顺着大方向去满足客户的要求，能使您的展示、介绍更加打动客户的心。如果不明白大方向，就要"不耻下问"，弄清楚客户关注的利益点，接下来的介绍，就要时刻围绕利益点展开，随带进行一些附加价值的介绍。不能像案例中的推销员一样，始终按照自己的计划、步骤、节奏来介绍。

案例分析 3-5　坦诚式开局策略

北京某区一位党委书记在同外商谈判时，发现对方对自己的身份持有强烈的戒备心理。这种状态妨碍了谈判的进行。于是，这位党委书记当机立断，站起来对对方说道："我是党委书记，但也懂经济、搞经济，并且拥有决策权。我们摊子小，并且实力不大，但人实在，愿意真诚与贵方合作。咱们谈得成也好，谈不成也好，至少你这个外来的'洋'先生可以交一个我这样的'土'朋友。"寥寥几句肺腑之言，打消了对方的疑惑，使谈判顺利地向纵深发展。

分析： 中方的党委书记在此谈判中成功运用了坦诚式开局策略。当我方的谈判实力明显不如对方，并为双方所共知时，坦率地表明己方的弱点，让对方加以考虑，更表明己方对谈判的真诚态度，同时也表明对谈判的信心和能力。

案例分析 3-6　挑剔式开局策略

巴西一家公司到美国去采购成套设备。巴西谈判小组成员因为上街购物耽误了时间。当他们到达谈判地点时，比预定时间晚了 45 分钟。美方代表对此极为不满，花了很长时间来指责巴西代表不遵守时间，没有信用，如果老这样下去的话，以后很多工作很难合作，浪费时间就是浪费资源、浪费金钱。对此巴西代表感到理亏，只好不停地向美方代表道歉。

谈判开始以后似乎还对巴西代表来迟一事耿耿于怀,一时间弄得巴西代表手足无措,说话处处被动,无心与美方代表讨价还价,对美方提出的许多要求也没有静下心来认真考虑,匆匆忙忙就签订了合同。等到合同签订以后,巴西代表平静下来,头脑不再发热时才发现自己吃了大亏,上了美方的当,但已经晚了。

分析: 本案例中美国谈判代表成功地使用挑剔式开局策略,迫使巴西谈判代表自觉理亏,在来不及认真思考的情况而匆忙签下对美方有利的合同。

一、项目背景

谈判 A 方:宁波天虹文具有限公司是一家专业生产文具用品的中外合资企业,位于美丽的海港城市——宁波宁海。该厂生产的文具有国际通用"长尾夹"系列、"打孔机"系列、"裁纸刀"系列、"花样钳"系列、"电脑周边"系列,以及各类文具夹子、回形针、工字钉等办公用品。该厂生产的上述产品供不应求、利润丰厚,吸引了很多经销商。同时,该厂长期以来以技术先进、资金雄厚著称。

谈判 B 方:宁波某经销商,长期以来经营该厂产品,地理位置优越,但是近期由于经营不善,货款回笼慢,资金周转困难,形成了很大的资金缺口,不能按时与该厂结算货款。为此,经销商向该厂提出了继续经销该厂产品并要求延时付款。

二、实训要求

1. 根据已撰写好的谈判背景调查,设计一份谈判开局实施方案。
2. 模拟谈判开局的会面场景。

三、实训步骤

1. 以小组为单位,根据提供的背景资料,确定要营造的开局气氛,并设计一份开局气氛营造计划。
2. 请分别以谈判 A 方与 B 方的名义,制订一份开局策略实施方案。
3. 确定本组人员在谈判中所扮演的角色身份、职位、职务。
4. 对上述 3 个步骤的成果进行整理、汇总,形成一份谈判开局实施方案,并制作成 PPT 形式,以小组为单位,轮流上台演示。教师点评,小组修订后准备实施。
5. 采取抽签的方式,两组为一单位,模拟开局的会面场景。要求模拟时充分利用开局前的策略技巧。

课后训练

一、简答题

1. 常见的开局策略有哪些?不同的开局策略是否可以互相转换?试举例说明。

2．选择开局策略时应考虑哪些因素？

二、实训操作

（一）项目背景

谈判甲方：宁波某进出口公司

谈判乙方：韩国某公司

宁波某进出口公司（甲方）向韩国某公司（乙方）出口某种绿色食品。由于韩国消费市场很大，乙方派人到甲方所在地谈判订货合同。上一单定价为 3 950 美元/吨，随着订单增加，货物渐显不足，市场价格攀升。甲乙双方谈判时，市场价格呈现波动状态。甲方要求大幅度提高成交价以防将来不能供货，乙方则坚持，未来难料，马上涨价不公平，使谈判僵持不下。

乙方旨在多订货以抢占韩国市场，而且该食品具有传统的消费基础，有利可图。此外，韩国其他的公司也在采购该类食品，乙方认为只要甲方别太过分，可以适当调高采购价。甲方刚刚打开韩国市场，发展长期客户对其出口业务很有利，但货物收购价格的上扬也使其捏了一把汗，心想："千万别形成大干大亏。"所以，客户要保住，只要不亏就行了。双方恢复冷静后，接着谈判。

谈判目标：双方要对市场变化做出充分的预测，在此基础上，确定成交价及双方的合作方式。

（二）实训要求

1．请根据谈判背景，设计一份谈判开局实施方案。

2．模拟谈判开局的会面场景

（三）实训步骤

1．以小组为单位，根据提供的背景资料，确定要营造的开局气氛，并设计一份开局气氛营造计划。

2．请简要分析谈判双方的关系以及实力对比，从而选择合适的开局策略。

3．确定本组人员在谈判中所扮演的角色身份、职位、职务。

4．对上述步骤的成果进行整理、汇总，形成一份谈判开局实施方案。

5．采取抽签的方式，两组为一单位，模拟开局的会面场景。要求模拟时充分利用开局前的策略技巧，同时注意谈判开局氛围的营造。

三、案例分析

1．我国某公司准备同外商洽谈进口 DW 产品。我方知道，在国际市场未发生变化的情况下，要对方降低价格是困难的。于是，为了争取更为有利的谈判态势，我方在谈判一开始就在对方上次货物延期发货的问题上大做文章。我方说："由于你们上次延期交货使我们失去了几次展销良机，从而导致我方遭受了重大的经济损失。"对方听罢，先对延期交货做了解释，然后表示了自己的歉意。于是，我方顺势提出希望对方这次能减价 10%来弥补我方上次的损失的要求。

思考：

（1）我方的开局策略是什么？

（2）如果你是外商的代表，你的对策是什么？

2. 某公司谈判人员在接洽一个新客户的订购时，首先表示："本公司通常成交的数量都在10万双以上。对小批量的订单一般不予考虑，但考虑到你们是远道而来，总不能让你们空手而归。由于你方订购数量少，因此就提高了产品的成本，所以在价格上要略高一些。对此，想必你们是可以理解的。"

思考：

（1）我方的开局策略是什么？

（2）使用该策略需要注意哪些问题？

3. 北方某工业城市曾与某美籍华人洽谈一个合资经营碳化硅的项目。起先，该外商对我方戒心很大，对同我方进行合资经营的兴趣不大，只在国内亲友的一再劝慰下，才同意与我方有关方面进行初次接触。我方由主管工业的副市长亲自主持洽谈。在会谈期间，我方不仅态度十分友好，而且十分坦率，把我们的实际情况，包括这个项目的目的、该项目对当地冶金工业的重要意义、我们独自兴办项目的困难、我们对该外商的期望等和盘托出，没有半点隐瞒。该外商见我方市长如此坦诚，十分感动，除全部谈出他的担心之外，还为我们怎么进行这个项目提出许多有价值的建议。最后，经过双方的磋商，很快签订了意向书，会谈取得了较好的效果。

思考：

（1）我方的开局策略是什么？

（2）使用该策略应注意哪些问题？

任务四　报价策略应用

谈判双方在经历了最初的接触、摸底，并对所了解和掌握的信息进行相应的处理之后，商务谈判进入报价阶段。商务谈判中的报价是一个复杂的问题，不仅指谈判的一方对另一方提出自己的所有要求，包括商品的数量、质量、包装、价格、装运、保险、支付、商检、索赔、仲裁等交易条件，还包括市场行情、谈判者的主观评价、谈判标的物的复杂程度、交易数量、谈判时机的选择、参与谈判企业的知名度、产品的声誉、支付方式、标的物价格所附带的物质条件、服务项目等。因此，商务谈判的报价方在报价之前，都会根据谈判的具体情况，综合分析和考虑各种影响因素，设法确定出各自最佳的报价方案。

操作步骤及分析

一、确定报价的基本要求

商务谈判的报价具有一定的艺术性，报价的好坏直接影响谈判的成败。报价时，不仅要考虑报价带来的利润，还要考虑对方的购买力和接受力。

确定报价的基本要求主要有：

1）先粗后细。报价时，先报总体价格，在必要时再报具体的价格构成。

2）诚恳自信。报价的态度要诚恳、自信，这样才能得到对方的信任。

3）坚决果断。报价要坚定、果断，不保留任何语尾，并且毫不犹豫。这样做能够给对方留下己方是认真而诚实的好印象。要记住，任何欲言又止、吞吞吐吐的行为，必然会导致对方的不良感受，甚至会产生不信任感。

4）明确清楚。报价要明确、清晰而完整，以便对方能够准确地了解己方的期望。实践表明，报价时含糊不清最容易使对方产生误解，从而扰乱己方所定步骤，对己不利。

5）不加解释。报价时不要对己方所报价格过多解释、说明和辩解，因为对方不管己方报价的水分多少都会提出质疑的。若是在对方还没有提出问题之前便主动加以说明，会提醒对方意识到己方所关心的问题，而这种问题有可能是对方尚未考虑过的问题。因此，有时过多地说明和解释，会使对方从中找出破绽或突破口，向己方猛烈地还击，有时甚至会使己方十分难堪，无法收场。

二、分析报价的依据

报价是商务谈判中的重要环节。针对同一种商品同时与几个顾客谈判，不同的竞争对手会报出高低不等的价格。虽然产品的价格会受企业生产成本和市场行情的双重制约，但是对企业来说，过硬的产品质量可以让企业赢得市场，获得更好的经济效益。

鉴于市场行情不断地变化发展，商务谈判人员不仅要熟悉自己产品的生产成本，还要在报价前注意收集有关的市场供求信息，并以此为基础分析和预测市场动向，研究市场上产品价格的变化趋势，密切关注某种产品及其替代品的生产技术是否有重大突破，这些都是谈判人员在报价时需要考虑的。

三、确定合理的开盘价

商务谈判过程中的最初报价称为开盘价，一般来说，卖方在所确定的合理的价格范围内，开盘的价格应该最高，而作为买方，相应的开盘价应该最低。美国前国务卿亨利·基辛格说道："在开始和对手谈判前，你所开出的条件一定要高于你的期望。你对对方的情况了解得越少，刚开始谈判时就应该把条件抬得越高。这样，你就可以在接下来的谈判中做出较大的让步，这样会显得比较合作。如果感觉第一次提出的条件过于极端，不妨暗示你的条件是有弹性的。"

当然，报价要高，喊价要狠，这并不意味着可以漫天要价。谈判一方在报价时，不仅要考虑报价所能获得的利益，还要考虑报价是否有诚意，能否为对方所接受。因为在商务谈判中，谈判双方处于对立统一之中，它们既互相制约又互相统一。报价起点的高低不是由报价一方随心所欲决定的，报价只有在显示诚意、对方能够接受的情况下才能产生预期的效果。如果本方报价过高，对方必然会认为你缺乏谈判的诚意，可能终止谈判；也可能针锋相对地提出一个令你根本无法认可的报价水平；或者对你报价中不合理的成分提出质疑，迫使你不得不很快做出让步。

四、确定报价的时机

当对方询问价格时，是报价的一个好时机。因为，此时对方有购买的需求，对价格兴趣高涨，合理地报价可以减少谈判的阻力，有利于达成合作共识。当然，有时候对方在一开始就询问价格，并非真诚合作，只是收集价格信息，这时最好的策略是听而不闻。因为不管一方的报价多么合理，但价格本身并不能使对方产生成交欲望，对方暂时不具备购买的需求。所以，遇到暂时不具有购买力的顾客，这时应先谈项目的使用价值和能够为对方带来多少收益，等对方对项目的使用价值有所了解后，再谈项目价格问题。但是，如果对方坚持要马上答复价格问题，再拖延就是不尊重了。谈判者应当建设性地回答价格问题，把价格与购买该产品的潜在利益等联系起来回答，或者把价格与达成协议可得到的好处结合起来回答。

五、选择合适的报价策略

（一）报价起点策略

价格谈判的报价起点策略通常是，作为卖方，报价起点要高，即"开最高的价"；作为买方，报价起点要低，即"出最低的价"。商务谈判中这种"开价要高，出价要低"的报价起点策略，由于足以震惊对方，被国外谈判专家称之为"空城计"。对此，人们也形象地称之为"狮子大张口"。

显然，谈判双方报价起点的这种"一高一低"的策略，是合乎常理的，而不可能是"一低一高"，因为那是背理的，也不可能是"一中一中"，因为那只可能是经过数轮讨价还价后的结果，不可能是开盘的局面。我们从对策论的角度看，谈判双方在提出各自的利益要求时，一般都含有策略性虚报的部分。这种做法，其实已成为商务谈判中的惯例。同时，从心理学的角度看，谈判者都有一种要求得到比他们预期得到的还要多的心理倾向。

当然，价格谈判中这种报价起点策略的运用，必须基于价格谈判的合理范围，必须审时度势，根据自身的实际市场调查报出一个相对合理的"最高价"或"最低价"，切不可漫天要价和胡乱杀价，否则就会"吓跑"对方，失去交易的机会和导致谈判的最终失败。

（二）报价时机策略

报价时机策略是依靠谈判者根据自己的经验，选择适当的时机提出报价，以促成成交的策略。在报价时机中还存在先报价和后报价两种非常重要的策略。一般而言，当己方实力较强或信息丰富或冲突程度较高时，先报价较为有利。但是，如果存在以下两种情形就不宜先报价：①对方还没有充分了解该商品为其带来的实际好处；②己方对市场行情掌握不充分或者不熟悉。

先报价存在很大优势，先报价的一方的价格等于为价格谈判划定了一个框架和基准线，最终协议将在这个范围内达成，因此先报价往往会取得谈判的主动权，对价格谈判的影响较大。同时，如果先报价出乎对方的预料，往往会打乱对方的谈判计划，使其失去信心。当然先报价也不可避免存在一些弊端，如对方先听了报价后可以调整原有的想法，先报价会使对方对价格发起进攻等。

（三）报价差别策略

在商务谈判中，同一商品会因客户性质、购买数量、需求急缓、交易时间、交货地点、支付方式等方面的不同，形成不同的购销价格。这种价格差别，体现了商品交易中的市场需求导向，在报价策略中应重视运用。在如下情况中，可以采用报价差别策略。

1）对老客户或大批量需求的客户，为巩固良好的客户关系或建立稳定的交易联系，可适当实行价格折扣。

2）对新客户，有时为开拓新市场，亦可给予适当让价。

3）对某些需求弹性较小的商品，可适当实行高价策略。

4）对方"等米下锅"，价格则不宜下降。

5）旺季的价格比淡季的价格自然较高。

6）交货地点方面，远程较近程或区位优越者，应有适当加价。

7）支付方式方面，一次付款较分期付款或延期付款，价格须给予优惠等。

总之，差别报价要根据不同的具体情况报不同的价格，其最终的目的是让对方感觉得到了优惠，心理上有认同感，从而实现双方商业上愉快而长期的合作。

（四）报价对比策略

报价对比策略是指向对方抛出有利于本方的多个商家同类商品交易的报价单，设立一个价格参照系，然后将所交易的商品与这些商家的同类商品在性能、质量、服务与其他交易条件等方面做出有利于本方的比较，并以此作为本方要价的依据。

价格谈判中，使用报价对比策略，往往可以增强报价的可信度和说服力，一般有很好的效果。报价对比可以从多方面进行。例如，将本商品的价格与另一可比商品的价格进行对比，以突出相同使用价值的不同价格；将本商品及其附加各种利益后的价格与可比商品不附加各种利益的价格进行对比，以突出不同使用价值的不同价格；将本商品的价格与竞争者同一商品的价格进行对比，以突出相同商品的不同价格等。

（五）报价分割策略

报价分割策略主要是为了迎合买方的求廉心理，将商品的计量单位细分化，然后按照最小的计量单位报价的策略。价格分割是一种心理策略。卖方报价时，采用这种报价策略，能使买方对商品价格产生心理上的便宜感，容易为买方所接受。

对于报价分割策略的具体运用，可以采用如下两种形式。

1. 用较小的单位报价

例如，茶叶每公斤 200 元报成每两 10 元；大米每吨 1 000 元报成每公斤 1 元。国外某些厂商刊登的广告也采用这种技巧，如"淋浴 1 次 8 便士""油漆 1 平方米仅仅 5 便士"。巴黎地铁公司的广告是"每天只需付 30 法郎，就有 200 万旅客能看到你的广告"。这样用小单位报价比大单位报价会使人在心理上产生便宜的感觉，更容易使人接受。

2. 用较小单位商品的价格进行比较

例如，"每天少抽一支烟，每天就可订一份×××报纸。""使用这种电冰箱平均每天 0.5 元电费，0.5 元只够吃一根最便宜的冰棍。""一袋去污粉能把 1 600 个碟子洗得干干净净。""×××牌电热水器，洗一次澡，不到 1 元。"这样用小商品的价格去类比大商品会给人以亲近感，拉近与消费者之间的距离。

（六）加法报价策略

加法报价策略是指在商务谈判中，有时怕报高价会吓跑对方，就把价格分解成若干层渐进提出，使若干次的报价最后加起来仍等于当初想一次性报出的高价。

例如，文具商向画家推销一套笔墨纸砚。如果他一次报高价，画家可能根本不会买，但文具商可以先报笔价，要价很低；成交后再谈墨价，要价也不高；待笔、墨卖出之后，接着谈纸价，再谈砚价，抬高价格。画家已经买了笔和墨，自然想"配套"，不忍放弃纸和砚，在谈判中便很难在价格方面做出让步了。

采用加法报价策略，卖家多半是靠所出售的商品具有系列组合性和配套性。买方一旦买了组件1，就无法割舍组件2和3了。在运用该策略报价时，并不将自己的要求一下子报出，而是分几次提出，以免全部报出吓到对方，导致谈判破裂。针对这一情况，作为买方在谈判前就要考虑商品的系列化特点，谈判中及时发现卖方"加法报价"的企图，挫败这种"诱招"。

（七）除法报价策略

除法报价策略是一种价格分解术，以商品的数量或使用时间等概念为除数，以商品价格为被除数，得出一种数字很小的价格，使买主对本来不低的价格产生一种便宜、低廉的感觉。

例如，保险公司为动员液化石油气用户参加保险，宣传说参加液化气保险，每天只交保险费1元，若遇到事故，则可得到高达1万元的保险赔偿金。这种做法用的就是该策略。相反，如果说每年交保险费365元的话，效果就差得多了。因为人们觉得365是个不小的数字。而用"除法报价策略"说成每天交1元，人们听起来在心理上就容易接受了。

从以上策略我们可以看出，报价不仅是一项竞争，也是一门艺术，价格高低事关商务谈判各方的切身利益，同时，价格又是在诸多因素的共同作用下最终形成的。因此，价格是商务谈判中最重要、最复杂的问题之一。为此，我们必须全面了解商务谈判中影响价格的因素，做好报价的准备工作，努力掌握并恰当地运用报价技巧，同时结合其他价格策略如价格解释策略、讨价还价策略等，打好组合拳，注重成本分析，重视历史经验数据，建立适用于自身的企业价格，最大限度地占有信息量，本着互惠互利、企业共赢的原则，具体问题具体分析，寻求有效的防范措施，最大限度地争取利益和减轻风险引起的损失，以实现谈判的最终目标。

知识链接

一、影响价格的基本因素

1. 成本因素

成本是影响报价的最基本因素，商品的报价是在成本的基础上加上合理的利润。当产品的报价一定时，成本的高低直接影响着经营成果，成本越低，盈利越高，成本越高，盈利越少，低于成本的报价会导致经营的亏损。当商品的成本一定时，降低报价是增强商品的竞争能力、占领市场、战胜竞争对手的有效方法。因此，在决定商品的报价时，不仅要考虑现在的成本、将来的成本，以及降低成本的可能性，而且要考虑竞争对手的成本。要依据有关成本资料，恰当地报出商品的价格。

2．需求因素

市场需求对价格最为敏感。在一般情况下，商品价格提高，会使需求量减少；反之，商品价格下降，会使需求量增加。市场需求与价格之间的这种关系可用需求价格弹性来反映。需求价格弹性是指某种商品的需求量对价格变动的反应灵敏程度。如果某商品的价格稍加变动，而引起对该商品的需求量有较大变动，则为需求弹性大；反之，某商品价格有较大变动，但引起需求量变动不大，则为需求弹性小。需求弹性的大小可用需求价格弹性系数来计算。需求价格弹性系数是指需求量变化与价格变化的比率。

$$需求价格弹性系数=需求变化的百分比/价格变化的百分比$$

当需求弹性价格系数大于 1 时，该商品需求弹性大；当需求价格弹性系数小于 1 时，商品需求弹性小。一般而言，属于有弹性的商品，其弹性系数大，报价提高，总收入减少，报价降低，总收入增加。而属于相对无弹性的商品，其弹性系数小，报价提高，总收入增加，报价降低，总收入减少，降价并不能刺激需求。因此，企业在确定商品报价时，必须先确定该商品的弹性系数，然后再考虑对某种商品的报价提高或降低，以求得总收入的增加或减少。

3．品质因素

商品的品质是指商品的内在质量和外观形式。它是由商品的自然属性决定的，包括品种、质量、规格、花色、等级、式样等特性。商品的不同特征具有不同的使用价值或用途，可以满足消费者不同需要。商品的品质是消费者最关心的问题，也是谈判双方必须洽商的问题。因此，商品的报价必须考虑商品的品质，要按质报价。

4．竞争因素

商品竞争激烈程度不同，对报价的影响也不同。竞争越剧烈，对报价影响也越大。由于竞争影响报价，因此要做好报价，除了考虑商品成本、市场需求以及品质外，还必须注重竞争对手的价格，特别是竞争对手的报价策略以及新的竞争对手对市场的影响。

5．政策因素

每个国家都有自己的经济政策，对市场价格的高低和变动都有相应的限制和法律规定。同时，国家还利用生产、市场、货币金融、海关等经济手段间接调节价格，因而商品的报价必须遵守国家政策要求。例如，国家对某种商品的最高限价和最低限价的规定就直接制约着报价的高低。在国际贸易中，各国政府对价格的限制就更多了，卖方就更应了解所在国对进口商品的限制，并以此作为自己报价的依据。在国际市场上，垄断组织也常常采用各种手段对价格进行调节。他们利用竞争，通过限制或扩大商品生产和销售，巧妙地利用库存和其他方式，造成为己所需的供求关系，以此来调节价格。

另外，在报价时，对方的内行程度、对方可能的还价、谈判双方相互信任的程度以及合作的前景、交易的次数等都是报价需要考虑的因素。

二、报价的方式

1．口头报价

口头报价是指不提交任何书面形式，只是以口头告知的方式来提出交易条件。与书面报价相比，口头报价具有较大的灵活性。一方面，谈判人员可以根据谈判环境和谈判局势的变化，不断地调整自己的价格期望和谈判策略，以获得更有利的价格条件；另一方面，由于口头报价遵循的是先洽商、后承担义务的原则，没有书面报价时的义务感约束，因此更有利于谈判双方充分发挥谈判的主动性、积极性和灵活性，促进交易的实现。

口头报价的劣势在于：对于某些价格条款比较复杂的谈判，口头报价不易把其中的复杂要点（如数字、图表等）表述明白清楚，可能会导致双方的理解产生异议或偏差，日后的磋商也容易因此而陷入对于细枝末节无谓的甚至是无休止的讨论中。此外，可能会因为对方准备不足，而拖延谈判进程。

口头报价灵活的特点使其成为现代商务谈判的主要报价方式，但是在选择具体报价方法时，为了避免口头谈判的不利之处，在谈判前，可以准备一份印有报价一方所在企业或公司的交易要点，或具体数据的简目表，结合谈判环境、局势、谈判对手的特点等具体情况，选择最有利于己方实现谈判目标的报价方式。

2．书面报价

书面报价是指报价时提出较为详尽的文字资料、图表、数据等，将己方的价格要求和所愿意承担的义务，以书面的形式表达清楚。一般情况下，书面报价可以采取以下两种不同的形式：

1）书面报价加上口头补充。这种报价表述更具有灵活性。
2）完全采用书面报价，不做任何口头补充。这种报价表述比较准确详尽。

书面报价的优势在于能使对方有时间充分了解己方的报价要求，为双方的沟通奠定基础，并能使谈判进程安排得更为紧凑。

书面报价的劣势在于由于报价成为永久性记录的书面材料，会对己方产生较大的限制。同时，给对方较多时间应对，容易使己方在价格谈判中处于不利的地位。另外，书面报价缺乏一定的灵活性和生动性，会减少谈判洽商的意义。

在实际谈判过程中，书面报价由于其自身的局限性，已经很少被采用。只有在谈判标的明确、价格条款较为复杂的时候，才采取书面报价。此外，面对实力较为强大的谈判对手的时候，也可以采取书面的形式，以获得一种心理均势的效果。

三、报价的基本方法

1．西欧式报价

西欧式报价普遍为西欧国家的厂商所采用，也称为高价报价方式。这种方式喊价要狠，让步要慢，其一般做法是卖方首先提出留有较大余地的价格，然后根据谈判双方的实力对比和该项交易的外部竞争状况，通过给予各种优惠，如数量折扣、价格折扣、佣金和支付条件方面的优惠（延长支付期限、提供优惠信贷等），逐步接近买方的条件，建立起共同的立场，最终达到成交的目标。这种方式与前面提到的有关报价原则是一致的，只要能稳住买方，使之就各项条件与卖方进行磋商，最后的结果往往对卖方是比较有利的。

2．日本式报价

日本式报价也称为低价报价方式，一般把最低价格列于价格表中，试图首先去击败参与竞争的同类对手，唤起买方的兴趣。而这种低价一般以对卖方最有利的结算条件为前提，并且与此低价格对应的各项交易条件实际又很难全部满足买方的需求。只要买方提出改变有关的交易条件，卖方就可以随之相应提高价格。因此，买卖双方最终成交的价格，往往高于卖方最初的要价。

在面临最严峻的外部竞争时，日本式报价是一种比较有效的报价方式。首先，它可以排除竞争对手的威胁，从而使己方与买方的谈判能够现实地发生。其次，其他买方退出竞争后，买方原有的优势地位就不复存在，他将不能以竞争作为向卖方施加压力的筹码。这样双方谁都不占优势，卖方就可以根据买方在有利条件下所提出的要求，逐步地提高要价。

一般而言，日本式报价有利于竞争，西欧式报价则比较符合人们的心理。多数人习惯于价格由高到低，逐步下降，而不是相反的变动趋势。

要避免日本式报价的陷阱，关键是要做到以下两点：

1）要自己对产品和价格有一个通盘的了解，心中有数就不会被表象所迷惑。

2）在最后下订单之前，不要轻易赶走任何一个卖方，货比三家，让他们互相制约，买方就不会被某个卖方控制了。

案例分析

案例分析3-7　天价楼盘

某海外开发商在上海浦东陆家嘴黄浦江边造了6栋豪华公寓，这几栋楼不仅户户面朝黄浦江，对面外滩的繁华景色一览无余，更有甚者，公寓的所有建筑装饰材料均来自进口，保安及自动化控制系统堪称一流。公寓于2005年建成，面向全球发售，所报价格每平方米高达11万～13万元人民币——比当时上海中心城区平均楼价高出10多倍，也比相邻的高档公寓贵了近4倍！结果开盘后1年多，一套也没有卖出去。

分析：此开发商的报高价在当时是一种一厢情愿的行为。他不顾市场行情，不考虑买方是否愿意接受的离谱报价，违反了报价的基本原则。所谓报价的基本原则，是指谈判者在报价时，既要考虑按此价格成交所能获得的利益，还要考虑市场供求状况、竞争对手的出价水平，以及买方所能接受的程度等因素。因此，要反复比较和权衡，找出报价者获益与该报价成功概率之间的最佳结合点。

案例分析3-8　爱迪生歪打正着

美国著名发明家爱迪生在某公司当电器技师时，他的一项发明获得了专利。公司经理向他表示愿意购买这项专利权，并问他要多少钱。当时，爱迪生想：只要能卖到5 000美元就很不错了，但他没有说出来，只是督促经理道："您一定知道我的这项发明专利权对公司的价值了，所以，价钱还是请您自己说一说吧！"经理报价道："40万美元，怎么样？"还能怎么样呢？谈判当然是没费周折就顺利结束了。爱迪生因此而获得了意想不到的巨款，为日后的发明创造提供了资金。

分析：爱迪生在报价时的歪打正着使自己获得额外的意想不到的巨款。在实际报价过程中，当己方对市场行情掌握不充分或者不熟悉自己产品的价格时，可以让对方先报价。这样先报价的一方的价格等于为价格谈判划定了一个框架和基准线。

案例分析 3-9　中荷关于精密仪器的谈判

荷兰某精密仪器生产厂家与中国某企业拟签订某种精密仪器的购销合同，但双方在仪器的价格条款上还未达成一致。因此，双方就此问题专门进行了谈判。谈判一开始，荷方代表就将其产品的性能、优势以及目前在国际上的知名度做了一番细致的介绍，同时说明还有其他国家的企业欲购买他们的产品。最后，荷方代表带着自信的微笑对中方代表人员说："根据我方产品所具有的以上优势，我们认为一台仪器的售价应该在4 000美元。"

中方代表听后十分生气，因为据中方人员掌握的有关资料，目前国际上此种产品的最高售价仅为3 000美元。于是，中方代表立刻毫不客气地将其掌握的目前国际上生产这种产品的十几家厂商的生产情况、技术水平及产品售价详细地向荷方代表和盘托出。

荷方代表十分震惊，因根据他们所掌握的情况，中方是第一次进口这种具有世界一流技术水平的仪器，想必对有关情况还缺乏细致入微的了解，没想到中方人员准备如此充分。荷方人员无话可说，立刻降低标准，将价格调到3 000美元，并坚持说，他们的产品是世界一流水平的，是物有所值的。

事实上，中方人员在谈判前就了解到，荷兰这家厂商目前经营遇到了一定的困难，陷入了巨额债务的泥潭，对他们来说，回收资金是当务之急，正四处寻找其产品的买主，而目前也只有中国对其发出了购买信号。于是，中方代表从容地回答荷方：我们也决不怀疑贵方产品的优质性，只是由于我国政府对本企业的用汇额度有一定的限制。因此，我方只能接受2 500美元的价格。荷方代表听后十分不悦，他们说："我方已经说过，我们的产品是物有所值，而且需求者也不仅仅是你们一家企业，如果对方这样没有诚意的话，我们宁可终止谈判。"

中方代表依然神色从容，说："既然如此，我们很遗憾。"

中方人员根据已经掌握的资料，相信荷方一定不会真的终止谈判，一定会再来找中方。

果然，没过多久，荷方就主动找到中方，表示价格可以再谈。在新的谈判中，双方又都做了一定的让步，最终以2 700美元成交。

思考：

（1）在此案例中，谈判主体、谈判客体分别是什么？

（2）当荷方提出终止谈判时，为什么中方谈判人员依旧从容？

（3）从该谈判案例中，你能得出什么结论？

分析： 主体是荷方和中方的谈判人员。客体是购销合同上精密仪器的价格条款。

荷方代表所说他们的产品供不应求还有其他国家的企业欲购买他们的产品，其实只是荷方谈判人员运用的一个策略，目的是使中方代表能够尽快且高价购买他们的产品，实际上，他们正面临巨额债务，需要尽快回收资金，此次谈判的成功对于他们来说十分重要。但他们不知道其实中方人员已经十分了解他们的情况，知道他们不会真的终止谈判，因此，当荷方提出终止谈判时，中方人员依旧十分从容。

在此谈判中，中方人员首先进行了认真的准备，为他们的谈判成功打下牢固的基础，可以说他们的谈判已经成功了一半，在了解对方真实情况后，他们利用对方的急迫心理，采取拖延和忍耐战术，最后，他们仅仅做了微小的让步就取得了此次谈判的成功。

实践训练

一、项目背景

宁波某进出口公司在与外商洽谈某商品出口时,故意把市场价格每打 150 美元的商品报价为每打 145 美元。这一报价引起了外商的极大兴趣。于是对方放弃了其他卖方,把重点放在与我方的谈判上来。在谈判中,我方表示如果外商要扩大零售销路,我方可把原来的简装改为精装,但每打要增加 2 美元。外商深知该产品精装要比简装畅销,便欣然答应。在谈到交货期时,外商要求我方在两个月内完成 5 万打的交货任务。我方表示,因数量大,工厂来不及生产,可考虑分批装运。外商坚持要求两个月全部装完。我方表示愿与厂方进一步商量。几天后,我方答复:厂方为了满足外商的要求愿意加班完成出口任务,但考虑到该产品出口利润甚低,希望外商能支付一些加班费。外商表示愿意支付每打 3 美元的加班费。最后,我方表示这批货物数量较大,厂方贷款有困难,希望外商能预付 30% 的货款。最终,外商同意预付 20% 的货款。协议就此达成。其实,这批货是我方的库存品。为了尽快清仓,我方成功地使用报价策略,使这笔交易超出了预期的利润。

二、实训要求

1. 请根据谈判背景,设计一份商务谈判的报价实施方案。
2. 进行商务谈判询价、报价的模拟。

三、实训步骤

1. 以小组为单位,根据提供的背景资料,确定要营造的开局气氛,并设计一份开局气氛营造计划。
2. 分析报价的依据,确定合理的开盘价。
3. 确定报价的时机。
4. 对上述步骤的成果进行整理、汇总,形成一份谈判报价实施方案。
5. 确定本组人员在谈判中所扮演的角色身份、职位、职务。
6. 采取抽签的方式,两组为一单位,模拟商务谈判的报价场景。要求模拟时充分利用报价的策略技巧,同时注意谈判开局氛围的营造。

课后训练

一、简答题

1. 报价的基本方式有哪些?你认为在商务谈判中哪种报价最有效?
2. 试分析,影响价格的基本因素有哪些?
3. 为什么说差异化报价是国际商务谈判中最常用的报价策略?请举例说明。

二、实训操作

1. 你三周前刚刚在某地找到一份工作，并计划在8月15日结婚（这事在求职面试时没有说），未婚妻要求婚后至少要度一个星期的蜜月。今天是8月13日，你去向老板请假，老板显然大出意外，板起脸说："你才上了3个星期的班啊！你打算请多少天假？"这时你会怎么回答？请说明理由。

  A．只请婚礼那一天的假　　　　B．请两个星期的假
  C．请三天的假

2. 你打算处置一架闲置很久的旧钢琴。有人想买，问你想卖多少钱，你会如何回答？请说明理由。

  A．按期望值的上限向他报价　　B．问他打算出多少钱
  C．把你太太想要的卖价告诉他　D．一见对方转身想走，便赶忙开个低价

3. 现在是下午3:00，你刚刚赶赴了一个约会。但是在你回办公室的路上，你临时决定去拜访一家大公司。但是令你吃惊的是，该公司的计划部主管刚好走过来，声称他急需你公司的产品。然而，不巧的是，他马上就要乘下午的飞机出差，需要你马上报一个最好的价格给他，然后就打算签一个金额很大的合同。

你会怎么做？说明理由。

4. 一天，你突然接到某学院的电话，从声音和口气可以听出来，对方是有采购授权的，你与对方从未见过面，对方也从未用过你公司的产品。他在电话里告诉你，他们学院为了迎接高校评估工作，计划筹建校园网。他询问你公司是否可以在两个月内交付该类设备。他对设备标准和一些交易条件似乎了如指掌。他解释说，他的时间比较紧，手头也有一些其他公司采购该设备，但是要求你公司的报价在118万元以下。你建议会一面，但是对方说"太忙"，只有接受他的报价后，才安排会面。

面对这个情况，你应该怎么做？说明理由。

三、案例分析

1. 某饮料厂欲购买固体橘汁饮料酶生产技术和设备，当时能够提供这种技术与设备的有甲、乙、丙三个厂家。该饮料厂经过初步调查，得知甲厂的报价最低，于是该饮料厂就决定与甲厂进行谈判。经过几轮谈判，该饮料厂发现他们很多的要求不能得到满足，如果想改变条件满足自己的要求，甲厂就会提高价格。最后该饮料厂以高于原价格15%的价格购买了技术与设备。

思考：
（1）甲厂采用了哪种报价技术？
（2）该种报价的一般模式是什么？
（3）对卖方来说这种报价的优点是什么？

2. 有位性急的手表批发商，经常到农村去推销商品。一次，他懒得多费口舌去讨价还价，想着都是老顾客了，可以按上次的成交价差不多的价钱出手。

他驾车来到了一个农场，走进公路边的一个商店，进门就对店主人说："这次，咱们少费点时间和唾沫，干脆按照我的要价和你的出价来个折中，怎么样？"

店主人不知道他葫芦里卖的什么药，不置可否。

他以为这是同意的表示，就说："那好！价钱绝对让你满意，绝对不掺水分，你只要

说打算进多少就行了。趁今天天气好,咱哥俩省下时间钓鱼去!"

他的报价果然好得出奇,比上次的成交价还低了不少。心想对方肯定高兴,便一厢情愿地问:"按照这个价钱,你打算进多少?"哪知对方答:"一只也不进!"这可把他弄懵了,问道:"为什么?你在开玩笑吧,这个价钱可比上次低了一大截啊!你说实话吧,要多少?"

店主说:"你以为乡下人都是傻瓜吗?你们这些城里来的骗子,嘴里说价格绝对优惠,实际比你心里的底数不知高多少呢?告诉你吧,无论你怎么说,我也是一只都不进!"

整整一个下午,两个人讨价还价,直到日落西山才成交。成交价比他原来说的"绝对令对方满意"的价钱又低了一大截。这趟生意做下来,他不但一分钱没有赚到,反而倒贴了油钱。

思考:
(1)该手表批发商在报价时犯了什么错误?
(2)请结合报价策略的相关内容,分析该手表批发商应该如何报价?

任务五　价格解释与评论

价格解评包括价格解释和价格评论。价格解释是报价之后的必要补充,价格评论是讨价之前的必要铺垫。价格解释与评论要充分利用陈述手段和方法,做到有理、有利、有节,具有很强的技巧性。

操作步骤及分析

一、卖方进行价格解释

价格解释的内容,应根据交易的项目确定。卖方通过陈述方式进行价格解释,内容应层次清楚,最好按照报价内容的次序逐一说明本公司报价的合理性。价格解释一般按以下三个步骤进行。

(一)分析目前产品市场的行情

卖方应以充分的信息资料为依据,对目前本产品在市场上的供求状况、价格水平、竞争状况等行情进行分析。同时,以轻松随意的态度询问对方目前的采购价,目的不是为了得到对方的确切回答,而是为了使对方参与谈话,以便更多地了解对方对本公司价格行情分析的态度,同时调节谈判气氛。

一般情况下,供大于求,市场价格下跌,供小于求,价格上涨。同类产品在市场上的最高价、最低价和中间价成为企业定价的一个很重要因素;而竞争的激烈程度不同,迫使企业采取不同的定价策略。行业垄断的产品,由于竞争激烈程度不高,习惯定高价。自由竞争的产品,由于竞争激烈,习惯进行价格战,以低价排挤竞争对手。根据谈判的实践经验,在谈判中,人们习惯采用"不开先例"策略对这一问题进行解释,如用"行业的习惯""对方过去的习惯做法""我方过去的习惯做法"等说明报价的合理性,更容易说服对方。

(二) 进一步解释公司产品质量及成本情况

这一解释的目的是既向对方表明自己产品质量的优越性，暗示给对方带来的利益，又可以有理有据地利用产品成本因素证明定价的合理性。

1．产品质量分析

产品的质量分析一般可以从以下三个方面进行：

1）产品的核心效用。产品的核心效用，主要是指产品在效用上与众不同的地方。例如，"农夫山泉，有点甜""格力空调，变频省电"，正是这些与众不同的效用，才会打动不同的消费者。

2）产品的外观。产品的外观主要是指在外观上与众不同的地方，包括产品的品质（材料构成、技术含量、产品的耐用性、安全性及方便性等）、式样特征（颜色、规格型号、款式）、品牌或商标、包装（类型、档次）等特征。在这些与众不同的外观特征吸引消费者的眼球时，也就是给消费者带来美的享受时，消费者才会购买产品。

3）产品的延伸。产品的延伸，主要是指顾客在购买产品时，附带获得的各种利益的总和，包括产品的说明书、质量保证、安装、维修、送货、技术培训等。正是这些附加利益，使得消费者产生了很好的购后感受。

2．产品成本分析

产品成本分析包括生产该产品需要的平均变动成本和变动成本。对于生产型企业而言，产品的成本包括生产成本和销售成本。其中生产成本分为两部分：一部分是原料和材料成本（采购以及折旧），占总成本的40%；一部分是人工成本（员工工资等），占总成本的30%；销售成本（包括渠道建立和维护中产生的铺货费用、广告、公共关系、促销等费用）占总成本的30%。对于经销商来说主要是进货成本、人工成本及销售成本，其比例根据当时的市场状况而定，不过在实际的商务活动中，生产型企业、批发商、零售商应得到合理的利润。生产商的利润率不超过10%；批发商的利润率不超过20%；零售商的利润率在20%以上，但是并不是绝对的。

二、买方进行价格评论

价格评论，是指买方对卖方所报价格及解释的评析和讨论。一般情况下，卖方进行价格解释后，买方对卖方的价格做出的评论大多是消极的，并据此提出讨价的要求。具体评论时，可以采用横向比较的方式，如"我方发现，贵方在提供的产品并没有优于目前市场大多数产品的情况下，价格却远远高于市场价格"。也可以只就对方报价的整体或者部分条款作出评论。例如，"我方觉得贵方提供的技术相对落后，价格却如此高，我方实在无法接受"，或者"我方觉得贵方提供的售后服务方面并不完善，价格却与完全服务的价格相当，我方觉得不妥"。

价格评论的原则是针锋相对，以理服人。买方应对卖方的报价解释的几种具体做法如下：

1）仔细查找报价单及其证据的漏洞，如性能、规格型号、质量档次、报价时间和其他交易条件的不可比性,并以此作为突破对方设立的价格参照系屏障的切入点。

2)买家可以抛出有利于自己的另外一些商家的报价单,并做相应的比较,以突出卖方报价的不合理性。

三、卖方进行价格再解释

在价格评论中,作为卖方在进行价格再解释时,要采用沉着冷静、不问不答的策略。在解释过程中,仅仅针对买方在价格评论过程中提出的问题进行解答。不论买方如何评论、怎样提问,甚至发难,也要保持沉着,始终以有理、有节为原则,并注意运用答问技巧,不乱方寸。"智者千虑,必有一失",对于买方抓住的明显矛盾之处,也不能"死要面子",适当表现出"高姿态",会显示交易诚意和保持价格谈判的主动地位。

知识链接

一、价格解释的意义与作用

价格解释,是指卖方就其商品特点及其报价的价值基础、行情依据、计算方式等所做的介绍、说明或解答。

价格解释对于卖方和买方都非常重要。从卖方来看,可以利用价格解释,充分说明报价的真实性、合理性,增强其说服力,软化买方的要求,缩小买方讨价的期望值,迫使买方接受报价。从买方来看,可以通过对方的价格解释,进一步了解卖方的报价实质和可信程度,掌握卖方薄弱之处,针对要害直接讨价还价。

二、价格解释的内容

价格解释的内容具体应根据交易项目确定,如对货物买卖价格的解释,对技术许可基本费、技术资料费、技术服务费等的解释,对工程承包中的料价和工价的解释,对"三来"加工中加工费的解释等。同时,价格解释的内容应层次清楚,最好按照报价内容的次序逐一进行解释为宜。

三、价格解释的技巧

价格解释的原则是有理、有利、有节。其具体技巧主要有以下四种。

1. 有问必答

报价后,对买方提出的疑点和问题,须有问必答,并坦诚、肯定,不可躲躲闪闪、吞吞吐吐。否则,会给人以不实之感,授人以压价的把柄。为此,卖方应在报价前,充分掌握各种相关资料、信息,并对买方可能提出的问题进行周密的分析、研究和准备,以通过价格解释表明报价的真实、可信。

2. 不问不答

不问不答,是指买方未问到的问题,一般不必回答,以免言多语失,削弱自己在价格谈判中的地位。

3．避实就虚

价格解释中，应多强调自己货物、技术、服务等的特点，多谈一些好讲的问题、不成问题的问题。若买方提出某些不好解释的问题，应尽量避其要害或转移视线，有的问题也可采取"拖"的办法：先诚恳记下买方的问题，承诺过几天再给予答复，过几天人家不找就算了，找再变通解答。

4．能言勿书

价格解释中，能用口头解释的，不用文字写；实在要写的，写在黑板上；非要落到纸上的，宜粗不宜细。这样，会有再解释、修改、否定的退路，从而总可处于主动。否则，白纸黑字，具体详尽，想再解释、更改就很被动。

价格解释中，作为买方，其应对策略应当是善于提问，即不论卖方怎样闪烁其词，也要善于提出各种问题，或单刀直入，或迂回侧击，设法把问题引导到卖方有意躲避或买方最为关心之处，迫使卖方解答，以达到买方的目的。

四、价格评论

（一）价格评论的作用

价格评论，是指买方对卖方所报价格及其解释的评析和论述。价格评论的作用，从买方来看，在于可针对卖方价格解释中的不实之处，指出其报价的不合理之处，从而在讨价还价之前先压一压"虚头"、挤一挤"水分"，为之后的价格谈判创造有利条件；从卖方来看，其实是对报价及其解释的反馈，便于了解买方的需求、交易欲望以及最为关切的问题，利于进一步的价格解释和对讨价有所准备。

（二）价格评论的技巧

价格评论的原则是针锋相对、以理服人，具体技巧主要有以下四种。

1．既要猛烈，又要掌握节奏

猛烈是指准中求狠，即切中要害、猛烈攻击、着力渲染，卖方不承诺降价，买方就不松口。掌握节奏是指评论时不要像"竹筒倒豆子"一下子把所有问题都摆出来，而是要一个问题一个问题地发问、评论，把卖方一步一步地逼向被动，使其不降价就下不了台。

2．重在说理，以理服人

对于买方的价格评论，卖方往往会以种种理由辩解，而不会轻易就范认输。因为，认输就意味着必须降价，并有损自己的声誉。所以，买方若要卖方俯首称臣，必须充分说理、以理服人。同时，既然是说理，评论中虽攻击猛烈，但态度、语气切忌粗暴，而应心平气和。只有在卖方死不认账、"无理搅三分"时，方可以严厉的口吻对其施加压力。一般来说，卖方也要维护自己的形象，谋求长期的交易利益，不会蛮不讲理。相反，只要你抓住其破绽，他就会借此台阶修改价格，以示诚意。而此时买方也应适可而止，不必"穷追猛打"，过早把谈判气氛搞僵。只要有理在手，待评论后讨价还价时再逐步达到目的。

3．既要自由发言，又要严密组织

在价格谈判中，买方参加谈判的人员虽然都可以针对卖方的报价及解释发表意见，加以评论，但鉴于卖方也在窥测买方的意图，摸买方的"底牌"，所以绝不能每个人想怎么评论就怎么评论，而是要事先精心谋划、"分配台词"，然后在主谈人的暗示下，其他人员适时、适度发言。这样，表面上看大家自由发言，但实际上则严密组织。"自由发言"是为了显示买方内部立场的一致，以加强对卖方的心理压力；严密组织，则是为了巩固买方自己的防线，不给卖方可乘之机。

4．评论中再侦察，侦察后再评论

买方进行价格评论时，卖方以进一步的解释予以辩解，这是正常的现象。对此，不仅应当允许并注意倾听，而且还应善于引发，以便侦察反应。实际上，谈判需要"舌头"，也需要"耳朵"。买方通过卖方的辩解，可以了解更多的情况，便于调整进一步评论的方向和策略；如果又抓到了新的问题，则可使评论增加新意，使评论逐步向纵深发展，从而有利于赢得价格谈判的最终胜利。否则，不耐心听取卖方的辩解，往往之后的进一步评论就会缺乏针对性，搞不好还会转来转去就是那么几句话，反而使谈判陷入了"烂泥潭"。

五、商务谈判的语言

语言是传递信息的媒介，是人与人之间交际的工具，在商务谈判中犹如桥梁。谈判中的信息传递与接受则需要通过谈判者之间的听、看、问、答、叙、辩以及劝和等方式来完成。商务谈判中，能够灵活运用语言的技巧来谋求谈判成功，是每一位谈判人员必须考虑的主要问题。商务谈判中的语言各种各样，从说话者的态度、目的和语言本身的作用来看，可以划分为五种类型。

1．礼节性的交际语言

在商务谈判中，融洽友好的气氛是商务谈判顺利进行的重要条件。礼节性的交际语言是指能增进了解、沟通感情、融合气氛的语言。礼节性交际语言的特征在于语言表达中的礼貌、温和、中性和圆滑，并带有较强的装饰性。在一般情况下，这类语言不涉及具体的实质性的问题。它的功用主要是缓和与消除谈判双方的陌生和戒备敌对的心理，联络双方的感情，创造轻松、自然、和谐的气氛。常用的礼节性交际语言有"欢迎远道而来的朋友""很荣幸能与您共事""愿我们的工作能为扩大和加强双方的合作做出贡献"等。

2．专业性的交易语言

专业性的交易语言，是指在商务谈判过程中使用的与业务内容有关的一些专用或专门术语。语言的特征是简练、明确、规范、严谨。在商务谈判中，对涉及双方责任、权利、义务分担的专业性的交易用语一定要向对方明确表达，并取得一致的理解，避免以后的纠纷。

3．留有余地的弹性语言

留有余地的弹性语言，也叫外交语言，是一种具有模糊性、缓冲性和圆滑性等特征的语言。在谈判中运用留有余地的弹性语言能使谈判者进退有余地，并且可以避免过早地暴露己方的意愿和实力，如"最近几天给你们回信""十点左右""适当时候""我们尽快给你答复"等，这些用词都具有灵活性。在弹性语言中，模糊语言灵活性强、适应性也强。谈判中对某些复杂的事情或意料之外的事情，不可能一下子就做出准确的判断，就可以运用模糊语言来避其锋芒，做出有弹性的回答，留有余地，可使自己避免盲目做出反应陷入被动局面，以争取时间做必要的研究和制订对策。

4．威胁劝诱性的语言

威胁劝诱性的语言，是指用对抗性强、尖锐激烈的语言来威胁对方；或是用委婉、平和的语言来诱导对方。商务谈判始终围绕着利益上的得与失进行。谈判的某一方如失去了其内在平衡，就容易产生急躁情绪，甚至表现出粗暴的行为。这样就促使威胁语言进入谈判领域，主要是起强调态度、从心理上打击对方的作用，也用于振奋谈判人员的工作精神和意志，如"非如此不能签约""最迟必须在×月×日前签约，否则我方将退出谈判。"可见，威胁性语言在谈判中排斥了犹豫不决，同时也给谈判双方创造了决战气氛，加速了谈判过程。

但不要过多使用威胁语言，因为这样做往往会强化谈判双方的敌对意识，会使谈判变得更加紧张，也可能导致谈判失败。

在谈判中为了使自己尽可能在有利的情况下达成协议，除了用威胁性语言策略外，劝诱也是一种能使谈判者在谈判中掌握主动、主导谈判方向、左右谈判进程的方法。劝诱是为了把对方的注意力紧紧吸引住，使其沿着我方的思路去思考问题，从而引导对方接受我方的观点，最终做出我方所希望的结论。

威胁语言具有干脆、简明、坚定、自信、冷酷无情的特征；而劝诱语言则是和风细雨，使对方在轻松、舒心的心境中改变立场，转而接受我方的观点。

5．幽默诙谐性的语言

幽默诙谐性的语言是用一种愉悦的方式让谈判双方获得精神上的快感，从而润滑人际关系，消除忧虑、紧张。在谈判中，有时双方正激烈争论，相持不下，充满火药味时，一句幽默的话会使双方相视而笑，气氛顷刻松缓下来。例如，有一次中外双方就一笔买卖交易进行谈判，在某一问题上讨价还价了两个星期仍没结果。这时中方的主谈人说："瞧我们双方至今还没有谈出结果，如果奥运会设立拔河比赛的话，我们肯定并列冠军，并载入吉尼斯世界纪录大全。我敢保证，谁也打破不了这一纪录。"此话一出，双方都开怀大笑，随即双方都做出让步，很快达成协议。心理学家凯瑟琳说过："如果你能使一个人对你有好感，那么也就可能使你周围的每一个人甚至全世界的人都对你有好感。只要你不只是到处与人握手，而是以你的友善、机智、幽默去传播你的信息，那么时空距离就会消灭。"因此，有人称幽默语言是谈判中的高级艺术。

 案例分析

案例分析 3-10 "我不知道……"

美国一位著名谈判专家有一次替他邻居与保险公司交涉赔偿事宜。谈判是在专家的客厅里进行的，理赔员先发表了意见："先生，我知道你是交涉专家，一向都是针对巨额款项谈判，恐怕我无法承受你的要价，我们公司若是只出 100 元的赔偿金，你觉得如何？"

专家表情严肃地沉默着。根据以往经验，不论对方提出的条件如何，都应表示出不满意，因为当对方提出第一个条件后，总是暗示着可以提出第二个，甚至第三个。

理赔员果然沉不住气了："抱歉，请勿介意我刚才的提议，我再加一点，200 元如何？"

"加一点，抱歉，无法接受。"

理赔员继续说："好吧，那么 300 元如何？"

专家等了一会儿道："300？嗯……我不知道。"

理赔员显得有点惊慌，他说："好吧，400元。"
"400？嗯……我不知道。"
"就赔500元吧！"
"500？嗯……我不知道。"
"这样吧，600元。"

专家无疑又用了"嗯……我不知道"，最后这件理赔案终于在950元的条件下达成协议，而邻居原本只希望要300元！

这位专家事后认为，"嗯……我不知道"这样的回答真是效力无穷。

分析：谈判是一项双向的交涉活动，每方都在认真地捕捉对方的反应，以随时调整自己原先的方案，一方干脆不表明自己的态度，只用"不知道"这个可以从多种角度去理解的词，竟然使得理赔员心中没了底，价钱一个劲儿自动往上涨。既然来参加谈判，就不可能对谈判目标不知道，"不知道"的真正含义恐怕是不想告诉对方自己的目标。这是一种不传达的信息传达。

案例分析3-11　谈判中报价隐藏的首要利益

西南地区一个城市的区域综合开发规划项目获得了国际资助，计划半年完成。政府在正式招标之前提出的指引性条件是申报团队不仅需要有承担过类似研究项目的经验，还要熟悉国际城市社会经济规划的经验。项目的参考性价格是80万元，当然这是有弹性的次要指标，主要还是要达到国际水准，保证质量。先期已有申报意向的团队分别有两家国家级研究机构、所在省份的社科院、本省大学研究团队等四家单位。沿海地区一所高校团队获得此消息后，考虑是否参与该项目的竞标。

沿海高校的团队负责人在决策前与有关部门做了初步接触，了解到国家及研究机构打算出90万元，省社科院80万元，本地高校65万元。沿海高校团队的优势是在行业内有优于其他四家单位的专业口碑，积累了国内数十个城市综合发展规划项目的经验，团队负责人对一百余座国际城市发展状况做了现场考察。国家及研究机构的优势仅在圈子外拥有知名度，本省社科院的优势是较为熟悉该城市的情况，但缺乏对国际城市发展经验的了解，报价水平与其实力大体相当。本省高校团队在知名度和经验方面均居劣势，其优势是人员和交通成本均较低，研究过程中与甲方的沟通也较方便，扣除成本因素后实际报价并不低。相比之下，沿海高校团队的费用与投入的精力相比偏高：两地路程遥远，门对门的总出行时间，包括出发去机场、候机、航班时间、转乘长途汽车，超过八小时；通讯和差旅费用也超出本地高校一截；地处沿海大都市，人工成本与国家及研究机构相近，远高于当地高校团队。综合考虑报价必须高出80万元才有可观的经济效益。

初步思量，价格应为沿海高校团队的首要利益，故经内部多次讨论，最后决定报价98万元。最后的结果是本省高校以65万元中标，难道沿海团队的报价是明智的吗？

分析：由于投标涉及多家研究团队，沿海高校团队需要猜测甲方政府的心理，根据是否中标和出价高低预估可能的结果，由此做出以下几种结论：①出高价而且中标似乎最为理想，存在的风险是竞争对手较多，高价的中标概率低，即使中标，按常规，政府也会提高研究内容的要求而增加工作量、付款拖延时间，后续的谈判和沟通将会耗时耗力。②出高价而不中标，丧失了可能争取到的合同，但可维持高水平研究团队的形象。高报价的选项给业内发出强烈的信号,即沿海团队具有高水平的业务素质,有利于在未来的竞标时再次报出高价。③出低价可使中标的概率增加,但是项目的实际收益并不显著。除非是新入行的团队急于通过项目中标积累经验,如果有其他业务可做,低价并不是一个好的选项。④出低价而不中标显然是最差的结果,既没有获得合同又给业内留下了低水平的印象,可谓"名利双失"。

实践训练

一、实训目的

掌握商务谈判中价格解释、价格评论、商务谈判的语言和表述相关技巧。

二、实训要求

在商务谈判的报价过程中熟练运用表述策略进行价格解释和价格评论。

三、实训背景

谈判方 A 方:康师傅饮品某经销商(卖方)

谈判方 B 方:大润发超市(买方)

康师傅集团公司欲在大润发超市推出其饮料系列产品,双方的谈判目前已经进入实质性阶段。康师傅公司已经做出了自己的第一次报价,大润发超市的谈判代表毕竟也是非常有经验的谈判老手,他们并不急于反击康师傅公司的报价,而是要求康师傅公司给予价格解释。待康师傅公司对报价进行解释后再给予价格评论,并要求康师傅公司改善报价。

四、实训步骤

1. 确定本组人员在谈判中所扮演的角色身份、职位、职务。
2. 以小组为单位,上网调研康师傅饮料系列产品价格,同时模拟康师傅公司的厂家代表报价。
3. 对上述各种饮品的报价进行整理、汇总。
4. 形成一份卖家的谈判价格解释方案和买家的价格述评方案。
5. 在小组内进行商务谈判的报价场景模拟,并熟练运用表述策略进行价格解释和价格评论。

课 后 训 练

一、简答题

1. 作为卖方,你认为如何向卖方进行价格解释,以证明自己报价的合理性?

2. 简述价格解释与价格评论的技巧。

3. 价格评述的作用有哪些？

二、实训操作

1. 选择自己生活中熟悉的某产品，进行报价解释与评述训练。

2. 以项目二【项目导入】中宁波牛奶集团有限公司与沃尔玛超市的谈判为背景，进行报价解释和评述训练。

（1）上网搜索宁波牛奶集团有限公司各系列牛奶的零售价格，确定报价的合理范围。

（2）沃尔玛超市要求对方报价。

（3）认真听取宁波牛奶集团有限公司的报价以及报价解释。

（4）找出对方解释的不实之处或漏洞，并进行价格评述。

（5）宁波牛奶集团有限公司根据沃尔玛公司的价格评述，进行价格再解释。

3. 你是一名房地产经纪人。有人请你代其出售一处位于城区的房产，要求尽量卖个最高价。你会（　　　）。

　　A．马上为其四处找买主

　　B．要求他把价钱说具体一点

　　C．回绝这一委托

4. 一家大公司的采购员看了你的供应产品的开价之后说："竞争激烈得很呀，你最好。把要价降低一些。"你会（　　　）。

　　A．为了取得大公司的订单，答应压价

　　B．问问对方，你的报价比别人的高多少

　　C．让他先去与别人谈谈

　　D．要求看看别人的报价

　　E．问他喜不喜欢你的报价

5. 一家连锁店的采购员对能遇见你十分高兴，因为他的供应商由于工人罢工而无法供货，想求你帮忙解决这个燃眉之急，并希望能马上提供 50 000 打可乐饮料。此时你会（　　　）。

　　A．对他笑笑，回答"可以"

　　B．告知可以，但需另加 5% 的紧急供货费用

　　C．对他笑笑，但对他说，时间太紧恐怕难以办到

　　D．告诉他，他真是运气好极了，不但能马上满足需求，还可以享受这个月开始实行的大宗交易折扣

三、案例分析

美国谈判专家史蒂芬斯决定建个家庭游泳池，建筑设计的要求非常简单：长 30 英尺（1 英尺≈0.3 米）、宽 15 英尺，有水过滤设备，并且在一定时限内做好。隔行如隔山。虽然谈判专家史蒂芬斯在游泳池的造价及建筑质量方面是个外行，但是这并没有难倒他。他首先在报纸上登了个建造游泳池的广告，写明了具体建造要求。很快有 a、b、c 三位承销商前来投标，各自报上了承包详细标单，里面有各项工程费用及总费用。史蒂芬斯仔细地看了这三张表单，发现所提供的抽水设备、温水设备、过滤网标准和付钱条件等都不一样，总费用也有不小的差距。

于是，史蒂芬斯约请这三位承包商到自己家里商谈。第一个约定在上午9点钟，第二个约在9点15分，第三个约在9点30分。三位承包商准时到来，但史蒂芬斯客气地说，自己有件急事要处理，一会儿一定尽快与他们商谈。三位承包商人只得坐在客厅里一边彼此交谈，一边耐心地等待。10点钟的时候，史蒂芬斯出来请承包商a进到书房去商谈。a一进门就说自己建的游泳池工程一向是最好的，建史蒂芬斯家的游泳池实在是胸有成竹，小菜一碟。同时还告诉史蒂芬斯先生，b曾经丢下许多未完成的工程，现在正处于破产的边缘。

接着史蒂芬斯出来请第二个承包商b进来商谈。史蒂芬斯从b那里了解到，其他人提供的水管都是塑料管，只有b提供的才是真正的铜管。

后来史蒂芬斯出来请第三个承包商c进来商谈。c告诉史蒂芬斯，其他人所用的过滤网都是品质低劣的，并且往往不能彻底做完，而自己则绝对能做到保质、保量、保工期。

不怕不识货，就怕货比货，有比较就好鉴别。史蒂芬斯通过耐心倾听和旁敲侧击的提问，基本上弄清了游泳池的建筑设计要求，特别是掌握了三位承销商的基本情况；a的要价最高，b的建筑质量最好，c的价钱最低。经过权衡利弊，他最后选中了b来建游泳池，但只给了c提出的标价。经过一番讨价还价之后，终于达成一致。就这样，三个精明的商人没有斗过一个谈判专家。史蒂芬斯在简短的时间里，不仅使自己从外行变成了内行，而且还找到了质量好、价钱便宜的建造者。

思考：
（1）结合本案例简要叙述如何进行议价。
（2）史蒂芬斯的高明之处在哪里？

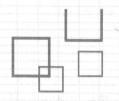

项目四
商务谈判实质磋商

项目导入

新健公司是北方一家建筑器材生产制造企业，由于今年订单量大幅度增加，其生产任务十分紧迫，急需采购一批建材设备。另一方面，由于订单量大增，公司将大部分流动资金用于向供应商采购生产材料及设备，因此流动资金目前比较紧张，最好能够延期付款。如果你是新健公司的采购经理，正在与南方的一家建材设备供应商进行设备采购谈判，双方就供应商提出的提价2%的要求僵持不下，你需要完成以下任务：①与对方在价格上进行谈判，目标是取消对方2%的提价。②找到合适的方法实施让步以获得采购成功。③在谈判陷入僵局时，能够应用适合的磋商策略，打破僵局。

▶ 知识目标
1. 掌握讨价还价的策略与技巧；
2. 掌握让步的原则与技巧；
3. 掌握僵局的产生与突破方式；
4. 了解基本的磋商策略。

▶ 能力目标
1. 能有效地同对方讨价还价；
2. 能灵活地做出适度让步；
3. 能利用磋商突破谈判僵局；
4. 能在谈判中灵活应用基本的磋商策略。

▶ 任务分解
任务一　讨价还价
任务二　实施让步
任务三　僵局处理
任务四　磋商策略应用

任务一　讨价还价

在商务谈判中，价格问题往往是焦点，是达成协议的关键。讨价还价的过程就是买卖双方为达到各自目的而进行的真正实力对抗和较量。这是谈判中最核心也是最关键的环节，也是整个谈判中最困难、最紧张的组成部分。报价和磋商中所涉及的交易条款，不仅直接影响着交易最后能否成交，而且关系到各自利益的大小。所以，针对不同的交易条件磋商时，讨价还价的过程可能会重复很多次，其中也最容易出现谈判僵局。

操作步骤及分析

一、做好议价前的准备工作

古语云：知己知彼，百战不殆。在商务谈判之前，谈判一方只有做好充分准备，才能胸有成竹地坐在谈判桌前，与对方就共同感兴趣的事情讨价还价。因此，广泛收集谈判对方的信息资料，尤其是资信调查，如对企业的注册登记、经营业绩、行业声誉、财务状况、以往信用情况等进行调查研究，审核真实性。如果对方是外商，则可以依靠我国驻外商业机构或可靠的外国商社获得可靠性调查。商务谈判中，掌握核心信息越多，越容易赢得谈判的主动权。

二、确定卖方与买方的价格目标

谈判双方交易内容的正题就是报价。一般是卖方先报价，并解释包括商品的价格、数量、质量、包装、装运、支付、保险、索赔和仲裁等交易条款，然后，买方进行价格评述，紧接着买卖双方讨价还价，进入价格的磋商阶段。

讨价还价开始前，卖方与买方都会为自己准备几种价格的选择方案，从而确定谈判的价格目标，供讨价还价和达成成交价格时所遵循。一般来说，卖方与买方的价格目标都各有三个层次，即临界目标、理想目标和最高目标。

三、选择合适的讨价还价策略

报价具有一定的艺术性。商务谈判的好与坏，不仅影响价格利益，还影响谈判的成败。讨价就是指要求报价方改善报价的一种行为要求。这种讨价要求，既是实质性的，可以迫使报价降低，又是策略性的，可以误导对方对自己的判断，并为讨价还价做准备。讨价策略的运用，主要体现在讨价方式、讨价次数两个方面。

还价是指卖方在听了买方的价格评论后，修改报价；也是指针对卖方的报价买方做出的反应性报价，以讨价为基础。还价策略包括还价前的筹划、还价方式的选择、还价起点的确定几个方面。

四、运用恰当的讨价还价技巧

讨价还价最主要目的是使交易最大化，这是谈判中的一项重要内容。在讨价还价过程中，要把对方当成是合作者，没有对方的配合，自己的利益也无从获取，因此，讨价还价要运用恰当的技巧。常用的讨价还价技巧有以理服人、见机行事、投石问路、积少成多等。

一、卖方与买方的价格目标

1. 临界目标

临界目标是指由双方各自的临界价格所规定的目标。临界价格即卖方的最低售价或买方的最高买价,这是双方的保留价格,也是价格谈判双方各自坚守的最后一道防线和被迫接受的底价,一般不能突破。

2. 理想目标

理想目标是指由双方各自的理想价格所规定的目标。这一目标有重要意义。它不仅是谈判双方根据各种因素所确定的最佳价格备选方案和双方谈判所期望达到的目标,而且通常也是双方通过价格磋商达成的成交价格的实际接近目标,并决定了双方的盈余分割。

3. 最高目标

最高目标是指双方初始报价的价格目标。这一目标,实际上是双方理想价格及其在理想目标的基础上,加上策略性虚报部分形成的。这种价格一般不会为对方所接受,因而不能实现,但由此可展开双方的讨价还价,成为价格谈判中的讨价还价范围。

二、讨价还价策略

(一) 讨价策略

1. 讨价方式

讨价方式可以分为全面讨价、分别讨价和针对性讨价。

1) 全面讨价。一般用于价格评论之后对于较复杂的交易的首次讨价。

2) 分别讨价。一般用于较复杂交易,对方第一次改善报价之后,或不便采用全面讨价方式时的讨价。如对于不便全面讨价的技术贸易价格,可按照具体项目分为技术许可基本费、技术资料费、技术咨询费、人员培训费等,再分别讨价。

3) 针对性讨价。一般用于在全面讨价和分别讨价的基础上,针对价格仍明显不合理和水分较大的个别部分的进一步讨价。

在不同的阶段采用不同的讨价方式:

第一阶段,由于讨价刚开始,对卖方价格的具体情况尚欠了解,因而讨价的技巧是全面讨价,即要求对方从总体上改善报价。

第二阶段,讨价进入具体内容,这时的讨价技巧是分别讨价,即在对方报价的基础上,找出明显不合理、水分大的项目,针对这些明显不合理的部分要求把水分挤出去以改善报价。

第三阶段,是讨价的最后阶段,讨价方在做出讨价表示并得到对方反应之后,必须对此进行针对性分析。

2. 讨价次数

讨价次数是指要求报价方改善报价的有效次数,即讨价后对方降价的次数。依据讨价方式及心理因素,一般有以下规律:

1）从全面讨价来分析，一般可以顺利地进行两次讨价。价格如果还存在明显的不合理，继续讨价仍完全必要。

2）从分别讨价来分析，当交易内容按照价格中所含策略性虚报分为水分大、水分中等、水分小三类时，就意味着至少可以讨价三次。其中，水分大的、水分中等的又可至少讨价两次，这样算来，至少可以讨价五次以上。

3）从针对性讨价来分析，这种讨价一般是在全面讨价和分别讨价的基础上有针对性地进行的，所以通常一两次而已。

（二）还价策略

1．还价前的筹划

还价前，买方一定要搞清楚卖方的报价内容，然后进行谋划，向卖方提出必要的问题，迫使卖方做出降价。由于报价具有试探性质，即报出一个价格看一看对方的反应怎么样，然后再调整自己的讨价还价策略。因此，还价的时候，还价者一定要小心，既不能让对方套出自己的真实想法，又要给对方一定的信息，同时还要表明自己在这一商务谈判中的智慧和能力。

在多数情况下，当一方报价以后，另一方不要马上回答，而应根据对方的报价内容，再对自己先前的想法加以调整，准备好一套方案后，再进行还价，以实现"后发制人"。还价策略的精髓就在于"后发制人"。要想发挥"后发制人"的威力，就必须在还价前针对对方的报价做出周密的筹划。

1）应根据对方对己方讨价所做出的反应和自己所掌握的市场行情及商品比价资料，对报价内容进行全面的分析，推算出对方所报价格中水分的大小，并尽力揣摩对方的真实意图，从中找出对方报价虚头最大、我方反驳论据最充分的部分作为突破口，同时找出报价中相对薄弱的环节，作为己方还价的筹码。

2）根据所掌握的信息对整个交易做出通盘考虑，估计对方及己方的期望值和保留价格，制订出己方还价方案中的最高目标、中间目标、最低目标。把所有的问题都列出来，分清主次、先后和轻重缓急，设计出相应的对策，以保证在还价时自己的设想、目标可以得以贯彻执行。

3）根据己方的目标设计出几种不同的备选方案，方案中哪些条款不能让步，哪些条款可以灵活掌握，灵活的幅度有多大，这样才便于保持己方在谈判立场上的灵活性，使谈判的斗争与合作充满各种可能性，使谈判协议更易于达成。

2．还价方式

（1）根据价格评论划分

谈判还价的方式根据价格评论的不同，可以分为按分析比价还价和按分析成本还价两种。

按分析比价还价是指己方不了解所谈产品本身的价值，而以其相近的同类产品的价格或竞争者产品的价格作为参考进行还价。这种还价的关键是用作对比的产品是否具有可比性，只有比价合理才能使对方信服。

按分析成本还价是指己方能计算出所谈产品的成本，然后以此为基础再加上一定百分比的利润作为依据进行还价。这种还价的关键是所计算成本的准确性，成本计算得越准确，谈判还价的说服力越强。

（2）根据每次还价项目的多少划分

按谈判中每次还价项目的多少，谈判还价方式有单项还价、分组还价和总体还价三种。

单项还价是指对谈判中涉及的所有项目逐一还价。例如，对主要设备或商品逐项、逐个进行还价，对技术费、培训费、技术咨询费、工程设计费、包装费、运输费逐项还价，或对成套设备，按主机、辅机、备件等的项目还价。

分组还价是指把谈判对象划分成若干项目，并按每个项目报价中所含水分的多少分成几个档次，然后逐一还价。对价格高的在还价时可以多压一点，对价格低的在还价时可以少压一点，对不同档次的商品或项目采用区别对待、分类处理的办法。

总体还价，又叫一揽子还价，指把商务谈判中涉及的各项条款集中起来，不分报价中各部分所含水分的差异，均按同一个百分比还价。

以上的还价方式怎样选取应用，应本着哪种方式更有道理、更具说服力就采用哪种方式的原则，因为还价讲理，反映"识货""识礼""识人"。强调"讲理"，并不排斥技巧性，况且怎么能做到"讲出道理来"本身就有技巧在内。

具体地讲，还价的选取决定于手中掌握的比价材料。如果比价材料丰富且完备，自然应选按比价还价，这对于买方来讲简便、容易操作，对卖方来讲容易接受；反之，就用分析成本还价。在选定了还价的性质之后，再来结合具体情况选用具体技巧。

如果卖方价格解释清楚，买方手中比价材料丰富，卖方成交心切，且有耐心和时间时，采用逐项还价对买方有利，对卖方也充分体现了"理"字，卖方也不会轻易拒绝，他可以逐项防守。

如果卖方价格解释不足，买方掌握的价格材料少，但卖方有成交的信心，然而缺乏耐心，时间也紧时，采用分组还价的方式对双方都有利。

如果卖方报价很粗略，而且态度强硬，或双方相持时间较长，但都有成交愿望，在卖方已做一两次调价后，买方也可采用以"货物"和"软件或技术费"两大块还价。不过，还价应还得巧。"巧"就是既考虑了对方改善过报价的态度，又抓住了他们理亏的地方；既考虑到买方自己的支付能力，又注意掌握卖方的情绪，留有合理的妥协余地，做到在保护买方利益的同时，使卖方还感到有获利的希望而不丧失成交的信心。

如果不是单项采购，所有大系统、成套项目的交易谈判中，第一次还价不宜以"总体价"来还价。当然，也不是绝对不可能，只是这样做难度大，不易做好，不易说理，容易伤感情。有时双方旁观的技术人员也受不了这种砍价方法。而左一项，右二项，一点一点地砍价，让对方慢慢地接受，也许就能忍受住，而且还保全了对方的面子和自尊心，等到最后回头看时，虽有疼处，但合同总算到手了。此外，对价格差距较大的商务谈判，卖方往往急于知道买方总的价格态度，以决定其最终立场，这时如果买方过早地抛出总价，也许会在大幅度砍价之前把卖方吓跑，使谈判夭折。卖方没有拿到总还价，就意味着谈判未结束。在这种情况下，卖方不会轻率地走掉，否则就没有完成使命，回去也不好交差，所以有经验的卖方一般不会干这种"失礼又失策"的事。当然，在经过几个回合的讨价还价，经过评论、解释、讨价还价的几个周期的相持以后，就可以适时还总价了。

（三）还价起点的确定

一旦买方选定了还价的性质和方式以后，还价最关键的问题是确定还价起点，即以什么条件作为第一次还价。还价的起点是第一次还价的价位,是买方第一次公开报出的打算成交的条件,其高低直接关系到自己的利益,也反映出谈判者的谈判水平。

这第一锤子敲得好坏,对双方以后都有很大影响。如果能"敲"出双方讨价还价的兴趣和热情,说明第一次还价得当,成交前景就看好;如果能使卖方跟着买方的还价走,则更是高明,因为它有利于按照买方所希望的价格成交;如果"敲"不好,则不是惹恼卖方,破坏谈判气氛,就是使自己陷于被动。所以,确定还价起点,必须十分慎重。

还价的目的不是仅仅为了提供与对方报价的差异,而应着眼于如何使对方承认这些差异,并愿意向双方互利性的协议靠拢。所以,还价起点的总体要求是,既能够保持价格磋商过程得以进行,同时还价起点要低,力求使自己的还价给对方造成压力,影响或改变对方的判断。此外,还价起点又不能太低,还价起点的高度必须接近对方的目标,使对方有接受的可能性。由于先前的报价实际为谈判定了一定的范围和框框,并形成对该价格的深刻印象,使还价一方很难对此范围和框框有大的突破。如一方先报出 6 万元,对方很少有勇气还价 600 元。

选择恰当的还价起点非常重要。还价起点的确定,从原则上讲,是既要低,但又不能太低,要接近谈判的成交目标。从量上讲,谈判起点的确定有三个参照因数,即报价中的含水量、与自己目标价格的差距和准备还价的次数。同时还应考虑、分析卖方在买方价格评价和讨论后,其价格改善了多少。

三、讨价还价的技巧

1．以理服人

讨价是伴随着价格评论进行的,所以,应本着尊重对方和说理的方式进行,同时,讨价不是买方的还价,而是启发、诱导卖方自己降价,以便为买方还价作准备,所以,此时硬逼对方降价,可能过早地陷入僵局,对买方也不利。因此,特别是初期、中期的讨价,务必保持信赖平和的气氛,充分说理,以理服人,以求最大的利益,即使对"漫天要价"者,也应如此。

2．相机行事

买方做出讨价表示并得到卖方回应后,必须对此进行策略性分析。若首次讨价就能得到对方改善报价的迅速反应,这可能说明还有还价的可能。不过,一般有经验的报价方,开始都会固守其价格立场,不会轻易降价,并且往往会不厌其烦地引证那些比他报价还要高的竞争者的价格,用以解释其报价的合理性和表达这一报价的不可改变。

3．投石问路

要想在谈判中掌握主动权,就要多了解对方的情况,尽可能地了解和掌握当我方采取某一步骤时,对方的反应、意图或打算。投石问路就是在议价中了解对方情况的一种战术。运用方法主要是在价格条款中试探对方的虚实。

4．吹毛求疵

吹毛求疵就是鸡蛋里面挑骨头,故意挑剔。大量的事实证明,吹毛求疵策略可行,且富有成效。在价格磋商中,还价者为了给自己制造理由,也为了向对方表明自己是不会轻易被人蒙骗的精明的内行,常常采用这种做法。其做法通常包括两种:一是百般挑剔,买方针对卖方的商品,想方设法地寻找缺点,并夸大其词、虚张声势。以此为自己的还价提供依据。

二是言不由衷，本来满意之处，也非要说成不满意，并故意提出令对方无法满足的要求。

5．目标分解

讨价还价是最为复杂的谈判战术之一。是否善于讨价还价，反映了一个谈判者综合的能力与素质。我们不要把讨价还价局限在要求对方降价或我方降价的问题上。例如，一些技术交易项目，或大型谈判项目涉及许多方面，技术构成也比较复杂，包括专利权、专有技术、人员培训、技术资料、图纸交换等方面。因此，在对方报价时，价格水分较大。如果我们笼统地在价格上要求对方作机械性的让步，既盲目，效果也不理想。比较好的做法是，把对方报价的目标分解，从中寻找出哪些技术是我们需要的，价格应是多少，哪些是我们不需要的，哪一部分价格水分较大，这样讨价还价就有利得多。

6．价格诱惑

价格在谈判中十分重要。许多谈判就是价格谈判，即使不是价格谈判，双方也要商定价格条款。价格最直接地反映了谈判者双方各自的切身利益。自然，围绕价格的战术策略，常常具有冒险性和诱惑性。

价格诱惑的实质，就是利用买方担心市场价格上涨的心理，把谈判对手的注意力吸引到价格问题上来，使其忽略对其他重要合同条款的讨价还价，进而在这些方面争得让步与优惠。对于买方来讲，尽管避免了可能由涨价带来的损失，但可能会在其他方面付出更大的代价，牺牲了更重要的实际利益。

买方一定要慎重对待价格诱惑，必须坚持做到：首先，计划和具体步骤一经研究确定，就要不动摇地去执行，排除外界的各种干扰。所有列出的谈判要点，都要与对方认真磋商，决不随意迁就。其次，买方要根据实际需要确定订货单，不要被卖方在价格上的诱惑所迷惑，买下一些并不需要的辅助产品和配件，切忌在时间上受对方期限的约束而匆忙做出决定。再次，买方要反复协商，推敲各种项目合同条款，充分考虑各种利弊关系。

7．沉默是金

沉默是金，一般是指不常说话的人易取得成功。但是，在价格谈判中沉默并不等于无言，而是一种积极酝酿，在恰当时间爆发的过程。任何谈判都有时效性，谈判双方都想在有限的时间内争取各自的利益。与其口若悬河、妙语连珠地回应对方的报价，还不如守株待兔、静观其变，找出对方谈话的漏洞予以攻击。让对方修改报价变得更易于让人接受，或干脆发出愿意做出更大让步的信号。

8．最后通牒

在商务谈判中，谈判一方为了促进合作，往往锁定一个最后条件，给对方一个价格期限，如果对方不同意，就可能使谈判一拍两散，终止谈判。最后通牒是向对方施加压力的一种手段，必须注意谈判一方要处于强有力的地位，在关键时刻才可以选用。最后的价格和期限，往往在对方能够接受的范围之内，而且合作条款具体明确、坚定有力，不给对方留有任何幻想。

 案例分析

案例分析 4-1　田黄石印章的砍价

江南地区梅雨刚过，老人家们有晒衣被的习惯。李阿婆吃力地从衣柜里拖出衣服，一时用力过猛，带出了一只压箱的红绸布包。她打开一看，是一枚拳头大小的田黄石印章，这才想起是丈夫在世时把玩的物品，有几年没瞧见了。听邻居说这两年田黄石涨价挺多，合适的话就脱手。她带着印章慢腾腾地踱步到江阴街，来到一个叫阿毛的摊位前。阿毛端详一会儿，问清印章的来路后估价28 000元，李阿婆不禁喜形于色，没想到一块压箱石头还能顶全年的退休金，但又说现在石头涨价了，恳求阿毛再加价1万元。几番讨价还价后以33 000元成交。这一幕被对面小店里的陈老板看在眼里。待两人成交后，陈老板过来与阿毛打招呼，顺手拿起石头说，年初，这种田黄石超过一轮了，还有少许上升空间，问道："阿毛，有个朋友正在搜索这种尺寸的田黄石，心诚的话5万元让给我。"两人并不避讳李阿婆，就在店铺前砍价，最后两人以6万元成交，加价幅度几近翻番。此时，旁边的李阿婆已脸色灰白站立不稳，虽不甘心但也无奈，踽踽独行而归。一位打着领带、留着平头的生面孔客人看到阿毛和陈老板的交易过程，过来说道："恭喜淘到宝贝了，可否让我鉴赏一番？"之后，商人说道："我受一位日商托付寻找田黄石，等我联系一下。"得到陈老板认可后，商人拿出手机与客人用日语沟通，随后拍下图片传了过去。最终客商与陈老板以20万元成交。幸好李阿婆没有目睹最后一幕交易，只是轮到阿毛捶胸顿足了。

分析： 此案例中，每一次的交易价格取决于谈判人员所掌握的商业信息、心理优势及销售渠道。李阿婆的认知水平和掌握的信息最少，就以最低的成交价格成交。最后的客商因有国际交易圈和专业知识，因此，能够以最高的成交价格获取利润。价格背后是知识和商圈的实力较量。在商务谈判中，每个交易者要充分做好信息收集的准备，提高认知能力及发现价值的能力，这会对谈判水平和销售通路起到一定作用。

案例分析4-2　放大需求的圈套

上午来过的一对小夫妻，手里拿着名片又找回来了，这是好征兆。女顾客一进门就说："累死我了，我可不想再溜达了。"我一看，机会不容错过。他们第二次过来，说明他们还是比较看好我们的产品；而女孩子已经很累了却还要过来，购买信号十分强烈。

他们上午过来时，在这里看好了两款产品，只是嫌价位高，两个人轮番跟我"磨价"，没能谈拢。男顾客说是要给丈母娘家里装修，以表孝心，所以要买质量好又美观的瓷砖，但是价位不能太贵，"刚结婚，手头不太宽裕"。这次他们一进来就冲着上午看好的那两款产品直奔而去，我只能跟在他们后面，刚堆积起的微笑表情也没来得及发挥作用。

男顾客一开口还是和我谈价位的事情，其实我真想给他们再稍微降一点，但他们上午已经把价位降到最低了，没有了再降的空间。所以，我决定不再跟他们谈价格，而是把他们请到休闲区，对他们说："您先休息一下。我先查一下库存，确保了有货，我们再谈好不好？"

我走到前台查了一下库存数据，然后询问前台的同事："这一款不是还有200多箱吗？怎么没有了呢？"前台的同事说："20分钟以前有一位顾客叮嘱让我们留货，在留货单上可以看到。"

男顾客显然听到了我们的谈话，他一下子站起来了："不会吧？"这时候，前台的同事告诉我："刚才那个客人让留货200箱，但是他没有交定金，另外，他说要回去拿平面图，我估计他用不了那么多的。"男顾客插话说："既然没交定金，那就不算订货，我这里有平面图，你看看需要多少瓷砖，我现在就交定金。"前台的同事看看我，脸上显出为难的样子。女孩子马上从包里拿出钱说:"哎呀,就这样了,快给我们算算吧。"

我没接她的钱,继续问我前台的同事:"公司下批订货是什么时候?"

同事告诉我,他刚写了单子,新货估计要10天可以到。"这样应该可以,"我一边接过来女顾客的定金,一边对同事说:"能不能先给他们开,新货来的时候,再给那个客户,毕竟还没交定金嘛!"

小夫妻的眼睛都盯着我的同事,同事有点难为情,我说:"就这样定吧,到时候我负责给那个客户解释,再说了,现在还不知道面积,他十天之内肯定铺不上瓷砖的。"

看着他们远去的背影,我跟同事都笑了。

思考:导购员运用了何种方法来探测并验证顾客的购买需求?

分析:一般来说,认为价格过高而离去的顾客,在第一次离去后,肯定进行了多方比较,他们在第二次进店之前,已经锁定在几个品牌上了。这次导购的成功,就是成功地抓住了顾客的心理。为此,导购员没有将争论定在没有下降空间的价格之争上(这时的价格之争就会陷入抬杠的僵局,决不让步,会让顾客产生失望、抵触情绪,打击购买热情),而把注意力转到了库存上,这一转换,让导购员掌握了主动权。

顾客心理告诉我们,顾客越不容易得到的东西,就越想得到。尽管导购员也不清楚仓库里到底有多少库存,可能几千箱,可能几万箱,这个并不重要,关键是让顾客相信马上就没有货了。这样让顾客的需求变得更为迫切,从而弱化在价格上的争论。

导购是一种处理顾客异议的技巧,也是一种与顾客沟通的艺术,导购不到位或过度导购无助于导购的顺利进行,甚至失败。既然是与顾客沟通,就要实时掌握顾客不断变化的情绪,从而引导顾客的需求,安排最恰当的顾客说辞,从而达成销售。

实践训练

根据下面的情形,决定采取怎样的讨价还价技巧,由学生分组进行实际演练。

假设你在北京市皇家制鞋厂工作,这是一家专门生产出口地毯鞋的厂家。2013年3月份因扩大生产规模需要欲购买100台缝纫机。经过筛选,规模比较大的合格的供应商共有三家,你是负责采购这批缝纫机的采购人员,为了能以较低的价格买到这批缝纫机,你认为可以采用哪些讨价还价的技巧来与供应商的业务员进行谈判?

(提示:可以采用投石问路和价格诱惑的策略来进行这次价格谈判,例如,把三家供应商同时邀请来参观工厂,制造竞争的气氛,进一步了解各个供应商的产品和特点,让他们同时报价,比较价格,然后针对较满意的供应商再从非价格因素,如首付成数、付款期限等方面进一步讨价还价,很有可能取得满意的谈判效果)

课 后 训 练

一、简答题

1. 商务谈判磋商阶段的讨价还价策略,主要包括哪几个方面?
2. 在商务谈判磋商阶段的讨价与还价中,都可以使用哪些主要的技巧?

二、实训操作

你要配一台电脑，在下面的情况下，你将采用怎样的讨价还价的策略与技巧把电脑的成交价控制在 4 000 元以下。

在电子市场里，你拿到了近期电脑的报价单，准备买一台电脑，并确定了你的电脑配置：CPU 880 元、内存 360 元、主板 760 元、硬盘 600 元、显示器 1 000 元、机箱 300 元、音响 300 元、键盘鼠标 60 元。同样配置的品牌电脑的价格为 5 188 元。

经过对几家电脑店的询价，感觉还有很大的还价空间。这是因为①市场竞争激烈；②整机装配，商家明确表示可以优惠；③学生是该电脑市场中的购买主力。

"老板，你看这个配置需要多少钱？"你递过去你想配置电脑的详单。

"请这边坐，喝口水。"老板把你带到了一个小桌旁边坐下。递过一杯水后，拿出了计算器及纸和笔，根据你的配置写下了 CPU 860 元、内存 360 元、主板 750 元、硬盘 580 元、显示器 980 元、机箱 280 元、音响 280 元、键盘鼠标 60 元。总计为 4 150 元。

老板把他写的报价单递给你说："你看看。"

你拿起报价单很认真地看了一遍。仔细地想了想刚才在别处几家店的报价，并和这次的报价做了一个对比。"老板，你这个 CPU 是不是报得太贵了点，刚才在新生科技报价是 820 元。"（你在别人报价的基础上又少了 20 元）

"怎么可能，CPU 这个价格是通的，根本不赚钱，820 买不到。"老板大声说道。

"这段时间 CPU 一直都在降价，一天一个行情，我刚才问的几家都是这个价。还有你这个主板别人报价 720 元，你也是比别人贵。"

"不会吧！我打电话问问今天的价格。"老板掏出手机拨通了电话："李总，我是同兴科技，今天的 CPU 是什么价呀？哦，哦，是 830 呀，好好，谢谢了。再见。"

"你也听到了，今天的拿货价是 830 元，你如果想买的话，就 830 元给你了，怎么样？"

"这样吧，老板，我看你是个爽快人，我也走了好多家了，也累了，这个配置的电脑就 3 500 元了。"

"不可能，这个价我进都进不来。你如果有的话卖给我好了，有多少我就要多少。"老板说。

"我要是有的话，还到你这里来干什么呢？你说个实在价。到底能多少钱卖？"

老板拿起计算器又算了起来……

三、案例分析

一个农夫在集市上卖玉米。因为他的玉米特别大，所以吸引了很多买主。其中一个买主在挑选的过程中发现很多玉米上都有虫子，于是他故意大惊小怪地说："伙计，你的玉米倒是不小，只是虫子太多了，你想卖玉米虫呀？可谁爱吃虫肉呢？你还是把玉米挑回家吧，我们到别的地方去买好了。"

买主一边说着，一边做着夸张而滑稽的动作，把众人都逗乐了。农夫见状，一把从他手中夺过玉米，面带微笑却又一本正经地说："朋友，我说你是从来没有吃过玉米咋的？我看你连玉米质量的好坏都分不清，玉米上有虫，这说明我在种植中没有施用农药，是天然植物，连虫子都爱吃我的玉米，可见你这人不识货！"接着，他又转过脸对其他的人说："各位都是有见识的人，你们评评理，连虫子都不愿意吃的玉米就好么？比这小的玉米就好么？价钱比这高的玉米就好么？你们再仔细瞧瞧，我这些虫子都很懂道理，只是在玉米上打了一个洞而已,玉米可还是好玉米呀!我可从来没有见过像他这么说话的!"

他说完了这一番话语,又把嘴凑在那位故意刁难的买主耳边,故作神秘状,说道:"这么大,这么好吃的玉米,我还真舍不得这么便宜地就卖了呢!"

农夫借此机会,把他的玉米个大、好吃、纯天然,虽然有虫但是售价低这些特点都表达出来了,众人被他说得心服口服,纷纷掏出钱来,不一会儿工夫,农夫的玉米销售一空。

思考:农夫是如何巧卖玉米的?

四、完成【项目导入】中的任务,并提交报告。

任务二 实施让步

谈判是妥协的艺术,没有让步就不会成功。无论买方还是卖方,让步都是其达成有效协议所必须采取的策略。因此,让步技巧在商务谈判中的运用显得尤为重要,它影响着谈判发展的方向,关系到谈判的最终结果。只要有商务谈判的存在,就会有让步行为,从某种意义上说,让步是谈判双方为达成协议,既能让买卖双方赢得谈判,又能获得尊敬,所必须承担的义务。商务谈判各方要明确己方所追求的最终目标,以及为达到该目标可以或愿意做出哪些让步。让步本身就是一种谈判策略,它体现了谈判人员通过主动满足对方需要的方式来换取自己需要满足的精神实质。如何把让步作为谈判中的一种基本技巧、手段加以运用,这是让步策略的基本意义。

操作步骤及分析

一、确定谈判的整体利益

让步不是目的,而是实现目的的有效激励手段。该步骤在准备阶段就应完成,谈判人员可从两方面界定整体利益:一是确定此次谈判对谈判各方的重要程度,可以说,谈判对哪一方的重要程度越高,这一方在谈判中的实力越弱。二是确定己方可接受的最低条件,也就是己方能做出的最大限度的让步。

二、确定让步的方式

不同的让步方式可传递不同的信息,产生不同效果。在实际的商务谈判中,由于交易的性质不同,让步没有固定的模式,通常表现为多种让步方式的组合,并且这种组合还要在谈判过程中依具体情况灵活运用,不断进行调整。

三、选择让步的时机

让步的时机与谈判的顺利进行有着密切的关系。如果让步过早,会让对方认为是理所应当;如果让步过晚,可能会失去应有的作用。根据情况的需要,我方既可先于对方让步,也可后于对方让步,甚至双方同时做出让步。让步时机选择的关键在于应使己方的小让步给对方带来大满足的感受。

四、衡量让步的结果

由于交易的内容和性质不同,商务人员要根据让步的结果,衡量己方在让步后具体的利益得失,不做无谓的让步。己方力争在做出最小让步的情况下能取得谈判的成功,以局部利益换取整体利益,以达到"四两拨千斤"的效果。

知识链接

一、让步前的选择

在做出让步之前,要先考虑我方的让步究竟是要满足对方哪一方面的需要。

1.时间的选择

根据对方当时的心理需求,让步的时机应掌握在当我方一做出让步,对方立即就能够接受的,没有犹豫猜测余地的时候。

2.利益对象的选择

让步可以给予对方的公司、公司中的某个部门、某个第三者或谈判者本人某些利益。最好的是将利益让给最容易引起积极反应或回报的一方。

3.成本的选择

由公司、公司中的某个部门、某个第三者或由谈判者本人负担成本的亏损。

4.人的选择

让步的内容可以使对方满足或者增加对方的满足感,人们可以从讨论的问题,或与问题有关的事情,或与问题不相关的事,或其他人那里得到满足或增加满足感。

5.环境的选择

应当在对方可以感受到让步的价值的场合做出让步,如进行现场比较、媒介宣传的比较等。让步的实质要比表面看来微妙得多,它牵涉到谁是受益人、用什么方法让步、什么时候让步等问题,只有通盘考虑,才能更有效地运用。

二、让步的基本原则

1)维护整体利益。商务谈判人员必须清楚,什么是整体利益,什么是局部利益。让步前要清楚,什么问题可以妥协,什么问题要坚守原则;让步的出发点是局部利益的退让,换来整体利益的维护。

2)有效适度的让步。在商务谈判中一般不要做无谓的让步。有时让步是为了表达一种诚意;有时让步是为了谋取主动权;有时让步是为了迫使对方做相应的让步。

3)让步要谨慎有序。让步要选择适当的时机。力争做到恰到好处,同时要谨防对方摸出我方的虚实和策略组合。

4)双方共同做出让步。在商务谈判中让步应该是双方共同的行为,一般应由双方共同努力,才会达到理想的效果。任何一方先行让步后,在对方未做相应的让步之前,一般不应做继续让步。

5)每做出一项让步,都必须使对方明白,本方的让步是不容易的,而对对方来说这种让步是可以接受的。

6）对对方的让步，要期望得高些。只有保持较高的期望，在让步中才有耐心和勇气。

三、让步的方式

在谈判的过程中，赢者总是比输者能控制自己的让步程度，特别是在谈判快形成僵局时更为显著。谈判里的输者，往往无法控制让步的程度；赢者则是不停地改变自己的让步方式，令人难以揣测。让步方式通常可分为 8 种。

1．最后一次到位

这是一种较坚定的让步方式。它的特点是在谈判的前期阶段，无论对方做何表示。己方始终坚持初始报价，不愿做出丝毫的退让。到了谈判后期或迫不得已的时候，却做出大步的退让。当对方还想要求让步时，己方又拒不让步了。这种让步方式往往让对方觉得己方缺乏诚意，容易使谈判形成僵局，甚至可能因此导致谈判的失败。因此，可把这种让步方式概括为"冒险型"。

2．均衡

这是一种以相等或近似相等的幅度逐轮让步的方式。这种方式的缺点在于让对方每次的要求和努力都得到满意的结果，因此很可能会刺激对方要求无休止让步的欲望，并坚持不懈地继续努力以取得进一步让步，而一旦让步停止就很难说服对方，从而有可能造成谈判的中止或破裂。但是，如果双方价格谈判轮数比较多、时间比较长，这种"刺激型"的让步方式也可以显出优越性，每一轮都做出微小的但又带有刺激性的让步。把谈判时间拖得很长，往往会使谈判对手厌烦不堪、不攻自退。因此，可把这种让步方式称为"刺激型"。

3．递增

这是一种让步幅度逐轮增大的方式。在价格谈判中应尽量避免采取这种让步方式，因为这样做的结果会使对方的期望值越来越大，每次让步之后，对方不但不感到满足，并且会认为己方软弱可欺，从而助长对方的谈判气势，诱发对方要求更大让步的，使己方很有可能遭受重大损失。这种让步方式可以概括为"诱发型"。

4．递减

这是一种让步幅度逐轮递减的方式。这种方式的优点在于：一方面让步幅度越来越小，使对方感觉己方是在竭尽全力满足其要求，也显示出己方的立场越来越强硬，同时暗示对方虽然己方仍愿妥协，但让步已经到了极限，不会再轻易做出让步；另一方面让对方看来仍留有余地，使对方始终抱着把交易继续进行下去的希望。因此，可以把这种让步方式称为"希望型"。

5．有限让步

这种让步方式的特点是，开始先做出一次巨大的退让，然后让步幅度逐轮减少。这种方式的优点在于：它既向对方显示出谈判的诚意和己方强烈的妥协意愿，同时又向对方巧妙地暗示出己方已尽了最大的努力，做出了最大的牺牲，因此进一步的退让已近乎不可能，从而显示出己方的坚定立场。这种方式可称为"妥协型"。

6．快速让步

这是一种巧妙而又危险的让步方式。开始做出的让步幅度巨大，但在接下来的谈判中则坚持己方的立场，丝毫不做出让步，使己方的态度由骤软转为骤硬，同时也会使对方由喜变忧，又由忧变喜，具有很强的迷惑性。开始的巨大让步将会大幅度地提高买方的期望，不过接下来的毫不退让和最后一轮的小小让步会很快抵消这一效果。这是一种很有技巧的方法，它向对方暗示，即使进一步的讨价还价也是徒劳的。但是，这种方式本身也存在一定的风险性。首先，它把对方的巨大期望在短时间内化为泡影，可能会使对方难以适应，影响谈判顺利进行。其次，开始做出的巨大让步可能会使卖方丧失在高价位成交的机会。这种方式可称为"危险型"。

7. 退中有进

这种让步方式代表一种更为奇特和巧妙的让步策略，因为它更加有力地、巧妙地操纵了对方的心理。第一轮先做出一个很大的让步，第二轮让步已经到了极限，但在第三轮却安排小小的回升（对方一般情况下当然不会接受），然后在第四轮里再假装被迫做出让步，一升一降，实际让步总幅度未发生变化，却使对方得到一种心理上的满足。这种方式可称为"欺骗型"。

8. 一次性

这是一种比较低劣的让步方式。在谈判一开始，就把己方所能做出的让步和盘托出，这不仅会大大提高对方的期望值，而且也没有给己方留出丝毫的余地。接下来的完全拒绝让步显得既缺乏灵活性，又容易使谈判陷入僵局。这种让步方式只能称为"低劣型"。

四、让步实施策略

磋商中，每一次让步不仅是为了追求自己的目标，同时还要充分考虑对方的最大接受能力。让步本身就是一种策略，它体现在谈判者用主动满足对方需求的方式来达到自己的目标。谈判双方在不同利益问题上，要相互给予对方让步，只有在互惠互利的基础上，才能达成谈判双赢局面。

1. 互利互惠的让步策略

谈判不会是仅仅有利于某一方的洽谈。一方做出了让步，必然期望对方对此有所补偿。一方在做出让步后，能否获得对方互惠互利的让步，在很大程度上取决于该方商谈的方式：一种是横向谈判，即采取横向铺开的方法，几个议题同时讨论、同时展开、同时向前推进；另一种是纵向谈判，即先集中解决某一个议题，而在开始解决其他议题时，已对这个议题进行了全面深入的研究讨论。采用纵向谈判，双方往往会在某一个议题上争持不下，而在经过一番努力之后，往往会出现单方让步的局面。横向谈判则把各个议题联系在一起，双方可以在各议题上进行利益交换，达成互惠式让步。争取互惠式让步，需要谈判者具有开阔的思路和视野。除了某些己方必须得到的利益必须坚持以外，不要太固执于某一个问题的让步，而应统观全局，分清利害关系，避重就轻，灵活地使本方的利益在某方面能够得到补偿。

为了能顺利地争取对方互惠互利的让步，商务谈判人员可采取的技巧有：

1）当己方谈判人员做出让步时，应向对方表明做出这个让步是与公司政策或公司主管的指示相悖的。因此，己方只同意这样一个让步，即贵方也必须在某个问题上有所回报，这样我们回去也好有个交代。

2）把己方的让步与对方的让步直接联系起来，表明己方可以做出这次让步，只要在己方要求对方让步的问题上能达成一致，一切就不存在问题了。

比较而言，前一种言之有理，言中有情，易获得成功；后一种则直来直去，比较生硬。

2．远利近惠的让步策略

在商务谈判中，参加谈判的各方均持有不同的愿望和需要，有的对未来很乐观，有的则很悲观；有的希望马上达成交易，有的却希望能够等上一段时间。因此，谈判者自然也就表现为对谈判的两种满足形式，即对现实谈判交易的满足和对未来交易的满足。而对未来的满足程度完全凭借谈判人员自己的感觉。

对于有些谈判人员来说，可以通过给予其期待的满足或未来的满足而避免给予其现实的满足，即为了避免现实的让步而给予对方以远利。比如，当对方在谈判中要求己方在某一问题上做出让步时，己方可以强调保持与己方的业务关系将能给对方带来长期的利益，而本次交易对是否能够成功地建立和发展双方之间的这种长期业务关系是至关重要的，向对方说明远利和近惠之间的利害关系。如果对方是精明的商人，是会取远利而弃近惠的。其实，对己方来讲，采取予远利谋近惠的让步策略，并未付出什么现实的东西，却获得近惠，何乐而不为！

3．丝毫无损的让步策略

丝毫无损的让步是指在谈判过程中，当谈判的对方就某个交易条件要求己方做出让步，其要求的确有些理由，而对方又不愿意在这个问题上做出实质性的让步时，采取这样一种处理的办法，即首先认真地倾听对方的诉说，并向对方表示："我方充分地理解您的要求，也认为您的要求是有一定的合理性的，但就我方目前的条件而言，因受种种因素的限制，实在难以接受您的要求。我们保证在这个问题上我方给予其他客户的条件绝对不比给您的好。希望您能够谅解。"如果不是什么大的问题，对方听了上述一番话以后往往会自己放弃要求。

4．坦率式让步策略

坦率式让步策略是指以诚恳、务实、坦率的态度，在谈判让步初期就让出全部可让的利益，以达到以诚制胜的目的。在谈判双方关系比较友好的情况下，谈判一方选择坦率式让步策略，率先做出让步榜样，能给对方真诚和信任感，比较容易打动对方，具有强大的说服力；也会促使对方尽快做出相应让步，争取时间和主动权，提高谈判效率。

每一种谈判策略都有自己的特点，商务人员要根据自己的实际情况，在审时度势和互惠互利的基础上，选择合适的谈判让步策略，才能取得理想的谈判结果。

案例分析

案例分析 4-3　"慷慨激昂"获双赢

20世纪80年代，我国某市招商局负责人，同美国某集团签订合资生产浮法玻璃的协议。谈判时，在我方每年所付给美方的知识产权费用所占销售总额的比例上，双方产生了较大的分歧。美方要价是 6%，而我方还价是 4%，经过一番讨价还价的争论，美方被迫降为 5%；而我方还价是 4.5%。这时，双方都不肯再让步了，于是谈判出现了僵局。怎么办呢？休会期间，我方负责人出席美方的午餐会，在应邀发表演讲时，他念念不忘台下的谈判对手，于是故意将话题转向谈论中国文化。他充满豪情地说："早在千年以前，我们民族的祖先就将四大发明——指南针、造纸术、印刷术和火药——无条件地贡献给了全人类，而他们的后代子孙却从未埋怨过不要专利权是愚蠢的；恰恰相反，他们盛赞祖先具有伟大的风格和远见。"一席豪情奔放的讲话，把会场的气氛激活了。接下去，他转到正题上说："我们招商局在同贵方的合作中，并不是要求你们也无条件地让出专利，我们只要求你们要价合理——只要价格合理，我们一分钱也不会少给！"这番话，虽然是在谈判桌外说的，却深深触动了在座的美方谈判者。回到谈判桌以后，他们很快做出了让步，同意以 4.75%达成协议，为期 10 年。这个协议，比其他城市的同类协议开价低出了一大截。从达成的协议上不难看出，与最初的要价相对比，美方让步是 1.25 个百分点，而我方让步仅 0.75 个百分点。

分析：从某种意义上说，让步是谈判双方为达成协议而必须承担的义务。商务谈判各方要明确己方所追求的最终目标，以及为达到该目标可以或愿意做出哪些让步。让步和迫使对方让步本身就是一种谈判策略。

谈判中除了"火力侦察"外，有时可以辅以某种自傲之情，即让自己的语言流露出一定的豪情和胆气，借以攻破对方的心理底线，迫使其做出最大限度的让步。

案例分析 4-4　让步的尴尬

A 公司想以每亩 60 万元的价格转让一块土地，这块土地有相当的增值前景。但在谈判的报价阶段，A 公司报价为 120 万元/亩，以便试探对方的反应。其实买方事先已对这块土地进行过估价，也调查过周边的土地价格，结论是市场合理价格在 58 万～60 万元之间。买方提出 50 万元的出价。由于 A 公司急欲将这块土地脱手，随即同意把价格降为 80 万元/亩，即原来的 2/3。由于卖方一开始就做出了大幅度的让步，所以在接下来的谈判中就失去了主动性，任凭买方"砍价"，毫无还手的能力。最终结果是按 55 万元/亩成交。事实上，这块土地至少可以按 58 万元/亩的价格转让。

分析：A 公司不应该那么快就做出大幅度的让步，使得买方坚定对这块土地价格的信心，迫使 A 公司做出多次让步。因此，在商务谈判中，即使必须让步，你也不要轻易先做出让步。经验证明，未经施压就做出的让步价值不大，对方会把它看成争取其他让步的起点。

实践训练

根据下面情形，决定采取怎样的让步策略，由学生分组进行实际演练。

有一家大型知名超市在北京开业，供应商可以用"蜂拥而至"来形容，供应商与超市进行进店洽谈，谈判异常艰苦，超市要求十分苛刻，尤其是 60 天账期实在让人难以接受，谈判进入了僵局并且随时都有破裂的可能。期间一天，超市采购经理打电话给供应商，希望提供一套现场制作的设备，能够吸引更多的消费者。这时，你会怎么做呢？

提示：对于卖方来说，在买方提出降价的要求时，可以应用让步策略，如一定范围内的退换货支持、加大宣传力度、提供人力支援等,尽量避免因价格的下降给企业带来不必要的损失。从买方角度思考,只要在交易中切实获得了更多,那么无论什么方式都是可以接受的。

在每一阶段的让步都要与所让步的价值相对应,任何事物都有其独立的两面性,在一项让步中,双方需求不同、角度不同,所体现出的价值存在很大的差异性,在你做出让步后得到对方回报的过程中,双方所得到的价值是否对等是让步的关键。

(供应商刚好有一套设备闲置在库房里,但却没有当即痛快的答应,回复超市采购经理:"陈经理,我会回公司尽力协调这件事,在最短的时间给您答复,但您能不能给我一个正常的货款账期呢?"最后,供应商赢得了一个平等的合同,超市因为现做现卖吸引了更多的客流,一次双赢的谈判就这么达成了。)

课后训练

一、简答题
1. 让步方式主要有几种类型?分别适用于什么情况?
2. 让步策略主要有几种类型?

二、实训操作
利用购物之机到不标价的商场以探测货主的临界价格为目的,有意识地使用各种讨价还价及让步方式与策略。

三、案例分析
中国某公司向韩国某公司出口丁苯橡胶已一年,第二年中方又向韩方报价,以继续供货。中方公司根据国际市场行情,将价格从前一年的成交价每吨下调了120美元(前一年1 200美元/吨),韩方感到可以接受,建议中方到韩国签约。中方人员一行二人到了该公司首尔总部,双方谈了不到20分钟,韩方说:"贵方价格仍太高,请贵方看看韩国市场的价格,三天以后再谈。"中方人员回到饭店感到被戏弄,很生气,但人已来到首尔,谈判必须进行。

中方人员通过有关协会收集到韩国海关丁苯橡胶进口数据,发现从哥伦比亚、比利时、南非等国进口量较大。中国进口也不少,中方公司是占份额较大的一家。价格水平南非最低,但也高于中国。哥伦比亚、比利时价格均高于南非。在韩国市场的调查中,批发和零售价均高出中方公司现报价的30%~40%,市场价虽呈降势,但中方公司的给价是目前世界市场最低的价。为什么韩国人员还这么说?中方人员分析,对方以为中方人员既然来了首尔,肯定急于拿合同回国。可以借此机会再压中方一手。那么韩方会不会不急于订货而找理由呢?中方人员分析,若不急于订货,为什么邀请中方人员来首尔?再说,韩方人员过去与中方人员打过交道,有过合同,且执行顺利,对中方工作很满意,这些人会突然变得不信任中方人员了吗?从态度看不像,他们来机场接中方人员,且晚上一起喝酒,保持了良好气氛。经过上述分析,中方人员共同认为:韩方意在利用中方人员的出国心理压价。根据这个分析,中方人员决定在价格条件上做文章。总的讲,态度应强硬(因为来首尔前对方已表示同意中方报价),不怕空手而归。其次,价格条件还要涨回市场水平(即1 200

美元/吨左右)。再者不必用两天给韩方通知,仅一天半就将新的价格条件通知韩方。

在一天半后的中午前,中方人员电话告诉韩方人员:"调查已结束,我们得到的结论是我方来首尔前的报价低了,应涨回去年成交的价位,但为了老朋友的交情,可以下调20美元,而不再是120美元。请贵方研究,有结果请通知我们,若我们不在饭店,则请留言。"韩方人员接到电话后一个小时,即回电话约中方人员到其公司会谈。韩方认为:中方不应把报价再往上调。中方认为:这是韩方给的权利。我们按韩方要求进行了市场调查,结果应该涨价。韩方希望中方多少降些价,中方认为原报价已降到底。经过几回合的讨论,双方同意按中方来首尔前的报价成交。这样,中方成功地使韩方放弃了压价的要求,按计划拿回合同。

问题:
1. 中方的决策是否正确?为什么?
2. 中方运用了何种程序、何种方式做出决策的?其决策属什么类型?
3. 中方是如何实施决策的?
4. 韩方的谈判中,反映了什么决策?
5. 韩方决策的过程和实施情况如何?

四、完成【项目导入】中的任务,并提交报告。

任务三 僵局处理

谈判进入实际的磋商阶段以后,谈判各方往往由于某种原因而僵持不下,谈判陷入进退两难的境地。我们把这种谈判搁浅的情况称为"谈判的僵局"。来自不同国家或地区的谈判者,为了寻求谈判桌上的各自利益,经常就某一问题的立场和观点,一时难以达成共识,双方又都不愿做出妥协或让步,这时,谈判进程就会出现停顿,很容易陷入僵局。

谈判出现僵局并不等于谈判完全破裂,但它会严重影响谈判的进程。当僵局形成后,要迅速进行处理,否则就会影响谈判,最终导致谈判破裂。妥善的处理僵局,必须要对僵局的性质、产生的原因等问题进行透彻的了解和分析,并加以正确的判断,运用科学有效的策略和技巧来打破僵局,使谈判重新顺利进行。

操作步骤及分析

一、判断僵局产生的影响

商务谈判过程中,当双方对所谈问题的利益要求差距较大,各方又都不肯做出妥协或退让,形成对峙与分歧,导致双方因暂时不可调解的矛盾,使谈判进程不退不进,谈判即进入僵持状态。

谈判的僵局出现对双方的利益和情绪都会产生不良的影响。谈判僵局会导致两种后果:打破僵局继续谈判或谈判破裂。对于后一种谈判结果是双方都不愿看到的。谈判中,一旦出现僵局,首先,要分析导致僵局出现的原因,然后,运用科学有效的策略和技巧,来解决谈判实质性问题,使谈判重新顺利进展。因此,打破僵局的策略与技巧就成为谈判者必须掌握的技能。

二、找出僵局产生的原因

不论是谈判中的何种僵局，其形成都具有一定的原因。只有对这些原因准确地加以分析判断并适度地把握，僵局的突破才能有的放矢。

三、遵循僵局处理的原则

在处理僵局时，必须要遵循一些基本原则，如沉着冷静、不骄不躁、理智地思考，协调好双方的利益，欢迎持不同意见，避免争吵等。

四、掌握僵局处理的技巧与策略

要想处理好僵局，必须认真研究打破僵局的具体策略，常用的策略包括用语言鼓励对方打破僵局、采取横向式的谈判打破僵局、寻找替代的方法打破僵局等。

知识链接

一、商务谈判僵局产生的原因

在谈判进行过程中，僵局无论何时都有可能发生，任何主题都有可能形成分歧与对立。表面上看，僵局表现的时机与形式、对峙程度的高低是令人眼花缭乱、不可名状的。然而，谈判陷入危机往往是由于双方感到在谈判过程中各自的愿望相差甚远，并且在各个主题上，这些差异相互交织在一起，难以出现缓解的迹象。

造成谈判僵局的原因可能是多方面的，僵局并不总是由于震惊世界的大事或者重大的经济问题才出现。根据一些谈判者的经验，许多谈判僵局和破裂是由细微的事情引起的，诸如谈判双方性格的差异、怕丢面子，个人的权力限制，环境的改变，公司内部纠纷，与上司的工作关系不好以及缺乏决断的能力，谈判一方利用己方优势强迫另一方接纳己方的意图等。谈判双方发生分歧时，并不是完全没有机会化解矛盾，不管分歧多大，要通过寻找新的方法和途径，创造性地解决问题。通常情况下，僵局的产生是由其中一个或几个因素共同作用而形成的，归纳起来主要有以下几个方面。

1．谈判一方故意制造谈判僵局

这是一种带有高度冒险性和危险性的谈判战略，即谈判的一方为了试探出对方的决心和实力而有意给对方出难题，搅乱视听，甚至引起争吵，迫使对方放弃自己的谈判目标而向己方目标靠近，使谈判陷入僵局，其目的是使对方屈服，从而达成有利于己方的交易。

故意制造谈判僵局的原因可能是过去在商务谈判中上过当、吃过亏，现在要给对方报复；或者自己处在十分不利的地位，通过给对方制造麻烦可能改变自己的谈判地位，并认为即使自己改变了不利地位也不会有什么损失。这样就会导致商务谈判出现僵局。

通常情况下，谈判者往往不愿冒使谈判陷入僵局的风险，因为制造僵局往往会改变谈判者在谈判中的处境。如果运用得当会获得意外的成功；反之，若运用不当，其后果也是不堪设想的。因此，除非谈判人员有较大把握和能力来控制僵局，最好不要轻易采用。

2．双方立场观点对立争执导致僵局

在讨价还价的谈判过程中，如果双方对某一问题各持自己的看法和主张，意见分歧，那么，越是坚持各自的立场，双方之间的分歧就会越大。这时，双方真正的利益被这种表面的立场所掩盖，于是，谈判变成了一种意志力的较量，当冲突和争执激化、互不相让时，便会出现僵局。

比如，在中美恢复外交关系的谈判中，双方在公报如何表述台湾的问题上发生了争执。中方认为台湾是中国领土的一部分，而美方不想得罪台湾当局，双方谈判代表为此相持不下，绞尽脑汁。最后，在上海公报里，用了"台湾海峡两边的中国人"这种巧妙的提法，使双方的立场冲突得到了缓解，"上海公报"得以诞生。

中美两国的谈判代表在如何称谓台湾的问题上都认为，这是关系到本国政府外交政策的重大立场性问题，不肯轻易让步，这时如果找不到适当的措辞，公报就不能产生，谈判自然陷入困境。

所以谈判双方在立场上关注越多，就越不能注意调和双方利益，也就越不可能达成协议。纠缠于立场性争执是低效率的谈判方式，它撇开了双方各自的潜在利益，不容易达成明智的协议，而且由于相持不下，它还会直接损害双方的感情，谈判者要为此付出巨大代价。

在谈判过程中，谈判对手为了维护自己的正当利益，会提出自己的反对意见，当这些反对意见得不到解决时，便会利用制造僵局来迫使对方让步，例如，卖方认为要价不高，而买方则认为卖方的要价太高；卖方认为自己的产品质量没有问题，而买方则对产品质量不满意等。也可能是客观市场环境的变化造成的不能让步，如由于市场价格的变化，使原定的谈判让步计划无法实施，便会在谈判中坚持条件，使谈判陷入僵局。

经验证明，谈判双方在立场上关注越多，就越不能注意调和双方利益，也就越不可能达成协议。甚至谈判双方都不想做出让步，或以退出谈判相要挟，这就更增加了达成协议的困难。因为人们最容易在谈判中犯立场观点性争执的错误，这也是形成僵局的主要原因。

3．沟通障碍导致僵局

沟通障碍就是谈判双方在交流彼此情况、观点、合作意向、交易的条件等的过程中，所可能遇到的由于主观与客观的原因所造成的理解障碍。

由于双方文化背景的差异，一方语言中的某些特别表述难以用另一种语言准确表述出来而造成误解。某跨国公司总裁访问一家中国著名的制造企业，商讨合作发展事宜。中方总经理很自豪地向客人介绍说："我公司是中国二级企业……"此时，翻译人员很自然地用"Second-Class Enterprise"来表述。不料，该跨国公司总裁闻此，原本很高的兴致突然冷淡下来，敷衍了几句立即起身告辞。在归途中，他抱怨道："我怎么能同一个中国的二流企业合作？"可见，一个小小的沟通障碍，会直接影响到合作的可能与否。美国商人谈及与日本人打交道的经历时说："日本人在会谈过程中不停地'Hi''Hi'，原以为日本人完全赞同我的观点，后来才知道日本人只不过表示听明白了我的意见而已，除此之外，别无他意。"

4．谈判人员的偏见或成见导致僵局

偏见或成见是指由感情原因所产生的对对方及谈判议题的一些不正确的看法。由于产生偏见或成见的原因是对问题认识的片面性，即用以偏概全的办法对待别人，因而很容易引起僵局。

由于谈判人员对信息的理解受其职业习惯、受教育的程度以及为某些领域内的专业知识所制约。所以表面上看来，谈判人员对对方所讲的内容似乎已完全理解了，但实际上这种理解却常常是主观、片面的，甚至往往与信息内容的实质情况完全相反。

5．环境的改变导致僵局

当不同的国家、民族之间进行商务谈判，涉及外部环境，如通货膨胀、风俗习惯、价值观、思维差异、人际关系等因素发生变化时，造成谈判者之间的信息交流面临许多障碍和冲突，也会导致僵局产生。

6．谈判双方用语不当导致僵局

谈判双方不是在分歧中寻找解决问题的途径，而是想保留自己的立场。在语言上，造成感情上的强烈对立，双方都感到自尊受到伤害，因而不肯做丝毫的让步，谈判便会陷入僵局。

7．谈判中形成一言堂导致僵局

谈判中的任何一方，不管出自何种欲望，如果信口开河或滔滔不绝地论述自己的观点而忽略了对方的反应和陈述的机会，一定程度上伤害了对方的感情，必然会使对方感到不满与反感，造成潜在的僵局。

8．谈判人员的失误导致僵局

有些谈判者想通过表现自我来显示实力，从而使谈判偏离主题；或者争强好胜，提出的独特见解令人诧异；或者设置圈套，迷惑对方，使谈判的天平向着己方倾斜，以实现在平等条件下难以实现的谈判目标。但是在使用一些策略时，因时机掌握不好或运用不当，也往往导致谈判过程受阻及僵局的出现。

9．谈判人员的强迫手段导致僵局

谈判中，人们常常有意或无意地采取强迫手段而使谈判陷入僵局。特别是涉外商务谈判，当价格、通货膨胀等因素导致谈判一方失信，不愿意履行最初承诺的合同。谈判另一方，出于维护国家、企业及自身尊严的需要，努力争取己方的经济利益。因此，某一方越是受到逼迫，就越不会退让，谈判的僵局也就越容易出现。

10．谈判人员素质低下导致僵局

俗话说"事在人为"，谈判人员素质的高低往往成为谈判进行顺利与否的决定性因素。在共同利益一致，双方合作客观良好的条件下，谈判人员的素质高低直接影响着谈判的成败。有些僵局产生的原因，包括谈判人员的个人偏见或成见，运用一些策略的时机不当，涉及的专业知识掌握不够等。这都会谈判严重受阻，导致僵局。

无论是谈判人员工作作风方面的原因，还是谈判人员知识经验、策略技巧方面的不足或失误，都可能导致谈判陷入僵局。

11．利益合理要求的差距导致僵局

许多商务谈判双方都表现出十分友好、坦诚与积极的态度，但如果双方对各自所期望的收益存在很大差距，那么谈判就会搁浅。当这种差距难以弥合时，那么合作必然走向流产，僵局便会产生。

二、商务谈判僵局处理的原则

1. 冷静、理智地思考

在谈判实践中,有些谈判者会脱离客观实际,盲目地坚持自己的主观立场,甚至忘记了自己的出发点是什么,由此而引发矛盾,当矛盾激化到一定程度的时候即形成了僵局。谈判者在处理僵局时,要冷静地倾听对方的意见,防止和克服过激情绪所带来的干扰。一名优秀的谈判人员必须具备头脑冷静、心平气和的谈判素养。在谈判中,最好的办法是等对方陈述完自己的观点后,先欲擒故纵,表示礼貌性的赞同,承认自己在某些方面的疏忽,然后提出自己的不同观点,重新进入谈判。

只有冷静思考,才能理清头绪,能够正确分析问题并解决问题。在遇到谈判双方持不同观点时,应设法建立一项客观的准则,即让双方都认为是公平的、又易于实行的办事原则、程序或衡量事物的标准,充分考虑双方的潜在利益到底是什么,从而理智地克服希望通过坚持自己的立场来"赢"得谈判的做法。这样才能有效地解决问题,打破僵局的困境。相反,靠拍桌子、踢椅子来处理僵局是于事无补的,反而会带来负面效应。

2. 协调好双方的利益

当双方在同一问题上发生尖锐对立,并且各自理由充足,都无法说服对方,又不能接受对方的条件,从而使谈判陷入僵局时,应认真分析双方的利益所在,只有平衡好双方的利益才有可能打破僵局。让双方从各自的目前利益和长远利益两个方面来看问题,使双方的目前利益、长远利益做出调整,寻找双方都能接受的平衡点,最终达成谈判协议。因为如果都追求目前利益,可能都失去长远利益,这对双方都是不利的。只有双方都做出让步,以协调双方的关系,才能保证双方的利益都得到实现。

3. 欢迎不同意见

不同意见,既是谈判顺利进行的障碍,也是一种信号。它表明实质性的谈判已开始。如果谈判双方就不同意见互相沟通,最终达成一致意见,谈判就会成功在望。因此,作为一名谈判人员,不应对不同意见持拒绝和反对的态度,而应持欢迎和尊重的态度。这种态度会使我们能更加平心静气地倾听对方的意见,从而掌握更多的信息和资料,也体现了一名谈判者的宽广胸怀。

4. 避免争吵

争吵无助于矛盾的解决,只能使矛盾激化。如果谈判双方出现争吵,就会使双方对立情绪加重,分歧越来越大,从而很难打破僵局达成协议。即使一方在争吵中获胜,另一方无论从感情上还是心理上都很难持相同的意见,谈判仍有重重障碍。所以,一名谈判高手保持冷静、平心静气的能力非常重要,能够考虑对方意见,通过据理力争,而不是和别人大吵大嚷来解决问题的。

5. 正确认识谈判的僵局

谈判本身就是双方利益的分配,在讨价还价的过程中,出现僵局是不可避免的。但是,许多谈判人员把僵局视为谈判失败,企图竭力避免它,在这种思想指导下,不是采取积极的措施加以缓和,反而是选择了消极躲避。在谈判开始之前,谈判一方就祈求能顺利地与对方达成协议,完成交易,别出意外,别出麻烦。特别是当他负有与对方签约的使命时,这种心情就更为迫切。这样一来,为避免出现僵局,就处处迁就对方，一旦陷入僵局，就会很快地失去信心和耐心，甚至怀疑自己的能力，对预先制定的计划也产生了怀疑和动摇。这种思想严重阻碍了谈判人员更好地运用谈判策略，结果可能会形成一个对己方不利的协议。

因此，仅从主观愿望上不愿出现谈判僵局是不现实的。应该看到，僵局出现对双方都不利。如果能正确认识，慎重对待，恰当处理，会变不利为有利。我们不赞成那种把僵局视为一种策略，运用它胁迫对手妥协的办法。如果一味地妥协退让，这样，不但僵局避免不了，还会使自己十分被动。只要具备足够的勇气和耐心，在保全对方面子的前提下，灵活运用各种策略、技巧，僵局就不是攻克不了的堡垒。

6．语言适度

语言适度指谈判者要向对方传播一些必要的信息，但又不透露己方的一些重要信息，同时积极倾听。谈判过程是一个信息沟通的过程，只有谈判双方传递的信息真实、正确，才能互相了解，谈判才能富有成效地进行。但是，在实际的谈判进程中，双方的信息沟通会遇到种种障碍，导致信息失真，这时双方产生对立，使谈判陷入僵局。因此，谈判人员要语言适度，沉着冷静地分析对方信息，这样不但和谈判对方进行了必要的沟通，而且可探出对方的动机和目的，形成对等的谈判气氛。

三、打破谈判僵局的策略

谈判中并不总是一帆风顺，出现僵局也是情理之中，谈判的僵局看起来似乎"山重水复疑无路"，但是只要找出问题的所在，便能够"柳暗花明又一村"。谈判出现僵局，就会影响谈判协议的达成。无疑，这是谈判人员都不愿看到的。面对已经出现的僵局，谈判者既要沉着冷静，坦然面对，又要审时度势，积极寻找破解的方法。事实上，许多谈判之所以陷入僵局，常常是谈判双方在立场、感情、原则上的一些分歧，而这些分歧，可以通过谈判者认真分析和研究僵局的问题所在，然后，制订一套科学有效的策略，打通心里渠道，逾越人为障碍，从而更好地争取主动，为谈判协议的签订铺平道路。

1．用语言鼓励对方打破僵局

美国著名的管理学家哈里西蒙认为，成功人士都是出色的语言表达者。谈判者的语言驾驭能力和语言艺术素养是谈判能否成功的关键。当谈判出现僵局时，你可以用话语鼓励对方："看，许多问题都已解决了，现在就剩这一点了。如果不一并解决的话，那不就太可惜了吗？"这种说法，看似很平常，实际上却能鼓励人，发挥很大的作用。

对于牵涉多项讨论议题的谈判，更要注意打破存在的僵局。比如，在一场包含六项议题的谈判中，有四项是重要议题，其余两项是次要议题。现在假设四项重要议题中已有三项获得协议，只剩下一项重要议题和两项小问题了，那么针对僵局，你可以这样告诉对方："四个难题已解决了三个了，剩下一个如果也能一并解决的话，其他的小问题就好办了，让我们再继续努力，好好讨论讨论唯一的难题吧！如果就这样放弃了，前面的工作就都白做了，大家都会觉得遗憾的！"听你这么说，对方多半会饶有兴趣、产生好感，便于接受，同意继续谈判，这样僵局就自然化解了。

叙述旧情，强调双方的共同点，就是通过回顾双方以往的合作历史，强调和突出共同点和合作的成果，以此来削弱彼此的对立情绪，以达到打破僵局的目的。

2．采取横向式的谈判打破僵局

当谈判陷入僵局,经过协商而毫无进展,双方的情绪均处于低潮时,可以采用避开该话题的办法,换一个新的话题与对方谈判。等待议题的关联性,当其他议题经过谈判达成一致意见,情绪高潮到来时,再重新回到有分歧的问题,会对谈判有着正面的影响。横向谈判是回避低潮的常用方法。由于话题和利益间的关联性,当其他话题取得成功时,再扭转话题,重新回到陷入僵局的话题,便会比以前容易得多。

把谈判的面撒开,先撒开争议的问题,再谈另一个问题,而不是盯住一个问题不放,不谈妥誓不罢休。例如,在价格问题上双方互不相让,僵住了,可以先暂时搁置一旁,改谈交货期、付款方式等其他问题。如果在这些议题上对方感到满意了,再重新回过头来讨论价格问题,阻力就会小一些,商量的余地也就更大些,从而弥合分歧,使谈判出现新的转机。

3．寻找替代的方法打破僵局

俗话说得好,"条条大路通罗马",在商务谈判上也是如此。谈判中一般存在多种可以满足双方利益的方案,而谈判人员经常简单地采用某一方案,而当这种方案不能为双方同时接受时,僵局就会形成。

商务谈判不可能总是一帆风顺的,双方磕磕碰碰是很正常的事,这时,谁能创造性地提出可供选择的方案,使谈判起死回生,谁就掌握了谈判的主动权。当然,这种替代方案一定要既能有效地维护自身的利益,又要能兼顾对方的利益要求,不过,要试图在谈判开始就确定什么是唯一的最佳方案,这往往阻止了许多其他可选方案的产生。反之,在谈判初期的准备阶段,谈判一方能提前谋划,构思对彼此有利的更多方案,往往会使谈判如顺水行舟,一旦遇有障碍,能做到胸有成竹,不惊慌失措,只要按照预定的计划,及时调拨船头,就能顺畅无误地到达目的地。谈判遇到阻碍对一个方案中的某一部分采用不同的替代方法,主要有以下几点:

1) 另选商议的时间。彼此再约定好重新商议的时间,以便讨论较难解决的问题。因为到那时也许会有更多的资料和更充分的理由。

2) 改变售后服务的方式。建议减少某些烦琐的手续,以保证日后的服务。

3) 改变承担风险的方式、时限和程度。在交易的所得所失不明确的情况下,不应该讨论分担的问题,否则只会导致争论不休。同时,如何分享未来的损失或者利益,可能会使双方找到利益的平衡点。

4) 改变交易的形态。使互相争利的情况改变为同心协力、共同努力的团体。让交易双方老板、工程师、技工彼此联系,互相影响,共同谋求解决的办法。

5) 改变付款的方式和时限。在成交的总金额不变的情况下,加大定金,缩短付款时限,或者采用其他不同的付款方式。

4．运用休会策略打破僵局

休会策略是谈判人员为控制、调节谈判进程,缓和谈判气氛,打破谈判僵局而经常采用的一种基本策略。它不仅是谈判人员为了恢复体力、精力的一种生理需求,而且是谈判人员调节情绪、控制谈判过程、缓和谈判气氛、融洽双方关系的一种策略技巧。谈判中,双方因观点产生差异、出现分歧是常有的事,如果各持己见、互不妥协,往往会出现僵持严重以至谈判无法继续的局面。这时,如果继续进行谈判,双方的思想还沉浸在刚才的紧张气氛中,结果往往是徒劳无益,甚至适得其反,导致以前的成果付诸东流。

这时，谈判一方的东道主，在征得客人同意的情况下，提出休会是一个较好的缓和办法，可以达到以下目的：

1) 仔细考虑争议的问题，构思重要的问题。
2) 可进一步对市场形势进行研究，以证实自己原来观点的正确性，思考新的论点与防卫方法。
3) 召集各自谈判小组成员，集思广益，商量具体的解决办法，探索变通途径。
4) 检查原定的策略及战术。
5) 研究讨论可能的让步。
6) 决定如何对付对手的要求。
7) 分析价格、规格、时间与条件的变动。
8) 阻止对手提出尴尬的问题。
9) 排斥讨厌的谈判对手。
10) 缓解体力不支或情绪紧张。
11) 应付谈判出现的新情况。
12) 缓和谈判一方的不满情绪。

谈判的任何一方都可以把休会作为一种战术性拖延的手段，如走出房间，打个电话什么的。当你回到谈判桌边时，你可以说，原来说过要在某一特殊问题上让步是不可能的，但是上级现在指示可以有一种途径……这样让对方感到你改变观点是合理的。但是，在休会之前，务必向对方重申一下己方的提议，引起对方的注意，使对方在头脑冷静下来以后，利用休会的时间去认真地思考。例如，休会期间双方应集中考虑的问题：贸易洽谈的议题取得了哪些进展？还有哪些方面有待深谈？双方态度有何变化？己方是否调整一下策略？下一步谈些什么？己方有什么新建议？

谈判会场是正式的工作场所，容易形成一种严肃而又紧张的气氛。当双方就某一问题发生争执，各持己见，互不相让，甚至话不投机、横眉冷对时，这种环境更容易使人产生一种压抑、沉闷的感觉和烦躁不安的情绪，使双方对谈判继续下去都没有兴致。在这种情况下，可暂时停止会谈或双方人员去游览、观光、出席宴会、观看文艺节目，也可以到游艺室、俱乐部等地方消遣，把绷紧的神经松弛一下，缓和一下双方的对立情绪。这样，在轻松愉快的环境中，大家的心情自然也就放松了。更重要的是，通过游玩、休息、私下接触，双方可以进一步熟悉、了解，消除彼此间的隔阂；也可以不拘形式地就僵持的问题继续交换意见，寓严肃的讨论和谈判于轻松活泼、融洽愉快的气氛之中。这时彼此间心情愉快，人也变得慷慨大方，谈判桌上争论了几个小时无法解决的问题、障碍，在这时也许会迎刃而解了。

休会后，双方再按预定的时间、地点坐在一起时，对原来的观点提出新的、修正的看法。这时，僵局就会较容易打破。

休会的策略一般在下述情况下采用：

1) 当谈判出现低潮时，人们的精力往往呈周期性变化，经过较长时间的谈判后，谈判人员就会精神涣散、工作效率低下，这时最好提议休会，以便休息一下，养精蓄锐，以利再战。
2) 在会谈出现新情况时。谈判中难免出现新的或意外的情况和问题，使谈判局势无法控制。这时可建议休息几分钟，以研究新情况，调整谈判策略。

3）当谈判出现僵局时。在谈判双方进行激烈交锋时，往往会出现各持己见、互不相让的局面，使谈判陷入僵局。这时，比较明智的做法是休会，让双方冷静下来，客观地分析形势，及时地调整策略。等重开谈判时，会谈气氛就会焕然一新，谈判就可能顺利进行。谈判各方应借休会之机，抓紧时间研究一下自己一方提出的交易方案，对方是否可以承受？对方态度强硬的真实意图是什么？我方准备提出哪些新的方案等。以便重开谈判后，提出对方可以接受的方案，从而打破僵局。

4）当谈判出现一方不满时。有时谈判进展缓慢、效率很低、拖拖拉拉，谈判一方对此不满。这时，可提出休会，经过短暂休整后，重新谈判，可改善谈判气氛。

5）当谈判进入某一阶段的尾声时。这时双方可借休会之机，分析研究这一阶段所取得的成果，展望下一阶段谈判的发展趋势，谋划下一阶段进程，提出新的对策。

反过来，如果谈判的一方遇到对方采用休会缓解策略，而自己一方不想休会时，破解的方法有：

1）当对方因谈判时间拖得过长、精力不济要求休会时，应设法留住对方或劝对方再多谈一会儿，或再谈论一个问题，因为到此时对手精力不济就容易出差错，意志薄弱者容易妥协，所以延长时间就是胜利。

2）当己方提出关键性问题，对方措手不及、不知如何应付、情绪紧张时，应拖着其继续谈下去，对其有关休会的暗示、提示佯作不知。

3）当己方处于强有力的地位，正在使用极端情绪化的手段去激怒对手，摧毁其抵抗力，对手已显得难以承受时，对对手的休会提议可佯作不知、故意不理，直至对方让步，同意己方要求。

休会一般先由一方提出，只有经过双方同意，这种策略才发挥作用。怎样取得对方同意呢？首先，提建议的一方应把握机会，看准对方态度的变化，讲清休会时间。如果对方也有休会要求，很显然会一拍即合。其次，要清楚并委婉地讲清需要。一般来说，参加谈判的各种人员都是有修养的，如东道主提出休会，客人出于礼貌很少拒绝。三是提出休会建议后，不要再提出其他新问题来谈，先把眼前的问题解决再说。

5．利用调解人调停打破僵局

在政治事务中，特别是在国家间、地区间的冲突中，由第三者作为调解人进行斡旋，往往会获得意想不到的效果。商务谈判完全可以运用这一方法来帮助双方有效地消除谈判中的分歧。当谈判双方进入立场严重对峙、谁也不愿让步的状态时，找一位调解人来帮助调解，有时能很快使双方立场出现松动。

当谈判双方严重对峙而陷入僵局时，双方信息沟通就会严重障碍，互不信任，互相存有偏见甚至敌意，有些谈判务必取得成果，而不能中止或破裂，如索赔谈判，这时由第三者出面斡旋可以为双方保全面子，使双方感到公平，信息交流可以畅通起来。调解人在充分听取各方解释、申辩的基础上，能很明显发现双方冲突的焦点，分析其背后所隐含的利益分歧，据此寻求这种分歧的途径。谈判双方之所以自己不能这样做，主要是"不识庐山真面目，只缘身在此山中"。

商务谈判中的调解人可以是公司内的人，也可以是公司外的人，应该是对方所熟识，为对方所接受的，否则就很难发挥其应有作用。因此这就成了谈判一方为打破僵局而主动采取的措施。在选择调解人时不仅要考虑其接受性，而且还要考虑其是否具有权威性。这种权威性是使对方受调解人影响，最终转变强硬立场的重要力量。而主动运用这一策略的谈判者就是希望通过调解人的作用，将自己的意志转化为调解人的意志来达到自己的目的。

常用的方法有两种：调解和仲裁。调解是请调解人拿出一个新的方案让双方接受。由于该方案顾及了双方的利益，顾全了双方的面子，并且以旁观者的立场对方案进行分析，因而容易被双方接受。但调解只是一种说服双方接受的方法，其结果没有必须认同的法律效力。当调解无效时可请求仲裁。最好的仲裁者往往是和谈判双方都没有直接关系的第三者，一般要有丰富的社会经验、较高的社会地位、渊博的学识和公正的品格。仲裁的结果具有法律效力，谈判者必须执行。但当发现仲裁人有偏见时，应及时提出；必要时也可对他们的行为提起诉讼，以保护自己的利益不受损失。需要说明的是，由法院判决也是处理僵局的一种办法，但很少使用。因为一是法院判决拖延的时间太长，这对双方都是不利的；二是通过法院判决容易伤害双方的感情，不利于以后的交往。因此，除非不得已，谈判各方均不愿把处理僵局的问题提交法院审理。

当出现了比较严重的僵持局面时，彼此间的感情可能都受到了伤害。因此，即使一方提出缓和建议，另一方在感情上也难以接受。在这种情况下，最好寻找一个双方都能够接受的中间人作为调解人或仲裁人。

6．更换谈判人员或者由领导出面打破僵局

谈判中出现了僵局，并非都是双方利益的冲突，有时可能是谈判人员本身的因素造成的。当谈判僵持的双方已产生对立情绪，特别是主要谈判人员，在争议问题时，对他方人格进行攻击，伤害了一方或双方人员的自尊心，必然引起对方的怒气，会谈就很难继续进行下去。这种感情上的伤害即情绪的对立性，解决困难则要大得多，即使是改变谈判场所，或采取其他缓和措施，也难以从根本上解决问题。形成这种局面的主要原因，是人在遭受屈辱之后，言行很容易走向极端。由于在谈判中不能很好地区别对待人与问题，由对问题的分歧发展为双方个人之间的矛盾。

类似这种由于谈判人员的性格、年龄、知识水平、生活背景、民族习惯、随便许诺、随意践约、好表现自己、对专业问题缺乏认识等因素造成的僵局，虽经多方努力仍无效果时，可以征得对方同意，及时更换谈判人员，消除不和谐因素，缓和气氛，就可能轻而易举地打破僵局，保持与对方的友好合作关系。这是一种迫不得已的、被动的做法，必须慎重。

然而有时在谈判陷入僵局时调换谈判人员倒并非出于他们的失职，而可以是一种自我否定的策略，用调换人员来表示：以前我方提出的某些条件不能作数，原来谈判人员的主张欠妥，因而在这种情况下调换人员也常蕴含了向谈判对方致歉的意思。

临阵换将，把自己一方对僵局的责任归咎于原来的谈判人员——不管他们是否确实应该担负这种责任，还是莫名其妙地充当了替罪羊的角色——这种策略为自己主动回到谈判桌前找到了一个借口，缓和了谈判场上对峙的气氛。不仅如此，这种策略还含有准备与对手握手言和的暗示，成为我方调整、改变谈判条件的一种标志，同时这也向对方发出新的邀请信号：我方已做好了妥协、退让的准备，对方是否也能做出相应的灵活表示呢？

谈判双方通过谈判暂停期间的冷静思考，若发现双方合作的潜在利益要远大于既有的立场差距，那么调换人员就成了不失体面、重新谈判的有效策略，而且在新的谈判氛围中，在经历了一场暴风雨后的平静中，双方会更积极、更迅速地找到一致点，消除分歧，甚至做出必要的、灵活的妥协，僵局由此而可能得到突破。但是，必须注意两点：①换人要向对方婉转地说明，使对方能够予以理解；②不要随便换人，即使出于迫不得已而换，事后也要对换下来的谈判人员做一番工作，不能挫伤他们的积极性。

在有些情况下，如协议的大部分条款都已商定，却因一两个关键问题尚未解决而无法签订合同。这时，我方也可由地位较高的负责人出来参与谈判，表示对僵持问题的关心和重视。同时，这也是向对方施加一定的心理压力，迫使对方放弃原先较高的要求，做出一些妥协，以利协议的达成。

7．从对方的漏洞中借题发挥打破僵局

谈判实践告诉我们，当对方提出不合理条件，制造僵局，给己方施加压力时，特别对在一些原则问题提出不合理要求，蛮横无理时，在这样的特定的形势下，要据理力争，抓住对方的漏洞，小题大做，会给对方一个措手不及。这对于突破谈判僵局会起到意想不到的效果，这就是所谓的从对方的漏洞中借题发挥。这种做法有时被看作一种无事生非、有伤感情的做法。然而，对于谈判中某些人的不合作态度或试图恃强凌弱的做法，运用从对方的漏洞中借题发挥的方法做出反击，往往可以有效地使对方有所收敛。相反，如果不这样做，没有原则地妥协和退让，不仅损害己方利益和尊严，反而会招致对方变本加厉的进攻，从而使我们在谈判中进一步陷入被动局面。事实上，当对方不是故意地在为难我们，而我方又不便直截了当地提出来时，采用这种旁敲侧击的做法，往往可以使对方知错就改、主动合作。

8．利用"一揽子"交易打破僵局

所谓"一揽子"交易，即向对方提出谈判方案时，好坏条件搭配在一起，像卖"三明治"一样，要卖一起卖，要同意一起同意。往往有这种情况，卖方在报价里包含了可让与不可让的条件。所以向他还价时，可采用把高档与低档的价加在一起还的做法。如把设备、备件、配套件三类价均分出A、B、C三个方案，这样报价时即可获得不同的利润指标。在价格谈判时，卖方应视谈判气氛、对方心理再妥协让步。作为还价的人也应同样如此，即把对方货物分成三档价，还价时取设备A档价、备件B档价、配套C档价，而不是都为A档价或B档价。这样做的优点在于有吸引力，具有平衡性，对方易于接受，可以起突破僵局的作用。尽管在一次还价总额高的情况下该策略不一定有突破僵局的作用，但仍不失为一个合理还价的较好理由。

9．有效退让打破僵局

达到谈判目的的途径是多种多样的，谈判结果所体现的利益也是多方面的，有时谈判双方对某一方面的利益分割僵持不下，就轻易地让谈判破裂，这是不明智的。其实只要在某些问题上稍做让步，而在另一些方面就能争取更好的条件，也就是说，在眼前利益上做些牺牲，会换取长远的利益，在局部利益上做些让步，会保证整体的利益。谈判双方都能够从对方的角度去看问题，对己方过高要求做出适当调整，这种主动退让的姿态向对方传递了合作的诚意和尊重对方的态度，这种辩证的思路是一个成熟的商务谈判者应该具备的。

从国外购买设备的合作谈判来看，有些谈判者常常因价格分歧而不欢而散，至于诸如设备功能、交货时间、运输条件、付款方式等尚未涉及，就匆匆地退出了谈判。事实上，购货一方有时可以考虑接受稍高的价格，然而在购货条件方面，就更有理由向对方提出更多的要求，如增加若干功能，或缩短交货期，或除在规定的年限内提供免费维修外还要保证在更长时间内免费提供易耗品，或分期付款等。

谈判犹如一个天平，每当我们找到了一个可以妥协之处，就等于找到一个可以加重自己谈判的砝码。在商务谈判中，当谈判陷入僵局时，如果对国内、国际情况有了全面了解，对双方的利益所在又把握得恰当准确，那么就应以灵活的方式在某些方面采取退让的策略，去换取另外一些方面的得益，以挽回本来看来已经失败的谈判，达成双方都能接受的合同。

不能忘记坐在谈判桌上的目的是为了成功而非失败。因此，当谈判陷入僵局时，我们应有这样的认识，即如果促使合作成功所带来的利益大于坚守原有立场而让谈判破裂所带来的好处，那么有效退让就是我们应该采取的策略。

10．适当馈赠打破僵局

谈判者在相互交往的过程中，适当地互赠些礼品，会对增进双方的友谊、沟通双方的感情起到一定的作用，也是普通的社交礼仪。西方学者幽默地称之为"润滑策略"。每一个精明的谈判者都知道：给予对方热情的接待、良好的照顾和服务，对于谈判往往产生重大的影响。它对于防止谈判出现僵局是两个行之有效的途径，这就等于直接明确地向对手表示"友情第一"。

所谓适当馈赠，就是说馈赠要讲究艺术，一是注意对方的习俗，二是防止贿赂之嫌。有些企业为了达到自身的利益乃至企业领导人、业务人员自己的利益，在谈判中把送礼这一社交礼仪改变了性质，使之等同于贿赂，不惜触犯法律，这是错误的。所以，馈赠的礼物应是在社交范围之内的普通礼物，突出"礼轻情义重"。谈判时，招待对方吃一顿地方风味的午餐，赠送一些小小的礼物，并不是贿赂，提供这些平常的招待也不算是道德败坏。如果对方馈赠的礼品比较贵重，通常意味着对方要在谈判中"索取"较大的利益。对此，要婉转地暗示对方礼物"过重"，予以推辞，并要传达出自己不会因礼物的价值而改变谈判的态度的信息。

11．场外沟通打破僵局

谈判会场外沟通亦称"场外交易""会下交易"等。它是一种非正式谈判，双方可以无拘无束地交换意见，达到沟通、消除障碍、避免出现僵局的目的。对于正式谈判出现的僵局，同样可以用场外沟通的途径直接进行解释，消除隔阂。

（1）采用场外沟通策略的时机

1）谈判双方在正式会谈中，相持不下，即将陷入僵局。彼此虽有求和之心，但在谈判桌上碍于面子，难以启齿。

2）当谈判陷入僵局，谈判双方或一方的幕后主持人希望借助非正式的场合进行私下商谈，从而缓解僵局。

3）谈判双方的代表因为身份问题，不宜在谈判桌上让步以打破僵局，但是可以借助私下交谈打破僵局，这样又可不牵扯到身份问题。例如，谈判的领导者不是专家，但实际作决定的却是专家。这样，在非正式场合专家就可不因为身份问题而出面从容商谈，打破僵局。

4）谈判对手在正式场合严肃、固执、傲慢、自负、喜好奉承。这样，在非正式场合给予其恰当的恭维（因为恭维别人不宜在谈判桌上进行），就有可能使其做较大的让步，以打破僵局。

5）谈判对手喜好郊游、娱乐。这样，在谈判桌上谈不成的东西，在郊游和娱乐的场合就有可能谈成，从而打破僵局，达成有利于己方的协议。

（2）运用场外沟通应注意的问题

1）谈判者必须明确，在一场谈判中用于正式谈判的时间是不多的，大部分时间都是在场外度过的，必须把场外活动看作谈判的一部分，场外谈判往往能得到正式谈判得不到的东西。

2）不要把所有的事情都放在谈判桌上讨论，而是要通过一连串的社交活动讨论和研究问题的细节。

3）当谈判陷入僵局，就应该离开谈判桌，举办多种娱乐活动，使双方无拘无束地交谈，促进相互了解，沟通感情，建立友谊。

4）借助社交场合，主动和非谈判代表的有关人员（如工程师、会计师、工作人员等）交谈，借以了解对方更多的情况，往往会得到意想不到的收获。

5）在非正式场合，可由非正式代表提出建议、发表意见，以促使对方思考，因为即使这些建议和意见很不利于对方，对方也不会追究，毕竟讲这些话的不是谈判代表。

12．以硬碰硬打破僵局

如果发现谈判对手故意发难、施压，人为制造僵局，或有意在某些问题上提出蛮横无理的要求，企图试探己方底线时，如果妥协让步，就会助长对方的势力。这时，己方要直接拒绝对方的不合理要求，揭露对方制造僵局的用心，让对方自己放弃所要求的不合理条件。谈判对手接到谈判一方不满意的信息时，为了合作，有时会自动降低自己的要求，使谈判得以进行下去；也有一些谈判者，会离开谈判桌，以显示自己的强硬立场。无论谈判对手做出哪种回应，如果还想与你谈成这笔生意，他们会再来找你；这时，他们的态度就会改变，谈判的主动权就掌握在了你的手里。如果谈判对手不来找你也不可惜，因为如果自己继续同对方谈判，只能使自己的利益降到最低点，这样的话，还不如谈不成。

谈判陷入僵局时，如果双方的利益差距在合理限度内，即可明确地表明自己已无退路，希望对方能让步，否则情愿接受谈判破裂的结局，前提是双方利益要求的差距不超过合理限度。只有在这种情况下，对方才有可能忍痛割舍部分期望利益、委曲求全，使谈判继续进行下去。相反，如果双方利益的差距太大，只靠对方单方面的努力与让步根本无法弥补差距时，就不能采用此策略，否则就只能使谈判破裂。当谈判陷入僵局而又实在无计可施时，以硬碰硬策略往往成为最后一个可供选择的策略。在做出这一选择时，我们必须要做最坏的打算，否则就会显得茫然失措。切忌在毫无准备的条件下盲目滥用这一做法，因为这样只会吓跑对手，结果将是一无所获。另外，在整个谈判过程中，我们应该严格兑现。因此，如果由于运用这一策略而使僵局得以突破，我们就要兑现承诺，与对方签订协议，并在日后的执行中，充分合作，保证谈判协议的顺利执行。

对于谈判的任何一方而言，坐在谈判桌前的目的是为成功达成协议，而绝没有抱着失败的目的前来谈判的。谈判中，达到谈判目的的途径往往是多种多样的，谈判结果所体现的利益也是多方面的。当谈判双方对某一方面的利益分配僵持不下时，往往容易轻易地使谈判破裂。其实，这实在是一种不明智的举动。因为之所以会出现这种结果，原因就在于没有掌握辩证地思考问题的方法。如果是一个成熟的谈判者，这时他应该明智地考虑在某些问题上稍作让步，而在另一些方面去争取更好的条件。从经济的角度来讲，这样做比起匆匆而散的做法要划算得多。

商务谈判僵局处理得成功与否，从根本上来讲，要取决于谈判人员的经验、直觉、应变能力等综合素质。从这种意义上讲，僵局突破是谈判的科学性与艺术性结合的产物。在分析、研究及策略的制定方面，谈判的科学成分大一些；而在具体运用上，谈判的艺术成分大一些。

在具体谈判中，最终采用何种策略应该由谈判人员根据当时当地的谈判背景与形势来决定。一种策略可以有效地运用于不同的谈判僵局之中，但一种策略在某次僵局突破中运用成功，并不意味着在其他同样类型的谈判僵局中也适用。只要僵局构成因素稍有差异，包括谈判人员的组成不同，各种策略的使用效果都有可能是迥然不同的。关键还在于谈判人员的素质、谈判能力和本方的谈判实力，以及实际谈判中的个人及小组的力量发挥情况如何。那些应变能力强、谈判实力强，又知道灵活运用各种策略与技巧的谈判者一定能够成功对付、处理所有的谈判僵局，而实现谈判目标。

案例分析

案例分析 4-5　僵局

广东玻璃厂与美国欧文斯玻璃公司在谈判引进设备过程中，在全部引进还是部分引进这个问题上僵住了，大家各执一词，相持不下。这时广东玻璃厂的首席代表就想："我们既要拿到真正好的东西，又要省钱。"要达到这个目的，就不能让事情搞僵。为了缓和气氛，他就笑了笑，换了一个轻松的话题。他说，你们欧文斯的技术、设备和工程师都是世界上第一流的，你们投进设备，搞科技合作，帮我们搞好厂，只能用最好的东西。因为这样，我们就能成为世界第一，这不但对我们有利，而且对你们更有利。欧文斯的首席代表是位高级工程师，他听了这话很感兴趣。接着，广东玻璃厂代表话锋一转："我们厂的外汇的确很有限，不能买很多东西，所以国内能生产的就不打算进口了。现在，你们也知道，法国、日本和比利时都在跟我们中方的厂家合作，如果你们不尽快跟我们达成协议，不投入最先进的设备、技术，那么你们就要失去中国的市场，人家也会笑话你们欧文斯公司无能。"这样一来，濒临僵局的谈判气氛立即缓解，最后，双方达成协议。广东玻璃厂为此省下了一大笔费用，而欧文斯公司也因帮助该厂提高产值、降低能耗而名声大噪。

分析：在谈判中常会遇到僵局，中方在这种情况下，采取了语言鼓励对方、横向转移、寻找替代的方法策略，使谈判气氛由低调变为高调，缓和僵局。在陷入僵局后，中方选择轻松的话题横向转移，选择对方最引以为傲的技术与设备优势，称赞对方，引起对方的注意；然后又用利益权衡法和最后通牒法，抓住对方希望占领中国市场的心理，突破僵局，达成协议。

案例分析 4-6　突然强硬的态度

柯尔比与 S 公司的谈判已接近尾声。然而此时对方的态度却突然强硬起来，对已谈好的协议横加挑剔，提出种种不合理的要求。柯尔比感到非常困惑，因为对方代表并非那种蛮横不讲理的人，而协议对双方肯定是都有利的，在这种情况下，S 公司为什么还要阻挠签约呢？柯尔比理智地建议谈判延期。之后从各方面搜集信息，终于知道了关键所在：

S方认为柯尔比占的便宜比他们多多了！价格虽能接受，但心理上不公平的感觉却很难接受，导致了协议的搁浅。结果重开谈判，柯尔比一番比价算价，对方知道双方利润大致相同，一个小时后就签了合同。

分析：实际的商务谈判中，如果对方发现你过多地考虑到自己的利益，往往会心里不服气。因此如果不先将对方的心理障碍清除干净，即使谈判成功了，也会给自己留下很多隐患。其留下隐患的关键还是人脉关系的处理上出现了纰漏，在实际洽谈中，这种隐性阻碍还有很多，对付它们，拖延战术是颇为有效的。而采取这种方法，必须给自己留出时间来拖延，并懂得收集情报和分析问题，才能使局面打开。

 实践训练

根据下面的情形，决定怎样来突破僵局，由学生分组进行实际演练。

在某基础设施建设项目中，我国与欧洲B国的K公司合作生产一种重型设备，K公司是一家很大的有着丰富经验的专业设备制造公司。我方有两家大型企业和一家设计院参加。该重型设备制造就由中外这四家企业联合承包，业主是上海M公司。在施工过程中，中外双方常常为一些具体问题吵架，争执不下。你认为双方最有可能因为哪些具体的问题而争吵？你觉得应该如何解决该谈判中的僵局？

提示：可能出现争执的原因很多，如施工方案、人员安排、进度安排、资金预算、工艺流程、质量要求等凡是施工中的细节之处，都可能产生争执。要想打破僵局，必须遵守以下原则：第一，分析造成谈判僵局的原因，如K公司对项目是否重视，每次冲突的具体原因，责任在哪一方等。第二，加强沟通，争吵是无法解决问题的，加强中方三方和外方的协调，明确只有四方全心合力、相互补充，才能把工程做好。第三，严格按合同办事，认真执行合同中已经规定的相关条款。第四，在发生冲突时，强调双方共同的利益要远远大于分歧和冲突，双方须共同努力，消除矛盾，保证合同的顺利履行。

课 后 训 练

一、简答题

1. 商务谈判僵局产生的原因有哪些？
2. 处理商务谈判僵局的原则有哪些？
3. 打破商务谈判僵局的策略有哪些？分别适用于什么情况？

二、实训操作

利民学校出于计算机类相关课程教学实验的要求，需要建立专用计算机机房一个，但目前学校资金比较紧张，自己建立机房有些困难。此时，科达计算机公司提出愿意出资为该校建立一个有200台计算机的机房，上课时间供学生上机实验使用，由任课教师指导；但是，课余时间和周末，这些机器要由公司进行管理，并对前来上机的学生进行一定的收费。利民学校觉得这种方式也是解决当前问题的一种不错的方法。但是，在双方就计算机的配置情况、保管和维护、课余收费标准等方面进行的详细谈判中，陷入了僵局。

学生按四人一组，分成若干个谈判小组，两个学生 A、B 代表学校一方，两个学生 C、D 代表科达公司进行模拟谈判，直到双方消除主要隔膜，僵局破解，达成交易为止。

三、案例分析

2018 年 9 月，我国内地某建筑公司总经理获悉澳大利亚著名建筑设计师将在上海作短暂的停留，于是委派高级工程师张某作为全权代表飞赴上海，请大师帮助公司为某大厦设计一套最新方案。

全权代表张某与随从谈判小组一行肩负重任，风尘仆仆赶到上海，他们刚下飞机就赶到大师下榻的宾馆。双方互致问候后，张某说明来意，设计师对这一项目也很感兴趣，同意进行合作。然而，澳大利亚设计方的设计费报价为 40 万元人民币，这一报价令中方难以接受。根据设计师的了解，一般在上海的设计价格为每平方米 6.5 美元，按这一标准计算的话，整个大厦的设计费大约为 10 万美元，根据当天的外汇牌价，应折合人民币 80 多万元，这么算下来，设计方提出人民币 40 万元的报价似乎已经是很优惠的。但是，全权代表张某说只能出 20 万元人民币的设计费，并解释道："在来上海之前，总经理授权我 10 万元人民币上下浮动的签约权限，您的要价已经超出了我的权力范围，我必须请示上级。"

经过请示，公司仅同意支付 20 万元人民币，而这一价格设计师认为无法接受。

思考：

（1）这次商务谈判僵局产生的原因是什么？

（2）要避免商务谈判僵局的发生，谈判的双方应抱有什么态度？

（3）如果你是中方建筑公司的全权代表，你将如何来突破僵局？

四、完成【项目导入】中的任务，并提交报告。

任务四　磋商策略应用

美国谈判学会主席、谈判专家尼尔伦伯格说，谈判是一个"合作的利己主义"的过程。为寻求合作的结果，双方必须按一个互相均能接受的规则行事，这就要求谈判者应以一个真实身份出现，在谈判行为的每一环节中，去赢得对方的信赖，继以把谈判活动完成下去。但由于各种原因，有时谈判中会出现一系列问题。现代商务活动建立在分工与交换的基础上，若要获得商业利益，更需要掌握谈判策略与技巧，这些策略和技巧被人们创造性地运用，更加变化多端。一名优秀的谈判者，为了达到预期的目的，应在与对方的谈判过程中合理采用一些针对谈判人员的策略，这样会使沟通变得更加有效，使己方的目的更容易达到，从而使谈判进行得更加顺利。

操作步骤及分析

一、分解影响因素

谈判人员要将存在的主要问题、双方的态度、分歧、时间等因素组合分解成不同的部分,认真分析之后再重新安排,以便组合出有利于自己的方式,随时调整谈判方案。

二、寻找关键问题

对关键问题做出明确的陈述与界定,理清问题的性质及其将对整个谈判所起的作用。

三、形成假设性方法

根据具体谈判目标的不同特点,形成解决关键问题的途径和具体方法。

四、分析假设性方法

分析的主要目的是确定方法是否"有效",即方法的针对性是否强,是否可行,即方法本身是否简便易行,且在谈判对方的认可和接受范围之内。

五、形成具体的谈判策略

在对假设性方法进行深度分析的基础上,对拟定的谈判策略进行评价,得出最后结论,辨别上策、中策、下策,并考虑应该在何时、以何种方式,提出己方的行动方案。

六、拟订行动计划方案

有了具体的谈判策略后,就要考虑谈判策略的事实。要从一般到具体,提出每位谈判人员必须做到的事项,把它们在时间和空间上安排好,并进行反馈控制和追踪决策。

知识链接

一、认识商务谈判策略

商务谈判策略又称为商务谈判微观策略,是完成或实现商务谈判战略的具体方案、手段、战术的总称。实施商务谈判策略旨在赢得局部的或阶段性的利益。有时,商务谈判策略的实施,可能会暂时失去某些局部的利益,以服从整体利益和总体目标的需要。商务谈判策略具有派生性、单一性、应变性和针对性等特点。在具体的谈判过程和采用不同的谈判策略,要依靠正确的指导思想,即制订和选择谈判策略的原则。作为一名优秀的谈判者,首先应该具有战略思想和整体观念,能够从企业发展的长远利益出发思考问题,以文化和情感的角度审视与解读谈判情景,而不是本末倒置以技能取胜。

二、商务谈判策略的构成要素

任何事物都有其特定性。这种特定性正是由诸要素所构成的特有的质的规定性。商务谈判策略的质的规定性包括内容、目标、方式和要点等四大方面。

1. 策略的内容

商务谈判策略的内容是指策略本身所要解决的问题,是策略运筹的核心。如在商务谈判中，价格谈判策略本身所要解决的问题就是产品或服务的价值及其表现的认定。

2．策略的目标

商务谈判策略的目标是指策略要完成的特定任务，表现为谈判本身追求什么、避免什么。如在商务谈判中，价格谈判的目标表现为特定数量的多收益、少支出。

3．策略的方式

商务谈判策略的方式是指策略表现的形式和方法。例如，在商务谈判中的价格让步策略，其采取的"挤牙膏"战术，就是一种典型的达到自己谈判目标的方式方法。

4．策略的要点

商务谈判策略的要点是指实现策略目标的关键点之所在。例如，谈判中的价格让步策略，运用它的关键在于"让步"的学问和技巧。把握和运用好让的"度"是运用好这一策略的关键点。

需要注意的是，有的策略的要点不止一个。例如，"出其不意"这一策略的要点就有两个：一个是"快速"，以速制胜；另一个是"新奇"，以奇夺人。

除上述四个主要的构成因素外，商务谈判策略的构成因素还包括策略运用的具体条件和时机。

三、商务谈判策略的特征

商务谈判的双方都渴望通过谈判实现自己的既定目标，这就要认真分析和研究谈判双方各自所具有的优势和劣势，然后制订可行性的策略，这对谈判成败有着直接影响。商务谈判策略不仅有其质的规定性，还有其特征。这些特征是在长期的商务谈判实践经验和教训的基础上总结、概括出来的。其特征主要有以下几点。

1．针对性

商务谈判是一种应对性很强的活动。只有谈判双方或多方为了寻求彼此的共同利益，才会坐到一起来交流、沟通和磋商。在商务谈判中，任何策略的出台都有其明显的针对性。它必然是针对谈判桌上的具体情形而采取的谋略和一系列举措，使谈判者能从谈判中获得利益，满足自己的需求和愿望，而不是去维护谈判者的某些立场。

在商务谈判中，谈判人员一般主要针对商务谈判的标的或内容、目标、手段、人员风格以及对方可能采取的策略等来制订己方的策略。有效的商务谈判策略必须对症下药，有的放矢。在商务谈判中，卖方为了卖个好价钱，一般会采取"筑高台"的策略，实施"喊价要高"的战术。针对这种情况，买方往往采取"吹毛求疵"的策略，实施"还价要低"的战术予以应对。策略与反策略的运用，是商务谈判策略针对性最明显的体现。

2．预谋性

商务谈判策略集中体现了谈判者的智慧和谋略。从一定意义上讲，商务谈判策略是谈判人员集体智慧的体现。在谈判中，策略的运用绝不是盲目的。无论遇到什么样的情况，出现何种复杂的局面，选择和使用什么样的应对策略，谈判人员事先已经进行了商讨与筹划。策略的产生过程就是策略的预谋过程。

商务谈判策略的预谋性，既反映了谈判人员对主客观情势的分析、评估和判断，又在一定程度上检验了商务谈判调查情况的真实性和准确性。通常，谈判实战之前的模拟谈判，会修正商务谈判策略预谋的准确程度。在商务谈判中，如果没有事先筹划的应对策略，一定会处处被动，措手不及，只有招架之功，没有还手之力。

3．时效性

商务谈判的种类繁多，规模不一。从时间发展进程上，几乎所有的商务谈判策略都有时间性和效用性的特点。一定的策略只能在一定的时间内产生最大的效用，以促使双方在互惠互利的前提下，及时和圆满结束谈判。如果超过这一特定的时间，商务谈判策略的针对性就会发生变化。

商务谈判策略的时效性表现在：

1）某种策略适合在商务谈判过程中的某个阶段使用。通常，疲劳战术比较适合对远距离出差的谈判者使用，或大多在谈判进程的初期或签约阶段使用。

2）在特定的时间或时刻之前使用。如最后通牒策略规定了具体的日期和时刻。在商务谈判中，对报盘之类的时间规定性，也属于这种情况。

3）在特定的环境中使用才有预期的效果。这与商务谈判策略的针对性是一致的。

4．随机性

在商务谈判中，无论考虑得多么周密，方案计划得多么详细，都会因时因地因环境而使一些事先谋划的策略不产生预期的效果。在这种情况下，商务谈判人员必须根据谈判的实际情况、过去的经验和现时的创新，随机应变，采取适当的策略来解决实际的问题。在这里，策略的随机性是从应用的角度来说的。

策略的产生与应用，是一个动态的依赖时空变化的随机过程，需随时吸收信息，及时做出反馈，调整谈判策略。当谈判无法深入时，可能采取"制造僵局"的策略。

随机性是指根据谈判过程的具体情况，改变策略表达的方式或做法。它不改变商务谈判事先确定的谈判目标。谈判策略必须服从于谈判的目标，策略是实现目标的手段。谈判人员应牢记"敌变我变，以不变应万变"。

5．隐匿性

在具体的商务谈判实践中，谈判策略一般只为己方知晓，而且要尽可能有意识地保密。这就是商务谈判策略使用的隐匿性特征。

隐匿己方策略的目的在于预防对方运用反策略。在商务谈判中，如果对方对己方的策略或谈判套路了如指掌，对方就会在谈判中运用反策略，应对自如。处于主动的地位，反而对己方不利。

6．艺术性

商务谈判是介于理论与实践之间的一门艺术。谈判不存在精准或可复制的成功模式，谈判的魅力在于它是一种创造性的谋略和精致的社交活动，是悟性、经验和意志的一种结合。商务谈判策略的运用及其效果必须具有艺术性，这种艺术性特征是从隐匿性特征演化而来。一方面，策略的运用要为自己服务，为实现己方的最终目标服务。另一方面，为了使签订的协议能保证履行，还必须保持良好的人际关系。人际关系好坏也是判断商务谈判成功与否的标准之一。

尽管许多商务谈判策略有相对稳定的要点或关键点，但艺术地运用这些策略确实能体现出谈判人员水平的高低、技巧的熟练程度、运用是否得当等。

7．综合性

前面已经论述，商务谈判策略是一种集合和混合的概念，它包括了在商务谈判过程中对谈判方式、战术、手段、措施、技巧等的综合运用。迄今为止，还没有发现单一性很突出的商务谈判策略。因为商务谈判是一种复杂的心理过程，是一种纷繁的经济现象和社会交往现象，需要我们从客观实际出发，从不同的角度用不同的眼光去看待和思考策略、运用策略。

四、商务谈判策略的作用

在现代经济活动中，商务谈判既是经济活动的前奏，也是企业获取经济利益的首要条件。充分认识和把握商务谈判策略的特征，有助于谈判人员在实践中灵活有效地运用策略和技巧达到自己的目的。商务谈判策略在实践中有积极的作用。

1．得当的商务谈判策略是实现谈判目标的桥梁

谈判双方或多方都渴望成功，彼此有着各自需求，才会乐意坐在同一张谈判桌上。但是，他们来自不同的企业，各自代表的企业利益有着很大的差别。如何来解决弥补这种差别，缩短实现目标的距离，最终能达成合作共识，在商务谈判中，不运用策略的情况是没有的，也是不可想象的。策略本身可以促进或阻碍谈判的进程，即运用得当的策略可以促进交易的尽快达成；运用不当的策略，在很大的程度上起副作用或反作用，延缓或阻碍目标的实现。

2．商务谈判策略是实现谈判目标的有力工具和利器

我们把商务谈判策略看作一种"工具"和一种"利器"，是为了让谈判人员认识它、磨炼它、灵活地运用它。工具各式各样，各有不同的用途。如果商务谈判人员拥有的工具多，选择性大，则容易出精活、细活。俗语说"手艺妙须家什好"。在商务谈判中，如果谈判人员拥有的策略仅仅只有几招，就容易被竞争对手识破，也就难以顺利地实现自己的目标。一般说来，谈判高手能够在众多的谈判策略中选用适合的策略来实现己方的目标。因此，商务谈判人员掌握的策略应该是韩信点兵，多多益善。为此，应多注重平时积累。

谈判各方的关系并不是敌对关系。彼此之间的冲突多为经济冲突和利益冲突。卖方和买方都会竭尽全力来维护自己的利益。因此，了解并正确选择适当的谈判策略，借助这种有利的工具和利器，可以维护自己的权益。这是正常的、光明的"取胜之道"。

3．商务谈判策略是谈判中的"筹码"和"资本"

在商务谈判中，参与谈判的各方都希望提高己方的谈判实力，强化己方在谈判中的地位，突出己方的优势。而要建立自己的谈判实力，必须有谈判的"筹码"和"资本"。而要拥有谈判的"筹码"和"资本"，必须既做好己方充分的准备，又对对方有足够的了解，做到知己知彼。掌握了较多的"筹码"和"资本"之后，就会成竹在胸，能够灵活自如地运用各种策略。

例如，工业品的制造商在与买方的谈判中，既要考虑买方的情况，又要关注买卖双方竞争对手的情况。要善于利用更多的外部环境信息，为自己赢得更多的谈判主动权，获得谈判的成功。

4．商务谈判策略具有调节、调整和稳舵的作用

在商务谈判过程中，为了缓和紧张的气氛，增进彼此的了解，有经验的谈判者会选用一些策略来充当"润滑剂"。例如，在谈判开局阶段通过彼此的问候，谈论一些中性的话题来调节气氛。在大家比较累的时候，采取场外娱乐性策略来增进了解。当谈判出现僵局的时候，运用化解僵局的策略来使谈判继续进行等。当谈判偏离主题的时候，会借用适当的策略回到主题，避免局部问题偏离大的方向，避免走弯路。在商务谈判中，如果谈判者出于对己方立场观点的维护，不能冷静看待对方的观点并尊重客观事实，双方固执己见，互相排斥，方向掌握不好，误入歧途，谈判将达不到目的，既耽误时间又浪费精力。因此，商务谈判策略能起"稳舵"的作用。

5．商务谈判策略具有引导功能

商务谈判的各方都是为了己方的利益，初一看，谈判各方彼此是对立的。其实，仔细分析会发现，双方在一条船上。既然在一条船上，如果破釜沉舟，谁也没有好处，大家都会被淹。与其如此，不如齐心协力，增强船的抗风险能力，同舟共济，利益共享。把蛋糕做大了，分蛋糕的人得到的实惠就更多。高明老练的谈判人员在商务谈判过程中经常会借助各种策略，引导并提醒对方"现实一点，顾大局，识大体"，大家同是"一条船上的人"，彼此应该在各自坚持己方目标利益的前提下，共同努力，把船划向成功的彼岸。所以，商务谈判策略被理解为引导谈判顺利发展的航标和渡船。

虽然商务谈判策略是制约谈判成败得失的一个重要砝码，但并非所有的商务谈判策略都同时具备上述作用和功能。而且，同一策略在不同的环境下，其作用也有差异。

五、商务谈判策略的类型

不同的商务谈判策略具有不同的特点和作用，为此，更深入地了解商务谈判策略类型的知识，将有助于商务谈判人员较为准确、合理地选用针对性更强的策略。

据不完全统计，全世界不同民族运用的商务谈判策略有上千种之多。策略与策略之间又交叉运用，谈判实例丰富至极。专家、学者往往从自己研究的视角出发，概括和总结出了许许多多的商务谈判策略类型。在此，介绍几种主要的和常见的分类策略。

1．个人策略和小组策略

根据谈判人员组成规模的不同，谈判策略分为个人策略和小组策略。这种划分方法是国际开发法学院拉塞尔 B. 萨闪教授提出来的。这是一种非常创新的研究。

个人策略是指单个谈判者面对面进行谈判时所运用的策略。萨闪认为谈判归根结底是一项涉及交换意见、说服对方和解决问题的个人活动。为了在谈判中更好地为自己效力的机构工作，必须首先提高个人的谈判能力。个人在与对方进行谈判时，自己感觉到在身份地位、实力上或许与对方所处地位、水平是平等的，或许自己处于一种劣势或优势时该怎么办。这时，应尊重对方，细致分析，并选用意见交流沟通策略、情绪策略、僵局策略、提防卑鄙手段策略等。

小组策略是指进行集体谈判时所选用的策略。小组代表的是一个集体，每个成员代表的是集体的利益。无论大型谈判还是小型谈判都是如此。与单个谈判者相比，小组谈判需要调动更多的专业人员，需要将许多谈判任务和职责分配给谈判小组成员。小组策略包含了个人策略。除此之外，必须注意人员组合与规模策略、文化策略、意见交换渠道策略。

这种把策略分为个人策略和小组策略的方法，指明了作为个体和作为集体谈判者选用策略的差异性，为谈判的准备和组织提供了非常重要的参考依据。

2．时间策略、权威策略和信息策略

根据影响谈判结果的主要因素来筹划谈判策略并进而划分其类别，自然而然就把谈判策略分为时间策略、权威策略和信息策略。最早提出影响谈判结果的主要因素的人是美国谈判学家荷伯·科恩。他在《人生与谈判》一书中认为，影响谈判结果的因素主要有时间（Time）、权威（Power）、信息（Information）。在荷伯·科恩的著作中，他建议谈判策略的制订、分析和选择都要围绕时间、权威和信息三大因素来进行。

3．姿态策略和情景策略

（1）姿态策略　所谓姿态策略，是指在谈判过程中，谈判各方采取的旨在应对对方姿态的一种主观性策略。其作用在于创造有利于己方的谈判气氛，借助主观姿态来影响谈判的进程或结果。姿态策略有两个特征：一是针对性，它必定针对对方在谈判中的某种姿态采取一定的策略。二是传递性，即借助于这一策略向对方传递己方的主观姿态信息。诸如情绪爆发、制裁措施、微笑路线等，均是典型的姿态策略的运用。

姿态策略又分为积极姿态策略和消极姿态策略两种。旨在影响对方做出有利于己方，或向对方强调如其行为能与己方合作定会获利的策略，属于积极姿态策略。积极姿态策略的特点是正面鼓励或引导。为了防止对方做出不利于己方的行动和表现而采取的策略，属于消极姿态策略。消极姿态策略的特点是否定姿态，行为报复。这两种策略所包含的内容是完全对立的。但在谈判实践中，它们又往往被结合起来使用，如软硬兼施、宽猛相济、红脸白脸等，均属此类策略的运用。

（2）情景策略　马什认为，就像打桥牌时使用一套叫牌的规则一样，情景策略指的是在某些特定情况下为取得某些利益所使用的特定手法。在价格谈判中的"筑高台"和"扒高台"的套路，均属此类策略。

情景策略具有相对固定性和明确性两大特点。相对固定性是指在特定情况下应对对方或处理问题的特定手法形成了一种带有规律性的套路。犹如下棋用的棋谱和武术的路数一样，是人们在长期的智力角逐和实践中总结出的规律性经验。明确性是指情景策略的固有性。正因为它的固有性，所以谈判各方心照不宣，应对一方早已准备。犹如中国象棋的"当头炮""把马跳"。

情景策略又分为攻势策略和防御策略两种。前者旨在强化己方优势，保持己方的主动。后者旨在维护既存地位和利益，应付对手进攻。马什认为，这两种策略都与主动性有关。防御性策略还是发动反击的跳板。他不主张纯粹的防御性策略，认为这种策略不可取。因为防御性策略会拱手让对方不断地将攻势从一点转移到另一点，以搜寻防御中的弱点；而任何防御都不是完美无缺的，最后总会有一个弱点被发现，使对方可以集中力量进行攻击。"情景"策略既可能是进攻性的也可能是防御性的，关键在于谈判人员的把握。

4．速决策略和稳健策略

从实现目标的速度和风格来分，商务谈判策略可分为速决策略和稳健策略。

速决策略是指在谈判中能够促进快速达成协议，完成谈判任务的一些策略。速决策略的特点是时间较短，目标设置不高，在让步方法上果断诚实、一步到位，谈判效果较好。

稳健策略是指在谈判中用来与对方持久磋商，在相对比较满意的情况下达成协议的策略。稳健策略的特点是时间较长，目标设置较高，让步方法上富有耐性、稳健，但有相当的风险。

速决策略和稳健策略是相辅相成的一对策略，但却反映了两种完全不同的谈判思想。通常，谈判人员在谈判的最初阶段就会表现出他们将采用速决策略还是稳健策略。例如，在贸易谈判的发盘与还盘问题上，如果卖方提出了不需与对方讨价还价就会被接受的发盘，或者买方未经否定就接受了对方的发盘，他们在谈判指导思想上采用的就是速决策略。相反，如果卖方提出了具有很大伸缩性、需长时间讨价还价才能达成协议的发盘，或者买方不轻易接受的发盘，那么，他们就是采用的稳健策略。

在谈判实践中，采用速决策略好还是稳健策略好呢？两者各有利弊，这种利弊主要表现在谈判的让步方法上。速决策略可以节省时间，提高谈判效率，但谈判的目标不高；稳健策略有可能在谈判中赢得更多的利益，但要付出较多的时间和投资，增加直接成本和机会成本，而且可能失败。

5．进攻性策略和防守性策略

根据攻击的主动程度，可以将商务谈判策略分为进攻性策略和防守性策略。进攻性策略是指谈判人员在谈判中采取的具有较强攻击性，取得谈判优势和主导地位的策略。这类策略的特点是主动进攻，态度强硬，难以让步。先声夺人、出其不意、车轮战术以及比尔·斯科特的"以战取胜"等都属于典型的进攻性策略。

防守性策略是指谈判人员在谈判中不主动进攻，采取防守或以守为攻的策略。这类策略的特点是以逸待劳，态度软弱或软中带硬。"权力有限"策略就是比较典型的以防为进的策略。

这种划分看上去是比较绝对的。但在具体的谈判过程中，谈判策略会呈现出亦攻亦守或亦守亦攻的特征。多数情况下，谈判策略都有攻守的成分。如试探性的"问题"策略，到底发问的人是攻还是守，或者攻守兼有，只能根据具体的谈判情景来判断。

6．回避策略、换位策略和竞争策略

根据谈判中冲突的情形来划分，可以把谈判策略划分为回避策略、换位策略和竞争策略。

回避策略是指以避免正面交锋或冲突的方式来缓减谈判难题，赢得谈判目标为特色的策略。当谈判双方发生了分歧，彼此的情绪都比较激动时，要在短时间内解决分歧相对困难，这时，双方最好先能冷静下来，采取暂时回避的策略，避免冲突带来的损失。谈判的真谛是求同存异，必要的、恰当的妥协或回避正是赢得利益的手段。回避就是为了实现谈判目的而以"退"为进。常用的回避策略主要有以柔克刚、以退获利、模棱两可等。

换位策略是指谈判人员从对方的角度来考虑彼此的利益与需要而采用的有关策略。谈判的实质是谈判人员之间进行价值评价与价值交换。换位策略就是谈判人员通过分析，来满足谈判各方彼此需要与利益的技巧与措施。常用的谈判策略有偷梁换柱、循环法则、记分法、换位法和"稻草人"策略等。换位策略也是避免正面冲突的策略。

竞争策略是指在多角谈判或面对潜在对手威胁的情况下，通过运用竞争机制或破坏竞争机制的方式所采用的谈判策略。采用竞争策略的谈判各方，为了取胜不惜付出任何代价，他们的行为是对抗和挑衅，其冲突不可避免，但他们冲突的激烈程度及其表现方式又各不相同。通常采用的竞争策略主要有货比三家、联合取胜、制造竞争、放低球、渔翁得利等。

7．喊价策略和还价策略

根据在价格谈判中所运用的策略的不同，可以把谈判划分为喊价策略和还价策略。

在价格谈判阶段或谈判的实质性阶段，讨价还价不可避免，一方肯定会报价，另一方必然会还价。顾名思义，喊价策略是指谈判人员报价的策略；还价策略是指谈判人员针对先前对方的报价而采取的谈判策略。在实际谈判中，报价和还价是一个连续的过程，要反复出现多次才能取得一致。所以，在讨价还价的过程中，要求谈判者要保持足够的耐心，寻找对方提出的漏洞，争取在谈判中获取更多的主动权。报价还价常用的策略有筑高台、吹毛求疵、欲擒故纵、抬价策略等。

讨价还价与谈判不是一个等同的概念。讨价还价只是谈判过程中的一个环节或一个重要组成部分。不少人错误地把这两个概念等同起来。例如，技术细节商谈属于技术谈判，它并不是商务谈判中价格上的讨价还价。即使技术谈判中使用了"讨价还价"的说法，其真正的含义是分清彼此承担的责任和义务，为后续的真正意义上的讨价还价奠定基础。

8．单一策略和综合策略

根据谈判策略使用的数量或类型，可以把商务谈判策略划分为单一策略和综合策略。

单一策略是指谈判人员在谈判过程中使用一个策略或一类策略。特别是在推销数量很少的日用消费品时，单一策略的运用是比较常见的。通常，在自己比较占优势、占主动的情况下，选用一个策略或全为"以战取胜"这类的策略就属于这种情况。

综合策略是指谈判人员在谈判过程中使用多种或多类策略。在时间较长、谈判议题较复杂的谈判中，往往会选用综合策略。例如，为了达到目的，既可能选用进攻策略，也可能选用防守策略；既可能选用速决策略，也可能选用稳健策略。

9．商务谈判地位应对策略

在商务谈判过程中，由于谈判人员在素质、经济实力、拥有的信息量、准备的情况等方面存在着许多差异，因此总会存在被动、主动和平等地位的区别。当谈判人员所处的地位不同时，就会选择不同的谈判策略来实现自己的谈判目的。

（1）平等地位的谈判策略

谈判的目的是为了达成某种协议。在双方地位平等的条件下，谈判的基本原则是平等互利、求同存异。按照这个原则，首先要建立一种热情友好的合作气氛与环境，然后双方才能融洽地开展工作。在这种条件下，谈判的策略有以下几种：

1）抛砖引玉。抛出砖头，引来白玉。比喻用粗浅、不成熟的意见引出别人的高明、成熟的意见。抛砖引玉策略是指在商务谈判中主动地提出各种问题，但不提解决的办法，让对方去解决的一种战术。引申为以小换大，利用小利吸引对方，从而博得对方较大的让步。抛砖引玉策略一方面可以达到尊重对方的目的，使对方感觉到自己是谈判的主角和中心；另一方面又可以摸清对方底细，争得主动。

2）避免争论。谈判人员在开谈之前，要明确自己的谈判意图，在思想上进行必要的准备，以创造融洽、活跃的谈判气氛。然而，谈判双方为了谋求各自的利益，必然要在一些问题上发生分歧。分歧出现以后，争论不仅于事无补，还会使事情变得更糟。最好的解决办法是要冷静地听取对方的意见，要防止感情冲动，委婉地提出不同的意见，尽可能地避免争论，这不仅表现出谈判者的素质和涵养，也表现出对另一方的尊敬。

3）声东击西。指一方为达到某种目的和需要，故作声势地将洽谈的议题引导到某些非重点问题上去，以便对方造成错觉。具体做法是在无关紧要的事情上纠缠不休，或在自己不成问题的问题上大做文章，以分散对方对自己真正要解决的问题的注意力，从而在对方无警觉的情况下，顺利实现自己的谈判意图。比如，对方最关心的是价格问题，而我方最关心的是产品质量和交货时间。这时，谈判的焦点不要直接放到价格和交货时间上，而是放到质量和运输方式上。

（2）被动地位的谈判策略

当己方在谈判中处于被动地位时，应避其锋芒，设法改变谈判力量的对比，以达到尽量保护自己、满足己方利益的目的。具体运用的策略是：

1）先入为主。谈判一方主动针对优质的产品质量、价格、交货时间、运输、成交数量等关键磋商环节，抢先陈述，奠定磋商基础。否则，对方为了把握主动权，可能会提出一个令你难以接受的合作条款，在此基础上磋商对己方不利，难以达成合作共识。

2）坚持忍耐。在商务谈判中，占主动地位的一方往往以盛气凌人、故意拖沓等各种优越姿态来表现自己。这时，谈判另一方要是表现出反抗或不满，对方会更加骄横，甚至退出谈判。在这种情况下，主动方要采取忍耐的策略，以我之静待"敌"之动，以我方的忍耐磨对方的棱角，挫其锐气，待其筋疲力尽之后，我方再做反应，以柔克刚，反弱为强。

被动方要明确自己的目标，通过忍耐、合作的诚意来感化主动方。如果急于求成，反而会更加暴露自己的心理，进一步被对方所利用。忍耐的作用是复杂的，它可以使对方有优越感，也可以赢得对方的同情和支持，当主动方认可被动方的真诚付出时，往往会表现出通情达理、态度温和的一面与被动方谈判。只要学会忍耐，谈判桌上，奇迹就会随时出现。

3）多听少说。处于被动地位的谈判者，邀请主动方先发言，表示出对对方的尊敬，以满足对方要求为前提,尽量调动对方的积极性,尽可能让对方多谈谈自己的观点和要求；待主动方陈述完毕后，被动方根据对方的提问，制订相应策略并解答。当被动方在对自己的产品进行介绍时，多指出产品的优点和特色，突出双方合作，会给对方带来巨大利益，这样，可以大大减少主动方的逆反心理和戒备心理，进一步促进谈判成功。

4）迂回谈判。如果与对方直接谈判的希望不大，就应采取迂回的策略，即通过其他途径接近对方，彼此了解，联络感情，沟通了情感之后，再进行谈判。在谈判中利用感情的因素去影响对手是一种可取的策略。方法很多，比如可以有意识地利用空闲时间，主动与谈判对手一起聊天、娱乐、谈论对方感兴趣的问题；也可以馈赠小礼品，请客吃饭，提供交通食宿的方便；还可以通过帮助解决一些私人的疑难问题等，从而达到增进了解，联络感情，建立友谊，从侧面促进谈判的顺利进行。

（3）主动地位的谈判策略

处于主动地位的谈判者有着更多的主动权，可以利用自己的优势，让对方做出更大的让步，为己方谋取更大的利益。具体可以采取以下几种策略：

1）先苦后甜。在谈判中先给对方提出全面苛刻的条件，造成一种艰苦的局面，然后在实际谈判中，逐步给予优惠政策或让步，让对方感到欣慰和满足。先苦后甜的策略只有在谈判中处于主动地位的一方才有资格使用。同时，在具体运用该策略时，开始向对方提出的方案不要过于苛刻，否则，对方就会退出谈判。

2）以战取胜。当己方在谈判中处于主动或优势地位时，通过规定谈判期限和解决条件，给对方制造谈判压力，从而，战胜对方来赢得谈判目标，满足自己的需要。

10．对不同谈判作风的应对策略

在商务谈判中，谈判作风因人而异。就谈判人员个体或集体在谈判中所显现的态度和姿态看，主要有强硬型、不合作型、阴谋型和合作型等风格。对不同作风的对手，应该采取不同的策略。

（1）应对"强硬型"谈判作风的策略

这种谈判作风最突出的特点是，主谈人很自信，态度傲慢。面对这种谈判对手，寄希望于对方的恩赐是枉费心机。因此要避其锋芒，设法改变谈判力量的对比，以达到尽力保护自己、满足己方利益的目的。除前述"沉默"策略外，还可采取以下策略：

1）争取承诺。该策略是指在商务谈判中利用各种方法获得对方某项议题或其中一部分的认可。争取到有利于自己的承诺，就等于争取到了有利的谈判地位。在商务谈判中无论哪方谈判代表，无论什么性格的谈判者，从信誉出发，通常总要维护自己已经承诺的条件。但有时谈判者为了加快谈判进程或躲避对方的追问而有意识做出一些假的承诺。为此，对待承诺要善于区分，既不盲目听信，也不全盘否定，要认真考虑对方承诺的原因和内容，见机行事，以取得有利的谈判效果。

2）软硬兼施。这种策略是指将组成谈判的班子分成两部分，其中一部分成员扮演强硬型角色即鹰派。鹰派在谈判某一议题的初期阶段起主导作用。另一个成员扮演温和的角色即鸽派。鸽派在谈判某一议题的结尾阶段扮演主角。

这种策略是商务谈判中常用的策略，而且在多数情况下能够生效。如何运用此项策略呢？在洽谈某项议题时，担任强硬型角色的谈判人员，毫不保留地果断地提出有利于己方的要求，并且坚持不放，必要时带一点疯狂，表现一点吓唬式的情绪行为。此时，承担温和角色的谈判人员则保持沉默，观察对方的反应，寻找解决问题的办法。等到谈判空气十分紧张时，鸽派角色出面缓和局面，一方面劝阻自己的伙伴，另一方面也平静而明确地指出，这种局面的形成与对方也有关系，最后建议双方都做些让步。需要指出的是，在谈判中，充当鹰派角色的人，在耍威风时应有理，切忌无理搅三分，此外，鹰、鸽派角色配合要默契。

3）以柔克刚。这种策略是指对咄咄逼人的谈判对手，可先暂不开口，观察对方的表演，以静制动，以持久战磨其棱角，挫其锐气，待其筋疲力尽之后，我方再发起反攻，反弱为强。运用以柔克刚策略必须要有耐心，树立持久战的思想，同时还要学会利用迂回策略和以守为攻策略。

4）制造竞争。这种策略是指在谈判中制造一种竞争的姿态。例如，"类似的订单，有好几位卖家主动联系我们，他们都希望和我们合作"。这种做法可以转变谈判局面，获得更多谈判主动权。运用该策略的前提条件是，多掌握内部与外部的环境信息，让对方相信你对所谈问题确实有多项选择。切记不要在没有选择的情势下运用这种策略。

（2）应对"不合作型"谈判作风的策略

具有这种谈判作风的主谈人的突出特点是以我为中心，善用谈判技巧。作为我方谈判人员，要坚信对方是可以改变的。因为他的谈判目的是通过此次谈判获得经济利益。那么如何与之交锋呢？应该采取求同存异、适度冒险、利益共沾的原则，具体可以选择以下策略：

1）感化策略。在谈判过程中，经过接触和交往，相互尊敬、相互体谅就能建立良好的工作关系，从而使每一次谈判变得顺利和有效率。"感化"作用的发挥要求谈判者在任何场合、任何内容的谈判中，不使对方难堪。即使对手语言过激，也要忍耐，不要因人的情绪问题影响谈判的进行，要把对手看成解决问题的伙伴，想方设法用坦诚的态度和诚恳语言感化对方。

2）改良策略。改良策略的作用是让对方能接受我方更多的观点，达到由不合作转变为合作的谈判。使用该策略时要掌握好以下7条原则：少说多听，中途不打岔；说话语气温和，不作无谓争论；不急于说出自己的观点，要先让对方"露底"；用对手的话说出自己的观点；利用休会的时间与对方讨论谈判中的分歧点；对于一些不太重要的问题和要求，本着求同存异的原则，一笔带过；向对方提出一个具体建议，抛弃原有的无关紧要的问题。不过，千万不要做出轻率的让步。

3）制造僵局策略。在商务谈判中出现僵局是令人不愉快的，但多次实践证明：人为地制造僵局，并把僵局作为一种威胁对方的策略，会有利于己方的谈判。

但在制造僵局时应考虑以下条件：情况对己方有利；让对方相信自己是有道理的，僵局是由对方造成的；在制造僵局之前要设计出消除僵局的退路以及完整的僵局"制造"方案；制定消除僵局后的提案。

谈判人员应该牢记：制造僵局并不等于宣告谈判结束；打破僵局的真正目的不是相互道歉，而是达成协议。

4）"搅和"策略。"搅和"就是要打破原有的秩序，把要讨论的议题搅在一起，将事情弄得复杂化。通过搅和形成僵局，或促使对方在困惑时犯错误，或借此机会反悔已经答应的让步，有时候还可以趁机试探对方在压力下保持机智的能力。

5）"荆棘地"策略。这种策略是将对方的注意力吸引到看起来对我方具有威胁，而事实上对我方较为有利的事情上。对方很可能因此被误导，而不会采取我们所真正害怕的行动。如"这次报价千万别推到节后"。但是，有些不合作型的谈判者听了之后，认为我方想尽快合作，就以种种借口拖延到节后谈判。借此，我方利用节日时间，避开了谈判紧张期，调整了谈判策略，为下次融洽的谈判创造了新机会。

6）出其不意策略。在商务谈判过程中，突然改变谈判的方法、观点或提议，使对方为之惊奇或震惊，从而软化对方立场，施加某种压力的策略，就是出其不意策略。出其不意策略的内容包括：提出令人惊奇的问题，如新要求、新包装等；提出令人惊奇的时间，如截止日期的改变、谈判速度的突然改变等；做出令人惊奇的行动，如不停地打岔、退出商谈等；做出令人惊奇的表现，如提高嗓门、人身攻击等；推出令人惊奇的人物，如专家、权威的突然加入；选择令人惊奇的地方，如杂乱无章的办公室、豪华的办公室等。实施出其不意策略的方法通常采取急剧和戏剧性的事件，例如，在谈判过程中突然毫无理由地大发雷霆，让对方难以招架。

（3）应对"阴谋型"谈判作风的策略

除秘密谈判外，谈判应是光明的、公开的。但是在商务谈判中，有些人为了满足自身的利益和欲望，常使用一些诡计来诱惑对方达成不公平的协议。当遇到谈判对手使用一些阴谋型策略时，我方应采取反策略予以对付。

1）反车轮战的策略。在商务谈判中，对手采取车轮战术，通过不断更换谈判人员的方法来使我方精疲力竭，从而迫使我方做出某种让步。对付这种车轮战术，应及时揭穿对方的诡计，使其停止使用车轮战术；找借口拖延谈判，让对手重新回到原来的谈判上；对更换上的谈判对手拒绝重复以前的陈述；如果新对手否认过去的协定，己方也可以用同样的方法否定所许过的诺言；在消极对抗中，不要忽视对方提出的新建议，抓住有利时机立即签约；采用私下会谈的形式与新对手谈话，其用意是了解情况，另外是为对方的谈判设置障碍。

2）对付滥用权威的策略。在商务谈判中，人们对专家权威的意见往往是比较看重的。有些谈判者就是利用人们这种心理，在谈判中对某个重要议题出现争论时，便请出"权威"给对方施加压力。对付这种做法的策略是①沉着应战。面对"权威"不要畏惧，要用你熟悉的业务知识与专家交谈，抓住某些"权威"不太熟悉的技术难点向"权威"进攻，使其难堪，达到使"权威"失去其"威"的目的；②向对方表明，即使对手请出来的是位专家，他的观点也只是学术观点，并不是谈判的协议，要想达成协议还需要洽谈双方可接受的条件；③如果确认自己不是"权威"的对手，不妨可用无知作为武器，表明这些东西我们不懂，无法确认真伪，也无法对此做出什么承诺。这种做法可以为你带来许多好处，它能够使你有足够的时间去思考、请教专家，并考验对方的决心，还可以造成对方"权威"的失落感。

3）对付抬价的策略。抬价策略在商务谈判中经常用到。它是否符合谈判惯例要看如何运用。

当谈判双方已经谈好价格，第二天供方却又突然要求提价，需方尽管很生气，但为了避免谈判破裂或损失，也只好再和供方磋商，最后以较高的价格成交，这种情况称为抬价。抬价容易发生在谈判进程中，该产品处于在市场上短缺，供不应求的时期，在商务谈判中经常出现。其中，有些抬价是不合理的。对待不合理抬价，商务谈判人员应该遵循一些基本的原则：若看出对方的诡计，应直接告诉对方，为了长久的合作，最好维持最初的承诺，以争取主动；在讨价还价中，要争取让对方达到临界的边缘，尽早争取让对方在协议或合同上签名，这样可以防止对方以种种借口推翻已谈好的内容，必要时可以向对方要求某种保证，以防反悔，终止谈判。

4）对付既成事实再谈判的策略。为了防止既成事实再谈判造成损失的现象出现，谈判人员应掌握以下策略：对谈判者爽快地答应己方提出的要求要有戒心；一旦悲剧发生，要敢于向对方的领导抗议，若不能解决，可向当地的司法机关上诉；搞联合战线，揭穿他们的行为，使对方的信誉扫地；切记在没有获得对方押金或担保时，不要预付货物或款项。

5）假痴不癫策略。这种策略是表面装糊涂，暗中筹划，不露声色，伺机迫使对方让步或诱使对方上当。用这种策略来对付"阴谋型"谈判者，可视为上策。例如，谈判对手将其经营的产品乔装打扮，售价由 1 000 元提高到 1 500 元，己方明知是骗局，但还是向对方表明愿出 1 200 元购买，并当下预付少量订金。一般来说，对手不会再考虑其他需方了。如果己方本身还有存货可以低于对手价格出售，如果是想要这批货源，可拖些时候再来惠顾，到那时，己方可以提出种种理由作为杀价的筹码。如现在市场价格最多只能值 1 000 元，因此实在无法继续按 1 200 元完成交易。

6）兵临城下策略。这种策略是指对你的对手采取大胆的胁迫做法，看对方如何反应。虽然它具有冒险性，但对于"阴谋型"的谈判代表时常有效。因为谈判对手本想通过诡计诱使我方上当，一旦被识破反击过去，一般情况下会打击对手的士气，从而迫使其改变态度，或是重新谈判。

（4）应对"合作型"谈判作风的策略

"合作型"谈判作风的主谈人是人们最愿意接受的，因为他的最突出的特点是合作意识强，他能给谈判双方带来皆大欢喜的满足。所以应对"合作型"的主谈人总的策略思想应是互利互惠。

1）谈判期限策略。明确某一谈判的结束时间是很有必要的，这样做可以使谈判双方充分利用时间，在不违背互利互惠原则的前提下，灵活地解决争议问题，适时做出一些让步，使谈判圆满结束。运用该策略时应注意两点：一是提出的时间要恰当，如果过早地提出最后期限，会给双方或一方造成时间上的压力，造成消极的影响。二是提出的方法要委婉，强硬提出最后期限，会引起对方不满，使谈判向不利于自己的方向发展。

2）假设条件策略。在谈判过程中，向对方提出一些假设条件用来探知对方的意向，这一策略就是假设条件策略。由于这种做法比较灵活，使谈判在轻松的气氛中进行，有利于双方达成互利互惠的协议。一般地说，假设条件的提出应在谈判的开局至还价阶段。

3）适度开放策略。它是指谈判人员在谈判过程中坚持开诚布公的态度，尽早向对方吐露自己的真实意图，从而赢得对方的通力合作。开放策略的"度"的大小要视具体情况而定。在谈判中遇到"不合作型"的谈判代表，开放策略的"度"就应小些；如果遇到老朋友，这个"度"就要放得大一些，以增强协作意识，取得皆大欢喜的效果。

4）私下接触策略。该策略指谈判者有意识地利用空闲时间，主动与谈判对手一起聊天、娱乐，目的是增进了解、联络感情、建立友谊，从侧面促进谈判的顺利进行。

5）润滑策略。润滑策略是指谈判人员在相互交往过程中馈赠一些礼品以表示友好和联络感情。这是国内外谈判经常采取的一种策略，但它容易产生副作用。为了防止其副作用，应注意：①要根据对方的习俗选择礼品；②礼品的价值不宜过重；③送礼的场合要适合，一般不要选在初次见面的场合。

6）缓冲策略。该策略是指在谈判气氛紧张时，适时采取调节手段，使之缓和。缓和紧张气氛的手段主要有：转移话题，比如讲些当前国内外的大事或名人佚事，也可以开些比较轻松的玩笑等；临时休会，使谈判人员适当休息，以便失掉不平衡感；回顾成果，使谈判双方醒悟方才的过失；谈些双方比较容易达成一致意见的议题。

11．对方性格应对策略

谈判是口才的较量，是信息的较量，也是头脑和心理的较量。由于人的心理因素、生理因素以及所处环境的复杂性，商务谈判人员的性格千差万别。归纳起来，主要有感情型、固执型、虚荣型三种类型。一个好的谈判策略要想取得理想的结果，就要对不同性格类型的谈判人员采取不同的策略。

（1）对待"感情型"谈判对手的策略

感情型谈判对手在谈判中比较随和的性格很容易被人接受。实际上，感情型的谈判者表现出对谈判另一方的关心、体贴、赞美等，是在等合适的时机，用恰当的语言表达自己的合作目的，比强硬型谈判对手更难对付。强硬型谈判对手性格固执，容易引起对方的警惕，但感情型谈判对手在谈判中十分随和，善于迎合对手的兴趣，能够在不知不觉中让人放松警惕。

为了有效地应付感情型性格的主谈人，必须利用他们的特点及缺点制订相应策略。感情型性格的对手的一般特点是心胸开阔、富有同情心、与人为善、相互影响，着眼于战问题，不拘小节，不能长时期专注于单一的具体工作，不适应冲突气氛，对进攻和粗暴的态度一般是回避的。针对上述特点，可以采用下面的策略取得谈判的成功。

1）以弱为强策略。谈判时，柔弱胜于刚强。因此，要训练自己，培养一种"谦虚"习惯，多说"我不懂""我不明白""你给我弄糊涂了""我要向你请教"等。由于感情型的主谈人需要有一个良好的人际关系环境，他会帮助你搞清楚不明白的东西。这样他便会提供越来越多的信息资料，这就意味着你的谈判力量也越来越得到增强。

2）恭维策略。感情型的主谈人有时为了顾及"人缘"而不惜代价，希望得到对方的承认，受到外界的认可。为了争取到有利于自己的谈判，可以满足他们的需要。在即将成交时，要抛出一些让对手高兴的赞美话，这些对于具有感情型性格的人非常有效。

3）在不失礼节的前提下保持进攻态度。在谈判一开始就创造一种公事公办的气氛，不与对手谈得火热，在感情上保持适当的距离。与此同时，就对方的某些议题提出反对意见，以引起争论，这样就会使对方感到紧张，但不要激怒对方。因为一旦撕破脸面，很难指望会有好结果。

4）提出大量细节问题，并拖延讨论时间。感情型性格的人对细节问题不感兴趣，也不喜欢长久局限于某个问题之中，他们希望以一种友善的方式尽快取得具有实质意义和影响全局的成果，以此证明他们的能力。在细节上长时间纠缠，会使他们感到烦躁和紧张，从而使他们就某些有争议的议题达成协议。

（2）对待"固执型"谈判对手的策略

在各类谈判中都会遇到固执型的谈判对手。他们有着一种坚持到底的精神，对其所认定的观点坚持不改，对新建议和新主张很反感，需要较长的时间来适应环境的变化，谈判中需要不断地得到上级的指导和认可，喜欢照章办事。对固执型谈判对手可采用以下策略：

1）休会策略。当商务谈判进行到一定阶段或遇到某种障碍时，双方情绪都比较激动、紧张，此时，会谈难以继续下去。谈判双方或一方提出休会几分钟，使谈判双方人员有机会调整对策和恢复体力，推动了谈判的顺利进行，这种策略就是休会策略。

休会一般是由一方提出的，只有经过对方的同意，这种策略才能发挥作用。那么怎样才能取得对方同意呢？一是看准时机，当谈判处于低潮或出现了新情况难以调和时，谈判一方提出休会，对方一般不会拒绝。二是提出休会的方式要委婉，休会的意义要讲清。值得一提的是，提出休会建议，并不是让谈判人员去休息，而是借用休会时间集中考虑当前需要解决的问题，并找出相应的策略。

对于固执型谈判者，他们习惯了墨守成规，凡事喜欢请问上司，借此休会时间，给他们提供了请示上级的机会，同时也为自己创造了养精蓄锐的时间。

2）放试探气球。该策略用来观察对方的反应，分析对方虚实真假，摸清"敌情"。例如，需方向供方提出一项对己方很有利的提议，如果供方反应强烈，就可以放弃这种提议；如果供方反应温和，就说明谈判有很大余地。这一策略还可以试探固执型谈判对手的权限范围。

3）先例策略。固执型谈判者所坚持的观点不是不可改变，而是不易改变。为了说服对手，不妨试用先例的力量影响他、触动他。例如，向对手出示有关协议事项的文件以及早已成为事实的订单、协议书、合同等，并且可以告诉他调查的地点和范围。

4）以守为攻策略。与固执型性格的人谈判是很痛苦的一件事情，一方面必须十分冷静和耐心,并温文尔雅地向最终目标推进;另一方面还要准备详细的资料,注意把诱发需求与利用弱点结合起来进行攻击。

(3) 对待"虚荣型"谈判对手的策略

爱虚荣的人自我意识较强。在与人交往时,善于表现自己,突出自己,不喜欢听取别人劝说,任性且嫉妒心理较强,对别人的暗示非常敏感。对这种性格的谈判人员,一方面要满足其虚荣的需要,给对方创造更多的表现机会;另一方面要善于利用对方传递有价值的信息,认真学习,完善自己在某一领域的不足,也让对方得到更多的自我满足感。面对"虚荣型"谈判对手,可以选择以下具体策略:

1) 以熟悉的事物展开话题。与虚荣型谈判者洽谈,以他熟悉的东西作为话题,效果往往是比较好的。这样做可以为对方提供自我表现机会,同时己方还能了解对手的爱好和有关资料。但要注意到虚荣者的种种表现可能有虚假性,切忌上当。

2) 间接传递信息。这一策略是依据由间接途径得来的信息比公开提供的资料更有价值的心理设计的。例如,非正式渠道得到的信息,对方会更重视。运用此种策略的具体方法是,在非正式场合,由一些谈判中非常重要的角色,有意透露一些信息。

3) 顾全面子策略。谈判中一方如果感到失掉了面子,即使是再好的交易条件也会留下不良后果。实验资料表明,失掉面子的人都会从交易中撤出,对方攻击越是切中要点,失掉面子的一方撤退得越彻底,没有一点商量余地。因此,必须记住,无论你是如何气愤或是为自己的立场辩护,都不要相信激烈的人身攻击会使对方屈服。要多替对方设想,顾全他的面子。

在谈判中,怎样做才能顾全对方的面子呢?首先,提出的反对意见或争论应该针对所谈的议题,不应该针对人。其次,如果被逼到非常难堪的地步时,可选择一个替罪羊承担责任。再次,当双方出现敌意时,要尽量找出彼此相同的观点,然后一起合作将共同的观点写成一个协定。

4) 制约策略。具有虚荣型性格的谈判人员,其最大的弱点就是浮夸。因此,应有戒心,为了免受浮夸之害,在谈判的过程中,对虚荣型谈判对手的承诺要有记录,最好要他本人以书面的形式来表示。对达成的每项协议应及时立字据,要特别明确奖罚条款,预防他以种种借口否认。

在谈判实践中,绝大多数的情况是采用综合策略。在复杂多变的当今社会,单一策略很难达到既定目标。不过,综合策略是由单一策略构成的。在学习和实践中,必须对单一策略的原理、方法、关键点给予足够的重视。

我们认为,世界上没有一套适合各种复杂情况的万能策略模式。只有把这种或那种策略恰当地置于某种特定的情况之下,才能在商务谈判中占据主动,取得积极的效果。应该相信:谈判人员永远没有现成的、固定的、成竹在胸的策略与方法去应付所有的谈判。

 案例分析

案例分析 4-7 炒货类供应商与大卖场有关进场费的争议

中小供应商和大卖场之间的谈判属于典型的不平等谈判,20 世纪 80 年代尚处于快速成长期的沃尔玛就敢让不听话的日化业巨头宝洁公司的产品全部撤架,更别说其他中小企业了。国外零售业巨头进入中国后,通过大量采购来提高自己在对供应商定价的强势地位,同时,以布局大型卖场垄断销售通路,每一家卖场都覆盖50~100平方千米的区域,这种优势甚至延伸到对顾客的销售和服务方面,以至于爆发了数家大卖场对消费者的价格标签欺诈行为。多数快速消费品供应商要想进入这些地区就必须跟他们合作,日益沦为弱势群体。随着零售商巨头势力的膨胀,供应商的利润越来越薄,但在跑量商业模式的诱惑面前,又不愿意退出这些销售渠道,陷入两难境地。

除了延期付款之外,高额的附加费是供应商最主要的费用。以法资大卖场为例,它对一家中国供货商收取如下费用:

法国节日店庆费10万元/年、中国店庆费30万元/年、新店开张费1万~2万元、老店翻新1万~2万元、海报费每店2340元、新品费3.4万元、人员管理费每人每月2000元、堆头费每家门店3万~10万元、服务费占销售额的1.5%~2%、咨询费1%、送货不及时扣款每天3%。无条件退货占销售额的3%~5%,税差占5%~6%。

卖场每年都要跟各供货商单独谈判签订一份供货合同,关于进场费等问题,绝大部分在合同中就已表明,合同签订后各供货商只能照章执行。虽然当初签订合同时,合同里就要求了高额的进场费,各供货商为了不被挤出市场并保全自己在这个市场的份额,不得不与该卖场签下了这种不平等的合同。并且本着同样的理由,在后来的合同执行过程中,卖场时不时还会弄一些新花样来收费,供应商也只能忍气吞声。

身陷困境的炒货供应商在谈判中处于劣势地位,唯一的办法是组织起来集体抗争。由上海炒货协会出面与法资卖场谈判,要求其降低费用门槛。上海炒货行业协会是具有社团法人资格的社会经济团体组织。协会成员来源广泛,由炒货产品的生产、销量以及炒货原料、添加剂供应商、相关科研机构等单位自愿组织,会员单位近60家,分布在上海、浙江、安徽、甘肃、福建等地区,民营、外资企业的会员数量占了相当高的比例。会员企业炒货生产销售量居全国炒货生产销量的80%以上。炒货业协会提出的解决方案为新一年的费用应在原有的基础上降低50%,还有不得借故单方面对会员企业供应商擅自扣款,以及老店翻新不得收取费用等11条协议等。

当协会访问大卖场门店时,质疑中国供应商被迫缴纳名目繁多的节庆费等赞助费,当地店长笑答本国供应商也要支付各种费用,这是其垄断地位所决定的。这种商业模式的根基之一就是赞助费,难有协商的余地。因此,只要不是大部分供应商(包括各行业)集体抵制,卖场就不怕没有货源,而且各供货商之间博弈的结果将会是被各个击破。因此,如果炒货行业协会的要求太高,卖场完全可以置之不理。

面对强势卖场,炒货行业协会有多种方式可供选择:第一,代表各家下属企业直接跟其谈判,最终达成协议;第二,先期通过协会与法国谈判取得阶段性成果,再由各家会员直接谈判,这时,法方已不再可能高高在上,因其知道各单位身后有协会支撑;第三,全部会员集体终止与法方合作,转而与周边的其他超市和卖场合作。综合评估,炒货行业协会既要给法方施以压力,但又不宜太过强硬。故其采取了原则性谈判,具体采用的上述第二个方案。

炒货行业协会先后两次向卖场发出邀请函,希望双方谈判,但得到的答复只是一份英文件。协会复发英文件,对方却又要求改发中文函,协会耐心地再发了一份。当双方坐下来谈判时,炒货行业协会向卖场保持了一个较高的条件,这给了对方还盘的余地,有利于寻找到成交区间。

直到此时，卖场采取的策略是不予重视或拖延时间，派出的谈判代表没有一位属于核心管理层。而且在谈判时首先质疑炒货行业协会的代表性问题。为此，炒货行业协会在继续与之沟通的同时通过媒体把消息披露出去，期望通过社会舆论对法方形成压力，毕竟过高的入场费和赞助费不得人心。由此一来，南京、北京多家同样在该卖场做食品、日用百货的供应商也仿照上海炒货业成立行业协会，专门负责谈判交涉。为促使双方达成协议，炒货行业协会要求其下属会员暂停供货，进一步制造压力，同时申明这是暂停供货而非退出卖场，给谈判留下回旋余地。

思考：
（1）炒货供应商运用的哪种磋商策略？
（2）炒货供应商为何坚持与法方谈判？

分析： 提示，炒货供应商难以承受高昂的入场费，积极与法方进行合作谈判，如果谈判策略不成功，就会被迫继续缴纳高额的入场费。为了赢得谈判主动权，炒货供应商集体采取强硬态度，其最坏的可能是在一段时间内，没法进入这家卖场，但为了长远的利益，他们齐心协力，科学的制定谈判策略与技巧，态度上软硬兼施，通过自己的勇气与智慧，最终取得了谈判的胜利。

案例分析 4-8

山东某市塑料编织袋厂厂长获悉日本某株式会社准备向我国出售先进的塑料编织袋生产线，立即出马与日商谈判。谈判桌上，日方代表开始开价240万美元，我方厂长立即答复："据我们掌握情报，贵国某株式会社所提供的产品与你们完全一样，开价只是贵方一半，我建议你们重新报价。"一夜之间，日本人列出详细价目清单，第二天报出总价180万美元。随后在持续9天的谈判中，日方在130万美元价格上再不妥协。我方厂长有意同另一家西方公司做洽谈联系，日方得悉，总价立即降至120万美元。我方厂长仍不签字，日方大为震怒，我方厂长拍案而起："先生，中国不再是几十年前任人摆布的中国了，你们的价格，你们的态度都是我们不能接受的！"说罢把提包甩在桌上，里面那些西方某公司设备的照片散了满地。日方代表大吃一惊，忙要求说："先生，我的权限到此为止，请允许我再同厂方联系请示后再商量。"第二天，日方宣布降价为110万美元。我方厂长在拍板成交的同时，提出安装所需费用一概由日方承担，又迫使日方让步。

分析： 我方厂长采用了进攻性的谈判技巧，谈判中态度强硬，从容不迫。谈判能取得胜利，归结于以下几点：首先，准备充分，资料翔实，信息完备。其次，在谈判中，讲究策略和技巧，应对日方，有条不紊，先是故意和一家西方公司洽谈，制造竞争，后又采用出其不意的策略，迫使对方降价。

实践训练

根据下面情形，决定采取怎样的让步方式，由学生分组进行实际演练。

在一次交易谈判中，甲方明显具有极强的谈判实力，但为了与对方能够达成交易，依然准备做出 100 元的预定让步，其准备让步方式的次数有四轮，并准备了以下四种方案：

A．0/0/0/100　　　B．25/25/25/25　　　C．50/35/10/5　　　D．5/10/35/50

你认为甲方最好的让步方式是哪一种？依据是什么？

课 后 训 练

一、简答题

1．商务谈判策略的构成要素有哪些？

2．商务谈判策略的特征是什么？

3．让步策略主要有几种类型？分别适用于什么情况？

二、实训题

根据下面的模拟情景，进行角色模拟练习。

你是一家工程构件公司的销售部经理。你的一名最优秀的推销员告诉你，你的一个大客户已经投靠了另一家供应商，投靠的具体原因不详。这不仅会影响你的推销计划，而且势必会对公司的发展规划产生重要影响。因此，你决定面见这个客户所属公司的总经理，与之签订可以令双方满意的销售协议。

请三人一组完成下列任务：

1．为这次商务谈判做好准备。

2．一个人扮演情境中的"你"，另外两个人，一人扮演这家公司的总经理，另一个人扮演谈判过程的观察员。

3．回顾、检验谈判，根据观察员提供的反馈信息组织讨论，注重讨论谈判任务的执行情况以及谈判方法和技能的运用效果。

三、案例分析

日本有一家著名的汽车公司在美国刚刚"登陆"时，急需找一家美国代理商来为其销售产品，以弥补他们不了解美国市场的缺陷。当日本汽车公司准备与美国的一家公司就此问题进行谈判时，日本公司的谈判代表路上塞车迟到了。美国公司的代表抓住这件事紧紧不放，想要以此为手段获取更多的优惠条件。日本公司的代表发现无路可退，于是站起来说："我们十分抱歉耽误了您的时间，但是这绝非我们的本意，我们对美国的交通状况了解不足，所以导致了这个不愉快的结果，希望我们不要再为这个无所谓的问题耽误宝贵的时间了，如果因为这件事怀疑到我们合作的诚意，那么，我们只好结束这次谈判。我认为，我们所提出的优惠代理条件，在美国不会找不到合作伙伴的。"

日本代表的一席话说得美国代理商哑口无言，美国人也不想失去这次赚钱的机会，于是谈判顺利地进行下去。

思考：

（1）美国公司的谈判代表在谈判开始时试图营造何种开局气氛？

（2）日本公司谈判代表采取了哪一种谈判开局策略？

（3）如果你是美方谈判代表，应该如何扳回劣势？

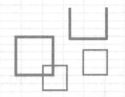

项目五
商务谈判结束

 项目导入

美国人科肯受雇于一家国际公司,担任重要的管理职位,他向上司请求,想见识下大场面,出国谈判业务,使自己成为一个真正的谈判者。机会终于来了,上司派他去日本。他高兴得不得了,认为这是命运之神给他的好机会。他决心要使日本人"全军覆没",然后再攻克其他的国际公司。

一踏上日本,两位日本朋友随即迎了上来,护送他上了一辆大型轿车。他舒服地靠在轿车后座的丝绒椅背上,日本人则僵硬地坐在前座的两张折叠椅上。

科肯说:"为什么你们不和我坐一起?后面很宽敞。"

日方代表说:"不,你是一位重要人物。你显然需要休息。"

日方代表说:"对了,你会说日语吗?在日本我们都说日语。"

科肯说:"我不会,但我希望能学几句。我带了一本日语字典。"

日方代表说:"你是不是订好了回国的时间?我们到时可以安排轿车送你回机场。"

科肯说:"订好了,你们想得真周到。"

说着他把回程机票交给了日本人,好让轿车知道何时去接他。当时他并没有在意,可日本人就知道了他的谈判期限。

日本人没有立即安排谈判,而是让这位美国朋友花了一星期游览了整个国家,介绍日本的文化,甚至让他了解日本的宗教。每天晚上花四个半小时,让他跪在硬板上,接受日本传统的晚餐款待。当他问及何时开始谈判时,日本人总是说,时间还很多,第一次来日本,先好好了解下日本。

到第十二天,他们开始了谈判,并且提早完成去打高尔夫球。第十三天,又为了欢迎晚会而提前结束。第十四天早上,正式重新开始谈判,就在谈判要紧关头时,时间已不多了,要送他去机场的轿车到了。他们全部上了车继续商谈。就在轿车抵达终点的最后时刻,他们完成了这笔交易。结果这次谈判科肯被迫向日本人做出了很大的让步,而自己惨败而归。

你需要完成以下任务:①从结束谈判时机选择方面分析科肯谈判失败的原因。②从谈判完成阶段的策略应用方面分析科肯谈判失败的原因。

➷ **知识目标**

1. 掌握影响谈判结束时机的因素;

2. 了解谈判结束阶段的主要策略。

➘ **能力目标**

1. 能把握结束谈判的有利时机和信号；
2. 能正确选择谈判结束的方式
3. 能识别与应用谈判结束阶段的主要策略。

➘ **任务分解**

任务一　商务谈判结束时机和方式的选择
任务二　谈判结束阶段策略的应用

任务一　商务谈判结束时机和方式的选择

随着磋商的不断深入，谈判双方在越来越多的事项上达成共识，彼此在立场与利益等方面的差异逐步缩小。交易条件的最终确立已经成为双方共同的要求，此时，商务谈判将进入结束阶段，那么如何才能找到谈判结束的最佳时机，在谈判结束时又有哪些技巧呢？

 操作步骤及分析

选择恰当的时机和方式结束谈判，对于谈判的成功有着重要的意义。商务谈判何时终结？如何终结？这是商务谈判结束阶段极为重要的问题。谈判者必须正确判定谈判终结的时机，选择合适的结束方式，才能运用好结束阶段的策略。因此，谈判人员应注意分析有关的各种信息，从中识别对方发出的结束信号，选择恰当的时机和方式，将谈判行为引入协议的最后签订上。在现实的商务谈判活动中，一般来说，谈判终结可以从以下三个方面入手。

一、分析交易条件

从谈判涉及的交易条件来判定谈判结束时间是指根据其解决状况来分析判定整个谈判是否进入终结。谈判是双方不断调整各自的交易条件，缩小彼此之间的分歧，并逐渐趋于一致的过程。因此，谈判双方就各项交易条件的磋商所取得的结果，是把握缔约时机的重要依据。

二、分析谈判时间

时间对于谈判来说是十分重要的。谈判的过程必须在一定时间内终结，当谈判时间即将结束，自然就进入终结阶段。受时间的影响，谈判者将调整各自的战术方针，抓紧最后的时间获得有效的成果。

三、选择结束方式

依据谈判目标达成状况不同，结束谈判的方式也可能分为三种：双方成交结束谈判；

中止谈判，将问题留待将来解决；一方退出，谈判结束。很显然，第一种结束方式是谈判最理想的结局，是双赢的结果；第二种结束方式不等同于失败的谈判，至少它达成了人际关系的建立与改善的目的，未来还有进一步接洽的空间；第三种是最令人不愉快的结束方式。

知识链接

一、商务谈判结束的交易条件准则

不论交易复杂程度如何，交易条件普遍存在，如商业、法律、技术、文字与数字表述的条件等。条件作为终结谈判的标志时，需要将条件量化分级，若完成了各级各层的条件内容，自然可以结束谈判。条件量化分级可为二级，即两个层次：分歧量与成交线。

1．分歧量

分歧量即以双方谈判存在的分歧数量作为谈判终局的判断条件。为什么只说分歧数量，而不讲分歧分量呢？这是因为从谈判进程看，每结束一个议题，即完成一个工作量，即使再有分量的分歧，也只是议题之一，只需要决策者一句话决定或是或否。可见，解决分量大或分量小的分歧没有什么差别，故取"分歧数量"即可。分歧数越少，谈判越接近终结阶段。

2．成交线

成交线即以对方的条件是否进入己方预定的成交线来判断谈判是否终结。在谈判实务中，谈判手设定的成交线，即追求的谈判目标，分为上、中、下三线。上线为最理想的条件，中线为满意的条件，下线为可以接受或忍受的条件。此处讲的成交线是指下线。因为当谈判条件进入己方成交下线时，从谈判心理和实际安排讲，均有进入终局的迹象。

如当价格已接近最低成交线时，较自然的想法就会是再搏一下，以扩大战果，而不会不切实际地再大干一场，因为这样做有把到手的交易丢掉的危险。例如，当某个法律条款的描述已基本表达了己方想法或要求时，该条款谈判就应进入终结。若想再修改，也只是个别字句的问题，不应推翻重谈。

如未接近成交线，能否进入终结阶段呢？这取决于双方尚存的差距。经过分析、谈判，若差距可以逾越，则谈判已进入终局。不论是由单方力量克服差距，还是由双方力量克服差距，都表明谈判可以准备终结。若经过谈判，差距一时难以逾越，结果有两种：谈判破裂，它也是终局形式；继续谈判，争取找到解决办法。此时谈判离终结还有距离。

二、商务谈判结束的时间准则

商务谈判结束的时间标志是以谈判时间来判定谈判终结。谈判时间包括谈判所需、所花、所限的时间，也包含了"机会"的意义。

1．双方约定的谈判时间

双方约定的谈判时间即在开始谈判前，谈判双方就确定的所需时间，双方据此安排谈判人员和程序。当所定的时间用完，谈判也应结束。一般来讲，双方约定时间应在开始谈判之前,因为此时最易达成协议且不失自己的地位优势。只不过,确定谈判时间的长度时,多以谈判内容客观所需时间来确定。当一方故意压缩时间长度时,另一方也会采取"随意"的态度,因为不随意就会显得"急",表现出"求",于日后谈判不利。此外,一旦谈判限时一到,应及时结束谈判。按时结束谈判一方如果较主动,另一方若因为事没谈完就提出延长谈判时间,其结果一定很被动。原因很明显,对方一定会说"若要延长,贵方有什么新建议",即要求你负担延长时间的代价,要"掏钱"买时间。

2. 单方限定的谈判时间

单方限定的谈判时间即谈判某一方提出自己可以参加谈判的时间,该时间是判定终结谈判的另一标志。单方限定时间的做法在实际中用得较多。原因可来自法人或自然人的客观与主观的原因。不过不论属于什么原因,限定时间的一方仅需明确地表示可供谈判的时限即可。对单方限时的谈判,可以附和同意,也可以不同意,关键是看其条件是否符合自己的谈判目标。同意时,要防止对手以此作为施加压力的手段;不同意时,要利用对手对时间的要求,向其讨要更好的条件。当然,并不排斥单方限时的对手是真实可靠、情出无奈。此时,若不认真配合,可能失去交易;若硬压对手,非但效果不好,还为后面的谈判投下阴影。

当自己处在市场优势的情况下时,单方提出时限不失为一种积极的谈判手段。既可让对手尽快地进入实质谈判阶段,也可为谈判策略的运用创造更好的机会。例如,"货比三家"的采购谈判和"奇货可居"的销售谈判,用此法可使多家对手尽快亮出底牌,在选择交易对象时,终局结果会对己方更有利。

不论谈判结果是否成交,限时一到,就要结束谈判。否则,欲继续谈判的一方必多拿优惠条件出来。若是限时者欲继续谈判,损失将更大。本来是提出限时的人,一下子改口了,对方必然会抓住时机攻击:"时间是您定的,谈不完贵方有责任。继续谈也行,我方可以配合,但贵方应有真正的合作条件,否则,继续谈下去又有什么意思呢?"类似的攻击在继续谈判中会不时出现,"继续的请求"成了要求者的包袱和对手攻击的借口,平息谈判的难度和因此带来的损失都会增加。

3. 第三者给定的时间

第三者给定的时间即在竞争性的谈判中,谈判有第三者参与,此时谈判的时间除了双方的需要外,还受第三者谈判进度的影响。第三者谈判进度(时间),即估量自己谈判终结时刻的标志。不过,第三者无权对你限定谈判时间,该时间是通过你的谈判对手反映出来的,如你的对手会说"某某已将该条件调到某位置了,比贵方的谈判进度快""某某即将给我方最终报价,贵方何时做出最优惠方案"等,这些均反映出第三者的进度,也给出了你可以继续谈判的时间。

对第三者时限的掌握很重要。一般来讲,具有诚意的谈判对手会明示第三者最后谈判阶段的时限,以让你有机会竞争,也有的对手出于偏见而冷落你,或不成熟地简单对待参与竞争者,不给你任何提示。这时,自己的能动判断就很重要,可参考的判断因素有:

1)对方谈判人员的安排。主力人员在抓紧与你谈判还是与别人谈。当对方主要谈判人员与你谈一阵后,就不再出现,仅有一般人员维持与你的接触,那么对方可能在与第三者加紧最后的冲刺。如果你与对方谈判气氛很好,也无明显的谈判错误(骄横、傲慢、固执等),对方主力缺席是因事缠身,你可以要求对方说明此事。

2）总体谈判气氛。本来双方讨论很热烈，尽管有分歧，但双方均有理可讲，且彼此坦诚直述各自观点，这种积极合作的谈判气氛骤冷，变化原因不仅仅是条件分歧，一定有第三者的参与而影响谈判，此现象预示终结时刻到来。

3）套对方的话，如与对方人员交谈，听其言，观其行。直接提问，对方若置之不理就会说明问题。当他不正视你的问题，又不加责于你时，或回答得闪烁其词，就是他另有"如意"的伙伴。有时对方成员无意地泄露（当对方另一场谈判顺利时，谈判人员的情绪一定很轻松）其意图，从而可以察觉第三者给定的时限。

三、商务谈判结束方式的选择

1．结束谈判的三种方式

依据谈判目标达成状况不同，结束谈判的方式也分为以下三种。

（1）双方成交结束谈判

成交就是谈判双方达成协议。成交的方式是双方签订协议书，为双方的商务交易活动提供操作原则和方式。

这是谈判最理想的结局，是谈判双赢的结果。

（2）中止谈判，将问题留待将来解决

中止可分为有约期中止和无约期中止。谈判各方在未能对达成交易表示遗憾的同时，又表示出各方将来再度合作的共同愿望，正所谓"买卖不成仁义在"。

这种结束方式包含两种含义：其一，参与各方经过交锋阶段及讨价还价，各方都本着认真负责的态度参与谈判，但由于各方需求目标差异过大，确实无法达成协议，只能结束；其二，客观环境变化使本次谈判无继续的必要而选择结束，如在外贸谈判中，国际市场行情发生了重大变化；谈判中某一方的最高决策层下达中止命令或企业发生重大事件等。

中止谈判时应言辞友好、态度诚恳，使对方感到我方的诚意。例如，"这是我方的看法，请贵方三思""如果贵方觉得还有谈的可能，我们愿意与贵方继续谈判下去""我方的大门总是敞开着的，贵方什么时候有新的想法，可以与我方联系""贵方目前的态度我方是可以理解的，但请贵方向领导汇报一下，若有什么新的建议，我们十分乐意参考"，等等。这样给对方一个释放肝火的机会，或给其一个台阶下。经验证明，给对方台阶的做法对于那些习惯以强硬语言要挟对方的谈判者来说，可使其网开一面，留个机会，有时复谈也是可能的。相反，如果处理不当，会使假性破裂变成真性破裂。一旦进入真性破裂，关系就会更加紧张进而会影响到未来的交往，再想弥补就十分困难。

这种结束方式不等同于失败的谈判，至少它达成了人际关系的建立与改善的目的，未来还有进一步接洽的空间。

（3）一方退出，谈判结束

由于某一方缺乏合作诚意，迫使另一方退出谈判，导致谈判破裂。谈判破裂依据双方的态度可分为友好破裂结束谈判和对立破裂结束谈判。

在决定退出之前，首先要冷静考虑，搞清迫使你决定退出的真正原因，是对手人为制造麻烦，还是对手真有难言之隐。如果匆忙确定退出，又发现对手确有苦衷，则可能会使你因此负疚。

即使是对手的人为原因造成谈判破裂，也不必将对手当成真正的敌人而横眉冷对，应按正常的礼仪规范要求结束谈判，保持正常的礼貌，正如人们常说的那样："他可以不仁，我不能不义。"

2．发出谈判结束的信号

许多研究表明，当一方发出结束谈判信号后，会直接加快实质性谈判内容的进程。常见的成交信号有以下几种：

1）谈判人员所提出的建议是完整的，没有不明确之处；如果他的建议未被接受，除非中断谈判，否则没有别的出路。如"这是我们研究再三后提出的最好的建议，就到此为止吧。"

2）谈判者用最少的言辞阐明自己的立场，谈话中表达出一定的承诺思想，但不含有讹诈的成分。例如，"好，这就是我最后的主张了，现在您的意见如何？"

3）谈判者在阐明自己的立场时，完全是一种最后决定的语气，坐直身体，双臂交叉，文件放在一边，两眼紧盯着对方，不卑不亢，没有任何紧张的表示。

4）回答对方的任何问题尽可能简单，常常只回答一个"是"或"否"，使用短词，很少用论据，表明确实没有折中的余地。

5）一再向对方保证，现在结束对他是最有利的，并告诉他理由，"你已经得到你最需要的！"

案例分析

案例分析 5-1　坚定的离开

在某城市一个较大的旅馆里，一个定于上午 10 点开始的大型聚会即将开始。聚会的组织者于上午 8:00 就到达了，他发现在同一时间还有两个重要的会议也预定在这家旅馆举行，而他组织的会议已被安排在较差的房间里。他要求旅馆经理到餐厅来见他，当着旅客的面，大声而坚定地对经理说，目前的这种情况是不能接受的，他要求得到一间较好的房间，这一点没有什么好争辩的，没有讨论的余地，并希望在 9:30 以前把这一切安排好。说完，便扬长而去，离开了旅馆。经理非常尴尬。这位顾客很清楚这一点，要是经理不设法更换房间，就难免有一些可怕的争执，与会者很快就要到达，届时会乱作一团。要更换房间，就不能迟疑，必须赶快行动，以赶在会议组织者返回之前，把一切准备妥当。这位经理就这样别无选择地为对方更换了房间。会议组织者声明自己的要求后离去的方法，实现了自己的要求。

分析：案例中事情发展的结果是经理毫无选择地更换了房间，因为这位顾客毋庸置疑的语气和气势。在这里，顾客采取了单方面限定谈判时间的谈判方式，经理感到很大压力，感到若不配合，可能会失去生意，顾客心里清楚，他在谈判中有优势，不更换房间带来的后果是经理所不能接受的，但其实在会议组织者心里，他其实也不能确定经理会不会满足他的要求，他用一种当机立断的方式促使了自己的提议得到实现。

实践训练

你的一位客户不接受你所开出的价格,但他只是抱怨价格太高,而没有提出任何的具体建议。面对这种情况,你该怎么办?

提示:提出你不接受价格太高的看法;要求他提出具体的意见或建议;问他何以反对你所开出的价格;你自己提出解决该问题的途径。

课 后 训 练

一、简答题

1. 如何把握商务谈判结束的交易条件准则?
2. 如何把握商务谈判结束的时间准则?

二、实训操作

根据下面情形,由学生分组进行实际演练。

小黄为了买一台电视机,跑了几家电器商店。这几家电器店的价格都介于 2 800~3 000 元之间。为了购买到更便宜一点的电视机,他又继续询问了几家商店,最后来到了一家门面装饰不凡的电器公司。店员十分客气地同他打了招呼。他询问了电视机的价格,店员拿出一张目录表让他看,他所要的那种型号的电视机的价格是 3 000 元,但店员却报价 2 800 元,并问他是否觉得合适。小黄一想,觉得应该买。店员随即开货单,然后为其试选电视机,这时候从旁边过来了另一位店员,看过货单后说这种电视机的价格是 3 000 元而不是 2 800 元,不信的话可以重新看一看价目表。正在试机的店员立即查看价格表,转身对小黄说:"真对不起,我刚才看错了,将 3 000 元看成了 2 800 元。"说完,就将购货单上的 2 800 元改成了 3 000 元。

面对这种情况,你说小黄应该怎么办?

三、案例分析

一个小男孩到西瓜地里向瓜农买瓜,小男孩只有一毛钱,他和瓜农实话实说:"我只有一毛钱。"瓜农便指着瓜田里一个没长大的小西瓜说:"那么,我只能给你那个较小的瓜了。""好吧,我就要那一个"。但是,小男孩接着说:"请不要摘下来,两个礼拜以后我弟弟会来取。先生,我只管采购,我弟弟负责运输和取货,可能我弟弟来取货的时候,它会长得比现在大,但先生,请您说话算话!"瓜农觉得这个小男孩非常聪明可爱,也觉得话既然说出来了也不好收回去,所以同意了他的要求。

思考:请分析小男孩如何在看似谈判已经结束的时候,巧妙地改变了成交的交易条件并结束了这场谈判?

分析:男孩虽然遭到明确无误的拒绝,但谈判没有结束,男孩通过融洽关系,"只有一毛钱"和造成既定事实后追加有利的成交条件的办法,保证了终点目标的实现。卖主明确拒绝后,小男孩却没有收到"最后期限已到"的信息,而且将谈判成功地继续了下去。但是,如果真的存在那个"最后期限"的话,结局恐怕就截然不同了。

四、完成【项目导入】中的任务,并提交报告

任务二　谈判结束阶段策略的应用

成交阶段是谈判双方最终确立交易条件，缔结协议的过程，同时也是他们各自的利益得以最终确立的过程。

成交阶段商务谈判的主要目标有三个：①力求尽快地达成交易；②尽量保证己方已取得的谈判成果不要丧失；③争取获得最后的利益。为了达到这三个目标，我们可以采用适当的谈判策略。

操作步骤及分析

经过开局、报价、讨价还价，当双方意见达成一致的时候，就进入了谈判的最后阶段。当进入成交阶段的时候，我们必须学会识别对方表现出的成交迹象，进而选择适当的完成谈判的策略，保证谈判的成功。

一、判断成交的迹象

有些迹象的出现具有谈判终结的信号作用，例如，对手由对一般问题的探讨延伸到对细节问题的探讨、以建议的形式表示他的遗憾等。

二、积极促进成交

看到对方结束谈判的意愿后，作为谈判人员还要积极做出促进成交的行为，最后促成谈判。比如适时展现对"结束谈判"的积极态度、设法采取不同的方式向对方渗透等。

三、促进成交的策略

商务谈判是双方谋求一致的过程，即使在缔约过程中，谈判双方已经达到近乎完全一致的程度，但彼此之间的微小差异仍有被扩大的可能。因此，谈判者应珍惜来之不易的谈判成果，运用适当的策略促成协议的缔结。

四、签订谈判合同

谈判合同是指商务谈判进行到最后阶段，双方经过广泛的磋商达成共识而共同签订的具有法律效力的文书。经过口头磋商达成协议之后，我们应以书面形式把它记录下来，避免日后"口说无凭"，产生纠纷。

知识链接

一、成交迹象的判断

如何判断对方的成交迹象呢？主要有以下几个方面。

1．对手由对一般问题的探讨延伸到对细节问题的探讨

例如，当你向他推销某种商品时，他忽然问："你们的交货期是多长时间？"这是一种有意表现出来的成交迹象，你要抓住时机明确地要求他购买。

2．以建议的形式表示他的遗憾

当客户仔细打量、反复查看商品后，像是自言自语地说："要是再加上一个支架就好了。"这说明他对商品很中意，但却发现有不理想之处，只是枝节问题或小毛病，无碍大局。你最好马上承诺做些改进，同时要求与他成交。

3．当对方对你介绍的商品的使用功能随声附和

对方接过话头讲得比你还要具体时，这也是可能成交的信号。你就要鼓励他试用一下，以证明他的"伟大设想"。例如，当你介绍某一家用切削器的功能时，对方说："我以前也曾用过类似的产品，但功能没这么多，你这东西能打豆浆吗？要是那样，每天都可以喝新鲜豆浆，还可以节省 15 分钟的购买时间，不是吗？"下一步，就是你怎么接过他的话头了。

4．当谈判小组成员由开始的紧张转向松弛

相互间会意地点头、用眼睛示意时，也是你要求成交的好时机，可以将话题引向这方面，即使不能马上成交，也会加速成交进程。

5．抓住一切显示成交的机会

特别是对方讲话时所发出的信号，也许他是无意识的，这样对你更有利。例如，一家油漆公司与他的经销代理商谈判经销价格问题，油漆公司认为经销商要价太高，派财务经理与他压价，但对方在与他沟通时，却同时问他，这项计划什么时间开始执行？这立刻暴露出油漆公司已准备与经销商成交了，在这种情况下再指望他降价已是不可能了。

二、促进成交的行为

采取以下行为，将有助于同谈判对手达成协议。

1．适时展现对"结束谈判"的积极态度

可以反复询问对方："既然我们对所有的问题都已达成共识，何不现在就签署协议呢？"

2．设法采取不同的方式向对方渗透

达成协议是相当明智的选择，尽量将理由解释充分并"冠冕堂皇"。

3．采取假定谈判已经顺利达成协议的方式来谈判

如果你是买方，将协议要点记下来，并询问对方支票开立的日期；如果你是卖方，询问买家货品该送往何处。

4．与对方商量协议的具体内容

如遣词用字、送货方式，表示谈判双方在主要议题和价格上已取得共识。

5．以行动表示达成协议

如业务人员开始动笔填写订单，买方则给卖方购货凭证，相互握手以示成交等，行动可以具体展现你对达成协议的诚意。

6. 提供一项特别的优惠

提供一项特别的优惠，诱使对方提早结束谈判，如再提供一定比例的折扣、承诺分期付款、提供设备等。

三、成交阶段的策略

常见的成交阶段的策略有最后通牒、利益诱导等。

1. 最后通牒

该策略也叫边缘政策，是最后一击，不惜以谈判破裂相威胁，以迫使对方让步的谈判方法。商务谈判中的最后通牒包含最后出价和最后时限两个方面。

（1）最后出价　所谓最后出价，是指谈判一方给出了一个最低价格，告诉对方不准备再进行讨价还价了，要么在这个价格上成交，要么谈判破裂。有的谈判者把最后出价形象地描述为"要么干，要么算"。

就最后出价而言，只有在下列情况下才可使用：①谈判一方处于极为有利的地位，"皇帝的女儿不愁嫁"，对手只能找自己谈判，任何人不能取代自己的位置。②讨价还价到最后，所有的谈判技巧都已经使用过，均无法使对方改变立场，做出自己所希望的让步，这是唯一可能使对手改变想法的最后方法。③讨价还价到这样一种情况，自己的让步已经达到了极限，再做任何让步，都将带来巨大的损失，而对方还在无限地提出要求。

（2）最后时限　所谓最后时限，是指规定出谈判的最后截止日期，借以向对方施加压力以达成自己的目的。期限的作用，在于能使那些犹豫不决的谈判对手尽快做出决定。一旦对方接受了这个最后期限，双方的谈判就会顺利结束。期限之所以会起到这个作用，是因为它会使对方感到如果不迅速做出决定，他可能会失去这个机会。

就最后时限的实施而言，在对方无休止地讨价还价的情况下，可以规定最后时限，借以向对方施加无形的压力，来达到结束讨价还价的目的。

谈判中的买方和卖方都可以采用最后时限这一策略。谈判中的买方采用期限策略的实例有：①"我方1月31日以后就无意购买了，如果你不同意，下星期一我们就要找别的卖主商谈了。"②"我方要在5月1日之前完成全部订货。这是我们的生产计划书，假如你们不能如期完成，我们只好另找其他的供应商了。"

谈判中的卖方采取期限策略的例子有：①"存货不多，欲购从速。如果你方不能在9月1日以前给我们订单，我们将无法在10月30日前交货。"②"我方公司的报价有效期为3月15日晚上12点，过了这个时限，我们就涨价50%，因为原材料的价格在涨。"

最后出价和最后时限是最后通牒中不可分割的两个内容，在谈判中两种技巧往往混合使用，只是在使用中侧重点不同而已。

（3）运用最后通牒失败后的补救

任何方法，有成功也就有失败。最后通牒这种技巧失败的比例远远超过成功的比例，我们不妨研究一下最后通牒失败后如何补救。一般说来，当最后通牒没有奏效时，不妨采取以下几种措施，比较体面地下台。

1）新指标法。一旦最后通牒失败，你不妨向对方说，你从上级那里获得了新的指标，可以在新的价位基础上进行一轮新的谈判。这样无形中，就把最后通牒的失误、价位变化的责任全部推到上级的头上，不过这种"从上级那里获得的新指标"可真可假。

例如，国外某公司在与我国轧钢机出口贸易谈判中，其谈判代表在最后通牒失败以后，来找中方代表。表明他接到了新的指标，愿意降低价格，同中方进行新一轮谈判。这样他以前实施最后通牒所造成的僵局就在无形中解决了。

2）升格法。所谓升格法，就是更换谈判人员。由于习惯上所换的人员在级别上往往比原班人马要高一级，所以称为升格法。用新的谈判人员代替旧的谈判人员，就在无形中使发出最后通牒的人和最后通牒一起成为过去，从而理所当然地开始了新一轮的谈判。

例如，皮尔斯太太因车祸受伤而向保险公司提出索赔。他的律师贝克先生在同保险公司经过长达四年之久的"马拉松"谈判之后，由于保险公司拒绝皮尔斯太太提出的保险金额要求，所以贝克先生代表皮尔斯太太发出最后通牒，要求保险公司赔偿55万美元，否则就向法院起诉保险公司。而保险公司经过计算发现即使上法院也不会损失更大的数字，因而拒绝了贝克先生的最后通牒。在开庭前夕，保险公司得知，贝克律师已被另外一名律师所代替。而新律师提出的最后通牒，要求保险公司赔偿45万美元，否则法庭上见。这次保险公司同意了这个数字。

3）重新出价法。重新出价法是提出一种与原先出价根本不同的出价，是一种全新的计算方法，或者全新的要求、全新的条件等，而不仅仅是在原来出价基础上的让步。它与新指标法有本质的区别，新指标法往往是降低价格和要求，是一种让步，而且是在上级的指示和授权下使用的。

（4）如何对付最后通牒

如果对方对你实施最后通牒，你不必紧张，也不能流露出非常重视的神态，你应该考虑采用下列方法来对付他的最后通牒。

1）制造竞争。对方向你实施最后通牒，目的是迫使你答应他的条件，同他达成协议。如果你不理他的最后通牒，转向第三方，摆出与第三方达成协议的架势，就有可能击败他的最后通牒。

例如，在上文新指标法中提到的购买轧钢机的谈判中，中方代表面对对方谈判代表的最后通牒，转而去找另一家公司的谈判代表，摆出一副认真进行谈判的架势，并且取得了某些成果。然后再以这些成果向对方施压，迫使对方就范，从而击败了对方的最后通牒。

2）反下最后通牒。面对对方的最后通牒，如果你有把握、有能力击败他，不妨以其人之道还治其人之身，也来个最后通牒。还是上例中的中方代表，在有了充分的把握之后，也对对方实施了最后通牒，正告对方：最后时限是3月15日12点，最后出价是比另一家公司的报价还低2000万美元。从而狠狠地教训了那个无比狂妄的谈判代表。一般而言，没有十分的把握，不宜反过来下最后通牒。不然，只会将局面越搞越糟，反而不可收拾。

3）中断谈判。只要了解对方实施最后通牒仅仅是玩弄谈判的技巧，就不妨中断谈判，让他明白最后通牒意味着谈判破裂。例如，浙江某中小企业的谈判代表，面对狮子大开口的港商的最后通牒，就采用了中断谈判的高招，指着门对港商说："没有什么好谈的了，你走吧！"这一棍把港商打懵了，迫使港商不得不乖乖地把价格降下来。

4）让步法。对于对方的最后通牒，可以做出某些让步（当然这是在原来让步的计划之内），不过在做出让步之前，应用恰当的语言，表示对对方最后通牒的态度。然后找些体面的理由（如未来的合作前景、个人之间的友谊、以往的友好合作等）作为让步的借口。

千万不要在表明态度之前就做出让步,这样是在对方面前示弱,并可能鼓励对方在今后的谈判中用强硬的态度对付你。

5)抗议法。如果你不怕谈判破裂,可以向对方甚至是对方的上级提出抗议,然而仅仅是抗议而已,不必采取其他任何行动。这样把球踢给了对方,看他下一步采取什么样的行动。因为对方下一步最多是中断谈判或者宣布谈判破裂,这已经吓唬不了你。而很多情况下,对方看最后通牒对你不起作用,就有可能采取某种补救措施,进行新的谈判。

2.利益诱导

真正的谈判高手会运用自己的全部知识、能力使对手相信,他的建议将给自己带来最大的利益,是最理想的选择。一个谈判高手知道,利益是改变对手想法的重要杠杆。无论你是卖方还是买方,不论你进行什么类型的谈判,你都可以用利益诱导的方法使对手同意你的观点和建议。利益诱导中的"利",不应仅仅理解为"钱"。现代社会中的价值标准是多元的,人们在谈判中努力争取的东西是多样的。以利益诱导的"利",可以是一笔钱、一种地位,也可以是一个机会、一种享受等。

利益诱导的基本步骤:首先确定顾客关注的核心利益,然后总结达成交易的所有利益,最后向顾客提出购买建议。

案例分析

案例分析 5-2　克莱斯勒公司的复活

美国汽车界巨子艾科卡在接手陷入困境的克莱斯勒公司后,觉得必须降低工人的工资。他首先降低高级职员10%的工资,自己的年薪也从36万美元减为10万美元。

然而工会并未答应,双方僵持了一年,最后,形势逼迫艾科卡发出了最后通牒。在一个冬天的晚上10点,艾科卡找到工会谈判委员,对他们说:"明天早晨以前你们非做出决定不可,如果你们不帮我忙,我叫你们也不好受,明天上午我就可以宣布公司破产。你们还可以考虑8个小时,怎么办好,随你们的便。"

艾科卡在其自传中也说:"这绝不是谈判的好办法,但是有时候只能这样做。"最后通牒,正是特定情境下的一种谋略。

分析:在案例中,艾科卡采用了"最后通牒"的策略,双方在减薪问题上僵持了一年,该想的办法已经想过了,这时采用"最后通牒"的方式也许是使工会改变想法的唯一方式。这可能也是艾科卡在这个问题上"孤注一掷"的最后方法,但他心里明白,谈判破裂对双方都没有好处,工会很有可能因此而妥协。

四、签订谈判合同

经过艰难的谈判,业务谈成了,如果不签订合同,双方的权利义务关系不固定下来,以后的执行就可能成为问题。所以合同的签订不可忽视,而且合同的签订也是商务谈判取得成果的标志。当然,合同签订后要按照合同约定来履行,否则可能造成违约责任。

1. 签约前的最后总结

在正式签约之前，各方都有必要对本次谈判进行最后的回顾和总结，主要内容如下：

1）明确所有项目是否已谈妥，是否还存在一些未能得到解决的问题，以及这些问题的最后处理；

2）明确所有的交易条件是否已达到己方期望的预期或目标；

3）最后的让步项目、幅度及目的是否达到；

4）整个谈判过程是否还存在什么问题。

这种回顾的时间和形式取决于谈判的规模及复杂程度，可以安排在谈判结束后约 20 分钟的休息时间里，也可以安排在一个内部会议上。

2. 合同起草

有的谈判学者提出合同文本尽量争取由本方来写，因为这样做可以有力地控制合同内容的形成。国际贸易合同的内容主要有以下几个方面。

（1）合同当事人的基本信息　当事人的名称或者姓名和住所，经济组织的主要办事机构、电话、传真、银行账号等。

（2）合同标的　标的可以是物品和货币，也可以是某项工程或智力成果，还可以是非物质财富，如买卖合同中的商品、供销合同中的物资、借贷合同中的货币等都属于标的的范畴。

（3）数量　数量条款的基本内容包括货物数量和计量单位。

（4）质量　质量主要是指标的的特征，是标的的内在品质和外在形态的综合反映，质量高低直接影响合同履行的质量以及价款报酬的支付数额。

（5）包装　包装的具体内容包括包装要求、包装方式、包装材料、包装费用和运输标志等。在规定包装条款时应考虑：包装规定具体明确（不宜用"海运包装"之类的笼统字眼）、商品的特性、不同的运输方式对包装的要求、有关国家在法律上对包装所做出的规定。

（6）货物检验　该条款主要是作为交易各方交接货物、支付货款和处理索赔的依据，内容包括检验时间、检验地点、检验证书、检验方法和标准。

（7）价格　价格条款主要包括货物单价、总价款、附带费用的承担等，而国际商务谈判合同中对于价格条款的规定比较复杂，一般由单价和总额构成，然而单价的规定需要包括三个方面：①计量单位，②计价货币（出口国货币、进口国货币、第三国货币），③价格术语（FOB、CIF、CFR）。在约定中，除应当注意采用大小写表现合同价款外，还应当注意在大写文字的表示方式上，不能有错误、简写等情况，以免对以后合同的履行造成障碍。此外，在谈判合同的价格条款中，也可以规定运费、装卸费、保险费、进出口关税、检验费、包装费、仓储费等。

（8）支付　支付条款的内容包括所采用的支付货币、支付金额、支付方式和支付期限，其中支付货币、金额等必须与价格条款的规定一致。国内贸易一般采用电汇的支付方式，而国际贸易的支付方式则包括汇付、托收和信用证等。这些内容都应该在合同的内容中加以确定。

（9）合同履行的期限、地点和方式

1) 合同履行的期限是指合同当事人实现权利和履行义务的时间限制，当事人可以就履行期限是即时履行、定时履行还是分期履行做出规定。

2）履行地点是指当事人实现权利、履行义务的地方，可以是合同当事人的任何一方所在地，也可以是第三方所在地，如交货地、发货地、接受服务地、提供服务地，具体选择哪个地方由当事人协商确定。

3）履行方式是当事人履行义务采取的方式。是选择自提、送货上门、代运、分期分批、一次性支付、代销等，还是选择托收承付、现金支付、支票支付、信用证支付等，都由双方协商决定。

（10）违约责任　违约责任是指合同当事人一方或各方不履行合同或没有完全履行合同时，违约方应当对守约方进行的救济措施。当事人可以在合同中约定违约致损的赔偿方法以及赔偿范围等。

（11）解决争议的办法　争议的解决办法主要有四种：①当事人各方通过自行协商解决，②由第三方人士介入，进行中间调解，③提交仲裁机构解决，④向人民法院提起诉讼。

案例 5-1　出口合同

合同号：　　　　签约日期：　　　　签约地：

卖方：A 公司
　　地址：
　　电话：
　　传真：
　　电传：

买方：B 公司
　　地址：
　　电话：
　　传真：
　　电传：

双方同意按照下列条款由卖方出售、买方购进下列货物。

（1）货物名称、规格：
（2）数量：
（3）单价：
（4）总值：
（上述（2）（3）（4）条合计）
（5）交货条件：FOB/CFR/CIF
（6）货物生产标准：
（7）包装：
（8）唛头：
（9）装运期限：
（10）装运港口：
（11）目的港口：

（12）保险：

当交货条件为 FOB 或 CFR 时，应由买方负责投保；当交货条件为 CIF 时，应由卖方按发票金额 110%投保_____险；附加险_____。

（13）支付条款：

1）信用证（L/C）支付方式

（买方应在装运期前/合同生效后_____日，在_____银行以电传/电信方式开立以卖方为受益人的不可撤销的议付信用证。信用证应在装船完毕后_____日内在受益人所在地到期。

2）托收（D/P 或 D/A）支付

货物发运后，卖方出具以买方为付款人的付款跟单汇票，按即期付款交单（D/P）方式，通过卖方银行及_____银行向买方转交单证，换取货物。

货物发运后，卖方出具有以买方为付款人的承兑跟单汇票，汇票付款期限为_____，按即期承兑交单（D/A 日）方式，通过卖方银行及_____银行，经买方承兑后，向买方转交单证，买方按汇票期限到期支付货款。

（14）单证：

卖方应向议付银行提交下列单证：

① 标明通知收货人/收货代理人的全套清洁的、已装船的、空白抬头、空白背书并注明运费已付/到付的海运提单；

② 商业发票_____份；

③ 在 CIF 条件下的保险单/保险凭证；

④ 装箱单一式_____份；

⑤ 品质证明书；

⑥ 原产地证明书。

（15）装运条件：

1）在 FOB 条件下，由买方负责按照合同规定的交货日期洽定舱位。卖方应在合同规定的装船期前_____日将合同号、货物名称、数量、金额、箱数、总重量、总体积及货物在装运港备妥待运的日期以电传/传真通知买方。买方应在装船期前_____日通知卖方船名、预计装船日期、合同号，以便卖方安排装运。如果有必要改变装运船只或者其到达日期，买方或其运输代理应及时通知卖方。如果船只不能在买方通知的船期后_____日内到达装运港，买方应承担从第_____日起发生的货物仓储保管费用。

2）在 FOB、CFR 和 CIF 条件下，卖方在货物装船完毕后应立即以电传/传真向买方及买方指定的代理人发出装船通知。装船通知应包括合同号、货物名称、数量、毛重、包装尺码、发票余额、提单号码、起航期和预计到达目的港的日期。

3）允许/不允许部分装运或转运。

4）卖方有权在____%数量内溢装或短装。

（16）质量/数量不符合索赔条款

在货物运抵目的港后，一旦发现货物的质量、数量或重量与合同规定的不符，买方可以凭借双方同意的检验组织所出具的检验证书，向卖方索赔。但是，应由保险公司或航运公司负责的损失除外。有关质量不符的索赔应由买方在货物到港后 30 天内提出；有关数量或重量不符的索赔应在货物到港后 15 天内提出。卖方应在收到索赔要求后 30 天内回复买方。

（17）不可抗力

卖方对由于下列原因而导致不能或暂时不能履行全部或部分合同义务的，不负责任。例如，水灾、火灾、地震、干旱、战争或其他任何在签约时卖方不能预料、无法控制且不能避免和克服的事件。但卖方应尽快地将所发生的事件通知对方，并应在事件发生后 15 天内将有关机构出具的不可抗力事件的证明寄交对方。如果不可抗力事件的影响超过 120 天，双方应协商合同继续履行或终止履行的事宜。

（18）仲裁

因履行本合同所发生的一切争议，双方应友好协商解决，如果协商仍不能解决争议，则应将争议提交中国国际经济贸易仲裁委员会（北京），依据其仲裁规则仲裁，仲裁裁决是终局的，对双方都有约束力。仲裁费应由败诉一方承担，但仲裁委员会另有裁定的除外。在仲裁期间，除仲裁部分之外的其他合同条款应继续执行。

（19）特殊条款

本合同由双方代表签字后生效，一式两份，双方各执一份。

卖方：A 公司　　　　　　　　　　　　　买方：B 公司

授权代表：（签字）　　　　　　　　　　授权代表：（签字）

注：除非另有规定，"FOB""CFR"和"CIF"均应依照国际商会制订的《国际贸易术语解释通则》/（INCOTERMS 2010）办理。

3．合同审核

合同的审核要从合同的文本内容及合同的有效性两方面进行审核。

（1）审核合同文本内容

① 对合同文本的审核应从两个方面考虑，如果文本使用两种文字撰写，则要严格审核两种不同文字的一致性；如果使用同种文字，则要严格审核合同文本与协议条件的一致性。

② 核对各种批件，包括项目批文、许可证、用汇证明、订货卡等是否完备，以及合同内容与各种批件内容是否一致。这种签约前的审核工作相当重要，因为常常发生两种文本与所谈条件不一致的情况。审查文本务必对照原稿，不要只凭记忆阅读审核。

③ 注意合同文本不能太简约。合同的简约往往会存在漏洞。

④ 在审核中发现问题，应及时相互通告，并调整签约时间，使双方互相谅解，不要因此而造成误会。对于合同文本中的问题，一般指出即可解决，有的复杂问题需经过双方再谈判。对此，思想上要有准备，同时要注意礼貌和态度。

（2）审核合同有效成立的条件

合同必须建立在明确有效成立的条件基础上，如果合同有违反法律、法规和有关惯例的情形，缺少了合同有效成立要件，就得不到法律的保护。国际商务谈判合同的类型和内容虽有差异，但关于合同有效成立的条件却基本一致，主要有以下几点：

① 合同必须合法。合同虽已成立，但因其违反法律、行政法规或社会公共利益，在法律上确定的当然不发生法律效力的合同，称为无效合同。无效合同的特征：违法性、不

得履行性、无效合同自始无效、无效合同当然无效。

② 合同必须体现平等互利、等价有偿。一方以欺诈、胁迫的手段订立合同，损害另一方、第三方或国家利益，属于无效合同。

③ 合同必须具备主要条款。合同条款不完备，主要表现为"六无"，即无交货地点、无合同履行期限、无结算日期、无单位公章、无质量要求、无违约责任。

4．合同签订

（1）签字人的确认

国际商务谈判的主谈人不一定是合同的签字人。这种合同一般由企业法人代表或其授权人签字。如果预计会有出口业务成交的话（如去国际展览会参展或者去国外拜访客户），通常由谈判人员带着预先盖好公司名称和法人签字章（二合一的章）的固定格式的合同前去谈判，如果业务谈成了，就当时填写协商好的内容，由国外客户签字后，每人各持一份。当然，如果法人当时在场的话，可以直接在空白合同上签字。

（2）签约时应注意的问题

① 签任何合同之前至少看三遍。防止对方恶意篡改合同中重要的数字和条款；

② 大型的签约活动，一定要注意安全；

③ 签约时不能过分地喜形于色；

④ 不能只为自己庆祝。

案例分析 5-3　错将付款人认定为责任方

A 为大型跨国企业集团，实力雄厚。出口商甲根据 A 下属子公司 B 发出的订单向 B 供应货物，并按照 A 整体的财务安排从 A 处回收货款，收汇一直较为正常。考虑到 A 的优良资信，甲与 B 签订了一系列合同。两年后，甲获悉 B 经营状况恶化、即将破产，此时尚有大额出运货款尚未回收，向 A 追讨，A 以其非交易合同主体为由拒绝还款，甲损失惨重。

分析： 该案例很明显是出口商没有弄清楚合同签约方的法律地位。公司可以设立分公司，分公司不具有企业法人资格，其民事责任由公司承担。公司可以设立子公司，子公司具有企业法人资格，依法独立承担民事责任。本案例中 B 属于 A 的子公司，子公司是独立的法人，拥有自己独立的名称、章程和组织机构，对外以自己的名义进行活动，在经营过程中发生的债权债务由自己独立承担。母公司作为子公司的最大股东，仅以其对子公司的出资额为限对子公司在经营活动中的债务承担责任；子公司作为独立的法人，以子公司自身的全部财产为限对其经营负债承担责任。

实践训练

根据下面情形，由学生分组进行实际演练。

你的公司要在某一沿海城市建立一个分厂，你作为你公司的谈判代表，先找到当地某电力公司要求以低价优惠供应电力，但对方态度十分坚决，认为自己是当地唯一的一家电力公司。

谈判很快陷入僵局。此时，你通过多种渠道了解到电力公司其实对此次谈判十分重视，一旦双方签订了合同，便会使这家濒临破产的电力公司起死回生。由此可知，此次谈判对电力公司应该是很重要的。

这时，你应该如何进行下面的谈判？

提示：这时可采用期限策略。例如，既然我们无法达成共识，我看再谈下去也是没有希望了。下一步，我们要考虑自己建个小型电厂。

课后训练

一、简答题

1. 如何判断双方即将成交或谈判即将结束？
2. 促进成交的行为有哪些？
3. 谈判完成阶段的策略有哪些？

二、实训操作

某市一个庞大的政府建设工程面临巨大危机，会造成巨额经济损失，并且殃及你的公司，你需要得到一个大承包商的救助，假如他们的总经理是个很难对付的人，那么你将怎么办？

三、案例分析

1. 美妙公司是一家主营圣诞礼物的专业企业，主力产品是圣诞卡、圣诞老人及各种毛绒玩具，因为专业性强，在业界享有极高的知名度，其产品遍及市内所有中高档商场。雅贵商厦是一家著名的综合性商场，地理位置极佳且交通便利，每个重要节日都会创造极高的销售额。双方在每年的圣诞节都会有愉快的合作，各自都能达到预期的销售目标。而今年雅贵商厦提高了进店费用，这令美妙公司极为不满，因为这将增加该公司的运营成本，会影响其经营利润。于是双方进行了沟通，在十月初进行了一次失败的谈判后谁也没提出第二次会面时间，但圣诞节却越来越近了。

美妙公司认为他们是圣诞行业中无可争议的第一品牌，每年销量都在上升，消费者非常认可美妙品牌，如果在圣诞期间雅贵商厦没有该产品的销售，在经营上将造成较大的损失，所以他们计划使用时间压力策略，在最后时刻等待对方的让步。

雅贵商厦认为他们有众多的固定消费群体，美妙公司是通过这个良好的平台才获得了今天的业绩，另外，雅贵商厦目前和全国优秀的供应商合作，拥有不同档次的完整产品线，即使不销售美妙公司的产品也不会造成多大的影响，所以他们也使用时间压力策略，在最后时刻等待美妙方的让步。

很明显，双方都在使用同一谈判策略。

思考：哪一方应该首先做出让步呢？

提示：处于强势的一方可以从容使用时间压力策略，而处于弱势的一方应该想办法避免它的发生，时间的拖后会使谈判地位继续降低。在这个例子中，雅贵商厦处于绝对的优势，他们会更多地引进其他品牌的圣诞产品，在销售收入上最大限度地弥补缺少美妙产品的损失，消费者方面也不会有流失率的隐患，他们不会因为缺少美妙产品而拒绝消费其他品牌。所以，雅贵商厦如果能与美妙合作是锦上添花，不能合作也不会带来什么影响。

2. 2016年8月,某电子管厂与一农场签订了一份加工镀锡铜线联营合同,合同规定:联营厂的主要机械设备技术由电子管厂负责提供,联营厂的场地、厂房以及生产人员由农场负责解决,合同有效期为10年。此外,合同还对利润分成的比例和违约责任等项做了明确规定。合同签订后,农场按合同规定进行了场地清理、技术工人培训及厂房建造。但由于市场对电子管的需求情况发生变化,电子管厂的上级机关决定由该厂自己生产锡铜线。据此,电子管厂单方终止联营,造成农场直接损失5万元。电子管厂强调自己违约的原因在于上级机关的决定,故不愿承担赔偿责任。虽然有关部门多次调解,均不见效,农场提起诉讼,要求电子管厂赔偿损失。

在处理此案时,有两种不同意见:第一种意见认为电子管厂不应赔偿农场的损失;第二种意见认为农场所受到的经济损失是因为电子管厂违约造成的,所以提出要对方赔偿5万元的直接损失是合理的。电子管厂认为自己不履行合同是执行上级的决定,不愿承担违约责任,这是错误的。

思考:你支持哪一种意见呢?请说明理由。

提示:应当负赔偿责任。因为合同是当事人之间设立、变更或终止民事关系的协议。合同依法订立,对订约双方都具有法律约束力,双方都必须严格遵守认真履行,除了出现不可抗力、法律有特别规定或双方在合法范围内约定的免责条件之外,任何一方违约都要承担违约责任。如果给对方造成了损失,还必须承担赔偿责任。本案例中,电子管厂违约,虽是上级决定所致,但它毕竟没有履行合同确定的义务,并且给对方造成了损失,因此,不能推卸责任。违约责任应受法律制裁。由于电子管厂违约是上级决定所致,因而它在赔偿农场经济损失之后,有权向上级机关对所受损失做出相应处理的要求。《中华人民共和国民法通则》第一百一十六条规定:"当事人一方由于上级机关的原因,不能履行合同义务的,应当按照合同约定向另一方赔偿损失或者采取其他补救措施,再由上级机关对它因此受到的损失负责处理。"

四、完成【项目导入】中的任务,并提交报告

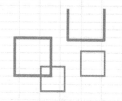

项目六
商务谈判技巧应用

 项目导入

某银行经理曾接待过一个客户，客户怒气冲冲地闯进办公室质问经理：为什么银行财务部门给他发关于催还4万元债款的信，而他已经把钱还清了。当时银行经理冷静而有礼貌地接待了这位客户并聚精会神地听完他冗长而激愤的申述，中间并不插嘴还不时点头表示理解。等客户发泄完了，银行经理首先向客户表示道谢，感谢客户指出了公司可能存在的一个错误，并表示一定会查清此事。

这位客户没有料到银行经理对他的发泄会这么认真地聆听，冷静下来后向银行经理表示自己回去也查一下账目，后来客户发现果然欠了该银行4万元未还。

面对怒气冲冲的客户，银行经理巧用谈判的技巧，平息了客户的情绪，并让客户主动协助银行，查清了自己确实欠银行4万元未还。完成本项目，你需要掌握以下几个典型的谈判技巧应用：①提问技巧应用；②应答技巧应用；③说服技巧应用；④示范技巧应用；⑤电话洽谈技巧应用。

➤ 知识目标
1. 掌握提问的技巧；
2. 掌握应答的技巧；
3. 掌握倾听的技巧；
4. 掌握说服的技巧；
5. 掌握叙述的技巧；
6. 掌握示范的技巧；
7. 掌握电话洽谈的技巧。

➤ 能力目标
1. 能根据谈判中的情景适当合理地应用提问技巧；
2. 能根据谈判中的情景适当合理地应用应答技巧；
3. 能根据谈判中的情景适当合理地应用说服技巧；
4. 能根据谈判中的情景适当合理地应用示范技巧；
5. 能根据谈判中的情景适当合理地应用电话洽谈技巧。

➤ 任务分解
任务一 提问技巧的应用

任务二　应答技巧的应用
任务三　倾听技巧的应用
任务四　说服技巧的应用
任务五　叙述技巧的应用
任务六　示范技巧的应用
任务七　电话洽谈技巧的应用

任务一　提问技巧的应用

在日常生活中，提问是很有艺术性的。例如，有一名教士问他的上司："我在祈祷时可以抽烟吗？"这个请求遭到断然拒绝。另一名教士说："我在抽烟时可以祈祷吗？"抽烟的请求得到允许。为什么在相同的条件下，一个被批准，另一个被拒绝呢？原因就是提问的艺术性。被同意的理由是"在抽烟休息时还念念不忘祈祷，不忘敬拜上帝"。没被同意的理由是"祈祷时心不专一，用吸烟来提神，对上帝不恭不敬"。其实，提问题是很有讲究的，哪些方面可以问，哪些方面不可以问，为了达到某一目的应该怎样问，以及问的时机、场合、环境等，对一个谈判人员来讲是必须要掌握的。

 操作步骤及分析

提问具有很强的技巧性，上述这个例子就说明了这个问题。由此可以看出，提问是谈判中掌握主动的重要手段，要想获得谈判的成功，必须学会和掌握提问的技巧。

一、明确提问内容

提问的人首先应明确自己问的是什么。如果你要对方明确地回答你，那么你的问话也要具体明确。

二、选择正确的提问方式

选择问话的方式很重要，提问的角度不同，引起对方的反应也不同，得到的回答也就不同。从提问效果看，可以分为有效提问和无效提问两类。有效提问是确切而又富有艺术性的发问。无效提问是强迫对方接受的一种发问，或者迫使他消极地去适应预先制定的模式的一种发问。

有效提问艺术表现在以下三个方面：

1）有效提问必须于"问者谦谦，言者谆谆"的心理氛围中进行。给人以真诚感和可信任感，从而使答问者产生平和而从容的感觉，达到预期的目的。

2）有效提问必须使用一定的提问模式。即有效提问=陈述语气+疑问语缀。如"你能提出一个切实可行的方案，这很好，能先说一说吗？""你是能帮助解决这个问题的，你有什么建议吗？"

3）有效提问必须善于运用延伸艺术。如果一次提问未能达到自己的问话目的，运用延伸提问将是有效的。如可以继续问："为什么会是这样的？""你是如何想方设法解决的？"或适当的沉默给人留有余地。

三、把握提问时机

什么时候提问、怎样提问都是很有讲究的。掌握好提问的时机，有助于引起对方的注意，掌握主动权，使谈判按照自己的意图顺利进行。再好的问题，如果提问的时机不对，也不是好问题。关于发问的时间，一般可以把握四个时间段，即在对方发言完毕之后，在对方发言停顿、间歇时，在自己发言前后和在议程规定的辩论时间内。

四、掌握提问的要诀和注意事项

为了获得良好的提问效果，需要掌握一些提问的要诀和注意事项。

1．在谈判中一般不该提出下列问题

1）带有敌意的问题；
2）关于对方的私人生活和工作问题；
3）直接指责对方品位和信誉方面的问题；
4）为了表现自己而故意提出的问题。

2．注重提问的速率

提问时措辞速率太快，容易使对方感到你不耐心，容易导致对方的抵触；反之，要是措辞太慢，容易使对方感到沉闷，从而降低了你提问的力量，影响提问的效果。

3．注重对手的心境

谈判者受情绪的影响在所难免。谈判中，要随时留心对手的心境，在你认为适当的时候提出相应的问题。例如，当对方心境好时，会比较容易地满足你所提出的要求，而且会有些随意，会在不经意间吐露一些相关的信息。此时，抓住机会提问就会有所收获。

知识链接

一、问什么

商务谈判过程中提问的目的是要求对方做出回答，通过回答来获取信息，发现对方需求的线索。要更好地发挥问话的作用，问话之前的思考、准备是十分必要的。思考的内容包括我要问什么、对方会有什么反应、能否达到我的目的等。提出的问题要清楚明白，一般只是一句话，因此一定要用语准确、简练，以免含混不清，产生不必要的误解。

谈判中并非可以随便地提出任何问题，一般下列问题不应该提。

1．带有敌意的问题

应尽量避免那些可能使对方产生敌意的问题。一旦问题含有敌意，就会损害双方的关系，最终会影响交易的成功。

2．有关个人生活、工作方面的问题

对方的收入、家庭状况等问题，不要涉及。此外，也不要涉及对方国家或地区的政党、宗教等方面的问题。

3．指责对方品质和信誉方面的问题

禁忌直接指责对方在某个问题上不够诚实等，这样做不仅会使对方感到不快，而且还会影响彼此之间的真诚合作。如果我们发现对方在某些方面不够诚实，我们可以把自己已经了解或掌握的真实情况陈述给对方，对方自然会明白我们的用意了。

4．为了表现自己而故意提问

为了表现自己而故意提问，会引起对方的反感。故作卖弄的结果往往会弄巧成拙，被人蔑视。

一些有经验的谈判人员，往往会提出一些看上去很一般，并且容易回答的问题，而这个问题恰恰是随后要提出的比较重要的问题的前奏。对方可能在回答看似无关紧要的问题时暴露其思想，再让其回答紧要问题时，对方只好按照原来的思路回答，或许这个答案正是我们所需要的，收到出其不意之效。

二、商务谈判中常用的提问方式

1．封闭式提问

封闭式提问即在一定范围内引出肯定或否定答复的提问。这种提问可使提问者获得特定的资料，而一般情况下答复者也不需要太多的思考过程和时间即能给予答复。如：①"你是否认为上门服务没有可能？"②"我们能否得到更优惠的价格？"

2．开放式提问

开放式提问即在广泛的领域内引出广泛答复的提问。这类提问通常无法以"是"或"否"等简单的字句答复。由于开放式提问不限定答复的范围，所以答复者可以畅所欲言，提问者也可以得到广泛的信息。这类问句也称"6W"问句，即 Who（谁）、Where（哪里）、What（什么）、When（什么时候）、Where（哪里）、Which（哪一个）。Why（为什么）通常不包含在内，因为用 Why 句发问容易使对方感到有"质问"之感。

3．婉转式提问

婉转式提问即在没有摸清对方虚实的情况下，采用婉转的语气或方法，在适宜的场所或时机向对方提问。这种提问，既可避免被对方拒绝而出现难堪局面，又可以自然地探出对方的虚实，达到提问的目的。如："先生，您在离开的时候需要我帮您做点什么？"这种提问可以避免对方拒绝而出现尴尬，也可以诱导对方说出离开的时间。

4．澄清式提问

澄清式提问即针对对方的答复重新措辞，使对方证实或补充原先答复的一种提问，也称核实型提问、证实型提问。如："您刚才的说法，是否意味着您可以代表贵方所有人的意见呢？"

5．坦诚式提问

坦诚式提问，是一种推心置腹的友好性发问。这一发问一般是当对方陷入困境或有难办之处时，出于友好，帮助排忧解难的发问。这种发问能制造出某种和谐的气氛。如"要改变你的现状，要花费多少钱？""告诉我，你至少要销掉多少？"

6．借助式提问

借助式提问即借助权威人士的观点和意见影响谈判对手的一种提问。应当注意，所借助的人或单位应是对方所了解并且能对对方产生积极影响的,如对方不了解借助人,或对他有看法,就可能引起反感,效果适得其反。如:"×××专家很支持这个方案,不知贵方有何看法?"

7. 强迫选择式提问

强迫选择式提问即以自己的意志强加给对手,并迫使对方在狭小范围内进行选择的提问。运用这种提问方式要特别慎重,一般应在己方掌握充分主动权的情况下使用。否则,很容易导致谈判出现僵局,甚至出现破裂。如:"这几种颜色都很好,您喜欢哪一种呢?"

8. 引导式提问

引导式提问即具有强烈的暗示性的提问。这类提问几乎使对方毫无选择余地地按你所设计的提问作答。这是一种反义疑问句的句型,在谈判中,往往使对方对自己的观念产生赞同。如"讲究商业道德的人是不会胡乱提价的,您说对不对?""这样的报价对你我都有利,是不是?"

9. 协商式提问

协商式提问即为使对方同意你的观点,采用商量的口吻向对方发出的提问。这种提问,语气平和,对方容易接受。即使对方没有接受你的条件,谈判的气氛仍能保持融洽,双方仍有继续合作的可能。如:"将这句话改成这样,您看如何?"

10. 探索式提问

这是针对对方的答复,要求引申或举例说明,以便探索新问题、新方法的提问。如"这样行得通吗?你说可以如期履约,有什么事实可以说明吗?""假设我们运用这种方案会怎样?"

三、提问的时机

1. 在对方讲话完结后提问

在对方讲话的时候,一般不要急于提问,因为打断旁人的讲话是不礼貌的,容易导致对方的抵触。当对方讲话时,你要认真倾听,即使你发现了对方的问题,也不要打断对方,可先把发现和想到的问题记下来,待对方讲话完结再提问。

2. 在对方讲话搁浅和间歇时提问

如果谈判中,对方讲话冗长、茫无头绪、纠缠细节或者离题太远而影响谈判进程,这时候可以借他搁浅、间歇时提问。例如,当对方停歇时,你可以借机提问,"您刚才说的意思是?""细节问题我们以后再谈,请谈谈您的主要观点好吗?"

3. 在自己的发言前后提问

在谈判中,当轮到自己发言时,可以在谈自己的观点之前,对对方的发言进行提问,不必要求对方回答,而是自问自答。这样可以争取主动,防止对方接过话茬,影响自己发言。如"价格问题您讲得很清楚,但质量和售后服务怎样呢?我先谈谈我们的意见。"在充分表达了自己的观点之后,为了试探一下对方的反应,使谈判沿着自己的思路发展,牵着对方的鼻子走,通常要进一步提出要求,让对方回答,如"我们的基本立场和观点就是这些,您对此有何看法呢?"

4．在议程规定的辩说时间提问

大型商务谈判，一般要事前商定谈判议程，设定辩说时间。在两边各自阐述的时间里一般不举行辩说，也不向对方提问。只有在辩说时间里，双方才可自由提问、举行辩说。在这种环境下，要事前做好筹办，可以假想对方的几个方案，针对这些方案考虑己方对策，然后再提问。

四、提问的要诀和注意事项

为了获得商务谈判中良好的提问效果，需掌握以下发问要诀和注意事项。

1）要预先准备好问题。因为临时提出的问题往往不是最好的问题。即使临场想起某些问题，也要仔细考虑好再提问，没有考虑好的问题，最好不要提问。

2）不要提出一些可能会阻碍对方妥协的问题；

3）不强行提问；

4）既不要以法官的立场来询问对方，也不要接连不停地提问题；

5）提问后应闭口不言，认真等候对方做出回应；

6）要以诚恳的立场来提问；

7）提问的句子应尽量简短；

8）不提无效问题。如"贵方对这次谈判有没有诚意？"没有人会回答"没诚意。"

9）要敢于提问。①要敢于提出某些似乎是很笨的问题，这不会丢面子，反而会鼓励对方给一个好的答案；②要有勇气反复提出对方回避的问题；③假如对方的答案不完整或故意转移话题，你要有耐心继续追问，坚决请对方对你的问题给以直接、全面的回答。

案例分析

案例分析 6-1　灵活应用多种提问方式

关于价格有争议的话术。

客户："你们的价格挺高啊？"

投资顾问："是吗？是超出了您的投资预算吗？"

客户："我看人家其他的公司也做你们这种业务，不过他们的价格比你们要低很多啊。"

投资顾问："哦，那您看的是哪些项目啊？能方便说一下吗？"

客户："我看他们的项目是2 200元。你们的是9 700啊？"

投资顾问："您还关注过哪些公司啊？"

客户："还有其他公司的，价格都不一样。（就关注过你们两家）"

投资顾问："其他公司的价格是什么样子的呢？"

客户："都不一样，有的是2 200，有的是980，有的是××。"

投资顾问："是啊，不同的公司就有不同的价格，不同的服务也有不同的价格，当然，价格也是服务质量的一种体现嘛，那××先生，您找项目最主要关注项目的价格吗？（那××先生，投资费用是您找项目最关注的方面吗）"

客户："当然不是了，投资嘛，花小钱办大事才是我需要的，所以才会关注项目的价格。"

投资顾问:"看来××先生考虑问题还是非常全面的,对项目有个深入的了解,这也是我们投资之前所必须要做的。除了项目的价格,××先生肯定也非常关注项目的投入产出比吧?"

客户:"是的。"

投资顾问:"像我们的很多投资客户都明白的一个道理就是'投资做生意,最关键的是项目的赢利情况',而项目的赢利应该是具备多方面的因素,除了投资费用,还有技术、设备、经营管理等因素,您说是吗?"

客户:"是的。"

投资顾问:"××先生,对于您提到项目价格,不仅您关注,我们公司比您还看重项目的价格,因为很多投资者都知道,不同的价格反映不同的服务,不同的价格体现不同的客户利益,公司价格虽然高,但这也是客户选择我们的原因啊,花低质项目的价格,买优质的项目,这也不现实啊?2 200有2 200的服务,9 700有9 700的服务,您说不是吗?"

客户:"是的。"

投资顾问:"当然,您肯定也知道技术、设备、公司的服务不是简单地通过广告就能了解到的,这也需要我们对项目和公司有个全面的了解,您说是吗?"

客户:"是的。全面了解是必需的。不过你们的价格差别在什么地方啊?"

投资顾问:"差别当然是多方面的,否则公司的价格也不会比其他公司高啊?"

客户:"是的,所以我也想多了解一下。"

投资顾问:"对于我们这种项目来讲,'技术'可以说是我们店铺的'生命',没有过硬的技术就很难生产出高质量的产品,没有好的产品就难有好的生意,您说是吗?"

客户:"是的。"

投资顾问:"因此,为了保证客户有好的技术,能够持续经营,我们公司是始终以技术研发为导向,重点在技术的研发和输出方面,例如,我们的××技术(举例子),很多公司是以'加盟'的名义从事招商工作,您肯定也知道目前的加盟行业非常混乱,很多公司都是不管技术成熟不成熟,拿来就卖,只要把价格定得低一些,就能卖出去,如果我们对这些公司不全面了解,是很容易上当的,所以在这一点上我们就要谨慎行之。您说是吗?"

客户:"是的。"

投资顾问:"刚才我们也谈到了,投资要谨慎,要想全面了解一个项目和公司,仅通过网站和广告是远远不够的,现在很多投资者都知道,要想深入了解一个项目,最好的方案就是实地考察,您说是吗?"

客户:"是的。"

投资顾问:"那您准备什么时间到公司考察呢?"

分析:造成销售人员在销售过程中丧失主动权的最主要的原因之一就是提问的方式不正确。"提问"不正确,客户的回答就会很发散,不会按照销售人员的思路进行,而有效的提问应该是让客户按照我们的思路进行。所以在销售过程中,销售人员要灵活运用封闭式、开放式和辅助式等多种提问方式。

实践训练

根据下面几种不同的情形,分别决定应如何运用提问的技巧,由学生分组进行实际演练。

一、从客户的兴趣角度出发

戴尔·卡耐基说:"试图了解别人,对别人感兴趣,那么在两个月内也会交到很多朋友;如果你只专注于让别人对你感兴趣,两年也交不到多少朋友。"做销售和交朋友一样困难,关键在于顾客并不在乎你知道多少,而是你关注他们多少。因此,在向顾客提问之前,你要让顾客了解:

1)你可以为他们做些什么。

2)为了能够更好地为他们提供帮助,你需要问些问题了解他们的情况以及目前遇到的问题。

二、与顾客分享成功案例

当顾客说,"那你要卖什么东西呢?",或者表现出怀疑,那是因为有太多销售员对这位顾客了解甚少,顾客还没有开始信任他们就向顾客推销产品了。解决这一问题的一种方法就是与顾客分享你的成功案例,你是如何通过自己的产品和服务为与他类似的客户带来收益的,陈述成功案例至少要包括以下三点:

1)背景。

2)你的公司是如何通过自己的产品及服务向顾客提供帮助的。

3)结果如何。

所以,当顾客说,"你要向我卖什么?",你应该回答,"不是要赚您钱的,只是想和您分享一下我们的成功案例,您想进一步了解下我们当时的服务情况吗?"当然,和很多打过去的陌生电话一样,一些顾客不论你说什么他们都会回答"不"。这种情况也很正常,那么你也可以将自己的时间和精力用在那些有兴趣听你继续讲下去的顾客身上。

课后训练

一、简答题

1．如何明确提问内容?

2．如何选择合适的提问时机?

3．如何正确选择合适的提问方式?

4．提问的常见方法有哪些?

5．提问的要诀有哪些?

二、实训操作

1．查阅各类商务谈判的提问技巧,并在班级的各种活动中予以实施。

2．根据自己参加谈判的场合不同,为自己量身设计三种不同的提问方式。

三、案例分析

请看下面这个情景：门铃响了，一个衣冠楚楚的人站在大门的台阶上，当主人把门打开时，这个人问道："家里有高级的食品搅拌器吗？"男人怔住了。这突然的一问使主人不知怎样回答才好。他转过脸来和夫人商量，夫人有点窘迫但又好奇地答道："我们家有一个食品搅拌器，不过不是特别高级的。"推销员回答说："我这里有一个高级的。"说着，他从提包里掏出一个高级食品搅拌器。

思考：

（1）这个销售员采取了哪种提问技巧？

（2）假如这个推销员改一下说话方式，一开口就说："我是××公司推销员，我来是想问一下你们是否愿意购买一个新型食品搅拌器。"你想一想，这种说话的推销效果会如何呢？

四、完成【项目导入】中的任务，并提交报告

任务二 应答技巧的应用

"问"有艺术，"答"也有技巧。要能够有效地回答问题，就要预先写下对方可能提出的问题。在谈判前，自己先假设一些难题来思考，考虑的时间愈多，所得到的答案将会愈好。在国外，比较重要的谈判在事先都要进行模拟谈判，让自己的人扮演谈判对手角色，借以发现在一般情况下难以发现的问题。

操作步骤及分析

在谈判过程中，根据具体情况设计、使用应答技巧，有时能取得出奇制胜的效果。

一、选择应答方法

发问者提出的问题，对于应答者来说可能有三种情况：能够回答、不能回答和待定回答。对于能回答的问题应该立即回答，对于不能回答的问题，或明确告诉对方不能回答，或采取回避术使对方放弃回答；对于待定回答的问题，或告诉对方现在不便回答，或是用模糊手法加以回绝。通常可将应答的问题分为正面应答、非正面应答和不应答。正面应答和非正面应答从方法上可以划分为依提问者的真实意图回答；将提问的范围扩大后再回答；将提问的范围缩小后回答；不确切回答。

二、巧用应答技巧

谈判活动中的真正妙答，绝不是对方问什么，你就答什么，对方如何问，你就如何回答，而是应该保持冷静和理智，灵活应变地采用和选取有利于谈判进展的应答技巧。

三、掌握应答应遵循的原则

应答的方法和技巧很多，该说什么、不该说什么和如何说，才能产生最佳效应，需要

遵循一定的应答原则。

知识链接

有问必有答，人们的语言交流就是这样进行的。问得不当，不利于谈判；答得不好，同样也会使己方陷入被动。谈判人员对每一句话都负有责任，都将被对方认为是一种承诺，这给回答问题的人带来一定的精神负担和压力。因此，一个商务谈判人员水平的高低，在很大程度上取决于其答复问题的水平。

一、谈判中的应答方法

1．依提问者的真实意图回答

一般而言，提问者总有着一定的意图和目的。但是，提问者有时可能有意识地使问题含糊其辞，让回答者判断失误，回答时出现疏漏。

例如，买方在谈判中提出的问题是"请您谈谈产品价格方面是如何考虑的？"卖方此时就应弄清楚买方是要了解哪一方面的问题后再酌情回答，是对方觉得价格太高，还是对不同规格产品价格进行探询。如果贸然回答，就可能落入对方陷阱，为对方压低价格提供依据。

2．将提问的范围扩大后再回答

在谈判过程中，对对方提出的问题如照实回答会有损己方形象、泄露商业机密或涉及无聊的话题，就可将问题提升到一个高度后再回答，这样可以回避难以回答的问题。

例如，买方问技术费是多少，就可以回答整个合同的价格如何适当、技术费所占的比重如何合理。

3．将提问的范围缩小后回答

例如，提问者的问题是"产品质量如何？"回答时就不必详细介绍所有的质量指标，而是回答其中几个有特色的指标，给对方留下产品质量优异的印象即可。

4．不确切回答

有些问答可以模棱两可，富有弹性，不把话说死。例如，"对类似问题，我们过去是这样处理的……"

二、谈判中的应答技巧

谈判中的应答，是一个证明、解释、反驳或推销己方观点的过程。为了能够有效地回答好每个问题，在谈判前，我们可以先假设一些问题来思考，事先考虑得越充分，所得到的答案就会越完美。通常，在谈判中应当针对对方提出的问题实事求是地正面作答，但由于商务谈判中的提问往往千奇百怪、五花八门，多是对方处心积虑、精心设计之后才提出的，因此如果对所有的问题都正面提供答案，并不一定是最好的答复，所以应答也必须运用一定的技巧。

1．回答问题之前，要给自己留有思考的时间

在谈判过程中，绝不是回答问题的速度越快越好，因为谈判与竞赛抢答是性质截然不同的两回事。

有些人在对方提问的声音刚落时，就急着回答问题。这些人通常有这样一种心理，就是如果对方问话与己方回答之间所空的时间过长，就会让对方感觉己方对此问题缺少准备，或以为己方几乎被问住了；如果回答得很迅速，就显示出己方已有充分的准备，也显示了己方的实力。其实不然，谈判经验告诉我们，在对方提出问题之后，你可通过喝水、调整一下自己坐的姿势和椅子，整理一下桌上的资料，翻一翻笔记本等动作来延缓时间，考虑一下对方的问题。这样做既显得自然、得体，又可以让对方看得见，从而减轻或消除对方对己方的错误感觉。

2．针对提问者的真实心理答复

谈判者在谈判桌上提出问题的目的往往是多样的，动机也往往是复杂的，如果我们在没有深思熟虑、弄清对方的动机之前，就按照常规来做出回答，效果往往不佳。如果我们经过周密思考，准确判断对方的用意，便可做出一个高水准的回答。

人们常用这样一个实例来说明建立在准确把握提问动机和目的的基础上的回答是精彩而绝妙的。艾伦·金斯伯格是美国著名的诗人。在一次欢迎中国作家代表团的宴会上，金斯伯格向中国作家提出了一个刁钻的问题："把一只 2.5 千克的鸡装进一个只能装 0.5 千克水的瓶子里，用什么办法才能把它取出来？"中国作家镇静自若地答道："您是怎么放进去的，我就怎样把它取出来！显然您是凭嘴把鸡说进这只瓶子的，所以我也用嘴把鸡从瓶子里取出来。"中国作家的智慧和机敏的反应令金斯伯格大为赞叹。

3．不要彻底地回答问题，因为有些问题不必回答

商务谈判中并非任何问题都要回答，有些问题并不值得回答。在商务谈判中，对方提出问题或是想了解己方的观点、立场和态度，或是想确认某些事情。对此，我们应视情况而定，对于应该让对方了解或者需要表明己方态度的问题要认真回答；而对那些可能会有损己方形象、泄密或一些无聊的问题，不予理睬就是最好的回答，但要注意礼貌。当然，用外交活动中的"无可奉告"一词来拒绝回答，也是回答这类问题的好办法。

例如，对方对某种产品的价格表示出关心，直接询问该产品的价格。如果立刻回答对方，把价格如实相告，那么在进一步的谈判过程中，己方就会陷入被动。所以，应该首先把对方的注意力引开："我想我们的产品价格一定会令你们满意的。请允许我先把这种产品的性能做一下介绍，我相信你们一定会对我们的产品感兴趣。"

4．逃避问题的方法是避正答偏，顾左右而言他

有时，对方提出的某个问题己方可能很难直接从正面回答，但又不能拒绝回答，逃避问题。这时，谈判高手往往用避正答偏的办法，即在回答这类问题时，故意避开问题的实质，而将话题引向歧路，借以破解对方的进攻。

5．对于不知道的问题不要回答

参与谈判的所有人都非全能全知，谈判中尽管我们准备得充分，也经常会遇到难解的问题。这时，谈判者切不可为了维护自己的面子而强作答复，因为这样有可能损害自己的利益。经验和教训一再告诫我们，谈判者对不懂的问题，应坦率地告诉对方不能回答，或暂不回答，以避免不应付出的代价。

6．有些问题可以答非所问

答非所问在知识考试或学术研究中是一大忌，然而从谈判技巧角度来研究，却是一种对不能回答问题的一种行之有效的答复方法。有些问题可以通过答非所问来给自己解围。

7. 以问代答

以问代答是用来应付谈判中那些一时难以回答或不想回答的问题的方式。此法如同把对方踢过来的球又踢了回去，请对方在自己的领域内反思后寻找答案。例如，在商务工作进展不是很顺利的情况下，其中一方问对方"你对合作的前景怎样看？"这个问题在此时可谓难以回答，善于处理这类问题的对方可以采取以问代答的方式，"那么，你对双方合作的前景又是怎样看呢？"这时双方自然会在各自的脑海中加以思考和重视，对于打破窘境起到良好的作用。商务谈判中运用以问代答的方法，对于应付一些不便回答的问题是非常有效的。

8. 有时可以采取推卸责任的方法

谈判者面对毫无准备的问题，往往不知所措，或者即使能够回答，但鉴于某种原因而不愿意回答。对这类问题通常可以如此回答："对这个问题，我虽没有调查过，但曾经听说过。"或"贵方某某先生的问题提得很好，我曾经在某一份资料上看过有关这一问题的记载，就记忆所及，大概是……"

9. 重申和打岔有时也十分有效

商务谈判中，要求对方再次阐明其所问的问题，实际上是为自己争取思考问题的时间的好办法。在对方再次阐述其问题时，我们可以根本不去听，而只是考虑如何做出回答。当然，这种心理不应让对方有所察觉，以防其加大进攻的力度。有人打岔是件好事，因为这可为我们赢得更多的思考时间。有些富有谈判经验的谈判人员估计谈判中会碰到某些自己一时难以回答而又必须回答的、出乎意料的棘手问题，于是，为了赢得更多的时间，就事先在本组内部安排好某个人，专门在关键时间打岔。打岔的方式多种多样，如借口外面有某某先生的电话，有紧急的文件需要某某先生出来签字等。有时，回答问题的人自己可以借口去洗手间，或去打个电话等来争取时间。

总之，在实际谈判中，回答问题的要诀在于知道该说什么和不该说什么，而不必考虑回答的问题是否切题。谈判桌上的双方在各方的实力基础上斗智斗勇。在回答问题时要兼顾艺术和技巧，谈判人员必须熟练地加以掌握和运用。

三、谈判中的应答原则

1. 认清发问的意图

认清发问的意图是指应答者要有准确的判断力，要听清对方的问题，认清发问的意图。这是有针对性应答的前提。

2. 选择恰当的方法

选择恰当的方法要求应答者根据发问者的立场、态度、发问的目的、动机以及发问的内容和场合来选择恰当的应答方法。

3. 应答要讲究技巧

面对对方提出的问题可以根据不同方式做出应答，谈判中的应答技巧多种多样，变化无穷，必须根据应答方法的实际需要灵活地加以选择。

 案例分析

案例分析 6-2　灵活应用应答的技巧

金星啤酒计划要进入中山市场,首选中山市几家大餐饮企业作为进入的突破口。如何让这几家餐饮企业推荐金星啤酒或者将金星啤酒作为饭店的主要酒水,需要下功夫做好老板的工作,这个任务落到了金星啤酒销售副经理小赵的身上。

小赵:"哟,这么多空酒瓶!老板,一看中午客人喝空了这么多瓶酒,就知道你的生意做得红红火火。现在啤酒销量不错吧?"小赵说话语音洪亮、真诚,让人听起来很受用。

马老板:"马马虎虎,请问有什么事?"

小赵:"噢,我是金星啤酒集团的小赵,早就听说您是中山餐饮业起步最早、做得最好的老板,今天来拜访您,跟您学学生意经,交个朋友。"

马老板:"没有什么经验,只是踏踏实实地做生意罢了。"

小赵:"这才是最宝贵的经验,也是做生意最基本的原则。正是因为您的实在、讲信誉,您的顾客才信任您,愿意和您打交道,您的生意才越做越大了。"

马老板:"还是你们文化人会总结。"

小赵:"文化的高低不能决定事业的成功,关键是做事和做人,听说您不是就凭借着一个"义"字把生意做大了吗?"

马老板一听就很高兴,把小赵让到办公室里商谈,果然没有费多大的劲,小赵就和马老板签订了每年销售 10 万元啤酒的大订单。

思考:小赵为什么会成功?

分析:小赵运用赞美、接近终端客户的应答技巧,拉近了与客户的关系和距离,加深了双方的沟通欲望,最终达成了双方满意的协议。造成销售人员在销售过程中丧失主动权的最主要的原因之一就是回答问题的方式不正确。答的不正确,与客户的磋商就会很发散,不会按照销售人员的思路进行,而有效的回答应该是让客户按照我们的思路进行。所以在销售过程中,销售人员要灵活运用回答技巧。

 实践训练

根据下面几种不同的情形,分别判断应如何运用应答的技巧,由学生分组进行实际演练。

(1) 正面直接答复　在谈判中己方的某些信息是对方必须了解的,如果对方的提问是为了获得这些必不可少的信息,答话者可以采用此法,忠实地按问题实质给出答复,问什么答什么,直截了当,清楚明确,以确保双方的正常沟通。

(2) 分项式答复　当提问具有包容性时,不作"是"与"否"的笼统回答,而是听清话意,分解一问为几问,分别给以正确的回答。

(3) 模糊答复　这种答复的特点是回答时闪烁其词、不作明确的答复,留有较大的伸缩余地。回答的语言具有较大的灵活度,适应性强。例如,"这件事我们会尽快

解决。"这里的"尽快"就很有弹性,具体时间到底是什么时候,并没有说清楚,有很大的回旋余地。

(4)狙击式答复 谈判者的主动权被对方抢夺,自己处于极为不利的被动地位时,要争取回答问题迅速易位,变被动为主动,以免对方步步逼近,使自己处于前有追兵、后无退路的困难境地。这种方法是对进攻型提问的反击。

课后训练

一、简答题
1. 商务谈判应避免回答的问题有哪些?
2. 回答问题应怎样进行时间选择?
3. 如何进行有效的应答?
4. 回答问题的基本原则有哪些?
5. 应答的主要方式有哪些?

二、实训操作
1. 查阅各类商务谈判的应答技巧,并在班级的各种活动中予以实施。
2. 根据自己参加谈判的场合不同,为自己量身设计三种不同的回答方式。

三、案例分析
美国某公司向一家日本公司推销一套先进的机器生产线。谈判开始美方谈判代表就向日方代表大谈他们的生产线是如何先进,价格是如何合理,售后服务是如何周到。在美方谈判代表高谈阔论时,日方谈判代表不正面回答,只是说与主题无关的话题。当美方谈完后询问日方的意见时,日方谈判代表却一幅茫然表情,美方只得重新介绍。如此这般几次,美方的热情已不存在,这时日方谈判代表提出一连串尖锐的问题冲乱了美方阵脚,掌握了谈判的主动权。

思考:
(1)日方采取了哪种回答问题的技巧?
(2)如果日方正面回答,会出现怎么样的局面?

四、完成实践训练中的任务,并提交报告

任务三 倾听技巧的应用

在面对面的谈判场所,"倾听"是谈判者必须具备的一种修养,倾听是认认真真的听。倾听在谈判中的功效有:①可以满足说话人的自尊需要,引发互尊效应;②可以探析对方是否正确理解你说的话的含义,起到评测反馈的效应;③可以充分获得必要的信息行情,帮助你后续发话的决策效益;④富有赏识力的倾听,可以促进人际关系和谐发展。倾听是谈判中获取情报的重要手段,是一种丝毫无损的让步策略。

操作步骤及分析

作为商务谈判人员,一定要学会倾听、善于倾听,以便获得较好的倾听效果。

一、克服听力障碍

一般人在听过别人说话以后,不论他心里如何想,怎样注意去听,也只能记得所听到的一半。这是因为每个参加谈判的人素质各异,听的方式也有差异。为什么"听"得完整那么不容易?一系列试验表明,"听"是存在听力障碍的。为了能够听得明白、听得完整、听得清晰,需要克服听力障碍。

二、选择倾听的方式方法

谈判人员的素质各异,倾听的方式也有差异。倾听方式不仅包括人们倾听他人说话的方式,还包括他们表达想法和表达情绪的方式,以及倾听过程中的某些行为特征。通过了解不同的倾听方式,倾听者可以对照自身的倾听习惯,适时改进并提高自身的倾听技巧。从心不在焉到积极主动,有的方式妨碍沟通,有的方式则会促成有效的沟通。具体的倾听的方法有迎合式、引诱式和劝导式。不同的倾听方法,获取的信息是不同的,在谈判中产生的功效也是不一样的。

三、掌握倾听的要诀

认识了听力障碍的危害,知晓了不同倾听方式方法产生的不同功效,要想提高倾听效果,就必须掌握倾听要诀,想办法克服听力障碍。

知识链接

一、产生听力障碍的因素

倾听能力的高低是衡量沟通质量的重要标准之一,但实际沟通中交谈的一方往往并不注重倾听,是什么阻碍了倾听的进行呢?注意力不集中、打断说话者、缺乏自信、过于关注细节、任由自己分心、心存偏见以及不重视信息的态度是七条主要的阻碍因素,克服它们是提高沟通质量的有效途径之一。

1. 注意力不集中

倾听者受到内部或外部因素的干扰而无法集中注意力,是最常见的阻碍倾听的因素。这种情况通常发生在疲倦、胡思乱想,或是对讲话者所传递的信息不感兴趣的时候。

解决方法:主动记录,找出自身精力充沛的时间段,主动出击,将谈话时间安排在这一时段。

2. 打断讲话者

打断对方的讲话是极为不礼貌的行为,也是阻碍倾听的因素之一。在回应讲话者之前,包括质疑或提问,应该先让对方把所讲的话题讲完。对说话者缺乏耐心甚至粗鲁地打断他们，既是对讲话者本人也是对所传递信息的不尊重。

解决方法：仔细聆听，将质疑记录下来，在话题讲完之后有条理地提出质疑。

3．缺乏自信

缺乏自信也是阻碍倾听的因素之一。缺乏自信会令倾听者产生紧张的情绪，而这种情绪一旦占据了他的思维，就会使他无从把握讲话者所传递的信息。而在处理这种紧张情绪的时候，倾听者往往会采取掩饰的方法，其结果是许多倾听者总是在应当倾听时擅自发言，打断讲话者。

解决方法：充分准备，收集话题所需资料，使用假设分析等方法找出资料背后的信息。准备越充分，情绪越平和。

4．过于关注细节

阻碍倾听的另外一个因素是过于关注讲话内容的细节。如果尝试在谈话时记住所有的人名、事件和时间，那么倾听不仅辛苦，而且会产生"捡芝麻，丢西瓜"的效果。这种紧抓信息中的细节而不抓要点的做法非常不可取，最终你可能完全不能明白讲话者的观点。

解决方法：注意概括讲话者的内容，做好每个话题的概括。

5．任由自己分心

任由自己分心是一种极为不好的习惯，在倾听时，应该尽可能消除噪声或其他会令你分心的因素。电话铃声、邮件提醒或其他人的打扰都会让人无法专注于倾听。另外，倾听时任由自己分心也是不为说话者着想和不礼貌的表现。

解决方法：谈话时将外部影响因素减到最低，如关闭邮件提醒等。

6．心存偏见

心存偏见会在很大程度上阻碍倾听。偏见让人无法对讲话者所传递的信息保持开放和接纳的心态。这是因为偏见使人在倾听之前就已经对说话者或他所传递的信息做出了判断，而这种判断具有极大的主观意识。

解决方法：谈话之前不做判断，将判断推迟到谈话后期，通过询问的方式提出你的看法。

7．不重视信息

最后一个阻碍倾听的因素是倾听者不重视信息，鲁莽地认为某个信息枯燥乏味，产生"不在乎"的情绪，并且拒绝花费时间和精力去评估这个信息，这些行为都表明倾听者不重视讲话者所提供的信息，可能失去许多掌握重要信息的机会。

解决方法：改变自身的心态，使用坦诚的态度接收信息，使用同理心的方法思考传递者为什么传递这些信息。

二、倾听的方式与方法

听有积极的听和消极的听，常见的五种倾听方式如下。

1．心不在焉式

心不在焉是阻碍有效倾听的因素之一。说话者往往会发现，与心不在焉的倾听者进行沟通是最有难度且最令人沮丧的。在沟通时，这样的倾听者也许就坐在或者站在说话者的面前，但是他的心思却在别处。他们不是坐立不安、走来走去，就是姿势不端正、东张西望，有时甚至会突然说些与主题无关的话。心不在焉式的倾听者应该遵循以下指导方针来提升自己的倾听技巧：
1）无论是坐着还是站立，背部都应该挺直；
2）专注于当前谈话的主题，避免自己的注意力被别的事物分散；
3）对说话者所传递的信息表现出兴趣；
4）与说话者进行眼神交流。

2．妄下判断式

在面对妄下判断的倾听者时，说话者往往会觉得很不舒服。尽管在有些场合中，倾听者应该批判地倾听，但是有的倾听者对说话者所提供的信息却过于吹毛求疵了。妄下判断的倾听者太专注于每一个具体的细节，以至于往往会忽略信息的总体。另外，妄下判断的倾听者不会花时间与说话者进行交流，而会使用简洁的话语向说话者提问。而且，在说话者还没有回答完毕时，他们就会不耐烦地打断说话者，并将注意力集中在某部分的信息上，然而，该部分的信息并不像他们认为的那么重要。妄下判断的倾听者通常会做大量的笔记，所以他们极少跟说话者进行眼神交流。当他们在记录的过程中抬起头来时，他们的脸上通常都会带着蔑视的表情，表明他们轻视说话者所传递的信息。妄下判断式的倾听者应该遵循以下指导方针来提升自己的倾听技巧：
1）跟说话者聊天；
2）关注信息的总体内容而非小的方面；
3）对说话者所传递的信息表现出兴趣；
4）不要做出蔑视的表情，而应该微笑；
5）让自己耐心一些。

3．消极被动式

倾听者的消极被动也是阻碍沟通取得成功的因素之一。消极被动的倾听者往往很羞涩，他们总是不愿意表达自己真实的想法和感受。由于此类倾听者的倾听方式过于消极被动，因此说话者很难了解他们将如何对信息做出反应。消极被动的倾听者很少说话，而且通常很害怕受到别人的批评或指责。即使不同意说话者的观点，他们也不愿意表露出来，而可能会不再理会说话者所传递的信息，并开始想自己的事情。但他们可能还是会伴装倾听，使用"我明白"或"很好"之类的话来附和说话者。消极被动式的倾听者应该遵循以下指导方针来提升自己的倾听技巧。
1）提出自己的观点；
2）说话时自信、果断一些；
3）更加密切地注意说话者所传递的信息；
4）向说话者提问。

4．积极主动式

积极主动的倾听者可以有效地倾听说话者所传递的信息。在沟通的全过程中，积极主动的倾听者都会参与谈话。他们会负起自己应负的责任——提出问题以澄清要点，与说话者进行眼神交流，以及向说话者提供语言和非语言的反馈，以此来促成与说话者的成功沟通。

5．目的明确式

目的明确的倾听者也可以有效地倾听说话者所传递的信息。他们会密切注意说话者的需求和意愿，这样他们就能尽力满足说话者。他们可以提出问题以澄清要点，并复述说话者对问题的回答以确保自己正确地理解了说话者的意思。目的明确的倾听有助于倾听者和说话者达成共识。

有效的倾听方法主要有以下三种。

1．迎合式

所谓"迎合式"，就是对对方的话采取迎合的态度，适时地对对方的话表示理解，可以点点头或者简短地插话。这样容易消除对方的对抗心理，而对方一旦放松警惕，他就会将他的意见和想法和盘托出。当然，我们对他的话表示理解并不意味着赞成。当他明白这一点时，后悔也来不及了。

2．引诱式

所谓"引诱式"，就是在倾听的过程中，适时地提出一些恰当的问题，诱使对方说出他的全部想法。对付一个不太老练的谈判对手，这种方法常常有效。他可能会在不知不觉中说出许多他原来不想说的话。当然等他突然之间明白过来时，后悔也晚了。

3．劝导式

所谓"劝导式"，就是当对方说话偏离了谈判的主题，你应当用恰当的语言，在不知不觉之中转移话题，把对方的话题拉回到主题上来。使用"劝导式"必须注意转移话题要自然婉转，否则容易引起对方的反感，认为你粗暴地打断了他的话，那样反而得不偿失，不如不用。

三、倾听的要诀

无论是哪种倾听方式和方法，都必须注意以下几点。

1．倾听时的态度要认真

这一点在谈判中非常重要。那种对对方的发言表现得漫不经心、不耐烦，或急于打断对方以便尽快表达自己意见的态度，都是错误有害的。一方面，不认真地倾听对方发言，就不能了解对方的意见；另一方面，由于倾听者不尊重对方，所以当倾听者发言时，对方就可能用同样的态度回敬。这样双方就无法沟通。

2．倾听中，应该对对方的话表示出极大的兴趣

对方讲话时，倾听者应该注视对方的双眼，并用一些体态语言，如点头、微笑、赞同式手势等，来表示专心和关注，以调动对方发言的积极性，鼓励对方继续讲下去。

3．把一切都听进来

听的过程中不要表示不同的意见，不要考虑如何去回答，也不要急于分析对方的发言。如果在对方发言时就表示不同的意见，对方会以为你根本不了解他的真实意图。这样，当你在陈述自己的意见时，对方就有可能在心中盘算，用什么方法才能使你明白他的意见，从而造成对方忽略你的意见。如果你在对方发言时考虑如何回答，或者急于分析对方的发言，就不可能明确而充分地弄清楚对方的意见。为了掌握对方的全部意见，在对方发言时，不仅不能考虑如何回答，而且如果有不明白的地方，必须及时提问，让他再重复一遍甚至几遍，直到你完全明白而清楚地把握对方的思想为止。

4．听完以后将对方的意见加以归纳

听完以后，应该将对方的意见加以归纳。当对方对你的归纳表示完全同意以后，你可以给自己一些思考的时间，要求对方让你想想。此时你可以分析对方的发言，考虑如何回答，甚至可以对对方的意见逐条反驳。这时候，尽管你不同意他的意见，他也不会十分愤怒，因为你毕竟是了解他的真实思想的。

案例分析

案例分析6-3　**霍尼韦尔的销售**

以自动化控制系统、特种材料及交通和动力系统等产品闻名的世界500强企业霍尼韦尔（Honeywell）有一名杰出的销售经理。一次，他把目标锁定在了同为世界500强的荷兰帝斯曼（DSM）化工，参与其工程项目的招投标。竞争异常激烈，客户方的负责人是一位资深留法化学博士，专业背景极其深厚，对供应商的挑选也十分谨慎、苛刻。几家候选供应商中，霍尼韦尔因其价格偏高，获胜机会已不大。

在客户的工作餐上，那位留法化学博士无意中说起了一件事：最近女儿一直缠着他要麦当劳的儿童玩具，而想得到这种外面买不到的玩具，顾客就必须在麦当劳点一份儿童套餐，但每天配额有限，先到先得。博士说自己因为工作忙脱不开身，没法满足女儿的心愿。

一段寻常的家事在霍尼韦尔的销售经理耳中，却绝非寻常。当晚回到住所，他给自己团队的所有成员打电话，要他们明日一早到就近的各处麦当劳店排队，买儿童套餐，拿玩具（当时促销活动已近尾声，不是每家店都有玩具赠送）。人员不够，还专门雇人排队。

仅隔一天，霍尼韦尔的销售经理再次来到帝斯曼公司，亲手将排队得来的麦当劳玩具送到了前台转交，并没有惊动那位博士。几天后，当这位销售经理有机会再次与客户见面时，博士主动走上前来，拍了拍他的肩膀，微笑地说了一句："谢谢你的玩具。"

结果，霍尼韦尔拿到了这笔订单。

思考： 霍尼韦尔因其价格偏高，获胜机会已不大，为什么还拿到了这笔订单？

分析： 霍尼韦尔这次拿到订单的秘诀就在于，这位销售经理在和客户的交谈中善于倾听客户的谈话，把一切都听进去了。客户无意中说出的一件烦心事，他不仅听进去了，而且还积极主动、悄无声息地帮对方解决了，让对方感受到自己被尊重。

实践训练

分角色演练销售人员和客户的对话，运用倾听的技巧尝试分析客户对销售人员的态度和情绪。

情绪影响人们的喜好，销售人员对潜在客户情绪的判断对初期建立恰当的客户关系非常重要。这是一个电话初访的实例。

李泉："张科长，您好，我是温州瑞华汽车塑品有限公司的李泉，给您电话是想给您寄一份材料，我们主要生产汽车仪表盘，福特轿车国内采购的仪表盘就是我们生产的。希望能有机会为您服务。"

张科长："我们去年已经订购了，这都什么时候了，你们才来电话，今年不要了。"

请判断张科长接这个电话时的情绪，有4个候选答案：

1）张科长对订购仪表盘的事情不是很满意，但是，现在重新考虑已经晚了。潜台词是比较遗憾。

2）张科长对李泉没有任何敌意，只是眼前没有精力和空闲谈这个事情，潜台词是以后可以再谈。

3）张科长有些反感，肯定接到过类似的销售电话，所以没有什么兴趣。潜台词是你知难而退吧。

4）张科长没有明确的倾向，听之任之，你要坚持，就谈，你要退却，就走。

李泉认为还没有足够的信号判断张科长目前的情绪，因此，他立刻转移目标。

李泉："张科长，其实是否签单、是否订货都不重要，您是甲方，我是乙方，咱们以前也没有打过交道，我这样贸然给您打电话已经很唐突了，还请您原谅。"

张科长："没有关系，都是做生意嘛，现在的确不考虑这个事情了，年底你再联系我。"

信号非常清楚。首先，张科长在李泉的停顿中主动接上了话语，而且第一句话是"没有关系"，属于认同、承接性的话。最后，客户使用了命令句"年底前你再联系我"，表明一种接纳，也说明他喜欢支配和命令，需要投其所好。

李泉："好的，年底我给您电话。不过现在不谈采购的事情，有机会我得向您学习、请教呢！眼下仪表盘加工企业鱼龙混杂，客户需要和关注的是什么，我很想听听您这样的专家的意见。不过也不能耽误您太多的时间，周末您有空吗？"

后来，他们约好了时间，见了面。李泉请教了加工企业发展的真经，张科长将仪表盘的订单要求、批量、目前进货的价位等一一告知。第二年，订单全部被温州瑞华汽车塑品有限公司拿到。

李泉善于倾听，通过让步式邀约，转移销售的目的、强化对方的长处，这使对方感觉到尊重，并有给予指点的欲望。

课 后 训 练

一、简答题

1．产生听力障碍的因素有哪些？该如何克服？

2．常见的倾听方式和方法有哪些？针对不好的倾听方式我们该如何改进？

3．倾听的要诀有哪些？

二、实训操作

查阅各类商务谈判的倾听方式，就相同的谈判内容，模拟不同的倾听方式，并分析产生的不同谈判效果。

三、案例分析

1．"美国汽车推销之王"乔·吉拉德有过一次记忆深刻的体验。一次，某位名人来向他买车，吉拉德推荐了一款最好的车型给他。那人对车也很满意，眼看就要成交了，对方却突然变卦而去。

吉拉德为此事懊恼了一下午，百思不得其解。到了晚上11点他终于忍不住打电话给那人：

"您好！我是乔·吉拉德，今天下午我曾经向您介绍一款新车，眼看您就要买下，却突然走了。这是为什么呢？"

"你真的想知道吗？"

"是的！"

"实话实说吧，小伙子，今天下午你根本没有用心听我说话。就在签字购车之前，我提到我的儿子吉米即将进入密歇根大学读医科，我还提到他的学科成绩、运动能力以及他将来的抱负，我以他为荣，但是你却毫无反应。"

吉拉德得知真相后懊恼不已。

思考：乔·吉拉德这次汽车推销失败的原因是什么？给我们什么启示？

2．美国谈判界有一位号称"最佳谈判手"的考温，他非常重视倾听的技巧，有一年夏天，当时他还是一名推销员，到一家工厂去谈判。他习惯早到谈判地点四处走走，跟人聊聊天。这次他和这家工厂的一位领班聊上了。善于倾听的考温总有办法让别人讲话，他也真的喜欢听别人讲话，所以不爱讲话的人遇到了考温，也会滔滔不绝起来。而这位领班也是如此，在侃侃而谈之中，他告诉考温："我用过各公司的产品，可是只有你们的产品能通过我们的试验，符合我们的规格和标准。"后来边走边聊时，他又说："嗨！考温先生，你说这次谈判什么时候才能有结论呢？我们厂里的存货快用完了。"考温专心致志地倾听领班讲话，满心欢喜地从这位领班的两句话里获取了极有价值的情报。当他与这家工厂的采购经理面对面地谈判时，从工厂领班漫不经心的讲话里获取的情报帮了他的大忙，他在之后谈判中的成功便是自然而然的事情了。

思考：通过此案例你学到了什么？

任务四　说服技巧的应用

美国语言学家、哈佛大学教授约克·金说："生存，就是与社会、自然进行的一场长期谈判，获取你自己的利益，得到你应有的最大利益。这就看你怎么把它说出来，看你怎样说服对方了。"从某种程度上讲，谈判的过程也就是口才较量的过程，因此要想取得谈判的成功，就必须掌握各种口才技巧。说服技巧也是口才技巧的一种。一个谈判者只有掌握了高明的说服别人的技巧，才能在变幻莫测的谈判过程中左右逢源，达到自己的目标。

操作步骤及分析

在谈判过程中，根据具体情况设计、使用说服技巧，有时能取得出奇制胜的效果。

一、克服说服的五大障碍

说服的五大障碍包括缺乏亲和力、逆反心理、听力障碍、不了解客户需求和客户的疑问不能得到满意答复。

（一）缺乏亲和力

在商务洽谈中，欲说服客户，首先需要获得客户的信任、赢得客户的好感。信任度、接受度、好感等，可以用亲和力来概括。

如果在沟通和说服的过程中缺乏亲和力，那么任何说服和沟通技巧都是无效的。神经语言程式学强调，提升沟通能力的第一步就是具备亲和力，这如同盖大楼之前要打地基一样。

如何迅速建立亲和力呢？

1. 寻找共同点是建立亲和力的基础

人与人之间的亲和力源于什么？怎么样才能够跟一个人有亲和力呢？

物以类聚，人以群分。人与人之间能找出多少类似共同点，就能够在彼此间建立多大的亲和力。

> 王先生在火车上与李先生邻座，彼此开始攀谈起来。经过短时间交谈，发现两人是同乡，亲切感立刻加强。再进一步深入了解，发现彼此有许多相同嗜好和观点，谈话越来越投机，从刚开始的陌生人很快变成了朋友。

所以，共同点是建立亲和力的基础。

2. 迅速找出共同点的诀窍

迅速找出共同点，需要通过悉心观察，如谈话对象的外貌特征、气质、生日、籍贯等。一般地说，训练有素的业务员在跟客户处于比较陌生的阶段时，不会贸然推销自己的产品，而是首先思考如何在彼此间建立亲和力。

当一个人考虑是否接受他人意见和建议时，一般情况下，总是先衡量他与说服者之间的熟悉程度和友好程度。如果相互之间关系融洽、相互信任，对方就比较容易接受你的意见。如果双方的关系僵化、情绪对立，或曾经有过不愉快的交往，此时想要说服对方无异于徒劳。

因此，有许多谈判者在进入正题之前会和对方寒暄几句，或根据对方的喜好提供相应的饮品，如果相互之间熟悉的话，还可聊聊彼此的家人，互赠一些小礼物等。这些细微之处的作用不容小视，很多成功商人赢就赢在了点滴之中，它会使对方消除戒备心理，拉近彼此的距离，互相增加好感。

（二）逆反心理

客户的逆反心理表现在不喜欢被说服，对于这种逆反心理，最好的方法不是由业务员说服他，而是应该让客户去说服他自己。通常，一个人可以不断地反驳、抗拒别人，而对于自己认可的观点不会反驳。一般来说，沟通和说服方面的专家都善于运用逆反心理。

1. 通过提问方式与客户沟通

最好的说服方式是提问式说服与销售。每个人在思考时，实际上是在进行与自己的对话，即自问自答。

业务员能够问出好问题，客户就会提出好答案。客户自己所讲出的答案同时正是业务员希望的答案，就能达成双赢的局面。

2. 说服是不断地转换他人思考模式的过程

说服是不断地转换他人思考模式的过程，让客户从不接受到接受，即转换客户思维模式的过程。例如，有的客户会认为，业务员是在进行欺骗夸大的描述，但如果通过业务员的努力，让客户感受到真诚，了解到产品的优点，这样，客户的想法就逐渐改变了。

（三）听力障碍

销售沟通的听力障碍并不是通常意义上的器官的功能丧失，而是指缺乏聆听能力。在聆听别人讲话时，不能专心聆听，不能听出说话人的弦外之音，从而造成沟通障碍。

无论是与客户沟通，还是日常生活中的沟通，要发挥最大的说服力，最好的方式是多听少说。谈判人员要善于聆听对方的意见，在聆听完整对方的意见后，找出共同点，用简短的语言总结对方的发言，然后提出自己的观点，征求对方的意见，这样可以引起别人对你谈话内容的注意。

（四）不了解客户需求

不了解客户需求自然就无法满足客户需求，沟通的效果也无法达到。所以在说服前，谈判人员要做好说服的准备工作，充分了解竞争对手的情况，广泛收集第一手资料，制订出合理的谈判目标，做到"知己知彼，百战不殆"。比如，在进行价格谈判时，卖方就要提前掌握买方的资金状况及市场的供需状况，了解买方所能承受的价格，同时还要明确市场上同类产品的价格，做到有的放矢。如果买方并不在乎价钱的高低，而注重的是产品的质量，那么卖方一直强调自己的产品价格低廉反而会使买方怀疑产品的质量，甚至放弃购买意向。

（五）客户的疑问不能得到满意答复

客户可能因为业务员无法解答自身的疑问而不愿意购买产品或服务。使客户满意的一个重要前提是业务员在短时间内，通过专业问题而了解客户的内心需求，然后给予专业的回答。

二、明确说服的基本要求

在说服对方的过程中，要遵循以下基本要求。

1. 要冷静地回答对方

不论对方何时提出何种反对意见，都要镇定自如、轻松愉快地解答，并且要条理清楚、有根有据，不可感情用事或带有愤怒、责备的口吻。否则，既难以说服，也难以阐述自己的观点，从而破坏融洽的谈判气氛。

2. 不要直截了当地反驳对方

因为直接反驳会使对方难堪，永远不可能说服对方，所以一般应设法用一些间接的方式来反驳对方的反对意见。

3. 要重视、尊重对方的观点

对于对方的反对意见，即使你认为它是错误的，也不应该轻视或给予嘲弄，而要持认真态度，予以慎重对待。只有使对方感到你在尊重他的意见时，说服才会有力、有效。

4. 要设身处地地体谅、理解对方

对方有许多反对意见，哪怕是非正常的、不合理的反对意见的提出，往往都有一定的原因和背景或反映了对方的难处。对此，谈判者要以大局为重，体谅和理解对方。尤其是在次要问题上，不妨以同意对方看法为主，加以解释和补充。不体谅对方，置对方于死地而后快的做法，在说服中是不可取的。

5．不要随心所欲地提出个人的看法

谈判者之间洽谈不是个人之间的事情，而是组织或法人之间的事。因此，在洽谈中，如果对方不需要你说明个人看法，或没有把你当作参谋和行家来征求你的意见时，应避免提出个人的看法和意见，随心所欲地提出个人的看法是一种不严肃、不负责任的做法。

6．答复问题要简明扼要、紧扣谈判主题

如果回答问题长篇大论，不得要领，偏离主题，不仅没有说服力，而且可能出现漏洞，授人以柄，引起对方的反感和反驳。

7．不要过多地纠缠某一问题

在洽谈中，不应过多地集中讨论某一反对意见，尤其是开始遇到的一些棘手的问题。在适当的时候可以变换一下洽谈的内容，以使谈判继续下去。在处理了反对意见以后，应立即把话题岔开，讨论其他议题，争取尽快促成交易，否则就会使对方提出更多的意见，陷入新的僵局。

三、掌握说服的时机

要说服对方，需要把握好说服的时机。

1．先发制人

在洽谈中，如果觉察到对方马上就会提出某种反对意见，最好是抢先提出问题，给予说明和解释。这样做有以下几个好处：①可以争取主动，避免纠正和争论对方的意见；②你的真诚直率，不隐瞒自己的观点，可能会赢得对方的信任；③主动说明比对方提出意见后争论更委婉，可以使谈判气氛融洽；④直接阐述问题，可以节省谈判时间。

2．即时答复

一般说来，即时答复对方提出的反对意见是最合适的。只要意见是正当的、可以答复的，都应立即答复，从而使谈判集中解决某些实质性问题。答复得当，可以使谈判者争取主动。

3．推迟答复

谈判者在遇到下列情况时，一般都应推迟答复：

1）如果不能当即给对方一个满意的答复，或对方提出的反对意见较难解答。

2）如果当即回答会对你阐明论点产生不良影响。

3）对方提出的反对意见有可能随着业务洽谈的进行而逐渐减少或者消除。

4）如果当即回答、进行反驳会破坏谈判的融洽气氛。

5）对方的反对意见离题太远，或者同你准备进行说明和解释的某一点有关，或者对这种反对意见的说服会牵扯到一些对谈判意义不大的问题。

4．不予理睬

对方由于各种原因（如心情不好、处境不佳等）往往会提出一些与谈判内容毫不相干的意见、借口甚至恶意反对的意见，谈判者最好不予理睬，不要加以反驳和进行说服，因为这些问题不是真正的反对意见，不反驳也不会影响谈判结果。

四、进行有效说服

要有效说服对方，需做到以下几点。

1．取得对方的信任

不要只说自己的理由。要说服对方，就要考虑到对方的观点或行为存在的客观理由。要站在对方的角度设身处地谈问题，亦即为对方想一想，从而使对方对你产生一种"自己人"的感觉，消除对方的戒心、成见。这样，对方就会信任你，就会感到你是在为他着想，效果将会十分明显。

2．创造一个说"是"的良好气氛

从谈话一开始，就要创造一个说"是"的良好气氛，而不要形成一个"否"的气氛。不形成一个"否"的气氛，就是不要把对方置于不同意、不愿做的地位，然后再去批驳他、劝说他。例如，"我晓得你会反对……可是事情已经到这一步了，还能怎么样呢？"这样说对方仍然难以接受你的看法。在说服他人时，要把对方看作能够做或同意做的。例如，"我知道你能够把这件事情做得很好，只是不愿意去做而已。"又如，"你一定会对这个问题感兴趣的。"商务谈判的事实表明，从积极的、主动的角度去启发对方、鼓励对方，就会帮助对方提高自信心，并接受己方的意见。

3．不要直接批评、责怪、抱怨对方

著名人际关系学者戴尔·卡耐基说："要比别人聪明，却不要告诉别人你比他聪明。"任何自作聪明的批评都会招致别人厌烦。不要指责对方，不要把自己的意见和观点强加于对方。要承认对方"情有可原"，善于激发对方的自尊心。本杰明·富兰克林年轻的时候并不圆滑，但后来却变得富有外交手腕，善于与人交往，因而成为美国驻法国大使。他的成功秘诀就是 "我不说别人的坏话，只说别人的好处。"但是，有时善意的批评是对别人行为的一种很有必要的反馈方式，因而学会批评还是很有必要的。

4．抓住对方心理诱导劝说

"诱导"是教育心理学的名词。商务谈判中的"诱导"，是指谈判一方提出似乎与谈判内容关系不大、对方能够接受的意见，然后逐步诱导对方不断靠近自己的目标。

诱导说服对方，关键要抓住对方的心理动态，迎合其心理。先说什么，后说什么，该说什么，不该说什么，必须自己心中有谱，方能按照自己的意图改变对方的立场、观点。美国的杰尼·寇尔曼在《商业谈判技巧》一书中介绍了诱导说服别人的13种方法：

1) 谈判开始时，要先讨论容易解决的问题，然后再讨论容易引起争论的问题。

2) 如果能把正在讨论的问题和已经解决的问题连起来，就较有希望达成协议。

3) 双方期望与对方谈判的结果有着密不可分的关系。要伺机传递消息给对方，影响对方的意见，进而影响谈判的结果。

4) 假如同时有两个消息，要传递给对方，其中一个是较令人心情舒畅的，另一个较不合人意，则应该先让他知道那个较能迎合他心意的消息。

5) 强调双方处境的相同要比强调彼此处境的差异更能使对方了解和接受。

6) 强调合同中利于对方的条件，使合同较易签订。

7) 先透露一个使对方好奇并感兴趣的消息，然后再设法满足对方的要求。这种信息千万不能带威胁性，否则对方就不敢接受了。

8）说出一个问题的两面，比只说出问题的一面更有效。

9）等讨论过赞成和反对的意见后，再提出你的意见。

10）通常聆听的人比较容易记住对方所说的头尾部分，中间部分比较不易记住。

11）结尾要比开头更能给听者深刻的印象，特别是当他们了解讨论的问题时。

12）与其让对方做结论，不如先自己清楚陈述出来。

13）重复地说明一个消息更能促使对方了解、接受。

5．运用经验和事实说服对方

在说服艺术中，运用历史经验或事实去说服别人，无疑比那种直截了当地说一番大道理要有效得多。善于劝说的谈判者都懂得人们做事、处理问题都是受个人的具体经验影响的，抽象地讲大道理的说服力远远比不上运用经验和例证去进行劝说。

6．说服用语要推敲

在商务谈判中，欲说服对方，用语一定要推敲。说服用语朴实、亲切、富有感召力，不要过多地讲大道理。事实上，说服他人时，用语的色彩不一样，说服的效果就会截然不同。通常情况下，在说服他人时要避免用"愤怒""抱怨""生气"或"恼怒"这类字眼。即使在表述自己的情绪时，如担心、失意、害怕、忧虑等，也要在用词上注意推敲。这样才会收到良好的效果。切忌用胁迫或欺诈的手法进行说服。

知识链接

商务谈判是借助于谈判者双方之间的信息交流来完成的。而谈判中的信息传递与接受则需要通过谈判者之间的听、问、答、述及说服等方法来完成。下面就谈判中说服的技巧与大家共享。

谈判中能否说服对方接受自己的观点，是谈判能否成功的一个关键。谈判中的说服，就是综合运用听、问、述等各种技巧，改变对方的起初想法而心甘情愿地接受己方的意见。在谈判之前，谈判的双方都有设法说服对方的意图，然而谁能说服谁，或者彼此都没有被说服，或者相互说服，达成一种折中意见，这三种结局往往是谈判者无法预测的。谈判者只有进入谈判过程，才能一较高低，得出结果。因此，说服是谈判过程中最艰苦、最复杂，同时也是最富有技巧性的工作。在谈判中，说服工作常常贯穿于始终。

一、创造说服对方的条件

1）要说服对方改变初衷，应当首先改善与对方的人际关系。当一个人考虑是否接受说服之前，他会先衡量说服者与他熟悉的程度与亲善的程度，实际上就是对你的信任度。对方在情绪上如果与你是对立的，则不可能接受你的劝说。

2）在进行说服时，还要注意向对方说明你之所以选择他为说服对象的理由，使对方重视与你交谈的机会。

3）把握说服的时机。在对方情绪激动或不稳定时，在对方喜欢或敬重的人在场时，在对方的思维方式极端定势时，暂时不要进行说服。这时你首先应当设法安定对方的情绪，避免让对方失面子。用事实先适当地教训他一番，然后才可进行说服。

二、说服的一般技巧

1）努力寻求双方的共同点。谈判者要说服对方，应努力寻求并强调与对方立场一致的地方，这样可以赢得对方的信任，消除对方的对抗情绪，以双方立场的一致性为跳板，因势利导地解开对方思想的纽结，说服才能奏效。

2）强调彼此利益的一致性。说服工作要立足于强调双方利益的一致性，淡化相互间的矛盾性，这样对方就较容易接受你的观点。

3）要诚挚地向对方说明，如果接受了你的意见将会有什么利弊得失。既要讲明接受你的意见后对方将会得到什么样的益处，己方将会得到什么样的益处，也要讲明接受你的意见后，对方的损失是什么，己方的损失是什么，己方的损失有哪些。这样做的好处有两个：一方面使人感觉到你的客观、符合情理；另一方面当对方接受你的意见后，如果出现了恶劣的情况，你也可以进行适当的解释。

4）说服要耐心。说服必须耐心细致，不厌其烦地动之以情、晓之以理，把接受你的意见的好处和不接受你的意见的害处讲深、讲透。不怕挫折，一直坚持到对方能够听取你的意见为止。在谈判实践中常遇到对方的工作已经做通，但对方基于面子或其他原因，一时还下不了台。这时谈判者不能心急，要给对方一定的时间，直到瓜熟蒂落。

5）说服要由浅入深，从易到难。谈判中的说服，是一种思想工作，因此也应遵照循序渐进的方针。开始时，要避开重要的问题，先讨论那些容易说服的问题，打开缺口，逐步扩展。一时难以解决的问题可以暂时抛开，等待适当的时机再行说服。

6）不可用胁迫或欺诈的方法说服。说服不是压服，也不是骗服，成功的说服必须要体现双方的真实意见。采用胁迫或欺诈的方法使对方接受意见，会给谈判埋下危机。

以上说服技巧都是从谈判者的行为心理角度提出的。事实上，说服工作的关键是抓住对方心理。美国总统林肯曾说："这是一句古老而真实的处世真理：'一滴蜂蜜比一加仑的胆汁能招引更多苍蝇。'人也是如此，如果你能赢得人心，首先让他相信你是最真诚的朋友。那样，就像有一滴蜂蜜吸引住他的心，也就是一条平坦大道，通往他的理性。"

  案例分析

案例分析 6-4

一个中国商务谈判小组赴欧洲某国进行一项工程承包谈判。在闲聊中，中方负责商务条款的成员无意中涉及对方公司商业隐私，引起对方成员的不悦。当谈及实质性问题时，对方商务谈判人员丝毫不让步，并一再流露撤出谈判的意图。

思考：

（1）案例中沟通出现的障碍主要表现在什么方面？
（2）这种障碍导致谈判出现了什么局面？
（3）应采取哪些措施克服这一障碍？
（4）从这一案例中，中方谈判人员要吸取什么教训？

分析：

（1）案例中沟通出现的主要障碍在中方负责商务条款的成员无意中涉及对方公司商业隐私。

（2）这种障碍导致对方成员的不悦，不愿意与中方合作。

（3）应该为此向对方成员道歉。

（4）中方谈判人员在谈判前应该了解对方的习俗及喜好，避免类似情况再次发生，正所谓知己知彼才能百战百胜。

实践训练

在商务谈判中，"认同"是双方相互理解的有效方法，是人们之间心灵沟通的一种有效方式，也是说服他人的一种有效方法。"认同"就是人们把自己的说服对象视为与自己相同的人，寻找双方的共同点。根据下面几种不同的情形，分别判断应如何运用说服的技巧，由学生分组进行实际演练。

第一，寻找双方工作上的共同点。例如，共同的职业、共同的追求、共同的目标等。

第二，找双方在生活方面的共同点。例如，共同的国籍、共同的生活经历、共同的信仰等。

第三，寻找双方兴趣、爱好上的共同点。例如，共同喜欢的电视剧、体育比赛、国内外大事等。

第四，寻找双方共同熟悉的第三者，作为认同的媒介。例如，在同陌生人交往时，想说服他，可以寻找双方共同熟悉的另外一个人，通过各自与另外一个人的熟悉程度和友好关系，相互之间也就有了一定的认同，从而也就便于交谈说服对方了。谈判活动中也是如此。

课 后 训 练

一、简答题

1．商务谈判说服的基本要求有哪些？

2．如何控制说服的时机？

3．如何进行有效的说服？

4．说服应该遵循哪些基本原则？

5．说服的主要方式有哪些？

二、实训操作

1．查阅各类商务谈判的说服技巧，并在班级的各种活动中予以实施。

2．根据参加谈判的场合不同，为自己量身设计三种不同的说服方式。

三、案例分析

百佳商场采购员每天要见许多供货商，如果供货商销售员在 3 分钟内讲的东西不能引起他的兴趣，这笔生意基本就没戏了，所以他在门口贴个告示规定每个销售员只谈 3 分钟。

一天一个销售员一进门就说:"先生,今天如果您让我从这门很快地走出去的话您就会损失一个赚432万元的机会。"

采购员听了很纳闷,心想:"很多人都会说我会失去赚大钱的机会,而他却准确地说432万元。他是怎么算出这个数的呢?是不是真有机会啊?"怀着好奇心对采购员说:"没关系你尽管说吧,不用考虑时间。"销售员详细地和采购员谈了起来,最终达成了供货协议。

思考:这位销售员是如何成功的?

四、完成实践训练中的任务,并提交报告

任务五　叙述技巧的应用

操作步骤及分析

叙述就是介绍己方的情况,阐述己方的观点,从而让对方了解自己的方案和立场。商务谈判中"叙"与"答"既有相通之处,又有很大的差别。"答"是基于对方提出的问题,经过思考后所做的有针对性的、被动性的阐述;"叙"则是基于己方的立场、观点、方案等,通过陈述来表达对各种问题的具体看法,或对客观事物的具体阐述,以便让对方有所了解。

商务谈判中,"叙"是一种不受对方提出的问题的方向和范围的制约,是带有主动性的阐述,是商务谈判中传递大量信息、沟通情感的方法之一。谈判过程中的叙述包括入题和阐述两部分。

一、掌握入题技巧

采用恰当的入题方法会避免谈判双方刚进入谈判时的拘谨窘况。一般的方法有四种:迂回入题、从细节入题、从一般原则入题、从具体议题入手。

1. 迂回入题

迂回入题可以从介绍己方谈判人员入手,也可以从介绍自己企业的情况入手,从"自谦"入手,甚至可以从题外话入手。

2. 从细节入题

围绕谈判主题,先从洽谈细节问题入手,待细节问题谈妥了,原则协议也自然而然地达成了。

3. 从一般原则入题

这一方法适合一些大型的商务谈判。先将原则问题谈妥,那么,洽谈细节问题也就有了依据。

4. 从具体议题入手

具体议题是双方在事先议好的。一般大型的商务谈判都先后经过若干次具体议题的谈判。

二、掌握阐述技巧

谈判入题后，接下来便是双方进行开场阐述，这是谈判的一个重要环节。开场阐述应注意以下几点。

1．简明扼要

以诚挚和轻松的方式开宗明义地明确本次会谈所要解决的主题，这样既能加强已建立起来的协调气氛，而且可以使对方很快提问，并立即交谈起来，又不至于使对方被冗长、烦琐的发言搅昏头脑。

2．机会均等

开场阐述机会均等，在此阶段双方只阐述自己的立场，而不必阐述双方的共同利益。

3．注意己方利益

双方的注意力应放在自己的利益上，不要试图猜测对方的立场，以免引起对方的不满。

4．有原则而不具体

开场陈述应是原则的，而不是具体的，一般不宜进入实质问题的谈判，而且阐述时不必完全袒露或剖析自己的想法，如果对方一开始就想刺探我方情报或企图以强者自居，我方对此可不必直接回答，以免一开始就出现分歧，必要时可以很礼貌地打断对方，说一些提醒的话，如"请原谅我耽误几分钟，我们是否按照议程开始商谈？""我们先将要谈的问题摆一摆，好吗？"

5．让对方先谈

这是一种先发制人的方式，有时能收到奇效。

三、把握商务谈判中"叙"的要诀

谈判者能否正确有效地运用"叙"的功能，把握叙述的要领，会直接影响谈判的效果。谈判中叙述问题、表达观点和意见时，应当态度诚恳，观点明朗，语言生动、流畅，层次清楚、紧凑。但这只是就一般情况而言的，具体地讲，谈判中的叙述应把握以下几项技巧。

1．叙述应简洁、通俗易懂

商务谈判中的叙述完全不同于写文章，说出来的话要尽可能简洁、通俗易懂，使对方听了立即就能够理解，切忌叙述本方观点和立场时使用隐喻或专业性过强的语句和词汇。这样做可以使对方准确完整地理解我方的观点和意图。

叙述的目的在于让对方相信本方所说的内容均为事实，并使其接受本方的观点。为了达到这一目的，叙述时一定要简单明了，万万不可借助叙述来炫耀自己的学问有多高深，或卖弄自己的学问有多广博，这样做不但达不到目的，反而会令对方厌恶。

2．叙述应生动而具体

为了使对方获得最佳的倾听效果，我们在叙述时应注意生动具体，这样做可使对方精神集中，全神贯注地收听。

叙述时一定要避免令人乏味的平铺直叙，以及抽象的说教，要特别注意运用生动、灵活现的生活用语，具体而形象地说明问题。有时为了生动而具体地叙述，也可以运用一些演讲者的艺术手法，如声调抑扬顿挫，以此来吸引对方的注意，达到本方叙述的目的。

3．叙述应主次分明、层次清楚

商务谈判中的叙述，不同于日常生活中的闲叙，切忌语无伦次、东拉西扯、没有主次、层次混乱，让人听后不知所云。为了能让对方方便记忆和倾听，叙述要符合倾听者的习惯，便于其接受。同时，分清叙述的主次及其层次，这样即可使对方心情愉快地倾听我方的叙说，其效果应该是比较理想的。

4．叙述应客观真实

商务谈判中叙述基本事实时，应本着客观真实的态度进行叙述，不要夸大事实真相，同时也不要缩小实情，以使对方相信我方，万一自己对事实真相加以修饰的行为被对方发现，哪怕是一点点破绽，也会大大降低本方的信誉，使本方的谈判实力大为削弱。再想重新调整，已是悔之不及。

5．叙述的观点要准确

在叙述观点时应力求准确无误，力戒含混不清，前后不一致，这样会给对方留有缺口，为其寻找破绽打下基础。

当然，在谈判过程中观点有时可以依据谈判局势的发展需要而发展或改变，但在叙述的方法上要能够令人信服，这就需要有经验的谈判人员来掌握局势，不管观点如何变化，都要以准确为原则。

6．叙述时发现错误要及时纠正

谈判人员在商务谈判的叙述当中，常常会由于各种原因而出现叙述上的错误，谈判者应及时加以纠正，以防造成不应有的损失。有些谈判人员，当发现自己叙述中有错误时，还是碍于面子，采取顺水推舟将错就错的做法，这是要坚决予以反对的，因为这样做往往会使对方产生误解，从而影响谈判的顺利进行。还有些谈判人员，当发现自己叙述中有错误时，便采取事后自圆其说、文过饰非的做法，结果不但没能"饰非"，反而"加非"，可谓越描越黑，对自己的信誉和形象实在是有损而无益，更重要的是可能会失去合作伙伴。

7．重复叙述有时是必要的

商务谈判叙述过程中，时常会遇到对方不理解、没听清楚或有疑问等情况，这时，对方会用有声语言或动作语言来和我们传递信息，这就要求谈判人员在叙述的同时应注意观察对方的眼神、表情等，一旦察觉对方有疑惑不解的信息传出，就要放慢速度或重复叙述，如果对方持笔记录我们所述内容时，叙述的速度就更要掌握好，必要的关键之处要适当重复叙述，如果经过复述，对方还不理解，或者对方误解我们的原意，也不要烦躁，我们就要耐心地加以解释。

商务谈判人员必须慎重地对待对方在自己叙述时的反应，发现有不理解或误解的地方，应及时加以引导和纠正，否则是后果不可想象。

总之，商务谈判中的叙述，应从谈判的实际需要出发，灵活把握上述有关叙述中应遵循的原则，以便把握好该叙述什么、不该叙述什么，以及怎样叙述等。

案例分析

案例分析 6-5

有一个秀才去买柴，他对卖柴的人说："荷薪者过来！"卖柴的人听不懂"荷薪者"是什么意思，就愣在那，不敢朝秀才走过去，于是秀才只好自己走上前去问："其价如何？"卖柴的人听不太懂这句话，但是听懂了一个字——"价"，于是就告诉秀才价钱。秀才接着说："外实而内虚，烟多而焰少，请损之。"卖柴的人因为听不懂秀才的话，担着柴转身要走。见卖柴人要走，想到这么冷的天，没有柴怎么取暖？秀才急了，一把抓住卖柴人的柴担，说："你这柴表面上看起来是干的，里头却是湿的，烧起来肯定会烟多火焰小，请减些价钱吧！"

思考：卖柴的人为什么听不懂秀才的话？

分析：阐述的语言应该简洁、通俗易懂，而秀才在阐述时使用了大量文言文，卖柴人根部不理解其意，达不到有效沟通的效果。

实践训练

选择一个商务谈判的案例，分组模拟演练有效叙述的技巧。

课 后 训 练

一、简答题

1．商务谈判中阐述的技巧有哪些？
2．简述叙述的要诀。

二、实训操作

在网上查询一个商务谈判的案例，模拟叙述技巧的应用。

任务六 示范技巧的应用

操作步骤及分析

在谈判过程中，根据具体情况设计、使用示范技巧，有时能取得出奇制胜的效果。向对方示范要讲究方式，但下列内容是基本的。

一、选择适合示范的商品

商务谈判现场的示范越来越成为一种重要的有别于传统面对面交谈的谈判方法。但不是所有商品都适合示范演示，通常来说，适合于现场示范的商品有以下特点。

1．效果明显

榨汁机、按摩椅、吸尘器等功能单一、操作简单、功能诉求性强，在现场进行示范讲解演示能立马将主要功能展示出来，效果非常明显，能让客户立刻清晰地看到利益点，并顺利进入价格磋商环节。例如，飞利浦新推出的高档防水剃须刀，通过"水浸泡"演示，防水卖点凸显。此外，示范的效果要立杆可见，如果要过几个小时才能看到效果，谈判的客户早就跑光了，如紫砂锅要演示其异于普通压力锅、电饭锅的"炖煮"功能，需要4～6个小时，试想有几个客户会为买一个锅等上那么长时间呢？

2．卖点独特

示范商品与同类商品相比，如果没有更新的功能特点，一般就不要为了示范而示范。只有更新、更为独特的卖点，才能激发客户的购买欲望。

例如，在某个有关吸尘器采购的示范讲解中，将吸尘器"强劲吸力"的这一独特卖点通过"吸保龄球"来演示。刚开始时，效果还比较理想，但随着对手的模仿跟进，"强劲吸力"逐步变成了普通卖点。如何挖掘出区别于对手的卖点也就成了当务之急。经过深入的USP（独特销售主张）研究，研究人员发现这个商品的"后吹风"比较强劲。因此，将这一特性作为区别于对手的主要卖点进行了提炼，诉求"后吹风"功能的实用性，如可以吹干动物毛发、疏通下水道、清洁门窗等，最后取得了一个比较满意的效果。

二、进行有效示范

1．突出示范重点

突出最能吸引客户的主要优点和利益点，对于那些客户不是很关心的功能，则轻描淡写。

2．趣味性强

商品示范宜具有趣味性，这样能够吸引顾客的注意力，甚至主动参与示范活动，示范效果能够得到明显提升。

3．创造良好的示范讲解气氛

谈判现场示范讲解，对于吸引客户、聚拢人气、创造良好的现场示范气氛是一个行之有效的办法。通过投影仪讲解必须声音洪亮、用语简单明了。洪亮的示范讲解声音可以增强谈判人员的销售信心、鼓舞士气，投影仪画面又能使产品更加的形象、有说服力，也能给对方一个深刻的印象。此外，也可利用悬挂条幅、吊旗、堆码、电视等辅助销售工具，进行现场气氛的渲染布置。一个好的示范演示还要考虑让客户参与其中。因此，在设计示范方法时一定要考虑如何邀请客户参与，参与哪些演示环节，以实现良好的现场互动气氛。

4．示范要干净、利落、规范、安全

规范整齐的东西往往能给人一种很舒服的感觉，示范也是一样。示范台上整齐划一的道具，干净的台面，示范人员利索的穿着，不仅客户看了舒服，而且也有利于提高品牌形象。设计现场示范活动必须为相关人员设计一整套的标准示范用语和示范动作，将活动程序化。示范人员必须熟练掌握要点后才可安排上岗。对于示范过程中常见的一些细节或意外现象，在培训时，要做相应演示，明确如何防范和处理意外事件。如果示范方法设计不当，不仅对销售帮助作用不大，而且可能有损品牌形象。例如，销售人造鹿皮，示范时就存在这样的问题：示范人员为演示人造鹿皮良好的吸水性，经常用水将头发弄湿，或在台面上泼一缸水，然后用人造鹿皮来擦干头发或台面，但现场往往弄得水淋淋、脏兮兮的，再加上个别示范人员不注重个人卫生，头发上"雪花"点点，让人非常反感，效果自然大打折扣。

当然，要设计一个成功的现场示范活动，要综合考虑的因素还有很多。一位权威的专家曾研究指出，影响现场示范活动效果的各因素所占的比例为，示范人员的仪表占35%，示范商品的品质占26%，商品合理的价格占19%，出众的示范方法占20%。此外，要提高示范的成交率，还可以组合运用促销手段，如赠品、特价促销、限量销售等。

知识链接

示范技巧必须遵循的基本原则如下。

1. 以主要卖点为中心

示范时以主要卖点为中心，忌讳面面俱到。辅助卖点则不需要做太多解释，因为客户已经在对手那儿了解得非常清楚了，讲解时一句话带过即可。但如果客户追问，示范人员最好有一些不同于对手的新的阐释。如对手只能说出三重作用，而你能说出四重，客户的天平不就偏向于你们了吗？

2. 示范要点和客户关心点

示范要点一般是培训时讲解的演示动作要点、讲解要点，这两个要点在示范现场一定要"表演"到位。

演示动作要点：示范销售也是有一套标准动作和程序的，容易打动客户的关键点一定要按标准示范，不得任意为之。例如，吸力演示，客流高峰的时候必须开五分钟、歇五分钟等。

讲解要点：一定要遵循FAB法则（F是特性，A是优点，B是利益），对商品的各个特性进行分解，将商品的特性转化为客户的利益点，让客户觉得你是在提供真正能够满足他需要的产品，而不单单是为了他口袋里的钱。

需要强调的是，讲解一定要生活化、口语化，而不是死守着标准说辞，一成不变，应该像聊家常一样，非常随意，让客户根本感觉不出你在推销。

另外，示范人员还需要根据客户的不同情况，灵活转换方法，活学活用。以吸尘器演示为例，未用过吸尘器的客户可能会比较关注吸力大小、噪声高低、尘袋清洗的便捷程度等；用过吸尘器的客户，首先会关注噪声的大小或尘袋是否便于清洗等，其次才是吸力的大小。

此外，示范进行中，必须适时穿插与其他产品的对比分析，突出我们的优势，强化客户的认知度。

案例分析

案例分析6-6　灵活应用商品示范的技巧

国内某公司为了体现他们生产的烤面包机"摔不烂，摔了还能使用"等特点，其谈判人员经常邀请客户拿起产品往地上摔、用脚踩，并承诺：如发现裂纹，当场赠送一台面包机。随着"呼啦咣当"的声音不断响起，杯子任客户怎么踩也碎不了，在座的客户交口称赞。接着，该谈判人员又拿出一个大塑料杯，将满满的一杯水朝面包机泼了下去，在客户的一片惊讶声中，他打开电源开关，湿淋淋的面包机照样正常运转。客户彻底信服了，纷纷要求下订单。

思考：
（1）案例中商品示范技巧主要表现在什么方面？
（2）这种技巧的运用导致谈判出现了什么局面？
（3）从这一案例中，谈判人员能学到哪些技巧？

分析：
（1）案例中谈判人员运用了示范技巧中的商品特点重点示范。
（2）这种技巧运用促使客户积极与厂方合作。
（3）能否进行有效的商品示范对谈判成功与否起到至关重要的作用。

实践训练

通常，一次商务谈判中示范的商品有 3～5 个卖点，但一般只有一个卖点是最独特并且吸引人的，那么它就是此产品的核心特征，也能体现核心竞争力。示范人员在谈判现场必须反复宣扬这个核心特征，让客户接受它、认同它。现场示范最忌面面俱到，以至于最后变得没有重点，客户听得不耐烦而走掉。所以，要求学生分组针对市场上各类主要手机产品做示范介绍，针对各品牌手机的核心特点做有效示范。

课 后 训 练

一、简答题
1. 商务谈判中如何选择合适的示范商品？
2. 如何进行有效的示范？
3. 示范技巧应用必须遵循的基本原则有哪些？

二、实训操作
1. 查阅各类商务谈判中的示范技巧，并在班级的各种活动中予以实施。
2. 根据自己参加谈判的场合不同，为自己量身设计三种不同的示范方式。

三、案例分析
针对日益严重的雾霾天气，国内某品牌空气净化器为示范演示其高效的活性炭、HEPA 过滤性能，专门设计了一个密封的透明箱体，将点燃的香烟塞入孔内。不一会儿箱体内烟雾腾腾，警示红灯亮起，表示室内"空气混浊"。谈判现场的示范人员启动"过滤"按钮，十分钟后，烟雾渐渐消失得无影无踪，绿灯亮了，室内空气又正常了。据该品牌的销售人员说，自从有了这个谈判示范方法后，他们这款 8 000 多元的净化器一个月要卖近 10 台。

思考： 该品牌的销售人员采用了哪种谈判技巧？有什么特点？

四、完成实践训练中的任务，并提交报告

任务七　电话洽谈技巧的应用

在电话洽谈中，相关技巧的重要性自然不言而喻。这方面的内容恐怕也是电话销售从业人员最感兴趣的部分。因为电话洽谈中双方并未见面，相比而言，不能像面访型谈判那样借助形象增加说服力和客户的信任感，所以如何表达与沟通就显得更为重要。在本任务中，将结合从绕过障碍直到成交的主要洽谈流程分享常用的电话洽谈技巧。

操作步骤及分析

在电话洽谈过程中，根据具体情况设计、使用相应绕障碍技巧，有时能取得出奇制胜的效果。

一、进行合理的准备

（1）心理准备　在你拨打每一通电话之前，都必须有这样一种认识，那就是你所拨打的这通电话很可能就是你这一生的转折点或者是你现状的转折点。有了这种想法之后你才可能对你所拨打的每一通电话有一个认真、负责和坚持的态度，才使你的心态有一种必定成功的积极动力。

（2）内容准备　在拨打电话之前，要先把你所要表达的内容准备好，最好是先列出几条写在纸张上，以免对方接电话后，自己由于紧张或者是兴奋而忘了自己的讲话内容。另外，和电话另一端的对方沟通时的每一句话该如何说，都应该有所准备，提前演练到最佳。

在电话沟通时要注意两点：注意语气变化，态度真诚；言语要富有条理性，不可语无伦次，前后反复，让对方产生反感。

二、选择时机

打电话时要掌握一定的时机，要避免在吃饭的时间里与顾客联系，如果把电话打过去了，也要礼貌地征询顾客是否有时间或方便接听，如"您好，王经理，我是××公司的××，这个时候打电话给你，没有打搅你吧？"如果对方有约会恰巧要外出，或刚好有客人在的时候，应该很有礼貌地与其说清再次通话的时间，然后再挂上电话。如果要找的人不在的话，需向接电话人索要联系方法，如"请问××先生/小姐的手机号是多少？他/她上次打电话/来公司时只留了这个电话号，谢谢你的帮助。"

三、接通电话的对应工作

拨打业务电话，在电话接通后，业务人员要先问好，并自报家门，确认对方的身份后，再谈正事。例如，"您好，我是××公司，请问××老板/经理在吗？""××老板/经理，您好，我是××公司的××，关于……"讲话时要简洁明了，无论是打出电话或是接听电话，都要长话短说，简而言之，除了必要的寒暄和客套之外，一定要少说与业务无关的话题，杜绝电话长时间占线的现象。打完电话之后，业务人员一定要记住向顾客致谢，如"感谢您用这么长时间听我介绍，希望能给您带来满意，谢谢，再见。"另外，一定要等顾客先挂断电话后，业务人员才能轻轻挂上电话，以示对顾客的尊重。挂断顾客的电话后，有许多的业务人员会立即从嘴里跳出几个对顾客不雅的词汇，来释放自己的压力，其实，这是最要不得的一个坏习惯。作为一个专业的电话销售人员，这是绝对不允许的。电话接听者在接听时一定要注意，绝对不能一问三不知，或敷衍了事，更不能用不耐烦的态度来对待打进电话的顾客。

四、建立谈话

电话接通后，接电话者要自报家门，如"您好，这里是华安贸易公司客服部""您好，我是某某，很高兴为您服务。"绝对禁止抓起电话就说："喂，你找谁呀？你是谁呀？"这样不仅浪费时间还很不礼貌，让公司的形象在顾客心中大打折扣。接听电话前一般要让电话响一到二个长音，切忌让电话一直响而缓慢地接听。在电话机旁最好摆放一些纸和笔，这样可以一边听电话一边随手将重点记录下来。电话结束后，应该对记录下来的重点妥善处理。当顾客打来电话时，不仅要记录下顾客所说的重要信息，还应该向对方复述一遍，以确定无误。

如果通话过程中需要对方等待，接听者必须说："对不起，请您稍等一下。"之后要说出让他等候的理由，以免对方因等候而焦急。再次接听电话时必须向对方道歉："对不起，让您久等了。"如果让对方等待的时间较长，接听人应告知原因，并请他先挂掉电话，待处理完后再拨电话过去。如果对方语音太小，接听者可直接说："对不起，请您声音大一点好吗？我听不太清楚您讲话。"绝不能大声喊："喂喂，大声点。"若遇找人的电话，应迅速把电话转给被找者，如果被找者不在，应对对方说："对不起，现在他（她）出去了，我是××，如果方便的话，可不可以让我帮您转达呢？"也可以请对方留下电话号码，等被找人回来，立即通知他给对方回电话。

无论是拨打电话，还是接听电话，都可以反映一个人或公司的形象。电话是公司对外交流的一个窗口。因此无论是拨打或接听电话，都应该特别注意言辞与语气，一个电话可能改变你目前的境况甚至是你的一生。

五、促使顾客马上行动

虚心接受客户合理的反对理由，在他的心目中建立一个奉献、尽责、值得交往的行销人员形象。记住：保住老客户比开发一个新客户容易得多。要有这样的营销意识：没有一条用于成功销售的神秘公式，成功是刻苦训练、努力工作的结果。与客户保持联系的方式包括①登门拜访，②电话联系，③书信联系，④提供服务。

六、进行客户后续管理

客户管理包括：对客户资料的搜集、归类和整理；与客户的经常性沟通与联系；客户意见处理；不断改进对客户的服务方式和服务内容。在正式电话营销启动前，我们必须对电话销售人员进行专业化、系统化的培训。

知识链接

电话洽谈技巧主要包括以下几点。

1．如何建立初步信任

开场白的技巧就是要解决客户心中的这些疑虑，只有解决客户心里的这些疑问，洽谈才能有继续的可能。而其中第一句话非常重要，通常是用来表明自己是如何知道客户信息的。例如，保险公司和银行信用卡部门合作，第一句话通常说的是"您好，请问是陈先生吗？我是招商银行客户服务中心的××，现在有时间吗，想和您做个回访。"因客户陈先生是招商银行的信用卡用户，所以就有了对话继续的可能性。

在这个对话中，保险公司的成功是源于套用了数据库来源之一的招商银行的良好信誉。如果你没有任何可合作的、具有良好信誉度的数据库，最简单的方法就是直接以客户的联系信息问候他。例如，以下这段开场白：

销售："请问，您是必瑞咨询的陈先生吗？"

陈先生："我是，你是哪里？"

销售："陈先生，我叫刘××。我是在网络上看到您的文章，才知道您的联系方式的。您现在讲话方便吗？"

陈先生："哦 是这样啊。你有什么事情吗？"

到这一步，陈先生还以为是咨询的客户。不管销售后面怎么说，但到这一步，都应该说他的开场白是成功的。

2．如何让客户保持对话

大部分没有受过训练的销售新人往往都在这关上吃了很多亏，只知道说，或提很容易被客户拒绝的封闭式问题，如"好不好""是不是""可不可以"。客户一个不字就前功尽弃。所以，优秀的销售在每次对话中，都非常注意问题的设计，基本上都养成以开放性提问结尾的习惯。例如，"我今天找您是为了介绍一项特殊的顾问服务类型'操盘'，您对这样的服务形式了解程度如何呢？"这样客户便不容易挂掉你的电话。但封闭性问题并不是在整个开场白阶段都不能用，当客户对你的服务感兴趣了，向你请教或咨询意见时，你用封闭式的问题来进行诊断，这个时候封闭式问题更容易建立信任。

3．如何有针对性地设置利益性诉求

每通电话通常时间很短，一般在 3.5～4.5 分钟。开场白里需要精炼地概括出对目标客户的好处，目标客户要根据不同的职位来进行利益的诉求。

决策层如总经理级别的人天天被财务数字困扰。所担忧的问题都是直接能从数字或运营绩效表达出来的。而且除了自身企业的运营问题之外，他也比较关注竞争对手的动态，自己在行业内的影响等。所以，你在短时间里，必须巧妙组织你的开场白，说出你要找他的理由。当他问你："请问找我有什么事情？"你就必须用一句话来概括你的产品和服务对他的利益。例如，"刘总您好，我们公司是一家帮助企业建立电话行销系统，提升利润水平的咨询顾问公司，目前在您这个行业，某某（对手名字）也是我们的长期战略客户。今天打电话给您，主要是希望让您来了解我们的服务，互相交流，探讨合作的可能性，您想知道某某公司在使用了我们的服务之后，是如何在三个月时间里使业绩增长了四倍吗？"

管理层如部门经理,他们比较关注的是他部门的考核指标,自己的部门权利(如部门培训预算),以及他在组织内部的人事问题(如其他部门对他们的支持、顶头上司对他的看法)。所以,你在和这些人沟通时,先不要直接说明你的服务和产品对公司整体产生的影响,因为即使你的产品再好,他最多也是起到一个向上推荐的作用。正确的做法是先进入他们的选择范围,然后为他个人提供各种自己力所能及的帮助。所以在开场白阶段只要先说明你们的服务是很多企业的选择,让他们做一个参考,后面再有机会不断跟进,这样的技巧才真正有效。

4. 设计主要和次要目标

为了使每通电话都有价值,一位专业的电话营销人员在打电话给客户之前一定要预先定下希望达成的目标,如果没有事先定下目标,将会使销售人员很容易偏离主题,完全失去方向,浪费许多宝贵的时间。通常电话销售的目标可分成主要目标及次要目标。主要目标通常是你最希望通过这通电话达成的事情,而次要目标是如果当你没有办法通过这通电话达成主要目标时,你最希望达成的事情。

许多电话营销人员在打电话时,常常没有定下次要目标,因此在没有办法完成主要目标时,就草草结束电话,不但浪费了时间,也在心理上造成负面的影响,觉得自己老是吃闭门羹。

(1)常见的主要目标
1)确认准客户是否为真正的潜在客户。
2)确定约访时间(或为外勤拜访业务人员贡献合格销售线索)。
3)销售出某种预定数量或金额的商品或服务。
4)确认准客户何时做出最后决定。
5)让准客户同意接受商品/服务建议书。

(2)常见的次要目标
1)取得准客户的相关资料。
2)销售某种并非预定的商品或服务。
3)预订再和准客户联络的时间。
4)引起准客户的兴趣,并让准客户同意先看适合的商品/服务资料。
5)得到更多客户的介绍。

设计主要与次要目标的好处是让电话销售人员没有感觉自己每天所做的劳动是白费的,同时也为以后的销售机会做好了铺垫。

 案例分析

案例分析 6-7　应对"经济不景气"的电话洽谈技巧的应用

王经理:"你介绍的产品虽然不错,但由于现在经济不景气,公司财务紧张,所以我们不能购买。"

业务员:"王经理,虽然接触时间不长,但我知道您是一个非常具有创造性思维的人,您一定能够看出现在经济不景气下面所蕴藏的机会。"

王经理:"……"

业务员:"王经理,现在大家觉得经济不景气,都不敢在服务客户方面过多投入,这恰恰是你战胜他们的机会。通过加大投入,你可以让客户获得更好的体验,这不仅能让你获得更大的市场占有率,而且一旦经济好转,你还能迅速地获得更多的利润。"

王经理:"你是说,逆水行舟?"

业务员:"是的,你一下子就看到了问题的症结。最近我听说您的同行某公司也在打算购买我们的产品,如果一旦让他们抢先,你们就失去了先机。"

王经理:"你说得很有道理。"

分析:这是一个很完整的应对"经济不景气"的电话销售。这个电话销售包括这么几个步骤:首先要适当地夸奖对方,对方高兴就会让你的电话洽谈技巧奏效,这是电话洽谈技巧和话术的基础点;其次要讲出经济不景气时更要投资的道理,这是电话销售技巧和话术的关键点;接着最好能够举出例子来证实你的道理,或者让对方产生紧迫感,才能保证电话销售技巧和话术成功。

实践训练

根据下面几种不同的电话洽谈技巧,决定如何刺激客户的兴趣,由学生分组进行实际演练。

1.用状况性提问获取客户的基本信息

在刺激客户兴趣之前,首先要利用问题来了解客户的现有状况以增加对他的了解,只有透过对客户基本信息的搜集,方能进一步进入到正确的需求分析。但请注意在应用该方式时,要懂得控制问题的数量,问题与问题之间要沟通流畅,否则会被人认为是审问,导致不好的结果。而销售能力的高低就在于如何不露声色地通过状况性提问了解客户的基本情况。

2.通过纵深提问找出客户的潜在问题

做销售就是为了帮助客户解决问题,无法解决问题,客户就不会购买。你的产品再好,如果不能解决客户的问题,也是没有用的。所以,在摸底之后,要引导客户让其意识到是存在问题的,并不像他想象的那样完美。如果不做到这点,即使你吹嘘你的产品的性能再好,客户也难以产生实际的行动。

3.通过暗示性的问题让客户加深对问题严重性的认识

只让客户意识到有问题还不够。下一步,销售人员要利用暗示性问题使客户感受到隐藏性需求的重要性与急迫性,也就是这个问题一定要尽快解决掉,不能拖延。而且在客户面临的众多问题中间,这个问题要优先解决。

4.解决性提问让客户聚焦到产品的推荐

一旦客户认同需求的严重性与急迫性,且必须立即采取行动时,优秀的销售人员应该立刻提出解决性的提问,以鼓励客户将重点聚焦在产品或解决方案上,并为销售人员购买后的利益做铺垫。

5.注意倾听

在沟通时,要注意少说多听。尤其在刺激欲望阶段,客户在不断地向你暴露问题点,如果你不注意倾听,那么就容易漏掉可以被利用的细节,同时也会造成客户对你的不信任,因为你不是真正关心他的问题，而只是关心自己是否说得痛快。

课后训练

一、简答题
1．电话洽谈需要遵循的主要原则有哪些？
2．电话洽谈的主要操作步骤和相关技巧是什么？
3．主要的电话洽谈技巧应用有哪些？
4．电话洽谈应该避免的主要误区是什么？
5．如何有效回避洽谈障碍？

二、实训操作
1．查阅各类电话洽谈的技巧，并在班级的各种活动中予以实施。
2．根据自己参加洽谈的场合不同，为自己量身设计三种不同的洽谈切入方式。

三、案例分析
投资顾问："你好，我是××证券公司的，你家做股票的在吗？"
客户："不在。"
投资顾问："我公司现在正在举办新春客户回馈活动，特别从上海邀请了著名证券分析专家和私募基金操盘手××老师为投资者做实战指导，同时还特别挑选了在证券期货市场上具有丰富实战经验的投资高手××老师作为营业部的首席分析师、实战指导老师，机会很难得，您如果有时间我帮您约一个见面的机会为您做单独股票分析，您今天下午还是明天下午有空？您若过来，我们公司还有一份精美的礼品赠送。"
客户："不好意思，我没空。"
投资顾问："我留电话给你，麻烦你让他回来后给我电话。我留地址给你，你让他明天下午按照这个地址来找我就可以了。公司地址：百丈东路××证券，我姓×，请问您怎么称呼呢？我这里的电话是××××，您有什么不明白的可以打个电话过来咨询一下。"

思考：
（1）投资顾问采取了哪种电话洽谈的技巧？
（2）如果客户正面回答，会出现怎么样的局面？

四、完成实践训练中的任务，并提交报告

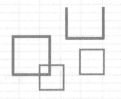

项目七
商务谈判礼仪方案设计

项目导入

张先生乘坐专车前往机场迎接来自德国的一位企业家怀特先生。宾主见面寒暄握手后,张先生便毕恭毕敬地将怀特先生让到了轿车前排的副驾驶座上,而自己却坐在了轿车的后排。让张先生没料到的是,自此以后,原本笑容可掬的怀特先生竟然立即沉下了脸,好像非常不高兴。张先生后来才意识到,原来是因为自己不懂得商务迎送中的陪车礼仪,无意中让怀特觉得自己在乘车的座次安排上没有受到应有的尊重。

俗话说"没有规矩不成方圆""有礼走遍天下,无礼则不立"。本项目要你完成几种典型的商务活动礼仪方案设计:①商务迎送礼仪方案设计;②商务宴请礼仪方案设计;③商务洽谈礼仪方案设计。

▶ **知识目标**

1. 了解商务迎送、宴请、会谈、签字活动中的礼仪知识;
2. 掌握商务迎送的礼仪规范和注意事项;
3. 掌握商务宴请礼仪的规范和注意事项;
4. 掌握商务会谈、签字礼仪规范和注意事项。

▶ **能力目标**

1. 能按照商务礼仪规范安排迎送工作;
2. 能按照商务礼仪规范做好宴请工作;
3. 能按照商务礼仪规范布置会谈、签字的场景。

▶ **任务分解**

任务一　商务迎送礼仪方案设计
任务二　商务宴请礼仪方案设计
任务三　商务洽谈礼仪方案设计

任务一　商务迎送礼仪方案设计

迎送礼仪是商务谈判中最基本的礼仪之一。迎来送往是一种很常见的社会交往活动。

中国古代礼仪十分讲究迎来送往，提倡热情好客，张弛有度。孔子说："有朋自远方来，不亦乐乎。"商务交往中的迎送，事关公司形象，迎送人员的接待水平直接影响公司商务往来的成败，因此要掌握商务礼仪规范，做好迎送工作。

商务迎送礼仪包含两方面：①对应邀前来参加商务谈判的人士——无论是官方的人士、专业代表团，还是民间团体、友好人士——在他们抵达时，一般都要安排相应身份的人员前去迎接；②谈判结束后，要安排专人欢送。重要客商或初次来的客商，要专人迎送；一般的客商、常来的客商，不接送也不为失礼。

 操作步骤及分析

一、确定迎送规格

通常，迎送规格主要依据三方面的情况来确定，即前来谈判人员的身份和目的、我方与被迎送者之间的关系以及惯例。主要迎送人的身份和地位通常应与来者相差不多，以对口对等为宜。对口是指双方的职责范围或专业相似。对等是指职位、职称对等。如果当事人因故不能出面，或者不能保证对等，可适当变通，由职位相当的人士或副职出面。当事人因故不出面，应礼貌地向对方做出解释。只有当对方与我方关系特别密切，或者我方出于某种特殊需要时，方可破格接待。除此之外，均应按常规接待。

二、掌握抵达和离开的时间

迎候人员应当准确掌握对方抵达的时间，提前到达机场、车站，以示对对方的尊重，绝不能让客人在那里等你。客人经过长途跋涉到达目的地，如果一下飞机、轮船或火车，就看见有人在等候，一定会感到十分愉快。如果是第一次来这个地方，则能因此而获得安全感。如果你迟到了，对方会立即陷入失望和焦虑不安之中。不论事后怎样解释，都很难使对方改变对你失职的印象。马斯洛的需要层次理论中有一种就是安全的需要。试想，你到一个陌生的国度，人生地不熟，一下飞机就有人迎接，你是否觉得很安全、很踏实？

同样，送别人员应事先了解对方离开的准确时间，提前到达来宾住宿的宾馆，陪同来宾一同前往机场、码头或车站，亦可直接前往机场、码头或车站恭候来宾，与来宾道别。在来宾临上飞机、轮船或火车之前，送行人员应按一定顺序同来宾一一握手话别。飞机起飞或轮船、火车开动之后，送行人员应向来宾挥手致意。直至飞机、轮船或火车在视野里消失，送行人员方可离去。

三、做好接待的准备工作

在得知来宾的抵达日期后，应首先考虑其住宿安排问题。对方尚未启程前，先问清楚对方是否已经自己联系好住宿，如未联系好，或者对方是初到此地，可代其预订旅馆房间，最好是等级较高、条件较好的旅馆。日程、车牌、房号以及接送人员通信方法等有关资料应交付每一位来宾,往返机票或车船票等手续应予确认。来宾的吃住行应安排得周详妥帖,让来宾感到宾至如归。

四、做好具体迎送工作

(一)热情友好接待

对前来访问、洽谈业务、参加会议的外地、外国客人,应首先了解对方到达的车次、航班,安排与客人身份、职务相当的人员前去迎接。若因某种原因,相应身份的人员若不能前往,前去迎接的人员应向客人做出礼貌的解释。来宾中有夫妇的,可安排夫妇迎送。对远道而来的客人,可以前往机场、车站、码头迎送,可打横幅标语、举牌、献花,必要时还可安排简短的迎送仪式,馈赠纪念品。对本地来宾,在办公室或公司门口迎送即可。前台迎宾时,应注意起身相迎,双目相视,热情而有礼,才能显示出热忱和重视。

1. 献花

商务活动中给对方献上一束花会给对方一个惊喜,有时会收到意想不到的效果。但要注意三点:①送花时要弄清对方的风俗习惯,尽量投其所好,如日本人禁忌荷花,意大利人喜欢玫瑰和紫罗兰、百合花。②给女性送花,最好以我方某女性人员的名义或己方单位名义或负责人妻子的名义赠送,切忌以男性名义送花给交往不深的女性。③若对方是夫妻同来,己方送花应该以负责人夫妻的名义或公司的名义送给对方夫妇。

送花小常识

世界各地都有送花的习俗,但要注意:
1. 西方国家只送单数,但不能送13枚。
2. 西方人送花,玫瑰一般代表爱情。
3. 很多人都认为送黄色的花不太好,送黄色的花要谨慎。
4. 日本人不送荷花,荷花经常画在棺材上。
5. 每个国家都有自己的国花,送国花一般都会受欢迎。

2. 赠送礼品

商务活动中为表示热情友好,有时会互赠纪念品、礼品,要注意送礼和收礼的礼节。

1)选择礼品:礼品是感情的载体,选择礼品时,应力求别出心裁,不落俗套。至于礼品的价值高低要视不同的地区和习惯而定。一般来说,欧美人注重礼品的情谊价值,而亚洲、中东、非洲人注重实用价值。另外,要以对方愉快的接受为尺度。国际交往中一些具有民族特色的礼品,如书画、图章、景泰蓝制品、剪纸、绣品、茶叶等往往备受青睐。

2)赠送礼品:要选择适当的时机,在会见、会谈时,一般要选择在起身告辞时赠送;向对方祝贺、道喜或有特殊纪念日的礼品要在事前或双方见面之初赠送。

3)接受礼品:对方是中国人则不要当面打开,若是欧美人则要当面打开致谢。

4)送礼禁忌:中国人不送梨和钟,阿拉伯人不送酒,日本人不送带有狐狸和獾的图案的礼品,英国人不送印有公司标志的礼品。

不适宜在国际商务活动中赠送的礼品清单

1. 刀。赠送刀子被认为是一刀两断的意思。但有两种刀有时可用作礼品赠送：一种是特别富有民族特色的礼品刀（如阿拉伯弯刀），另一种是瑞士的军刀。很多国家的男子很喜欢这两种刀。
2. 钟和鞋子。钟代表死亡或浪费时间；鞋子被认为不洁或不吉利。
3. 药品。药品与疾病、不健康和死亡相联系。但保健品在许多国家受欢迎。
4. 动植物活体。
5. 动植物生鲜食品、植物种子等。

商务礼品赠送要领

1. 根据不同的受礼对象选择不同价值的礼物。
2. 根据受礼对象的趣味不同，精心挑选礼品。
3. 选择赠送礼品的最佳时机，给人留下更深的印象。
4. 赠送的礼品要品质优、适用性强、经久耐用。
5. 最好让礼品更具有私人性、专一性。
6. 礼品的包装要精致美观，吸引人。
7. 如有可能，亲自或者让信使分发礼品。
8. 根据礼品用途选择不同的赠送场合，如供家庭用的礼品最好送到客人家里，而不是在办公室。

（二）遵守陪车礼节

请客人坐在主人的右侧，并主动为客人打开其座位一侧的车门。最好让客人从右侧门上车，主人从左侧门上车，避免从客人膝前穿过

乘车礼节

1. 乘小轿车的礼节
（1）小轿车的驾驶者是专职司机，座位由尊而卑依次排列为
双排五人座：后排右座、后排左座、后排中座、副驾驶座。
双排六人座：后排右座、后排左座、后排中座、前排右座、前排中座。
（2）小轿车是由主人亲自驾驶，座位由尊而卑依次排列为
双排五人座：副驾驶座、后排右座、后排左座、后排中座。
双排六人座：前排右座、前排中座、后排右座、后排左座、后排中座。
2. 以车型定座次
上述介绍的乘车方法只适用于小轿车，对其他一些车型并不适用。
吉普车、越野车：底盘高，不如小轿车平稳，不管谁驾驶，副驾驶座是上座，然后是后排右座、后排左座、后排中座。
大中型客车：不论由何人驾驶，均以前排为上，后排为下；以右为尊，以左为卑；以距离前门的远近，来排定具体座次的尊卑。

（三）遵守引领时的礼节

接待人员要以主宾为主要接待对象。引领时，注意站在贵宾左前方一米左右，侧面朝贵宾，在交谈中前行，前行时左臂前伸，手掌指向前进路线。遇到门或进出电梯时，如无门童开门、把门，应主动让主宾先行，随后跑步超前引路。

（四）遵守行进中的礼节

与客人并排行进时，做法是中央高于两侧，内侧高于外侧，一般让客人走在中央或内侧。

与客人单行行进时，即一条线行进时，标准的做法是前方高于后方，以前方为尊，如果没有特殊的情况，让客人走在前方。

（五）遵守上下楼梯和搭乘电梯的礼节

上下楼梯是商务活动经常遇到的情况，上下楼梯的位次排序应注意以下几点：

1）要单行行进，因为楼梯比较窄，并排行进会阻塞楼梯，是没有礼貌的表现。没有特殊原因，应靠右侧单行行走。

2）注意位次顺序，上下楼梯时，男女长幼的顺序如下：上楼时，女士在前，男士在后，长者在前，幼者在后，以此表示尊重。下楼时，男士在前，女士在后，幼者在前，长者在后。

现在很多公司、酒店都有电梯，乘电梯时要注意以下礼节：

1）伴随客人或长辈来到电梯门前时：先按电梯呼梯按钮。轿厢到达，厅门打开时，若电梯没有专人服务，陪同人员可先行进入电梯，一手按"开门"按钮，另一手按住电梯侧门，礼貌地说"请进"，请客人们或长辈们进入电梯厢。若电梯有专人服务，则让客人先进，陪同人员后进。

2）进入电梯后：按下客人或长辈要去的楼层按钮。若电梯行进间有其他人员进入，可主动询问要去几楼，帮忙按下。电梯内可视状况考虑是否寒暄，如没有其他人员时可略做寒暄，有外人或其他同事在时，可斟酌是否有必要寒暄，但勿高声谈话，更勿吸烟。电梯内尽量侧身面对客人。

3）到达目的楼层：一手按住"开门"按钮，另一手做出请出的动作，可说："到了，您先请！"客人走出电梯后，自己立刻步出电梯，并热诚地引导行进的方向。

（六）遵守下榻礼节

送客人到预订的酒店，要注意下述礼节：

1）进入房间时，陪同人员通常负责开门。进入房间时，若门向外开，陪同人员首先拉开房门，然后请陪同对象先进。若门向内开，则陪同人员首先推开房门，进入房内，打开灯，然后请陪同对象进入。

2）进入房间后，陪同人员检查宾馆设施。到达宾馆后，陪同人员应检查一下宾馆的设施是否齐全，对客人起居是否有何不便，并主动征询一下客人的意见。若无其他意见，则稍坐片刻即应告辞，以免妨碍来宾休息。客人到达的当天，最好只谈第二天的安排，另外的日程安排可在以后详细讨论。

3）离开房间时，陪同人员通常负责关门。若门向外开，陪同人员首先出门，用手扶门，然后请陪同对象离开房间。若门向内开，陪同人员在房内将门拉开，然后请陪同对象首先离开房间。

（七）遵守送宾礼节

送宾，特别是重要贵宾，要特别注意目送贵宾远行离去，如果可能要等到贵宾完全从视线中消失，这样才能达到送宾之意。不可马上抽身返回，或者立即从事其他事务，否则会被视为无礼或敷衍。而作为贵宾，在离去时，要注意回头招手示意，表示感谢。如果乘车离去，要摇下车窗，挥手示意，表示感谢。除非见面非常不愉快，或者有意安排，否则不可扬长而去，不再回头。

知识链接

迎送这一行为的产生不是凭空的，它应该是事先约定而成的。特别是在国际商务活动中，迎送事宜一般都是事先约定的。因此，讲迎送礼仪就必然要触及事先的约会与邀请。

一、约会与邀请

商务活动不但纷繁复杂，而且目的性很强，每一次活动都可能有成本投入和效益产出的问题。因此，商务活动中的任何一种会面、会谈，双方都必须进行事先安排、部署和计划，特别是正式的会见、会谈、参观、宴请等商务活动，更是要进行先期的准备，也就是说事先要进行联络、沟通，征得同意后，方能进行相互之间的交往，也就是平常所说的进行约会，发出邀请。

这种约会可以是书面的，也可以是口头的，但一定是明确和预先的，要给对方一定时间进行答复和准备。特别要注意在正式的国际商务和庆典中，还要发出正式的请柬，并注明对方回复是否出席的办法。目前主要有"R.S.V.P."和"Regrets only"两种方式。其中"R.S.V.P."表示"不管出席与否，一定要电话明告"，意思是被邀请方"必须回复是否出席"，汉语一般写成"能否出席，请回电赐告"或者写成"能否出席，务请赐电"。否则可能被认为不出席而不予安排相应的座位。"Regrets only"表示"如果不出席活动，必须电话回告。如果出席活动，就不必回话，届时可直接前往"。标有"Regrets only"的请柬一般会安排固定的座位，如果不出席，又不电告主人，则会在活动场所出现空座位的情况，这对主人而言是一件非常尴尬的事情。因此，被邀请方一定要按照邀请方的要求给予回复。

一般而言，正式的国际商务邀请至少要提前三至四个星期发出。在发出的邀请中，可能还会对着装、时间等提出一系列要求，被邀请方如果接受邀请，一般应根据情况，尽量按照主办方的要求办理。

二、请柬礼仪

请柬礼仪特别注意页面布局的格式。格式的设计就像绘画，应当充分考虑从何处下笔，从何处收笔。一般而言，格式布局要考虑两个基本点：一是美观，二是简捷。要做到这一点，首先要注意页面上要留有"页眉"和"页脚"，"左"和"右"边距。只有这样，才会显得美观。其次要注意一个段落或者一行字最好只包含一个信息段。而一页纸上，最好只写一件事情。这样就会显得简捷，避免给人臃肿、繁杂之感。

国际通行的请柬格式是"一行字一条信息"。标准的请柬一般印在一页卡片纸上，包含以下几方面的内容：

1）活动的主题。
2）主人姓名，一般要注明主人的身份。
3）活动的时间、地点。
4）被邀请人的姓名。
5）参加活动的具体要求，如着装要求、座位席号、停车地点等。
6）联系电话。国际上的做法是：在电话前面注明"R.S.V.P."或"Regrets only"。
7）使用专业敬语。汉语中多使用诸如"诚意邀请""敬请""特邀""恭请""敬请出席""届时光临""届时莅临""敬邀""敬约"等。英语中，应注意使用如"on the occasion of""request the honor of your presence (attendance) at …""request the pleasure of the company of"等。

以下为请柬的中英文示例：

On the occasion of the 37th International Beer Festival

The General Manager of the International Beer Company

Mr. Edwin Smith

Request the pleasure to the company of

Mr. Derek White

At a Reception

On Thursday 5th, July 2014 from 18:00—20.00 hrs.

At Ballroom, the Sofitel Hotel, Ningbo

Dress :National Costume or Lounge Suit   Regrets only

TEL. :0574-5677××××

为庆祝第三十七届国际啤酒节

国际啤酒公司的总经理

史密斯·埃德温先生

于2014年7月5日（周四）18:00-20:00

在宁波索菲特大酒店宴会大厅举行招待会

恭请

怀特·德里克先生

届时光临

请穿着正装或民族服装　　如不能出席，请赐电告

电话：0574-5677××××

三、迎送位置

在长期的实践当中，人们习惯于在一个具有"出入口"（即"门"）意义的位置附近进行欢迎或送别的仪式。人们可以在飞机的舱门内迎来送往，可以在汽车的车门附近握手拥抱，可以在大门口挥手道别等。

案例分析

案例分析 7-1　凭什么叫我去？

一海外客商到某地某公司商谈合资办厂事宜。公司经理在会客室专候，并准备了烟茶水果。客商进入公司大门后，迎候在门厅的公司经理秘书和客商握过手，说："我们经理在上面（指二楼会客室），他叫你去。"客商一听，当即一愣："他叫我去？我又不是他的下属，凭什么叫我去？"于是这位客商说："贵公司如有合作诚意，叫你们经理到我住的宾馆去谈吧。"说完拂袖而去。如果那位秘书不说"叫"而说"请"，情况又会如何呢？

分析：商务接待要热情有礼，接待人员要品貌端正、举止大方、口齿清楚，具有一定的文化素养，受过专门的礼仪、形体、语言、服饰等方面的训练。客商之所以转身拂袖而去，是因为这位负责接待的秘书用语不当，他不应该说："我们经理在上面（指二楼会客室），他叫你去。"而应该说："我们经理在二楼会客厅恭候您多时，这边请！"这样就会收到与此完全不同的效果。

案例分析 7-2　周总理送客

1957年国庆节后，周总理去机场送一位外国元首离京。当那位元首的专机腾空起飞后，外国使节、武官的队列依然整齐，并对元首座机行注目礼。而我国政府的几位部长和一位军队的将军却疾步离开了队列。他们有的想往车里钻，有的想去吸烟。周总理目睹这一情况后，当即派人把他们叫回来，一起昂首向在机场上空盘旋的飞机行告别礼。随后，待送走外国的使节和武官，总理特地把中国的送行官员全体留下来，严肃地给大家上了一课："外国元首的座机起飞后绕机场上空盘旋，是表示对东道国的感谢，东道国的主人必须等飞机从视线里消失后才能离开，否则，就是礼貌不周。我们是政府的工作人员和军队的干部，我们的举动代表着人民和军队的仪表，虽然这只是几分钟的事，如果我们不加以注意，就很可能因小失大，让国家的形象受损。"

分析：送宾，要遵守送宾礼仪。对于重要贵宾，要目送贵宾远行离去，如果可能要完全从视线中消失，这样才能达到送宾之意。本案例中外国元首，属于贵宾，正如周总理对几位不遵守该礼仪的送行官员所说的那样："东道国的主人必须等飞机从视线里消失后才能离开，否则，就是礼貌不周。"送宾就是几分钟的事情，送宾人员如果不遵守送宾礼仪，损害的不仅是个人形象，而是其所代表的公司（组织）的形象，甚至是国家的形象。

 **实践训练**

王强是一家外贸工厂的营销经理,经过艰难而又辛苦的营销,终于有一家世界 500 强美资企业答应 7 天后来他们公司考察,外贸工厂的张总十分高兴,委托王强亲自制订贵宾迎送方案,请你帮助王强制订这个迎送方案。分小组讨论,以小组为单位制订一个方案。

课 后 训 练

一、简答题

1．迎送规格如何确定？
2．为表示热情友好,给客人送花、送礼要注意什么？
3．如何做好迎送工作？

二、实训操作

1．分小组演练陪车礼仪。
2．分小组演练乘坐电梯的礼仪。
3．分小组演练引领客人的礼仪。

三、案例分析

泰国某机构为泰国一项庞大的建筑工程向美国公司招标。经过筛选,最后剩下 4 家候选公司。泰方派遣代表团到美国亲自去各家公司商谈。代表团到达芝加哥时,那家工程公司由于忙乱中出了差错,又没仔细复核飞机到达时间,未去机场迎接泰国客人。但是泰国代表尽管初来乍到不熟悉芝加哥,还是自己找到了芝加哥商业中心的一家旅馆。他们打电话给那位急促不安的美国经理,在听了他们的道歉后,泰方同意在第二天 11 时在经理办公室会面。第二天美国经理按时到达办公室等候,直到下午三四点钟才接到客人的电话说："我们一直在旅馆等候,始终没有人前来接我们。我们对这样的接待实在不习惯。我们已订了下午的飞机赴下一个目的地。再见吧！"

思考：

（1）泰国客人为什么去了另一个目的地？
（2）如果你是这家美国公司的经理,你会怎样安排这次商务接待？

任务二　商务宴请礼仪方案设计

俗话说,民以食为天,在商务活动中,离不开宴请这个环节,调查表明,大部分人认为餐饮活动更容易促进人与人之间的接近与交流。宴请中有主、客双方,主方遵循宴请的礼仪,客方遵循赴宴的礼仪,才能达到商务交往的目的。

 操作步骤及分析

东道主的宴请活动涉及宴请的准备工作和宴请的程序与服务工作。准备工作具体包括确定宴请的目的与对象、宴请的规格和形式、宴请的时间与地点、预订菜、发出邀请、气氛营造、桌次和座次安排等。宴请的程序与服务工作包括迎接宾客、席间安排、送别宾客等一系列活动。客人赴宴的礼仪涉及答复宴请、准时赴宴、谦让入座等一系列活动。这里选取几个典型的工作环节进行重点操作讲解。

一、确定宴请的规格和形式

宴请是商务公关活动的一种手段，因此宴请活动的整个组织安排（包括宴请的规格、方式、标准、范围等）应该始终秉承公关活动的宗旨，又合乎礼仪的规范。前者是宴请的目的和实质，后者是实施目的的形式保证。

宴请的规格应视宴请的目的和参加人员的身份来确定，规格过低显得失礼，规格过高亦无必要。宴请的方式则主要以公关活动的性质和内容来确定，以礼节性为主题的公关活动采用宴会形式比较合适，而庆祝性、纪念性主题的公关活动采用冷餐会、酒会的形式更有气氛，以谈论某项特定工作为主题的公关活动则采用工作进餐的形式最为恰当。当然，这没有绝对的限制与界定，应该因人因事而异。

宴请范围的确定较为复杂，一般以"少""适"为原则，对公关效果有直接影响的方方面面自然不可缺少，但没有原则地泛泛而请，只会失去宴请的意义。特别是不考虑涉及公关活动多边之间的关系而盲目邀请且集于同一次宴请的做法，很可能会使宴请的本身成为公关活动最终失败的导火线。若有必要，除工作进餐形式外，还可邀请宾客的配偶出席宴请，不过应该首先明确配偶的出席仅仅是出于礼仪的需要还是对这次公关活动可能发生影响，弄清这一点至关重要。宴请的范围大致确定后，出席人数保持偶数的意识同样重要。因为就某一桌而言，这样做可以使每一个人都至少有一个谈话对象，而这又正是从礼仪的角度出发所必须考虑周到的。

宴请日期和时间的确定应该照顾出席宴请活动的主要公众和大部分公众的习俗。一般不要选择对方有重大节日、假日，或有重要活动的日子，更要注意避免对方有禁忌的日子。就西方人来讲，宴请活动安排在圣诞之夜是不会受到欢迎的，而对于日本人，宴请日期逢"4"、逢"9"则会令他们大皱眉头。因为在日语中，"4"字发音同"死""9"字发音同"苦"。尤其是世界上大多数国家把"13"特别是"13日（星期五）"称为黑色之日，应该特别注意避开。

一旦宴请的各项准备工作基本就绪，发邀请也是一项重要的任务。请柬便是一种既礼貌、又普及，还可提醒备忘的邀请方式，但工作进餐一般不发请柬。正式宴请的请柬通常需在一周至两周前发出，以便被邀请者及早安排。当然，公关活动的特点决定了有时不允许有那么多的时间，但也必须以尽早为原则。

有时为了周到起见，在宴请活动的前夕，不妨再用电话联系，对被邀请者是否收到请柬和是否能够出席宴请予以确认。

二、预订菜肴

如果时间允许，你可以等大多数客人到齐之后，将菜单供客人传阅，并请他们来点菜。商务活动如果时间很紧，需要提前预订，选菜不应以主人的爱好为准，而应主要考虑主宾的爱好与禁忌。多上一些有民族特色、本地风味、节令时尚、饭店拿手和客人喜爱的菜肴，注意色香味形荤素搭配。如不知道主宾的爱好，至少不能犯了主宾的禁忌，包括宗教禁忌、民族禁忌、职业禁忌、健康禁忌、口味禁忌。如果宴会上有个别人有特殊需要，也可以单独为其上菜。大型宴请应照顾到各个方面，菜肴的道数与分量都要适宜。在地方上，宜用有地方特色的食品招待，用本地产的名酒。无论哪一种宴请，事先均应开列菜单，并征求主管负责人的同意。获准后即可印制菜单，菜单一桌两份或三份，但至少一份，讲究的也可每人一份。

点菜时，一定要心中有数。点菜时，可根据以下三个规则：

1）看人员组成。一般来说，人均一菜是比较通用的规则。男士较多的餐会可适当加量。

2）看菜肴组合。一般来说，一桌菜最好是有荤有素、有冷有热，尽量做到全面。如果桌上男士多，可多点些荤菜，如果女士较多，则可多点几道清淡的素菜。

3）看宴请的重要程度。若是普通的商务宴请，平均一道菜在50～80元可以接受。如果这次宴请的对象是比较关键的人物，那么则要点上几个够分量的菜，如虾、蟹等海鲜，如果要再上规格一点，则是鲍鱼等。

还有一点需要注意的是，如客人在场，点菜时不应该问服务员菜肴的价格，或是讨价还价，这样会让你公司在客户面前显得有点小家子气，而且客户也会觉得不自在。

三、桌次和座次安排

正式宴会一般都会排席位，也可只排部分客人的席位，其他人只排桌次或自由入座。无论采用哪种做法，都要在入席前通知到每一个出席者，使大家心中有数，现场还要有人引导。大型的宴会，最好是排席位，以免混乱。

1．桌次安排

在宴请中，桌次与座位是一个不可忽视的问题。按习惯，桌次的高低以离主桌位置远近而定，右高左低。桌数较多时，要摆桌次牌。宴会可用圆桌、方桌或长桌，一桌以上的宴会，桌子之间的距离要适中，各个座位之间的距离要相等。团体宴请中，宴桌排列一般以最前面的或居中的桌子为主桌。餐桌的具体摆放还应根据宴会厅的地形条件而定。各类宴会餐桌摆放与座位安排都要整齐统一，椅背达到纵横成行，台布折纹要向着一个方向，给人以整体美感。具体如图7-1所示。

图7-1 餐桌的摆放

数字①代表主桌，其他数字依次表示桌次的高低。

2．座次安排

礼宾次序是安排座位的主要依据。外国的习惯是男女掺插安排，以女主人为准，主宾在女主人右上方，主宾夫人在男主人右上方。我国习惯按各人本身职务排列，这样便于谈话，如夫人出席，通常把女方排在一起，即主宾坐男主人右上方，其夫人坐女主人右上方。两桌以上的宴会，其他各桌第一主人的位置可以与主桌主人位置同向，也可以以面对主桌的位置为主位。

在具体安排座位时，还应考虑其他因素，如双方关系紧张的应尽量避免安排在一起，身份大体相同或同一专业的可安排在一起。

（1）长桌安排

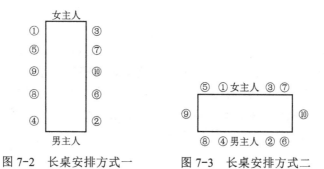

图 7-2　长桌安排方式一　　图 7-3　长桌安排方式二

（2）圆桌安排

1）单主人常用"之"字排位法，如图 7-4 所示。

2）双主人时的圆桌安排方法常见的有"顺时针"排位法和"对角"排位法，如图 7-5、图 7-6 所示。

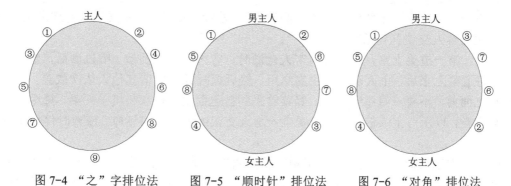

图 7-4　"之"字排位法　　图 7-5　"顺时针"排位法　　图 7-6　"对角"排位法

3）分侧排列。在餐桌上，为了便于宾主双方进行交际应酬，经常有意识地按主左客右的惯例将其分成两侧安排。若交叉排列，有时并不便于宾主双方用餐。

以上是国际上安排席位的一些常规，遇特殊情况可灵活处理，如遇主宾身份高于主人，为表示对他的尊重，可以把主宾摆在主人的位置上，而主人则坐在主宾位置上，第二主人坐在主宾的左侧，但也可按常规安排。

席位排妥后着手写座位卡。我方举行的宴会，中文写在上面，外文写在下面。卡片用钢笔或毛笔书写，字应尽量写得大些，便于辨认。便宴、家宴可以不放座位卡，但主人对客人的座位也要有大致安排。

四、准时赴宴、遵守餐桌礼仪

无论您是出国旅游还是出差，如果有人邀请您参加正式宴会，那么您需要了解一些赴宴礼仪。

1. 抵达

你最好按时到达，迟到四五分钟也行，但千万不能迟到一刻钟以上，否则到时为难的不是别人，而是你自己。如果去的是富裕而讲究的人家，你进大门时遇到的第一个人可能是个男当差，负责帮你挂衣服或者是给你带路的，所以你先别急着跟他握手，观察一下再决定。

2. 入席

不管是否有座位安排，最好听主方的安排，不要主动就座，应向其他宾客表示礼让，尤其是有长辈、上级或女士时，应让其先入座。就座时从座位的左边入座，左进右出，或左进左出。男士在入座之前要帮左边的女士拉开椅子，待女士坐稳后本人再入座。大家落座之后，主人拿餐巾，客人就跟着拿餐巾。记住：不论这时出现什么状况（如主人有饭前祈祷的习惯），主人没拿餐巾之前你不能拿餐巾。

3. 餐桌礼仪

姿态：就座后要端坐，不要两腿摇晃或头枕椅背伸懒腰，不要靠着桌子，身体离桌一拳远，不要摆弄餐具，就餐前双手放在膝盖上，不要放在桌上；就餐时，双手在桌面的距离以双肩宽为准。在国际上，入座后手臂的摆放标准是，法国人以两小臂的1/2放在桌面上为最优雅；英国人以两手平放在大腿上为最优雅；美国人折中，一只手臂1/2放在餐桌上，一只手放在大腿上。

餐巾：一般服务员会帮客人打开、铺好餐巾，若没有服务员，不要一入座就马上打开，应与两边的客人交谈几句后，再打开。

动筷：第一道菜上来，当主人向客人敬酒时，客人应起立回敬。喝过酒后，坐下才好夹菜。每道菜上来后，主人都会请主宾享用，然后顺时针方向请其他人依次取菜。菜肴没转到自己面前，不要一直举着筷子。等菜肴来到自己面前，再拿起筷子夹菜。每道菜都夹取一点尝尝，以示对主人的尊重。在餐桌人与人交谈或者主人讲话时，应暂时停放手中的筷子。

吃相：吃东西时不要发出声。咀嚼时要闭着嘴，喝汤时不要发出太大的声音。有刺和骨头时，用筷子放在嘴边夹住，再放碟子里，不要直接吐出。不要探身去拿对面的饭菜。做客的时候，往往人会很多，桌子也会比较大，吃饭时难免会有菜在对面而够不着，这时千万不要探起身子去夹。最好的办法是请最靠近你的人帮你传递过来，接到东西后，不要忘了说声谢谢。取菜时，分量要适中，即使是你最喜欢的食物也不要取太多。勤用餐巾纸擦净手指和嘴巴。吃鱼、虾或者蟹的时候，经常需要动手，嘴巴上也难免会留下一些痕迹。这时，千万要勤用餐巾纸擦拭嘴巴和手指，否则看起来实在不太雅观。吃饭的时候不要把全部的精神都放在食物的享用上，要多和左右的人交谈，交谈时口里不要含东西。不要挑拣菜肴，不要用餐具对别人指指点点，不要当众剔牙、打喷嚏，不要随口乱吐嘴里的食物。

意外：若发生意外，要不动声色地快速处理。掉菜，重新夹起，放在餐碟中；打翻酒水，溅到别人身上，要说对不起，帮别人擦掉，若是女性，递张餐巾和手帕即可。

餐毕：吃完水果，主人与主宾起立，宴会即告结束。外国人的日常宴请在女主人为第一主人时，往往以她的行动为准。入席时女主人先坐下，并由女主人招呼客人开始就餐。餐毕，女主人起立，邀请全体女宾与之共同退出宴会厅，然后男宾起立，尾随进入休息厅或留下抽烟（吃饭过程中一般是不能抽烟的）。男女宾客在休息厅会齐，即上茶（或咖啡）。

告辞：吃完饭后，主宾向主人告辞，其他客人也应陆续告辞。假如你不想太引人注目，你最好不要第一个告辞，也不要最后一个离开，在这期间你什么时候告辞都可以，只是一旦告辞就应该直爽地离开。

赴宴除了要掌握好时间以外，一定还要注意以下几件事情：①要考虑是否携带礼品、鲜花。如果出席家宴或者私人性质的宴请，最好是带一件小礼物或者鲜花给主人。②要考虑是否携带名片、笔以及便条本。遇到老朋友或结识新朋友，携带名片对于以后互通信息、保持联络大有好处，而且收到名片不回赠是失礼的。③要注意是否要温习一下将有可能在宴请活动中遇到的人的信息。再次相逢又叫不上名字，是一件很失礼的事情。

知识链接

一、西餐餐具的使用礼仪

目前吃西餐已经是一件再普通不过的事情了，可是面对一些重要的商务场合，面对餐桌上一堆的餐刀、餐叉、餐勺，不少人都不知道它们的具体使用方法。有时用不对还造成了尴尬的局面，如果你也曾遇到过这样的事，那么就请看下面西餐餐具的使用。

1．餐巾和"洗指碗"

餐巾是用来擦嘴和手的，切勿用其擦脸或鼻子。餐巾摆放的位置不同，寓意不同。当主人铺开餐巾时，就表示用餐开始，当主人把餐巾放在桌子上，表示用餐结束。中途暂时离开，将餐巾放在本人座椅面上。进餐中，餐巾应始终放在腿上。在进餐时需剔牙，应拿起餐巾挡住口部。

"洗指碗"通常在上必须用手拿的菜或甜点之前送上，碗内盛有温水，还有一些小花般的饰物，使用时可将双手的手指在水中洗一下，然后用餐巾擦干。

2．餐刀

西餐中的餐刀主要有三种：①切肉用的牛排刀，这种刀的锯齿比较明显，主要用于切肉排。②正餐刀，这种刀的锯齿不明显或干脆没有，主要是用来配合餐叉切割一些蔬菜、水果等软一些的食品。牛排刀和正餐刀一般平行竖放在正餐盘的右侧；如果牛排刀放在正餐刀的右侧，一般说明牛排要先于其他主菜上桌，反之亦然。③取黄油用的黄油刀，这种刀比较小一些，一般摆放在黄油盘或者面包旁。

3．餐叉

餐叉与餐刀相似，其中最常见、常用的是沙拉叉、正餐叉和水果叉。这三种叉中最小的一个就是水果叉，横放在正餐盘的上方，主要用来吃水果或者甜品。其次就是沙拉叉，也叫冷菜叉，主要用来吃沙拉和冷拼。最大的一个叫正餐叉，用来吃正餐热菜。

4．餐勺

餐勺最常见的有三种：①正餐勺。勺头是椭圆形的，主要是在吃正餐、主食等时使用，起到辅助餐叉的作用。②汤勺。一般是圆头，主要用来喝汤。这两种勺子一般平行竖放在餐刀的右侧，汤勺放在正餐勺的外侧。③甜品勺。一般平放在正餐盘的上方，主要用来吃甜品，大小要明显小于正餐勺或汤勺。

5．使用方法

1）欧式用法。欧式的刀叉用法，又称英式用法。其最主要的特征是右手拿刀，左手拿叉，叉齿向下。宴会过程中，这个位置基本不变。左手的叉负责将食品送入口中，右手的餐刀负责将菜切开或者将菜推到叉子的叉背上，而且是每吃完一口再切一次，或者说切一块吃一块。

2）美式用法。美式的刀叉用法比较复杂。其使用方法分切菜和入口两个部分。切菜时右手拿刀，左手拿叉，叉齿向下，这与欧式相同。但是切完菜之后，就把右手中的刀平放到餐盘顶端，然后把叉子从左手换到右手，叉齿向上，如同铲子，将切好的食品送入口中。每吃完一口，然后又将右手中的叉倒回左手，用右手将刀从盘中拿起，割取食物，为了简单一些，也可以先将所有的菜都切好，然后餐叉倒到右手后再慢慢用餐。

6．注意事项

1）西餐餐具最基本的使用方法就是"从外到里"使用各种餐具，一般先用最外侧的刀、叉、勺，逐步到最内侧的刀、叉、勺。

2）西餐刀叉在使用的过程中，根据摆放的位置不同，可以表示暂停和停止两个寓意。其中，暂停位置是将刀、叉分开摆放在餐盘上，此时表示就餐者暂时休息，过一会儿还会继续进餐。而停止位置是将刀、叉合拢摆放在餐盘上，此时表示就餐者不准备继续食用该菜，服务人员可以将盘撤走。

3）刀叉不可指向他人。谈话时可以拿着刀叉，无须放下，但若需作手势时，就应放下刀叉，千万不可手执刀叉在空中挥舞摇晃。应当注意，不管任何时候，都不可将刀叉的一端放在盘上，另一端放在桌上。

4）牙签。用过的牙签可以放在托盘上，千万不能放回去。蘸过酱的牙签也不能放到酱里再蘸。

二、喝汤的礼仪

1）西餐的汤分为清汤及浓汤，较正式的餐厅在供应清汤时使用椭圆形汤匙及汤杯，供应浓汤时使用圆形汤匙及宽口汤盘。

2）拿汤匙的姿势是由内侧经外侧舀食。

3）喝汤时不能发出声音。用汤时不可用嘴将汤吹凉，可轻轻摇动汤使其稍凉。

4）食用完毕后，把汤匙放在自己身前的底盘上，或是放在盘中。将汤匙的柄放在右边，而汤匙凹陷的部分向上；汤杯与汤盘都是如此。

三、食用面包的礼仪

1）面包位于主菜的左侧，食用时可左手拿面包，再用右手把面包撕成小块，然后用左手拿着小面包，用右手涂抹奶油。要把面包撕成小块后再涂奶油。

2）在意大利餐厅中，有时会以橄榄油取代奶油，可将面包用手撕一小块，沾加了调味料及香料的橄榄油吃。面包切忌用刀子切割。

四、食用沙拉的礼仪

1）沙拉盘放在主菜盘的左边。
2）美国人通常将沙拉供应于主菜前，而欧洲人如法国人，通常将沙拉放于主菜后供应。
3）沙拉用叉子吃，如菜叶太大，可用刀在沙拉盘中切割，然后再吃。

五、食用鱼、虾等海鲜的礼仪

1）食用半只龙虾时，应左手持叉，将虾尾叉起，右手持刀，插进尾端，压住虾壳，用叉将虾肉拖出再切食，龙虾脚可用手指撕去虾壳食之。
2）吃鱼片以吃一片切一片为原则，可用右手持叉进食。
3）食用带头尾及骨头的全鱼时，宜先将头、尾切除，再去鳍，将切下的头尾鳍放在盘子的一边，再吃鱼肉。
4）去除鱼骨，要用刀叉，不能用手。若口中有鱼骨或其他骨刺，则可用手从合拢的唇间取出放在盘子上。
5）全鱼吃完鱼的上层，切勿翻身，应用刀叉剥除龙骨再吃下层鱼肉。
6）附带的柠檬片，宜用刀叉挤汁。
7）食用虾、蟹时，侍者都会端上一碗洗手水。

六、食用肉类的礼仪

1）认识牛排的熟度。

侍者一般会问：How do you like your steak? 客人回答时要注意：
　　　　　　　＊全生的是 raw
　　　　　　　＊三分熟的是 medium rare
　　　　　　　＊五分熟的是 medium
　　　　　　　＊七分熟的是 medium-well
　　　　　　　＊熟透的是 well done

牛肉可依自己喜好的熟度点餐，但猪肉及鸡肉均为全熟供应。
2）切牛排应由外侧向内侧。一次未切下，再切一次，不能像拉锯子方式切，亦不要拉扯，勿发出声响，肉的大小以一口为宜。
3）嚼食肉时，两唇合拢，不要出声。嚼肉食勿说话或以刀叉比画。
4）吃肉时宜切一块吃一块，勿将肉全部一次切小块，这会导致肉汁流失及温度下降。
5）烤鸡或炸鸡，在正式场合用刀叉吃。

七、食用水果甜点的礼仪

1）蛋糕及派、饼，用叉取食，较硬者用刀切割后，用叉取食。小块的硬饼干，用手取食。
2）冰淇淋、布丁等，用匙取食。

3）粒状水果如葡萄，可用手抓来吃，如需吐籽，应吐于掌中再放在碟里。

4）多汁的水果如西瓜、柚子等，应用匙取食。

5）西餐在吃完水果时，常上洗手钵（finger bowl），所盛的水只用来洗手指，勿将整个手伸进去。

八、喝咖啡的礼仪

喝咖啡时，用食指和拇指捏住杯柄而将杯子端起来慢慢品尝。不可以双手握杯或用手托着杯底，也不可以俯身就着杯子喝。

咖啡匙主要是在加入牛奶或奶油后，用来轻轻搅拌的。商务人员在正式场合使用咖啡匙时应注意几点：一是不要用咖啡匙去舀咖啡喝；二是搅过咖啡的咖啡匙上面都会沾有咖啡，应轻轻顺着杯子的内缘，将咖啡滴顺流而下；三是不可以让它在咖啡杯中树立，不使用它时，可将其放在咖啡碟里。

案例分析

案例分析 7-3 "高规格"的接待

国外某投资集团十分看好某地独特的旅游资源，在有关部门的努力下，决定斥巨资开发当地独特、优美的旅游资源。为了进一步落实投资的具体事宜，该投资公司派出以董事长为团长的高级代表团来到该县进行实地考察。当地县政府对这次接待活动格外重视，接待规格之高是史无前例的。县政府在代表团到达当天举办盛大欢迎宴会，出席宴会的外方代表团成员共8人，中方陪同人员100人。菜肴极其丰富，不仅有专门从海南空运过来的龙虾、鲍鱼，还专程从北京全聚德请来一级厨师制备地道的北京烤鸭。

然而，面对主人热情洋溢的祝酒词以及丰盛的山珍海味，外方代表团成员没有中方陪客那样兴奋，对中方的盛情款待似乎并不领情。第二天，代表团参观了当地尚未开发的旅游资源。外方赞不绝口，但没有按照以前期望的那样签署投资协议。为什么对外方如此高规格的接待却没有起到任何效果？县政府领导百思不得其解。

分析：首先，这次宴请中方陪同人员太多，要少而精，陪同人员最好不要超过来宾人数，并且最好是对等、对口接待。其次，菜肴太过丰盛，有铺张浪费、奢侈腐败之嫌。综合县政府这些宴请陋习，给该投资集团的印象很差，所以没有起到好的效果。

案例分析 7-4 失礼的考察团

一天傍晚，巴黎的一家餐馆来了一群中国人，老板安排了一位中国侍者为他们服务，交谈中得知他们是某县的一个考察团，今天刚到巴黎。随后侍者向他们介绍了一些法国菜，他们不问贵贱，主菜配菜一下子点了几十道，侍者担心他们吃不完，何况菜价不菲，但他们并不在乎。

点完菜，他们开始四处拍照，竞相和服务小姐合影，甚至跑到门外一辆凯迪拉克汽车前面频频留影，还不停地大声说笑，用餐时杯盘刀叉的撞击声，乃至嘴巴咀嚼食物的声音，始终不绝于耳，一会儿便搞得杯盘狼藉，桌子、地毯上到处是油渍和污秽。坐在附近的一位先生忍无可忍,向店方提出抗议,要求他们马上停止喧闹,否则就要求换座位。侍者把客人的抗议转述给他们,他们立刻安静了。看得出来,他们非常尴尬。

思考:这个考察团成员的行为有哪些不得体的地方?

分析:他们不懂西餐点菜的程序和规则,菜点得太多;吃饭时嘴巴不能发出声响;在公众场合用餐,不能大声喧哗;在公众场合用餐,还要注意公共卫生。

实践训练

美国 H 公司总经理将携夫人和两位副总到中国 A 公司来进行实地考察,A 公司对他们的到来十分欢迎,准备宴请 H 公司的来访人员,并委托你来安排这次的宴请。

问题:说出你应准备的具体内容。

课 后 训 练

一、简答题

1. 宴请客人,应该注意哪些礼仪?
2. 赴宴时要注意哪些礼仪?
3. 餐桌上要注意哪些礼仪?

二、实训操作

1. 学生分角色演示一次中餐宴会

角色:一位主人,两位陪客,两位宾客,两位服务员。

演示:宴请筹备工作;宴请坐姿与座位安排;宴请餐饮举止礼仪等。

2. 学生分角色演示一次西餐宴会

角色:男女主人,四位宾客。

演示:座次安排;用餐前、中途休息、用餐完毕时的餐具摆放;演示用餐时、上洗手间时、用餐结束时餐巾的使用方法。

三、案例分析

刘小姐和张先生在一家西餐厅就餐,张先生点了海鲜大餐,刘小姐则点了烤羊排,主菜上桌,两人的话匣子也打开了,张先生一边听刘小姐聊起童年往事,一边吃着海鲜,心情愉快极了,正在陶醉的时候,他发现有根鱼骨头塞在牙缝中,让他不舒服。张先生心想,用手去掏太不雅了,所以就用舌头舔,舔也舔不出来,还发出喷喷喳喳的声音,好不容易将它舔吐出来,就随手放在餐巾上。之后他在吃虾时又在餐巾上吐了几口虾壳。刘小姐对这些不太计较,可这时张先生想打喷嚏,拉起餐巾遮嘴,用力打了一声喷嚏,餐巾上的鱼刺、虾壳随着风势飞出去,其中的一些正好飞落在刘小姐的烤羊排上,这下刘小姐有些不高兴了。接下来,刘小姐话也少了许多,饭也没怎么吃。

思考:请指出本例中张先生的失礼之处。

任务三　商务洽谈礼仪方案设计

商务洽谈，又称商务谈判，在商务活动中是必不可少的，谈判成功，就要签订合约。其中礼仪规范是必须遵守的，否则会使谈判终止或者是使口头的协定在签约时终止。

操作步骤及分析

"商界无处不洽谈"，正式的洽谈既要讲谋略，又要讲礼仪，他们互相支撑，不可分割，共同决定着洽谈的成功。洽谈中涉及的礼仪有很多方面，这里主要选取几个主要的场景进行重点操作训练。

一、宾客会见礼仪

1．介绍

在与宾客见面时，通常有以下几种介绍方式。

（1）他人介绍　尊者具有优先知情权，即尊者在后。具体如下：

1）先将男士介绍给女士；
2）先将年轻者介绍给年长者；
3）先将未婚者介绍给已婚者；
4）先将职位低者介绍给职位高者；
5）将主人介绍给宾客；
6）将家人介绍给同事、朋友。

（2）集体介绍　将一群人介绍给另一个群体，被介绍人应当先介绍尊者。在人多的场合，应由主方负责人首先出面，依照主方在场者具体职务的高低，自高而低地依次进行介绍，再由客方负责人出面，按照职务高低，自高而低地依次进行介绍。在涉外场合，介绍时应把中方人员介绍给外方人员。

（3）自我介绍　适用于分散活动、人数多而无人代为介绍的情况。通常地位低者先自我介绍，如主人向客人自我介绍，工作人员向宾客自我介绍，年轻人向长辈自我介绍。大体应包括介绍者的姓名、工作、籍贯、学历、兴趣及与交往对象的某些熟人的关系。例如，"您好，我叫王林，在某某公司上班。我是李枚的老乡，都是湖北人。"

2．握手

（1）握手顺序　上级和下级，上级先伸手；长辈和晚辈，长辈先伸手；女士和男士，女士先伸手，如果男士为长者，还是长者先伸手，即尊者先伸手。

在接待宾客时，这一问题变得特殊一些：当宾客抵达时，应由主人首先伸手来与宾客相握。而在宾客告辞时，应有宾客首先伸手与主人相握。前者表示"欢迎"，后者表示"再见"。

（2）握手姿势　身体前倾，面带微笑，上下摆几下，眼睛平视，同时寒暄。

（3）握手力度　适度。除了男性对女性可以轻握，以表礼貌，一般情况下用手指尖"蜻蜓点水"式去点一下是无礼的。

（4）握手时间　3～5秒为佳。

握手时应注意：①除了女士戴有长袖手套和天气异常寒冷外，一般情况下，应摘下手套握手，墨镜、帽子都要摘下；②在大多数信奉伊斯兰教的国家，异性之间往往不握手；③避免用湿手、汗手、脏手与人握手；④刚出卫生间不宜与人立刻握手；⑤有些国家的人比较忌讳交叉握手；⑥忌用左手去握，特殊情况除外。

3．交换名片

（1）名片的内容　名片上应包括姓名、职务、工作单位、联系方式。

（2）名片接递　双手接递名片，递名片时名片上的字应朝向对方，必要时站立欠身，并且尽可能双手递送，互换时也可单独用右手递左手接，注意不能用左手单手递，如果对方是外国人，还应将外文字面朝上；收到名片时，要先详细轻声阅读，必要时重复或者赞颂一下其中部分内容，然后毕恭毕敬地放入名片夹中，或者按顺序摆放在会见会谈的桌面上，以便使用。避免将名片随意扔在桌面，放入后裤兜。正式对外使用的名片不得随意涂改、折叠。

国际交往中名片的使用与索取

在国际交往中，名片的使用礼仪有以下几点：

1．名片不仅要有，而且要随身携带

一个没有名片的人，将被视为没有社会地位的人。同样，一个不随身携带名片的人，是不尊重别人的人。名片放在什么地方也有讲究，一般放在专用名片包里，或放在西装上衣口袋里，不能乱放。

2．名片不能随意涂改

在国际交往中，名片如脸面，脸面是不能乱涂乱改的，否则会贻笑大方。

3．不提供私宅电话

涉外礼仪讲究保护个人隐私，有教养、有身份的人不向别人索取电话号码、私宅电话。

4．名片不要写上两个以上的头衔

名片上不出现两个以上的头衔。名片上的头衔太多，有三心二意、用心不专、蒙人之嫌。

5．索取名片时应注意技巧

索取名片时应注意：①尽量不要去索取名片；②索要名片也最好不要采取直白的表达。索要名片的技巧：①交易法，这是最常用的方法。"将欲取之，必先予之"。例如，想要史密斯先生名片，先把自己名片递给他，这样，他也会回我一张。②激将法。例如，"尊敬的威廉斯董事长，很高兴认识你，不知道能不能有幸跟您交换一下名片？"③联络法。例如，"史玛尔小姐，我认识你非常高兴，以后到德国来希望还能够见到你，不知道以后怎么跟你联络比较方便？"

来源：中国礼仪网

二、洽谈地点与座次礼仪

（一）预备好洽谈的场所

洽谈一般安排在对方抵达的第二天或举行欢迎宴会之前。洽谈地点可安排在对方下榻的宾馆的会议室，也可在主人企业的会议室。保持会场内清洁干净，并可根据需要摆放鲜花。后勤服务人员在双方洽谈代表入场前半小时打开门窗透气，再开启空调。将饮料、茶水、纸巾等摆放在各代表座位前的桌面上。准备好洽谈所需要的相关文件，包括书面文件或电子文件。准备好洽谈所需要的相关设备，并调试妥当。

（二）安排好洽谈的座次

座次安排是一个非常重要的方面，座次讲究以右为尊，右高左低。

1. 在会议桌上会谈

业务洽谈，尤其是双边谈判，多用长方形的桌子，宾主相对而坐，各占一边。谈判桌横对入口时，来宾对门而坐，东道主背门而坐。桌子一端对着入口时，以进入正门的方向为准，来宾居右而坐，东道主居左而坐。主宾和主人居中相对，其余人员按职务高低分坐左右，原则是以右为尊、就近主谈人位置。主谈人右手第一人为第二位置，左手第一人为第三位置，右手第二人为第四位置，左手第二人为第五位置。以此类推。记录员一般位于来宾的后侧，翻译员位于来宾的右侧。

2. 在沙发上会谈

在沙发上会谈时，采用并排座次，双方首席代表应并排中间坐，其余人员坐到各方首席代表一边。主客双方依然是遵循"右高左低"的原则。

三、洽谈时的行为礼仪

洽谈中要注意下列行为礼仪：
- 提前5分钟入场，熟悉会谈场所，入场后再次查看一下准备的情况，如发现疏漏之处应及时补救。
- 入场时主谈代表应走在最前。
- 所有人员在进入会谈场所后应将手机关停或调至振动模式，会谈期间不宜接听电话。
- 若对方人员已入场，则应先问候，再入座。
- 若我方人员先到，可入座等候，并在对方人员入场时起身以示迎接。
- 若是双方初次见面，则应及时递上名片，一般主谈代表递发名片即可。
- 洽谈期间应注意行为要轻而稳，即饮茶时声音要轻，取放物品时要小心稳妥。
- 递送资料或文件给对方时，应注意将文件正面朝向对方，以便翻阅。
- 洽谈或签约完毕退场，签约代表应收拾好物品和资料。
- 若在我方安排的场所内洽谈，则应让客人先行，签约代表为客人送行。客人离去后，后勤人员收拾好会议场所，将各种用电设备关闭。
- 若在对方的场所洽谈，对方有意相送时，应礼貌地请对方留步。
- 当着对方面，将手机关机或调成静音，以示对会谈的重视和对对方的尊重。

四、签约礼仪

1. 做好签字文本的准备工作

签字文本的准备工作包括合同、协议、联合公报等的定稿、翻译、校对、印刷、装订等。同时准备好签字用的文具、代表双方组织的旗帜或标志牌等物品。

2．安排好出席人员

双方要事先商定好签字人，其人选要视签字文件的性质来确定，可由组织中最高负责人签，也可由具体部门负责人签，但双方负责人的身份应该对等。为了表示重视，可以邀请更高一层或更多的领导出席签字仪式，但这同样要事先与对方沟通协商。

3．布置好签字场地

一般在签字厅内设立长方桌，桌面用深绿色台呢布覆盖。按照仪式礼仪的规范，签字桌应当横放。

签署双边性合同时，签字桌桌后放置两张椅子，主左客右，座位前各摆放一本待签文本，上端摆放签字文具。与外商签署涉外商务合同时，签字桌中间摆放旗架，悬挂签字人双方的国旗，旗帜的方向与签字人座椅的方向一致。参加者列队站在签字者之后，中央高于两侧，右侧高于左侧。

签署多边性合同时，可以仅放一张座椅，供各方签字人轮流签字时就座，也可以为每位签字人各设一张座椅。各方的国旗应按照一定的礼宾顺序插在各方签字人的身后。

4．签字程序

双方出席签字仪式的人一同进入签字厅，相互握手致意，一起入座。签字人员就座，其他人员分主客两方、按身份顺序排列各自签字人的座位后，双方助签人员分别站在各自签字人的外侧，协助翻揭文本，指明签字处。签字人员先在各自保存的文本上签字，然后由助签人员相互传递文本，再在对方保存的文本上签字，最后由签字人起立相互交换文本，并相互握手。在交换文本时，应注意将文件正面朝向对方，以便其翻阅。签字后由工作人员递上香槟酒，共同举杯庆祝。其他随行人员则应以热烈的掌声表示喜悦和庆贺。

知识链接

一、商务电话礼仪

（一）接听电话礼仪

1．铃响两声，最宜接听

一般来说，办公室里的电话铃响两声之后，即可拿起听筒接听电话，不要故意延迟。如果铃声一响，马上接听，显得过于仓促，双方精神上准备不够，影响交谈质量。如果铃声响了三声之后仍然无人接听，客户往往认为这个公司员工的精神状态不佳。铃响三遍之后接听，就应道歉："对不起，让你久等了。"如果受话人正在做一件要紧的事情不能及时接听，代接的人应妥为解释。如果既不及时接电话，又不道歉，甚至极不耐烦，就是极不礼貌的行为。尽快接听电话会给对方留下好印象，让对方觉得自己被尊重。

2．左手持听筒，右手记录

在与客户进行交谈的过程中，应左手持听筒，右手拿笔进行必要的文字记录或操作电脑，这样就可以轻松自如地达到与客户沟通的目的。电话接听完毕后，不要忘记复述一遍来电的要点，防止因错误记录或者有所偏差而带来误会。记录内容一般为来电时间、单位、来电人姓名及电话号码、来电内容、受话人姓名和记录人姓名。其中来电内容记录要点即可，但整个电话中的数字、地址、来电时间等必须准确无误。

3. 自报家门，用语规范

在电话接通之后，接电话者应主动向对方问好，并立刻报出本公司、部门的名称或个人的名字，以便对方确认电话是否打错。礼貌用语是不可缺少的，它给人亲切、友好、文明的感觉。

正式的商务交往中，拿起话筒所讲的第一句话，通常是以问候语加上单位、部门的名称及个人姓名，比如，"您好！×××公司人事部×××，请讲！"

如果接听电话，对方要找的不是自己，应说："请稍候，我帮您去找。"但不能尚未放下听筒就大叫："××，你的电话！"这样会显得你缺乏教养。如果要找的人不在，应告诉对方其要找的人不在并表示歉意，询问对方是否有事要转告，如有，应做好记录，并复述一遍，以免有误。若是对方不愿告诉，切不可贸然打听。例如，"对不起，您要找的×××不在，请问您是哪位，有什么事情需要转告吗？"绝对不能颠倒，"您是谁，找他什么事？对不起，×××不在。"这样容易产生误解。

接到打错的电话，绝不能对着听筒大叫"你打错了"，然后将话筒一摔，而应客气地告知"您打错了，这里是×××"，或者说"您打错了，请查清号码后再打"。

4. 确认来电，耐心倾听

对方打来电话，一般会自己主动介绍。如果没有介绍或者你没有听清楚，就应该主动问："请问你是哪位？我能为您做什么？您找哪位？"但是，人们习惯的做法是拿起电话听筒盘问一句："喂！哪位？"这在对方听来，陌生而疏远，缺少人情味。接到对方打来的电话，您拿起听筒应首先自我介绍："你好！我是……"如果对方找的人在旁边，您应说："请稍等。"然后用手掩住话筒，轻声招呼你的同事接电话。如果对方找的人不在，您应该告诉对方，并且问："需要留言吗？我一定转告！"

5. 礼貌道别，以客为尊

电话接听完毕，最后的道别要讲究"来者是客、以客为尊"的礼仪，按照惯例，电话应由拨电话者先挂断。挂断电话时应轻放。不可"啪"得一下扔下，这极不礼貌。最好是在对方之后挂电话。

打电话谁先挂

一般来说，上下级或长辈与晚辈之间通话时，按照礼仪，应由上级或长辈先挂断电话。如下级或晚辈在内容汇报完毕后，可以这样说："我的内容汇报完毕，请问，您还有什么事情需要指示（或交代）吗？"让对方先挂断电话。

如果是同事或朋友之间打电话，那么谁先拨叫，就由拨叫方先挂断。

（二）拨打电话礼仪

打电话时，需注意以下几点。

1. 选好打电话的时机

打电话时，如非重要事情，尽量避开受话人休息、用餐或快要下班的时间，而且最好别在节假日打扰对方。如果与国外通电话，还要注意时差和生活习惯，接通电话后，要询问对方是否方便接听电话。业务员拨打客户电话,最好选在对方上午 10:30—11:30,下午 2:30—5:00。

打电话时间三不选

1. 不选在周一上午、上班后前一个小时拨打电话。
2. 不选周末、周五下班前拨打电话。
3. 不选晚上 10 点到第二天早上 7 点之间拨打电话。

2．掌握通话时间

打电话前,最好先想好要讲的内容,以便节约通话时间,不要现想现说,通常一次通话不应长于 3 分钟,即所谓的"3 分钟原则"。

3．用语规范

电话接通后,首先要证实对方是否是自己要找的单位或人,并做自我介绍,不要让对方"猜一猜,我是谁"。例如,"您好!我是×××公司的×××,我要找×××公司的×××。"请受话人帮忙找人或代转时,应说"劳驾"或"麻烦您",不要认为这是理所应当的。

4．手机使用的注意事项

在手机越来越普及的今天,我们在使用手机时,应遵循以下几点原则:

1)不要在医院或者是在机场用手机,以免影响机场及医院的电子设备。

2)打电话时,注意一下有些地方是不允许使用手机的,如加油站、一些餐馆、酒吧、剧院、电影院以及火车行李站都禁止使用手机。

3)当不使用手机时,请锁住手机,以防意外拨打诸如 119、110、120 等特殊的电话号码。

4)慎重拍照。在用手机拍照或摄像时,应该征得对方同意,如果对方允许你拍照,也不能未经对方允许将照片传给其他人欣赏或传播。

二、商务会议礼仪

(一)掌握公司会议的工作流程

1．工作会议的会前工作流程

确定会议主题与议题——确定会议名称——确定会议规模与规格——确定会议时间与会期——明确会议所需设备和工具——明确会议组织机构——确定与会者名单——选择会议地点——安排会议议程和日程——制发会议通知——制作会议证件——准备会议文件材料——安排食住行——制定会议经费预算方案——布置会场——会场检查。

2．工作会议的会中工作流程

报到及接待工作——组织签到——做好会议记录——会议信息工作——编写会议简报或快报——做好会议值班保卫工作——做好会议保密工作——做好后勤保障工作。

3．工作会议的会后工作流程

安排与会人员离会——撰写会议纪要——会议的宣传报道——会议总结——催办与

反馈工作——会议文书的立卷归档。

（二）做好会议准备工作

指导会务工作的原则是准备充分、组织严密、服务周到、确保安全。会前要做好充分的准备工作，主要包括以下几方面的内容。

1．确定会议主题与议题

会议主题与议题的确定，要有切实的依据，必须要结合本单位的实际，要有明确的目的。

2．确定会议名称

会议名称一般由"单位+内容+类型"构成，应根据会议的议题或主题来确定。

3．确定会议规模与规格

本着精简效能的原则进行确定会议规模与规格，会议的规模有大型、中型、小型；会议的规格有高档次、中档次和低档次。

4．确定会议时间、会期

会议的最佳时间，要考虑主要领导是否能出席；确定会期的长短应与会议内容紧密联系。

5．确定会议所需用品和设备

1）必备用品是指各类会议都需要的用品和设备，包括文具、桌椅、茶具、扩音设备、照明设备、空调设备、投影和音像设备等。

2）特殊用品是指一些特殊类型的会议，如谈判会议、庆典会议、展览会议等所需的特殊用品和设备。

6．建立会议组织机构

会议组织机构主要有会务组、宣传组、秘书组、文件组、接待组、保卫组。

7．确定与会人员名单

与会人员包括出席会议和列席会议的有关人员，应根据会议的性质、议题、任务来确定与会人员。

8．确定会议地点

会议地点要根据会议的规模、规格和内容等要求来确定，有时也考虑政治、经济、环境等因素。

9．安排会议议程与日程

会议日程是指会议在一定时间内的具体安排，对会议所要通过的文件、所要解决的问题的概略安排，并冠以序号将其清晰地表达出来。

10．制发会议通知

会议通知的内容包括名称、时间、地点、与会人员、议题及要求等。会议通知的种类有书信式和柬帖式。会议通知的发送形式有正式通知和非正式通知。会议通知的方式有书面、口头、电话、邮件。

11．制作会议证件

会议证件主要有三类：①会议正式证件，包括代表证、出席证、列席证、来宾证；②旁听证；③会议工作证件，包括工作证、记者证、出入证等。

会议证件的内容有会议名称、与会者单位、姓名、职务、证件号码等。有些重要证件还要贴上本人照片，加盖印章。

12．准备会议文件资料

会议文件资料主要有议程表和日程表、会场座位分区表和主席台及会场座次表、主题报告、领导讲话稿、其他发言材料、开幕词和闭幕词、其他会议材料等。

（三）安排会议座次

1．座次排列的礼仪标准

座次可以根据实际情景依据下列礼仪标准进行排列：
1）按职务高低顺序；
2）按姓氏笔画顺序；
3）按上级批复任命名单次序排列；
4）按各单位名称笔画排列。

2．主席台座次安排

首先是前高后低，其次是中央高于两侧，最后是左高右低（中国政府惯例）和右高左低（国际惯例）。

（1）中国内事活动主席台座次安排

中国内事活动惯例（如接待国内上级领导视察等），以左为尊，即左为上、右为下。当领导人数为单数时，1号首长居中，2号首长排在1号首长左手边，3号首长排右手边，其他依次排列；当领导人数为双数时，1号首长、2号首长同时居中，1号首长排在2号首长的左侧，2号首长排在1号首长的右边，其他人依次按照左高右低的顺序排列。

（2）外事活动的主席台座次安排

与中国惯例相反，外事活动遵循"以右为尊"的原则。

注：合影人员座次排序与主席台座次安排相同。

三、剪彩仪式礼仪

剪彩仪式是在举办展览会、展销会或新设施、新设备竣工启用时举行的剪断彩色绸带的庆典活动，目的是引起社会各界人士的广泛注意，扩大宣传效果。

1．准备工作

（1）邀请嘉宾　通常是邀请上级主管、政府部门、合作伙伴领导以及新闻媒体。

（2）布置仪式现场　剪彩仪式通常是在正门外广场或正门内大厅举行。场内应悬挂"某某商厦开业典礼"或"某某大桥通车仪式"等横幅会标，张灯结彩，气球飘扬。播放或请乐队演奏音乐。相关单位的祝贺花篮可摆放在主席台前，会场应布置得热烈、隆重。

（3）准备剪彩工具　扎好彩球的红色缎带数米、新剪刀、白纱手套、托盘以及红地毯等。

（4）仪式结束　通常以自助餐招待来宾，并赠送纪念性礼品。

2．剪彩者的礼仪

（1）剪彩人的礼仪　担任仪式的剪彩人，是一种荣誉。主剪人多由上级领导担任。剪彩仪式隆重程度、档次高低，同剪彩人的地位身份有直接关系。可由一人剪，也可由几人同时剪，一般以三至五人为宜。剪彩人服饰要整洁、庄重，举止应稳重优雅。忌讳剪彩人戴帽子、戴墨镜，忌讳服装不整、举止随便。一人剪彩，位居中间。多人剪彩，主剪者居中，第二、三位剪彩人，分别位于主剪人右、左两侧。

（2）礼仪小姐　剪彩仪式上，礼仪小姐主要负责引导、拉彩、持托盘等。她们着装统一，以色彩鲜艳的旗袍为好，不要浓妆重抹，以淡妆为宜。仪式开始，她们应率先亮相，排成一行，从主席台两侧或左侧依次登台。拉彩者站在主席台前的左右两边，将缎带拉直，面朝观众。托盘者站在拉彩者身后，并各自成行。引导者引领剪彩人至彩带前既定位置，托盘者前行至剪彩者右后侧，以托盘呈上手套、剪刀。

3．剪彩的程序、做法

（1）就座　主席台上，通常为东道主、剪彩者、来宾安排座席。剪彩人座位在前排，其左右次序，与剪彩时的站位一致。

（2）开始　主持人宣布仪式开始，鼓掌、奏乐。

（3）发言　主持人分别介绍嘉宾并请东道主、上级负责人、地方政府代表、合作单位代表等发言。发言要简短，以不超过3分钟为宜，发言重点是介绍、道谢与祝贺。

（4）剪彩　主持人介绍剪彩人，引领者引其就位，剪彩人戴好手套，用剪刀在红绸缎的两个彩球中间，一刀将缎带剪断，注意务必使彩球落入托盘中。多人剪彩，应注意动作协调，争取同时剪断。剪彩完毕，剪彩人通常以右手举起剪刀，向全体致意，音乐、锣鼓、鞭炮齐鸣，掌声雷动，全场欢庆气氛达到高潮。剪彩人与主人握手道喜，并在礼仪小姐引导下从主席台右侧依次退场。

（5）参观　剪彩后，主人陪同来宾参观开幕项目。

案例分析

案例分析 7-5　签字仪式

7月15日是A公司与美国PALID公司在多次谈判后达成协议，准备正式签字的日子。A公司负责签字仪式的现场准备工作，A将公司总部十楼的大会议室作为签字现场，在会议室摆放了鲜花，长方形签字桌上临时铺设了深绿色的台呢布，摆放了中美两国的国旗，美国国旗放在签字桌左侧，中国国旗放在右侧，签字文本一式两份放在黑色塑料的文件夹内，签字笔、吸墨器文具分别置放在两边，会议室空调温度控制在20℃，办公室陈主任检查了签字现场，觉得一切安排妥当，他让办公室张小姐通知A公司董事长、总经理等我方签字人员在会议室等待，自己到楼下准备迎接客商。

上午九点，美方总经理一行乘坐一辆高级轿车，准时驶入A公司总部办公楼，司机熟练地将车平稳地停在楼前，陈主任在门口迎候，他见副驾驶座上是一位女宾，陈主任以娴熟优雅的姿势先为前排女宾打开车门，并做好护顶姿势，同时礼貌地问候对方。紧接着，陈主任迅速走到右后门，准备以同样动作迎接后排客人，不料，前排女宾已经先于他打开了后门，迎候后排男宾，陈主任急忙上前问候，但明显感觉女宾和后排男宾有不悦之色。陈主任一边引导客人进入大厅，来到电梯口，一边告知客人，董事长在会议室等待，电梯到达十楼后，陈主任按住电梯控制开关，请客商先出，自己后出，然后引导客人到会议室，在会议室等待的A公司的签字人员在客人进入会议室时，马上起立鼓掌欢迎，刘董事长急忙从座位上站起，主动向对方客人握手，不料，美方客人在扫视了会议室后，似乎非常不满，不肯就座，好像是临时改变了主意，不想签字了，问题出在哪里呢？

分析：对方不想签字了，主要问题在以下几个方面：陈主任迎接客人时，首先应该迎接主宾，即应先打开右后门，而不是先为前排女宾打开车门；其次，签字座次安排错误，应该是美国国旗放在签字桌右侧，中国国旗放在左侧，而不是相反，因为商务会谈座次以右为尊。这两个环节错误，让美方代表误认为自己没有受到尊重，因此非常不满，不肯就座，临时改变了主意。

**实践训练**

某公司三天后会来一批重要的客商，一行五人，就购买机械设备进行更深入洽谈，前些日子已通过电子邮件和电话等方式谈了很久。若本次洽谈顺利，会签订购买 500 台大型机械设备的合同，公司总经理对这次商务洽谈十分重视，委托你来筹备这次洽谈。

问题：你来筹备这次洽谈，请你说出筹备的具体内容，准备一份洽谈方案。

课 后 训 练

一、简答题

1. 简述商务洽谈宾主会见中的介绍、握手、名片互换礼仪。
2. 商务洽谈进行中要注重哪些礼仪规范？
3. 简述商务签字礼仪。

二、实训操作

技能训练：商务洽谈宾客会见礼仪。

分两组扮演以下角色：

本次商务洽谈主方：宁波某经销商

洽谈人员：副总经理（姓张，男）
　　　　　秘书（姓刘，男）
　　　　　营销总监（姓王，男）
　　　　　财务总监（姓李，女）

商务洽谈客方：湖南某制造商

洽谈人员：副总经理（姓周，男）
　　　　　秘书（姓钱，女）
　　　　　营销总监（姓孙，男）
　　　　　财务总监（姓沈，男）

假设你是主方秘书，请作自我介绍，并为双方主谈人员作介绍，双方主谈人员依次握手，互换名片。

三、案例分析

翻译林娟于上午 7:50 带领外方布朗先生一行到达公司会议室。中国开发陈总走上前去,和布朗先生一行一一握手,其他人则在谈判桌原地起立挥手致意。陈总请外方人员入座,服务员立即沏茶。下面是陈总(A)和布朗先生(B)在正式谈判之前的寒暄、介绍、致辞:

A:昨天在现场跑了一天,一定很累吧!

B:不累。北京的城市面貌很美。来北京的第二天就开始"旅游",这样的安排简直太好了。

A:北京是一座千年古都,有很多不同于西方的文化古迹和自然景观,如长城、故宫、颐和园、天坛。

B:东方文化对我们来讲的确十分神秘。有时间的话,我们首先想去参观长城,当一回好汉;其次去一趟故宫,体验一下中国的皇帝和美国的总统有什么不同的待遇。

A:好的。那我们就言归正传,尽早完成谈判。

首先,我代表中国开发的全体员工对美国机械代表全体成员表示热烈的欢迎。

参加今天技术交流的各位昨天都已经认识了,就用不着我一一介绍了。我方对技术交流十分重视,特地请我公司顾问、中国农业大学教授、乳制品机械专家张教授参加。

(张教授起立,点头致意)

中国是一个巨大的、正在高速增长的市场。随着人民生活水平的不断提高,普通百姓对高档乳制品的需求越来越大。我公司四年前引进的年产4 000吨奶粉的生产线已经远远不能满足市场的需求,而且产品档次亟待提高。因此,我们决定在今年再引进一套年产8 000吨奶粉的生产线。

美国机械是国际知名的食品机械生产厂家,其质量得到中国用户的一致好评。我们相信我们和美国机械的合作一定能够取得双赢的结果。

现在热烈欢迎布朗总经理讲话。

B:我们十分高兴来到美丽的、充满活力的北京。我们对你们为本次谈判所做的细致的准备工作表示感谢。特别是国际知名的张教授能在百忙之中参加今天的技术交流,我们感到十分的荣幸。

美国机械的主要产品为仪器机械,其中以乳制品设备尤为著名。从1985年开始,我们已经向中国境内的企业(包括一些外资企业)提供了15套乳制品生产线。随着我们在中国的客户越来越多,我们在上海建立了一个制造、维修中心,从而可以为中国的用户提供更加便利、经济的售后服务。我们的产品不仅质量更加可靠,而且价格更加便宜、服务更加周到。我们相信有远见的中国开发一定会选择我们的设备。

现在,请我公司的技术副总、技术专家鲍尔·史密斯先生首先向大家介绍我公司产品的性能……

最终,本次谈判取得了圆满成功。

思考:谈判应注意哪些礼仪?为什么这次谈判取得了圆满成功?

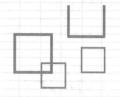

项目八
跨文化商务谈判

 项目导入

中国数十名不同专业的专家组成一个代表团,去美国采购约三千万美元的化工设备和技术。美方自然想方设法令中方代表团满意,其中一项是送给中方代表每人一个小纪念品。纪念品的包装很讲究,是一个漂亮的红色盒子,红色代表发达。可当中方代表们高兴地按照美国人的习惯当面打开盒子时,每个人的脸色却显得很不自然——里面是一顶高尔夫帽,但颜色却是绿色的。美国商人的原意是,签完合同后大伙去打高尔夫。但他们哪里知道,"戴绿帽子"是中国男人最大的忌讳。中方代表团没有和他们签合同,不是因为他们"骂"中方代表,而是因为他们对工作太粗心。连中国男人忌讳"戴绿帽子"都搞不清,怎么能把几千万美元的项目交给他们?

因不了解文化差异而导致谈判失败的例子比比皆是。为了避免类似错误发生,本项目需要我们完成以下几个任务:①掌握跨文化商务谈判中的语言沟通差异;②查看去国外商务谈判须知;③知晓世界主要国家的商务谈判风格。

知识目标

1. 了解跨文化商务谈判和含义和原则;
2. 掌握去国外商务谈判的准则;
3. 了解世界主要国家的商务谈判风格。

能力目标

1. 能按照国际商务礼仪规范进行涉外商务谈判;
2. 能按照去国外商务谈判的准则做好出国前的准备;
3. 能根据不同国家的商务谈判风格制订相应的谈判策略。

任务分解

任务一　跨文化商务谈判中的语言沟通
任务二　去国外商务谈判须知
任务三　世界主要国家的商务谈判风格

任务一　跨文化商务谈判中的语言沟通

不同的国家存在着文化的不同，国际商务谈判中存在的跨文化问题主要通过语言、礼仪、禁忌与宗教信仰、谈判风格体现。

跨文化交谈中语言沟通涉及礼仪语（包括见面语、发问语、受礼语、宴请语等）、体态语（包括手势、目光接触、身体接触、人际距离与空间距离、微笑表情等）、数词的应用（主要应注意 13、4 和 9、偶数三种类型的数词运用）。

操作步骤及分析

跨文化商务谈判工作涉及方方面面，但以下几个方面是必须考虑的。

一、掌握跨文化交谈中的礼仪语

跨文化交谈中的一言一行、一举一动的礼仪语，都反映出民族文化的习惯。注意这些常见的极细微的事情，有助于洽谈的成功。

（一）见面语

中国人常用的见面语：

"你去哪儿？"——"我出去一趟。"

"怎么才回来？"——"车子太挤了。"

"买什么去呀？"——"随便看看。"

见了外国人，就不能按照中国人的习惯打招呼。对欧美人，如果你问他吃饭了没有，他说没吃，你就应该请他吃饭，否则就会导致语言行为失礼。外国友人会想：你既然不想请我吃饭，又有什么必要问呢？这不是虚伪吗？你问他到哪里去，对方将非常生气，他们会认为你是在干涉他们的私事。

西方文化中一般的招呼语有"How are you doing？（你好）""Hi！""Hello！"。

我国常用的见面语如"吃饭了吗？""你上哪儿去？"正如国外"How are you？"并非具体问问题，只是作为寒暄招呼语，相当于"Hi！""Hello！"。寒暄时，可以有意无意地谈论天气。

在西方商务活动中，第一次见面的问候语包括：

How are you? Nice to meet you.

How do you do? Glad to meet you.

再次见面时的问候语包括：

How are you? How are you doing?（你好！）

Good to see you again. How is everything?（一切都还好吧！）

Nice to see you again. How is it going?（别来无恙！）

在日本常用的见面语包括 "您好""您早""请多关照""再见""失陪了""拜托了"。

在非洲，人们热情好客，见面礼颇多。两人初次见面，凡是当时能够想到的，都要问一遍。

(二) 发问语

中国人，熟人见面聊天，喜欢问下列问题：你现在在哪上班？你的工资多少？你哪年出生的？你找男/女朋友了吗？你结婚了吗？你这衣服（或其他什么东西）多少钱买的？

但这些问题在涉外交谈中都不应该问，否则别人认为你是多管闲事，干涉隐私。涉外交谈六不问：不问收入多少；不问年纪大小；不问婚姻家庭；不问健康状态；不问个人经历；不问对方衣物的价格。

中西交际语言差异：
欣赏物品，莫问价格；情同手足，莫问工资。
敬老尊贤，莫问年龄；与人为友，莫问婚姻。
与人约会，莫问住址；关心他人，莫问身体。
问候致意，莫问吃饭；有些话语，莫要直译。

(三) 受礼语

中国人受礼往往会表现的不好意思。通常回说"不敢当""太客气了""下次空手来玩就好了"。等送礼人走了才将礼物打开。

西方人受礼时通常会当面打开，不管是否喜欢，都会边看边说"这正是我所需要的""太好了，我很喜欢它""谢谢"等有礼貌的话。

(四) 宴请语

中国人宴请，主人总会客气地说："今天请大家吃顿便饭，没什么菜，请随便吃，随便吃。"若对西方客人说，人家会觉得很奇怪，甚至会觉得主人是故意怠慢。而当满桌美味佳肴配名酒，他们一饱口福之余，心里会纳闷："明明这么多好菜名酒，却说'没什么菜''随便吃'，看来这主人不实事求是。"

西方人宴请，主人通常会说："这是本市最有名的酒家做的最有名的饭菜。""这是我太太（或厨师）最拿手的菜肴。"表明对客人最大的敬意。

在中国，以茶敬客，热茶、满杯敬。但在日本，以温茶、八分满为最恭敬。日本不以烟待客，即使自己吸烟时，也只是自己吸，不敬对方。而且吸烟时应先征得主人的同意："我可以吸一支烟吗？"

送客时中国人爱说"怠慢"（没有招待好，对不起）之类的话。西方人却习惯说："愿你在我这里过得很愉快！"（I hope you have had a good time here!）言下之意："我已尽力招待你了"。

称赞（感谢）与反应语，受文化的影响差异很大。如当别人为你提供了服务，英、美人会将"Thank you"挂在嘴边。而在新加坡等地，同桌就餐或饮茶时，无论谁给对方斟酒倒茶，对方都会行扣指礼，即手指弯曲，以几个指头在桌面上轻轻叩打，以表示感谢。按照中国人的习俗，得到了亲朋好友之间的帮助说"谢谢"，反而"见外了"。当欧美人受到别人称赞时，也只需用"Thank you"作答，简单得体。而中国人当得到别人称赞时，喜欢很谦虚地说"哪里,哪里"。

二、跨文化交谈中的数词运用

(一) 3、13、星期五

目前,西方的很多旅馆和办公大厦没有第 13 层楼;有的航空公司没有第 13 号班机,甚至没有第 13 排座位,12 号之后是 12 号半,下面就是 14 号;宴会厅的餐座,12 号接着 14 号。

1898 年,英国和荷兰之间爆发了一场战争。一天夜里,一位英军士兵划燃一根火柴点烟,当他为第三个战友继续点烟时,暴露了目标,结果对方开了枪,这个英军战士随即丧了命。后来,西方人就把数字"3"作为不吉利的象征,看作忌讳数字。所以一般遇到点烟场面,都在点了第二根后,把火熄灭,再换火柴给第三者点。而"13"的忌讳则与基督教最后的晚餐的故事有关。

许多传说都把星期五视为凶日。据说夏娃偷吃禁果适逢星期五,她和亚当被上帝逐出伊甸园。耶稣被钉在十字架上也是星期五。据说英国海军有一次想破除星期五不祥的迷信,故意把一艘新舰命名为"星期五",在星期五安放龙骨,星期五起航,找一个姓星期五的人当舰长。结果这艘舰出海之后,杳无音信,一去不返。

"13"又碰上"星期五"就更不祥了,被视为"黑色星期五"。所以 13 号那天又是星期五,他们不愿意出门做生意。

所以在商务宴请时,尽量避免 13 人同桌吃饭,避免 13 人出行旅行。商务酒店预订,别订 13 楼 13 号房间。尤其避免星期五和 13 号同时出现。

(二) 4 和 9

在日本 4 与"死"发音相同,9 和"苦"发音相同。我国南方地区,尤其是香港、广东等地也不用 4 作标记。日本人送礼喜欢送 3、5、7 奇数的礼物。但日本人忌讳三人合影,因为三人合影,中间人被夹着,这是不幸的预兆。非洲大多数国家的人认为奇数带有消极的色彩。

(三) 偶数

与日本人相反,中国人喜欢偶数,喜欢成双成对如"八宝粥""什锦菜""十二生肖"。偶数给人协调、庄重、平稳、安心的感觉。喜庆节日,礼品成双成对象征美满幸福。

三、跨文化谈判中的体态语

(一) 握手

在泰国,握手礼只在政府官员、学者和知识分子中流行,但男女之间是不准握手的。在伊斯兰教盛行的国家则更严格。在巴基斯坦、英国等地,如果初次遇见某女性,除非她主动伸手握手，否则男性不要主动握手，不然便有不恭之嫌，甚至有时会遭到抗议。

在俄罗斯，表示友好、欢迎的礼节除握手外，还有吻手。这在十月革命前较为盛行，目前只在盛大的节日或隆重的场合偶尔使用，而人们之间常见的礼节是拥抱。尽管西方人对较熟悉的客人、朋友拥抱、亲吻，但其方式也有差别。辈分高的人对辈分低的人，只吻后者的额头。而辈分相同的朋友、亲人之间只以脸颊相贴，用手互拍后背。日本以鞠躬代替握手，头越低越表示有礼貌。

（二）手势

手心朝下向人招手，在中国是"请人过来"；而在英国表示"再见"，他们请人过来是手心朝上招手。而在日本，这一手势可能会招人白眼，因为在日本这是召唤狗的动作。

在中国竖起大拇指，指头朝上，表示好与妙，西方人则把拇指朝下，表示坏与差。在欧洲一些国家，伸出拇指上挑可视做招呼出租车。而澳大利亚认为竖起大拇指，尤其横着伸出去是一种侮辱。

中国人用手指自己的鼻子表示我；西方人大多数用手指自己的胸膛。

"OK"的手势在英美表示"好，就这么定了"，在法国表示不值一提，在日本代表钱，而在南美洲一些国家，这是一种下流侮辱性的手势。

（三）目光接触

目光凝视区域是指人的目光所落的位置。根据人们交往中活动内容的不同，人的目光凝视的区域也不同。一般可分为以下几种凝视区域：

1）公务凝视区域：上三角。这是人们在洽谈业务、磋商问题和贸易谈判时所使用的一种凝视，以两眼为底线、额中为顶角所形成的三角区间。此种凝视可在交谈中把握主动权和控制权。

2）社交凝视区域：倒三角。这是人们在社交场所使用的一种凝视，以两眼为上线、以唇心为下顶角所形成的倒三角区间。此种凝视可在交谈中营造出平等、轻松的良好社交气氛。

3）亲密凝视区域：从眼睛到上半身。这是亲人之间、爱人之间、家庭成员之间使用的一种凝视，范围是从双眼到胸部之间。此种凝视往往带着亲昵爱恋的感情色彩。

（四）微笑

微笑在大多数国家都是友好、礼貌的表示。但在日本，微笑并不一定表示愉快，也可以表示尴尬和哀戚，甚至用微笑来掩饰愤怒和厌恶。1941年日本特使与美国国务卿赫尔举行最后一次会谈之后，面带微笑，告辞而去。参加会谈的美方人员看到日本特使的愉悦神情，都认为未来的美日关系将是令人满意的。可不久，爆发了日本偷袭珍珠港事件。如果当时美国官员理解了所谓日本式的微笑，或许会有不同的结果。

（五）人际距离与空间距离

科学研究发现，每个人都有属于自己的空间距离，当陌生人进入这个空间就会失去安全感。中国人讲究亲密无间，外国人却主张人与人之间关系不同时，空间距离亦应有别。

所谓距离有度,是指与交往对象之间彼此要保持适当的空间距离。

自古以来中国人往往推崇亲密无间,而在国际交往中,人们的普遍性做法却是强调亲疏有别、距离有度。关系不同、场合不同时人与人之间的距离应该有所区别,不可一概而论。对于美国人来说,我们可以观察出4种主要距离类别:私人距离、常规距离、礼仪距离及公共距离。

(1)私人距离(<0.5米)　私人距离是指小于半米的距离。显而易见,私人距离的使用对象是亲朋好友之间,家人、夫妻及恋人之间,以及需要扶老携幼之人。私人距离又叫亲密距离,在涉外交往中一般不可以使用私人距离。

(2)常规距离:(0.5~1.5米)　常规距离是指半米到一米半之间的距离。这种距离是在人际交往中,或站或行时所允许保持的最为正规的距离,所以常规距离又叫交际距离。

(3)礼仪距离(1.5~3米)　礼仪距离又叫尊重的距离,是指一米半到三米之间的距离。在这样的距离之中,自己的动作不会触碰到别人,自己的口水不会喷到别人的脸上,此外,还可以跟别人保持适当的距离,不会侵犯别人的私人活动空间。这是向别人表示尊重的一种做法,所以礼仪距离又叫作尊重的距离。

(4)公共距离(>3米)　公共距离是在大庭广众之下,与外人相处时的一种距离。公共距离一般是指三米开外的距离。

阿拉伯人、拉丁美洲人和意大利人属于接触文化。实际上,在拉丁美洲人看来,触摸是一种"谈话"的方式。见面时拉丁人可能用触摸表示问候"喂";或者作为一种请求的方式,如"我能和你谈一谈吗?";或者说表示感谢的话,如"谢谢"。在拉丁美洲国家里,妇女见面要相互触摸、接吻和热烈拥抱,男子也是如此,尽管他们不像法国人和意大利人那样接吻。然而,非拉丁美洲的男性和女性之间几乎从来不像拉丁人那样相互触摸。初次见面时,他们可相互点一点头或者轻轻地握一下手。

阿拉伯人见面时,常常相互拥抱,而且相互触碰彼此的鼻子。谈话时,他们握着对方的手,盯着他的眼睛。阿拉伯人似乎对身体接触情有独钟——他们喜欢"拥挤"在一起,无论在家里还是在公共场合,他们都如此。

中国人属于非接触文化,他们相互之间交谈的距离比美国人和拉丁人都远,大约为20~40英寸。不过,在中国,年轻的同性朋友挎着胳膊在马路上走,被看成是朋友之间关系密切,而在美国,则有可能被误认为是同性恋者。中国人常有抚摸、搂抱或是亲吻他人的小孩子的习惯,无非是表示亲近和爱抚而已。但在西方的文化中,这种动作会被人认为是无礼的,也会引起对方强烈的反感和厌恶。所以,遇到这种情况,西方的母亲往往怀着复杂的感情站在一旁不说话,感到窘迫。

知识链接

一、涉外商务礼仪中的注意事项

1)进入室内场所后通常应脱下手套和帽子,脱掉大衣、外套、风衣等。

2)室内通常不戴墨镜或其他有色眼镜,特殊情况下必须戴有色眼镜时应主动说明并表示歉意,而且握手交谈时应该摘下墨镜。

3）西方妇女的纱手套、纱面罩、披肩、短外套等作为服装的一部分是可以在室内穿戴的。

二、涉外谈话技巧

1）谈话时表情自然，语言得体，可适当做些手势，不要手舞足蹈地动作太大。

2）不要用手指他人，有这种习惯的朋友可以手上握支笔或拿本书以消除这样的动作。

3）参加别人的谈话应打招呼，例如，"Excuse me, may I join you?"如果别人在个别私聊，就不要凑过去了。

4）尊重别人的讲话，别人发言时尽量不要打断，需要发言可以等别人讲完再说。

5）谈话中如果要提前离开，应向对方打招呼并表示歉意，例如，"I'm sorry I've gotta go. It's very late now."

6）交谈过程中应目光注视对方，别人讲话不要东张西望、心不在焉，不要玩弄其他东西或者老看手表、手机，一副不耐烦的样子。

三、涉外谈话内容

1）自我介绍时，一般说说自己的姓名即可，也可加上自己来自于哪，例如，"I'm John Lee from Shanghai."

2）介绍别人时还应该说明和自己的关系，例如，"She's Susan, a friend of mine. She's from Beijing."

3）涉外交往中的谈话内容尽量避免宗教、疾病、死亡、淫秽等话题。

4）不要询问别人的收入、家庭财产等私人生活问题。

5）不要批评长辈、身份高的人，不要耻笑讥讽别人。

6）与女士交谈时，不要询问女士的年龄和婚姻状况，更不要评论对方的身材、健康、收入等。当然夸奖对方的寒暄是很好的。例如，"You look so charming today."

7）拟谈的话题应是格调高雅的话题、轻松愉快的话题、流行时尚的话题、对方擅长的话题。

四、涉外交往中的常用礼貌用语

无论是涉外交往礼仪还是涉外商务礼仪都要求多用礼貌用语。例如：
Excuse me, may I take a look at this picture? 对不起，我能看下这张照片吗？
Excuse me, may I ask you a question? 打扰了，我能问您一个问题吗？
Help me put the map on the wall please. 请帮我把这张地图挂在墙上。
I'm sorry, I'm late. 对不起我迟到了。
Thank you for your help. It's really awesome. 谢谢你的帮助，真是太棒了。

 案例分析

案例分析 8-1　"OK"手势

一位美国的工程师被公司派到他们在德国收购的分公司，和一位德国工程师在一部机器上并肩作战。当这个美国工程师提出改善新机器的建议时，那位德国工程师表示同意并问美国工程师自己这样做是否正确。这个美国工程师用美国的"OK"手势给以回答。那位德国工程师放下工具就走开了，并拒绝和这位美国工程师进一步交流。后来这个美国人从他的一位主管那里了解到这个手势对德国人意味着侮辱。

分析：人的各种姿势，特别是手势，构成的形体语言是人类语言体系的一个重要组成部分。它能表达人们的思想感情，有时甚至比词汇语言更有力。但是，在不同民族之间或同一民族的不同群体之间，形体语言存在着巨大的文化差异。在讲话和交际时，如果随便使用自己文化圈中的形体语言，往往会产生始料不及的不良后果。"OK"手势在美国表示"完全可以，好极了"，在德国有侮辱的含义，在法国，这个手势表示"零"或"无价值的"，在很多拉丁美洲国家它是一种不敬的行为。因此，为了避免类似的错误发生，我们在进行跨文化交际之前，应做好充分的准备，要了解各地的文化习俗与禁忌。

 实践训练

有一个美国代表团要来你公司考察，你主要负责接待，安排外商的食、住、行。请以小组为单位，讨论在与外商进行交际的过程中，要注意哪些事项？你们应该选择哪些话题与外商寒暄？

课 后 训 练

一、简答题

1．中西语言交际有哪些差异？
2．在商务活动中，哪些数字是要特别注意的，为什么？
3．谈谈接触文化与非接触文化空间距离上的差异。

二、实训操作

1．分小组演练和欧美客商进行寒暄。
2．分小组演练和阿拉伯国家的客户会见时的场景。

三、案例分析

在国际招待会上观察一下美国代表和阿拉伯国家代表交谈时的情景，便会发现美国人在大厅不住地向后退，而他们的交谈对象则步步紧跟。美国人在试图把他们与交谈对象之间的距离保持在他们从小就认定的"正常"的范围内。他们可能也没察觉到自己在努力调整彼此间的距离，尽管他们可能隐隐约约地觉得面前的阿拉伯人有点"热情过头"。而来

自视近距离为准则这种文化背景的阿拉伯人则可能认为美国人有些"冷淡"。他们愿意站得近些甚至摸摸交谈对象,因而就一个劲地逼着美国人满屋走,竭力缩短彼此之间的距离。

思考： 在这场国际招待会上,为什么会出现阿拉伯人逼着美国人满屋走的情况？为什么阿拉伯人认为美国人有些"冷淡",而美国人阿拉伯人有点"热情过头"？

任务二 去国外商务谈判须知

随着互联网、交通、通信技术的发展,经济全球化程度的加深,世界变得越来越平坦,不同国度的人相互交流、往来日益频繁。中国作为一个贸易大国,去国外进行商务旅行、业务洽谈的人次和频率日益增多。那么去国外商务旅行、洽谈业务要注意哪些事项呢？

操作步骤及分析

一、出国前的准备

（一）申报护照和签证

护照是指持照人在国外出差或旅行时使用的身份证,是由持照人所在国家的相关政府部门颁发的,我国一般是由公安机关颁发。

签证是持照人去某一国家出差或旅行时,向该国的驻外使（领）馆,申请的入境许可证。与护照不同,它是你所要去的国家发放给你的有效证件,既是在外国的身份证明,也是出入其国家的有效证件,是由该国驻外使领馆签发的。只有得到该国使领馆核准的签证,你才能进入该国,否则就属于偷渡入境。

当然如两国之间有过外交协议,双方可互免签证的,则可省去这一手续。

旅行时,提前准备若干份护照及签证的复印件并分开存放；务必妥善保存护照或只随身携带护照及签证的复印件以及身份证；如丢失护照,应立即与当地警察局联系,请其出具护照报失证明,并及时携带护照及签证的复印件和警察局证明等材料到中国驻当地使馆或总领馆补办旅行证件。

（二）现金及流通货币兑换

人民币在部分国家或地区并不通用,故出国商务旅行时,请预备一些当地货币及美元,可应付许多场合的需要。我国海关规定,出境旅客可携带现钞限额为每人2万元人民币或外币现钞等值5 000美元出境,如超过限额必须主动向海关书面申报。没有银行、外汇管理部门签发的《携带外币出境许可证》,旅客不能擅自超额携带外币现钞出境。

人民币在东南亚一般可以兑换,美元兑换的场所更多,银行、机场、酒店都可以自由兑换。有的导游（如泰国）也可以提供兑换服务。

建议兑换部分零用钱即可,无须大量兑换,可以带一张有银联标志的银联卡,或有VISA或MASTER CARD标志的信用卡即可,这样更加安全。在外不要露财,防止被打劫或被偷窃。

(三) 旅行保险

鉴于国外的医疗费用颇为昂贵，虽然航空公司赠送拾万元人民币的航空旅行人身意外伤害保险，但仍建议出访人员另行投保，以保障在旅途中遇到意外时，不致有太大的金钱损失或开支。

(四) 医疗药物

出国商务旅行，健康最重要。一些常规药品是必须自备的，如解热、止痛、抗感冒、退烧、止泻、助消化的各类药品，以及云南白药、创可贴、医用胶布、红花油等外伤用品，以备应急之需。

(五) 财产保管

请谨记将贵重物品如护照、现金、旅行支票、信用卡、机票、相机等随身携带，切勿收藏于行李箱内或留放在车中、酒店房间或公共地方，以防遗失或被盗。在住宿酒店内，可将物品存放于接待处的保险箱，并索取收据。离开房间时应将房间及行李紧锁，门匙可交由接待处保管，以免遗失。

(六) 衣着

简便的衣着能使旅途倍感轻松，免熨的衣服及牛仔衣服当然最方便不过。但在一些特别场合上穿着应整齐得体。例如，在商务活动中或晚宴场合上，男士应穿着深色西服，女士们则应穿上套装或整齐服装；又或前往参观教学及皇宫时，穿着短裤及太短的衣裙便不合适了。所以，出国商务旅行至少要准备一套职业装，此外还应准备几套便装。

(七) 酒店内的私人消费

由于环保意识，境外酒店往往没有一次性用品，商务人员最好自备毛巾、牙刷、牙膏、拖鞋及个人常用必备药品等。酒店服务，如洗熨、额外饮品及餐食等开销，均须由个人自付；为避免于离开酒店时有所延误，最好能预先结账。

(八) 出国携带物核对表

出国携带物核对表包含护照及身份证、拖鞋、电器用品的插头、充电器、皮鞋及轻便鞋、毛衣、摄影机及闪光灯、内衣裤、电器备用电池、化妆品及润肤用品、套装、沐浴帽、常用药品、西装及领带、剃须用品、闹钟、领巾、手套、针线包、后备近视镜及太阳镜、睡衣、泳装、漱口用品、衬衫及便服、修甲用品、承载湿衣之胶袋、雨衣或雨伞、行程表、梳子及电吹风等。

(九) 其他注意事项

1) 为避免不必要的尴尬情况，请勿擅自拿走房间内任何物品，若要留为纪念，请向酒店购买。

2) 集体商务旅行，请谨记旅程中的集合时间及地点。

3）务必遵守各国法律，严禁携带私货及违例物品，否则后果与责任自负。

二、商务人员在国外的日常生活礼仪

商务人员在国外日常生活中应遵守国际礼仪，遵守国际礼仪是维护自身形象，向外宾表示尊重、友好的交际形式，如果能得体地运用，必然会对对外商务交往活动产生积极的作用。国际礼仪的十大原则如下。

（一）维护好个人形象

个人形象是所在单位甚至是所在国家整体形象的化身，所以做好个人形象工作非常重要。

通常要求男子不蓄须（艺术工作者除外），鼻毛、耳毛不外露，不留长发；女子不剃光头，不剃眉毛，不暴露腋毛，不化浓妆；不刺字、不纹身。最适当的表情应当是亲切、热情、友好、自然。表情过度夸张还是表情过于沉重，或者面无表情，都是不应该的。要坚决改正像当众喷鼻涕、剔牙齿等不文明的举止动作，要认真纠正诸如对人指指点点、大声交谈、就座后高翘"二郎腿"并且脚尖或鞋底直对着别人抖动等一些失敬于人的举止。

要使用规范的尊称、谦辞、敬语和礼貌语。重视待人接物，是维护个人形象的重要方法，不仅要善于运用常规的技巧，最重要的是要善于理解人、体谅人、关心人、尊重人。

（二）不卑不亢

不卑不亢是国际礼仪的一项基本原则。必须意识到自己代表单位、民族、国家，所以言行必须从容得体、堂堂正正。在外宾面前，既不应该表现得低三下四、自卑自贱，也不应该表现得放肆嚣张、孤芳自赏。在国际交往中坚持"不卑不亢"原则，是每一名涉外人员都必须给予高度重视的问题。这一原则同时表现为无论交往对象的国家大小、强弱，都要给予平等的尊重、礼遇。

（三）热情适度

热情适度是涉外礼仪的基本原则之一。要求人们在参与国际交往，直接和外国人打交道时，不仅待人要热情友好，更重要的是要把握好待人热情友好的具体分寸，否则就会事与愿违。

在国际交往中要遵守"热情适度"这一基本原则，不要对外国友人表现得过于关心，让对方难以适从。对待外国友人的所作所为，只要对方不触犯我国法律、没有违背伦理道德、没有污辱我们的国格人格，就没有必要去评判是非对错。特别是不要当面对对方进行批评指正，或是进行干预。和外国人进行交往应酬时，要根据双方关系的不同，和对方保持着适度的空间距离。

和外宾相处，务必要注意自己的举止动作。要在国际交往中真正做到"举止有度"，注意不要随便采用某些意在显示热情的动作。在国内，朋友相见时彼此拍拍肩膀，长辈遇见孩子时抚摸一下对方的头顶或脸蛋，两名同性在街上携手而行等，但外国人却不一定接受这样的动作。

（四）求同存异

世界各国的礼仪和习俗存在着一定差异。对于礼仪的差异性，重要的是要了解，而不是要评判是非、鉴定优劣。

"求同"就是要遵守有关礼仪的国际惯例，要重视礼仪的"共性"。"存异"就是要对其他国家的礼俗不能一概否定，不要忽略礼仪的"个性"。在必要的时候，对交往对象所在国的礼仪与习俗有所了解，并表示尊重。

在国际交往中，在礼仪上"求同"，遵守礼仪的"共性"，也就是在礼仪的应用上"遵守惯例"，是非常重要的。世界各国有着不同的见面礼节，那些都属于礼仪的"个性"，握手作为见面礼节，可以说是通行于世界各国的，这是"共性"。

（五）入乡随俗

"入乡随俗"是涉外礼仪的基本原则之一。在国际交往中，要真正做到尊重交往对象，首先就必须尊重对方所独有的风俗习惯。去其他国家或地区进行工作、学习、参观、访问、旅游的时候，更要对当地所特有的风俗习惯有一定的了解和尊重。

要做到"入乡随俗"，最重要的是要注意对外国友人所特有的习俗既要了解，更要尊重。没有了解，就无所谓尊重；了解是为了更好地尊重。尊重是建立于了解的基础上的。

在国际交往中，当自己身为东道主时，通常讲究"主随客便"；当自己充当客人时，要讲究"客随主便"。这两种做法都是对"入乡随俗"原则的具体贯彻落实。

（六）尊重思维习惯

在对外交往中，涉及自我评价时，不要过度地对外国人进行谦虚、客套。要在实事求是的前提下，敢于并且善于对自己进行正面的评价或肯定。如对方赞美自己的相貌、衣饰、手艺时，一定要落落大方地道上一声"谢谢"，这也是为了接纳对方。

和外国友人进行交往应酬时，无论如何都不要说出"瞎忙""混日子""什么正经事都没有干"之类的话，这样会被对方看成不务正业的人。当自己设宴款待外国友人时，应当在介绍席上菜肴的过程中，有意识地说明"这是本地最有特色的菜""这是这家菜馆的招牌菜"等话。只有这样，才会让对方感到自己受到了重视。有必要向外国友人赠送礼品时，先要说明寓意、特点和用途，也要说明它是为对方精心选择的。

（七）模仿原则

在国际交往中，面对自己一时难以应付、举棋不定，或者不知道到底怎样做才好的情况时，最明智的做法是尽量不要急于采取行动，尤其是不要急于抢先。不妨静观一下周围人的所作所为，并采取一致的行动。这么做的话，就不至于弄巧成拙。

模仿原则一方面要求在难以确定如何行动才好时，应尽可能地避免采取任何行动，免得出丑露怯。另一方面又要求在不知道到底怎么做才好，而又必须采取行动时，最好先观察其他人的正确做法，然后加以模仿，或是和当时的绝大多数在场者的行动保持一致。

（八）尊重隐私

个人隐私，就是不愿意公开，不希望外人了解或是打听的个人秘密、私人事情。在国际交往中，人们普遍讲究尊重个人隐私，并且把是不是尊重个人隐私看成一个人在待人接物方面有没有教养、能不能尊重和体谅交往对象的重要标志。

国际交往中，个人收入的多少一向被外国人看作自己的脸面，十分忌讳别人直接或间接地打听。除去工资外，那些反映个人经济状况的问题，如纳税数额、银行存款、股票收益、住房面积、汽车型号、服饰品牌、娱乐方式等，因为和个人收入相关，都不适合提及。

在国外，普遍把实际年龄当作"核心机密"，而对于"老"字很忌讳。对亲友、晚辈的恋爱、婚姻、家庭生活不过多打探。在一些国家里，跟异性谈论此类问题，极有可能被对方视为无聊之极，甚至还会认为是"性骚扰"。闲聊时，一般都反感别人对自己的健康状况关注过多。

外国人大都把私人住所看成私生活领地，都不喜欢轻易地把个人住址、住宅电话号码等纯私人信息"泄密"。我们对于别人打听诸如"是哪里的人""什么学校毕业的""以前干过什么"等问题，认为是正常的。然而外国人却把这些内容看作隐私，反对询问交往对象的既往经历，反对随随便便地擅自查对方"户口"的行为。

在国际交往中对信仰和政见避而不谈。在国外非常忌讳询问对方："最近忙什么呢""怎么好久没见到你"等问题，西方人认为向别人探听这一类问题的人，不是好奇心过盛、不懂得尊重别人，就是"别有用心"。

以上提到的这些问题，都属于个人隐私问题。要尊重外国友人的个人隐私权，就必须避免涉及这些问题。

（九）女士优先

"女士优先"是国际社会公认的一条重要的礼仪原则。在西方社交场合，是否遵循"女士优先"是评价男士是否有男子汉气概和绅士风度的首要标准。在一切社交场合，每一名成年男子，都有义务主动自觉地尊重、照顾、体谅、关心、保护妇女，并且还要想方设法、尽心竭力地为她们排忧解难。"女士优先"已经演化为一系列具体的、可操作的做法：

1）走路的时候，同行男士应走靠外一侧，女士则走贴近建筑物的一侧；如果两女一男同行，应让年长的或较弱小的一位女士走在中间；如果两男一女同行，让女士走在中间。

2）上楼梯时，女士走在前面，男士走在后面，下楼梯时相反。因为万一上楼梯时发生意外，男士可设法保护走在前面的女士，万一自己滑倒，也不会倒在走在后面的女士身上。

3）看影剧时，同行男士应坐在靠近通道的座位上，影剧结束时，男士应站在通道边等女士出来后，再一起走出影剧院；如果影剧结束时，因通道拥挤而不能并行，男士应走在女士的前面。

4）出席晚会或宴会时，同行男士应先给女士找好座位，并等女士坐下后再坐下。如果没有专人服务，男士就应该为女士拉出椅子，等她站在椅子前的时候再把椅子稍稍往前移，直至女士就座。

5）男士和女士一同上车时，男士应上前几步，为女士打开车门；下车时，男士应先下来，为女士拉开车门。

6）在乘公共汽车时，看到年长或体弱的女士，应主动让座；聚会时，女客人进入聚会场所，先到的男士应站起来迎接；和女士一起外出，应主动帮助她拿一些笨重的东西，但不用帮她拎随身的小包。

（十）以右为尊

在各种类型的国际交往中，大到政治磋商、商务往来、文化交流，小到私人接触、社交应酬，但凡有必要确定并排列具体位置的主次尊卑，"以右为尊"都是普遍适用的。

例如，在进行涉外往来、召开国际会议、举办国际博览会，或者是从事国际体育比赛时，按照国际惯例，经常需要悬挂有关国家的国旗。在国际交往中悬挂国旗是一件极其严肃的事情，悬挂他国国旗，并借此向他国表示尊重和敬意时，就更要这样。不仅不能把国旗弄错、挂错，而且还要在悬挂国旗时给予适当的礼遇。

在各类国际交往中所悬挂的国旗，大都采用并排悬挂的方法。具体来说，并排悬挂两国国旗时，按惯例要以国旗自身面向为准，以右为尊，悬挂来访国国旗，以左为卑，悬挂东道国国旗。在重要国宾搭乘的轿车上同时悬挂两面国旗时，一般要以轿车行进的方向为准，以驾驶员右侧为尊，悬挂来宾所在国国旗，以驾驶员左侧为卑，悬挂东道国国旗。

需要同时悬挂多国国旗时，通行的做法是以国旗自身面向为准，越往右侧悬挂的国旗，被给予的礼遇就越高；越往左侧悬挂的国旗，被给予的礼遇就越低。在确定各国国旗的具体位次时，一般按照各国国名的拉丁字母的先后顺序而定。在悬挂东道国国旗时，可以遵行此惯例，也可悬挂在最左侧，以示东道国的谦恭。

三、谈判、翻译人员的注意事项

（一）谈判人员的注意事项

谈判人员应有坚定的政治立场，严格遵守组织纪律，谈判前对所谈问题应作充分准备，以免临时仓促应付，发生错误。

谈判前，应确定主谈人，其职位应与对方大致相等。其他参加谈判人员非经主谈人同意，不得向对方提意见。对外应事先统一意见，内部意见不统一时，不得当场争论，以主谈人意见为最后意见。不同意见，留在会后讨论或休会后在场外讨论。

谈判时，要充分阐述自己的观点，以理服人，避免说理不足，有强加于人之嫌。同时，要认真听取和分析对方意见，吸收其合理部分，对不能接受部分，要研究以后再答复，不轻易表态，轻率从事。

为圆满完成谈判任务，出国前须做好充分的业务准备。

1. 熟悉情况

事先了解和熟悉前往国家或地区的情况，掌握必要的国际旅行、国外生活以及交往知识。

2. 工作准备

根据出访任务制订详细的考察提纲，落实考察日程，项目洽谈，签订协议、合同，事先经双方充分准备,有关细节应做到心中有数。为了扩大出访效果,准备必要的情况介绍、宣传交流材料也十分重要。

3. 礼品准备

为了加强双方的友谊和感情交流,适当准备一些礼品是十分必要的,尤其是一些带有地方特色或有纪念意义的小礼品,酌情赠送给接触较多的人员,有时也可用来代替小费,如茶叶、头巾、景泰蓝小装饰品等,作为小费代送可能会收到更好的效果。若日程安排中有较重要的礼仪活动,或有较重要的贵宾出席时,可酌情准备一些档次较高的礼品。

(二) 翻译人员的注意事项

谈判翻译人员在谈判前应做好充分的准备工作,尽可能了解谈判内容、我方意图和可能发生的问题等,以提高对谈判中各种问题的翻译水平。

在态度上始终保持热情、谨慎、诚恳,一方面要坚决维护国家利益,另一方面又使外宾感到我们的友好态度。

在谈判时,应全神贯注,充分领会谈判精神,做到正确、忠实,不擅自增减或改变谈话内容或掺杂个人意见,对谈话要点做必要笔记,不得主动直接与外宾谈话、询问或解答问题,遇有问题未听清时,应提出问明,不可不懂装懂、主观臆断。对我方主谈人谈话内容有意见时,可向主谈人提出并请其考虑,但必须以主谈人意见为最后意见,忠实翻译,决不允许向外宾表达自己的意见。

对主谈人以外的其他参加谈判人员的谈话,除是主谈人指定的发言者外,应取得主谈人同意后,再进行翻译。

外宾有不正确言论时,应据实全部翻译并告知主谈人考虑;遇到外宾单独向翻译人员提问的情况时,如是外宾不了解情况,并无恶意者,可实事求是做一定解释;如属于恶意,应坚持立场,义正词严地表明态度;如自己解释有困难时,可暂不答复,所有情况应迅速向领导汇报解决。

外宾提出任何要求,应详告主谈人考虑解决,不能擅自允诺或做否定答复;在我方不能满足对方要求时,可照主谈人意见告知对方,避免生硬机械,但应以实事求是的态度,防止产生媚外情绪。

外宾询及翻译人员的个人问题时,应适当地告知主谈人决定是否答复,但亦应灵活掌握,以免造成外宾错觉,应坚决克服个人虚荣心。

知识链接

一、申报护照、签证的程序和注意事项

(1) 凭外方邀请函和单位申请报告到市贸发局或市政府外事办网站上下载《××市公务人员出国(境)报批表》(下称报批表)、申办外国签证表格,或办理《往来港澳特别行政区通行证》的签注事项表、小卡片等;并到政审部门领取《因公出国人员审查表》(下称审查表)或领取《因公出国(境)人员备案表》(下称备案表)。

（2）单位承办出入境手续的部门按规定要求填写《报批表》《审查表》或《备案表》后，由单位备案签字人签署意见、签名（若单位签字人需回避，则由其他领导签署），盖单位公章（报批表盖行政公章，审查表、备案表盖党组织公章，未建党组织的盖行政公章）。

（3）由承办部门的专办员送市商务局政治处办理审批手续。申报材料应完整规范（除另有规定的以外，材料均不得用复印件），并逐级上报，不得越级报批，否则不予受理。商务局相关部门审核后签署意见，由领导审批后盖商务局公章（出具审查批件），并通知呈报单位。

（4）由呈报单位的专办员将呈报材料送市外办出入境管理处（不得由出访人作联系人承办，出访人也不得擅自到上级机关催办），办理任务批件和护照（通行证）及签证手续。

二、申报护照和签证须提供的材料

（一）临时公务出国（去往我国香港、澳门地区的可参照）

1）出访申请报告两份。商务局存一份。标题为《关于申办赴××国进行商务活动的报告》；基本内容包括企业经营和业务简况、拟出访的任务、出访国家和地区、出访人员及对外身份、在国外停留的时间和在外行程安排、出访的费用由谁承担等，以及主送单位和报送单位。

2）外方在本国发出的邀请函件。外文函件要译成中文，基本内容为邀请方的单位名称、地址、电话及传真号码，被邀请人姓名、职务和工作单位名称，确切出访目的，具体的出访时间和停留期限，国外所需的费用由谁承担，邀请单位的负责人亲笔的签名并用正楷打印出外文姓名和职务。随国内有权组团单位组团出访的，要提供有权出具任务通知书的单位提供的《任务通知书》（或任务批件）正本一份。

3）《报批表》一份。按逐栏事项打印清楚，由单位备案的签字人签署，并盖单位行政公章（若单位备案签字人需回避，则由单位其他领导签署）。

4）《审查表》（初次出国或政审批件已失效的人员需填写此表和《出国人员登记表》）或《备案表》（在政审批件有效期内的人员）每人两份（需由单位备案的签字人签署，并盖单位党组织印章，未建立党组织的可用单位行政公章代替）。

5）出国人员身份证复印件每人两份。外地户籍的人员还需提供在当地工作满一年的证明，即暂住证、经劳动部门监证的劳动合同和单位聘书，及原籍单位或公安部门出具的没有政治、经济问题或刑事记录的证明一份。

6）其他有关材料。凡出访费用需由市财政拨款的，需提供市财政局同意的批复函；凡属出国培训、进修的人员，需附相关部门出具的《出国培训备案表》或《国外培训项目、人员审核表》；团组中有机关事业单位人员的，需另附说明函。

（二）商务多次往返（港澳半年、国外一年以内）

1）出访申请报告两份。商务局存一份，标题为《关于申办多次往返香港或澳门签证的报告》，基本内容包括企业业务简况、拟前往的国家和地区、申办多次往返证照的原因、出访人员对外身份、申办的时限和每次停留时间、费用由谁承担，主送单位和报送单位。

2)《出口实绩审核表》（由商务局政治处提供）一份。

3)《报批表》一份。

4)《审查表》或《备案表》每人两份。

5) 出国（境）人员身份证复印件每人两份。

6) 外地户籍的原则上不办理多次往返证照。

（三）外派常驻多次往返（港澳半年、国外一年以内，含驻港澳工作签证）

1) 申请报告两份（报告内容包括派驻境外的原因、前往的国家或地区、所派人员的姓名和对外身份、在外的任务、驻外的工作时限、在外费用由谁承担等）。

2) 有权批准的部门批准在境外设立企业的批文（复印件一份）。

3) 境外企业所驻当地办理注册登记的有效材料（复印件一份），新设立的企业需提供拟往的国家政府机构或当地企业出具的有效邀请函件。

4)《报批表》一份。

5) 因公出国人员审查材料（《审查表》或《备案表》）两份，需报国家有关部委审批的均填写《审查表》四份。填写《审查表》的，需同时随附等量的考核材料，并填写《常驻国（境）外人员备案表》一份。

6) 外派人员身份证复印件（份数与审查材料相等，外地户籍人员不受理）。

（四）公务赴台湾

1) 国内有批准权部门批准公务赴台湾的批文（内容须有出访人姓名、单位职务、出访身份、在外时间和组团单位等）。

2) 所在单位签字盖章的初审《赴台人员审查表》每人四份。

3) 身份证复印件每人两份（非本地户籍人员不受理）。

4) 护照。

在国际商务旅行中，为便利过境时查阅护照起见，应将护照随身携带，切勿将它收藏在行李箱内，否则在办理过境手续时便会出现狼狈情形，因而延误行程。

此外，在国际商务旅途中，为便于团组工作方便，应将护照交与团组领队统一保管，以免因个人疏忽或不慎造成遗失与损坏，给自己带来麻烦甚至影响整个团组的行程。

三、乘机须知八要素

1) 旅客需在客票上列明的航班规定离站时间前 90 分钟到达指定机场，凭客票及本人有效身份证件办理乘机手续。航班规定离站时间前 30 分钟停止办理乘机手续。

2) 误机：误机是指旅客未按规定时间办妥乘机手续或因其旅行证件不符合规定而未能乘机。旅客误机后，如要求改乘后续航班，在后续航班有空余座位的情况下，航空公司将积极予以安排，不收误机费，旅客应服从航空公司安排。旅客误机后，如要求退票，应到原购票地点办理。在航班规定离站时间以后要求退票的，航空公司将按客票价的 50% 收取误机费。

3）安全检查：乘机前，旅客及其行李（含托运行李和随身携带物品）必须经过安全检查。

4）免费行李额：持成人票或儿童票的旅客，每位免费行李额为头等舱 40 公斤，公务舱 30 公斤，经济舱 20 公斤。持婴儿票的旅客，无免费行李额。

5）逾重行李额：旅客对超过免费行李额的行李应支付逾重行李费，费率以每公斤按经济舱票价的 1.5% 计算，总金额以元为单位。

6）随身携带物品：随身携带物品指经航空公司同意由旅客自行携带乘机的零星小件物品。随身携带物品的重量，每位旅客以 5 公斤为限。持头等舱客票的旅客，每人可随身携带两件物品；持公务舱或经济舱票的旅客，每人只能随身携带一件物品。每件随身携带物品的体积均不得超过 20cm×40cm×55cm，超过上述重量、件数或体积限制的随身携带物品，应作为托运行李托运。旅客不得携带管制刀具乘机。管制刀具以外的利器或钝器应随托运行李托运，不得随身携带。

7）不准作为行李运输的物品：国家规定的禁运物品、限制运输物品、危险物品，包括但不限于压缩气体、易燃液体、腐蚀液体、易燃固体、毒品、氧化剂、可聚合性物质、磁性物品、放射性物品、有害或有刺激性物质，另外具有异味或容易污损飞机的其他物品，不能作为托运行李或随身携带物品。

8）不准在托运行李内夹带的物品：重要文件、资料、外交信袋、证券、货币、汇票、贵重物品、易碎易腐蚀物品，以及其他需要专人照管的物品。航空公司对托运行李内夹带上述物品的遗失或损坏按一般托运行李承担赔偿责任。

 案例分析

案例分析 8-2 带 36 万元港币现金出境，一对夫妇误了行程

海关的工作人员对前往澳门商务旅游的一对夫妇进行例行检查时，发现其手提包里装了 36 万元港币的现金，依法暂扣这些港币。

这对夫妇解释说，这些现金是他们打算去澳门商务旅游时消费使用的。依据有关规定，海关依法予以行政处罚后返还这些现金。因为这一超额携带货币现钞案件，这对夫妇误了出游的行程。

分析： 出境商务旅行，商务人员必须事先做好充分的准备，了解出境须知和一些注意事项，以免给自己带来不必要的麻烦，甚至耽误行程。这对夫妇之所以误了行程，就是没有事先了解出境携带货币现钞的有关规定。

我国海关规定，出境旅客可携带现钞限额为每人 2 万元人民币或外币现钞等值 5 000 美元出境；如超过限额必须主动向海关书面申报。没有银行、外汇管理部门签发的《携带外币出境许可证》，旅客不能擅自超额携带外币现钞出境。对违规携带现钞货币出境的游客，海关视情节轻重处以携带现钞货币 20% 以下的罚款，对明知故犯，构成走私行为的，没收其携带的货币现钞，并处所携带货币现钞等值以下的罚款。

 **实践训练**

小杨是某外贸公司的一名业务员,公司拟派他到俄罗斯进行一次商务洽谈,俄罗斯这家客户属于该公司的新客户,小杨也是首次去俄罗斯商务旅行,你若是他的助理,该提醒他做好哪些准备工作?

课后训练

一、简答题
1. 你若首次到迪拜进行商务洽谈,要做哪些准备工作?
2. 国际礼仪的十大原则是什么?
3. 涉外谈判、翻译人员要注意哪些事项?

二、实训操作
你被派到美国进行一次商务洽谈,这是你首次出访美国,请模拟做好这次出访的准备工作。

三、案例分析

某工厂的副总裁吉拉德突然中风,英国总公司第二天派了一位高级主管凯丝琳,直飞利雅得接替他的职务。凯丝琳到沙特阿拉伯还身兼另一个重要任务,就是要介绍公司的一项新产品——电脑与文字处理机,准备在当地制造行销。凯丝琳赶到利雅得,正赶上当地的斋月,接待她的贝格先生是沙特国籍的高级主管,一位年约五十岁的传统生意人。虽然正值斋月,他还是尽地主之谊,请凯丝琳到他家为她洗尘。因时间急迫,她一下飞机就直接赴约,当时饥肠辘辘,心想在飞机上没吃东西,等会儿到了贝格先生家再好好地吃一顿。

见面之后一切还好,虽然是在"斋月",贝格先生仍为来客准备了吃的东西。凯丝琳觉得菜饭非常合口味,于是大吃起来,然而她发觉主人却一口都不吃,就催促主人和他一起用餐。狼吞虎咽间,她问贝格,是否可在饭后到他的办公室谈公事。她说:"我对你们的设施很好奇,而且还迫不及待地想介绍公司的新产品。"虽然凯丝琳是个沉得住气的人,然而因为习惯,偶尔会双腿交叠,上下摇动脚尖。贝格先生一一看在眼里,在她上下摇动脚尖时,他还看到了凯丝琳那双黑皮鞋的鞋底,顷刻之间,刚见面的那股热诚竟然消失得无影无踪。

思考: 试分析贝格先生接待凯丝琳的热情为什么会消失得无影无踪?凯丝琳的行为有哪些不当之处?

任务三 世界主要国家的商务谈判风格

不同国家、不同地域、不同民族的人,其价值观、立场、传统、风俗、习惯、历史各不相同。具有不同文化背景的人,有着自己独特的谈判方式与谈判风格。了解这些谈判风格,对我们在谈判中采用何种策略有一定的帮助。

操作步骤及分析

作为商务谈判人员，我们必须知晓世界主要国家的商务谈判风格。

一、美国人的谈判风格

1．美国人谈判风格的特点

美国人对自己的国家深感自豪，对自己的民族具有强烈的自豪感和荣誉感。美国人的谈判风格主要有以下几个特点：

1）干脆利落，不兜圈子；
2）讲究效率，珍惜时间；
3）重合同，法律观念强；
4）风格幽默；
5）讲究谋略，追求实利；
6）全盘平衡，一揽子交易；
7）对自己的商品非常自信；
8）见面要提前预约。

2．美国文化的谈判方式

1）语言真挚，情绪激烈。美国人总是十分自信地步入谈判大厅、不断地发表见解，并把实际得到的物质利益作为获胜的标志。

2）业务上兢兢业业，颇有讨价还价的能力。在磋商阶段主动迅速地将谈判引向实质性问题。美国人由于其经济实力及自认为对谈判技巧研究的谙练，谈判气势咄咄逼人。

3）无论作为对方还是买方均对一揽子交易感兴趣。

4）美国人谈判分工具体、责任明确，一旦条件成熟，随即迅速拍板。

5）美国人法律观念很强，因而重视律师在谈判中的作用，并注重担保等法律形式。

3．与美国人谈判的对策

1）应善于运用东方人外柔内刚的优势、以柔克刚的谋略，从气势上压倒对方的逼人气焰，不要轻易让步。

2）要适当加快谈判节奏，谈判时间不宜过长。只要条件合适，即可拍板成交。

3）不能提出似是而非的建议，不能让对方产生任何歧义。不要轻易做出承诺，一旦做出承诺就要信守承诺。

二、德国人的谈判风格

1．德国人谈判风格的特点

诚实和正直是德国人最欣赏的品质，德国人的谈判风格主要有以下几个特点：

1）准备工作充分完善，仔细研究对方；
2）非常讲究效率，不喜欢东拉西扯；
3）自信和执着，坚持己见；
4）重合同，守信用。

2．德国文化的谈判方式

1）德国人非常注重收集资料，准备工作做得完美无缺，特别对交易的形式、谈判的议题规定得很详细。

2）德国人时间观念强，自信心强，果断，崇尚军旅作风，不拖泥带水。

3）在谈判中讨价还价的余地很小，一旦达成协议，遵守承诺，信守合同，处事谨慎而诚实，而且注重发展长久关系。

4）德国人性格倔强、自负，缺乏灵活性和妥协性。

3．与德国人谈判的对策

1）同德国人谈判必须要有充分的准备，以备回答其有关公司及其他方面的询问。

2）务必遵守时间规定，不能迟到和误时。

3）与有"契约之民"雅称的德国人做生意，必须严格遵守契约，遵守严格的交货、付款时间，甚至严格的索赔条款。

三、英国人的谈判风格

1．英国人谈判风格的特点

英国人的民族性格是传统、内向、谨慎，英国人的谈判风格主要有以下几个特点：

1）不轻易与对方建立个人关系；

2）谈判准备不充分，不详细周密；

3）不能保证合同的按期履行；

4）谈判中缺乏灵活性；

5）忌谈政治，宜谈天气。

2．英国文化的谈判方式

1）英国人特别讲究绅士风度，善于交往，讲究礼仪。

2）英国的等级观念是非常严格而深厚的，也要求对等身份的对手参加谈判。

3）与德国人相比，英国人谈判比较灵活，对建设性意见反应积极。

3．与英国人谈判的对策

1）和英国人谈判必须注重礼仪，以显示自己的教养和风度。

2）英国人等级观念深厚，因此在选择我方谈判人员时，除了在修养、风度几个方面有所要求之外，在级别上要注意对等。

3）在谈判时，不要期望英国人加班加点去完成谈判任务。

4）在与其签订协议时，千万不要忘记同时订立严格的索赔条款，一是为了可靠，二是说不定你会得到一笔不小的赔偿金。

四、法国人的谈判风格

1．法国人谈判风格的特点

法国人具有浓厚的国家意识和强烈的民族文化自豪感。他们性格开朗、热情，对事物比较敏感，为人友善，工作态度认真，十分勤劳，善于享受。法国人的谈判风格主要有以下几个特点：

1）坚持用法语谈判；
2）富有情趣和人情味；
3）注重原则问题，忽视细节问题；
4）偏爱横向谈判；
5）重视个人的力量，很少有集体决策的情况；
6）时间观念不强。

2．法国文化的谈判方式

1）法国人民族自豪感很强，在谈判时坚持使用母语——法语。

2）法国人天性开朗，非常珍惜在谈判中的人际关系，在没有互相成为朋友之前，一般不会与你做大笔生意。

3）与英国人相反，法国人喜欢在谈判时，与你谈谈政治、文化和艺术，但在宴请招待时忌谈生意。

4）法国人时间观念不强，身份越高来得越迟，以显示其高贵。

5）立场极为坚定，法国人具有依靠坚定的"不"字以谋取利益的高超本领，且爱吹毛求疵，为争得更大利益常在执行中变更某些条款。

6）喜欢先为协议勾画出一个轮廓，然后再达成原则协议，最后再确立协议上的各个方面。这是一种横向式的谈判。

3．与法国人谈判的对策

1）和法国人谈判，自然先与其交朋友，并适当地和他们谈谈文化、艺术和哲学，但不要陷入其无休止的哲学争论中去。

2）不要期望法国人宴请或招待你的过程是交易的延伸，更不要将自己的某种企图带入宴请中。当他们发现你抱有这种企图，会立即予以拒绝。

3）在谈判时，必须强调你的建议对对方有利，让他们感觉你是一个很为他着想的人。

4）要有足够的耐力和毅力，无论是对其无休止的争论，还是对付其政府部门烦琐的手续、意外的拖延和不现实的要求都是如此。

5）在公众场合上，不要因为法国人迟到而发火，那是他们的习惯。

6）法国人相当注重衣着，法国的时装领导着世界潮流。因此，谈判人员必须非常注重自己的服饰。这样他会更尊重你。

五、日本人的谈判风格

1．日本人谈判风格的特点

各国的谈判专家普遍认为，日本人是最具个性的、成功的谈判者。日本人的谈判风格主要有以下几个特点：

1）以礼求让；
2）讲究面子；
3）具有强烈的集体意识，慎重决策；
4）注重建立和谐的人际关系；
5）执着耐心，不易退让；

6）精于商务，吃苦耐劳；
7）尽量避免诉诸法律。

2. 日本文化的谈判方式

1）日本人在商务谈判中很注重建立和谐的人际关系，他们不习惯也不赞成直接的、纯粹的商务活动，讲究先谈友谊再谈生意。

2）日本人等级观念强，极有礼貌，在彬彬有礼的后面是极顽强的讨价还价，而且还非常有耐心。

3）日本人喜欢用"言外之意"的方式来交谈。

4）同日本人谈判绝不能带律师，否则日本人会认为这是对自己不信任的非友好行为。

5）在日本，很多企业家对儒家文化很有研究，在谈判时，他们往往以此为话头，与你讨论。

3. 与日本人谈判的对策

1）切记要在谈判时首先创造互相信任的谈判气氛，明确地委托全权谈判代表。

2）不能光听日本谈判人员的表面语言，应随时注意其隐藏于内心深处的真实含义。

3）谨记"沉默是金"的箴言，无心、不实之言一旦出口，日后被日方引用，常常会引起很大的麻烦。

4）每一次会议结束前，必须核对双方的备忘录，确实核实双方的共识和分歧。

5）如果能适应日本人在谈判中的日本气氛，日本人一定会对你刮目相看。

六、韩国人的谈判风格

1. 韩国人谈判风格的特点

韩国以贸易立国，韩国商人在长期的对外贸易实践中积累了丰富的经验。

韩国人的谈判风格主要有以下几个特点：

1）谈判前重视咨询工作；
2）注重谈判礼仪和创造良好的气氛；
3）注重技巧；
4）过于敏感；
5）对合同不够重视。

2. 韩国文化的谈判方式

1）重视营造谈判伊始的和谐气氛，并要进行一些轻松话题的寒暄。

2）逻辑性强，条理清晰，注重技巧，喜欢先提议题，占据主动。

3）谈判时开门见山，直奔主题，做事爽快。

4）喜欢打疲劳战，善于讨价还价，以退为进。

5）喜欢用三种文字（双方语言和英语）签约。

6）时常使用"声东击西""先苦后甜""疲劳战术"等策略。有些韩国商人直到最后一刻仍会提出"价格再降一点"的要求。

7）横向式谈判和纵向式谈判是韩国人常用的两种谈判方法。前者是先谈主要条款，然后谈次要条款，最后谈附加条款；后者即对双方共同提出的条款逐条协商。有时也会两种方法兼而用之。

3. 与韩国人谈判的对策

1）谈判前要做好充分的咨询准备工作。韩国人通常要对对方进行咨询了解，因此一旦韩国人与你坐在一起谈判，那么可以肯定地说，他已对这场谈判进行了周密的准备。

2）既要讲究策略又要通情达理，过于直率可能会使你的交易付出代价。

3）要有耐心，达成结果会很缓慢。

4）谈判可能反复，要做好准备提供详尽情况。

5）韩国人在做决定时，会就一些重要问题再三向对方确认。因此，不断重复地回答会比新的创造性回答更有助于增强对手对你的信心。

6）和韩国人见面时应该鞠躬，要与男子握手。双方握手后，双手呈递和接过商务名片。要用双手呈递任何东西，或用左手支撑右手臂或肘呈递。

7）注意选择谈判地点。投其所好，选择有名气的酒店进行会晤，并且特别重视谈判开始阶段的气氛。

8）谈论的话题可以是韩国文化和国家的经济成就，韩国人对这些成就引以为荣。另外，足球、棒球、跆拳道、拳击和篮球是韩国非常普及的运动，其中跆拳道起源于韩国。爬山和徒步旅行也是韩国人很喜爱的业余活动。避免谈论政治。不要把韩国与日本进行比较。韩国人是日本人的竞争对手。

 案例分析

案例分析 8-3

9月上旬，某外贸公司拟派资深业务员王宏在10月下旬到迪拜洽谈一笔业务。这是王宏首次去阿拉伯国家进行商务会谈，接到通知后，他十分重视，于是打开电脑，通过搜索引擎查询了阿拉伯人的谈判风格：

阿拉伯人在谈判过程中，是采取战斗的方式而不是妥协的方式解决双方争议。

阿拉伯人的谈判风格主要有以下几个特点：

1. 重信誉，讲交情；
2. 谈判节奏缓慢；
3. 重视中下级人员的意见和建议；
4. 代理商在商务活动中起重要作用；
5. 喜欢讨价还价；
6. 喜欢图文结合的资料。

针对上述风格，王宏结合自己的专业知识，也查询了一些应对策略。除此之外，王宏还查阅了阿拉伯地区的文化礼仪和习俗习惯，并着重了解与阿拉伯人交往应注意的禁忌。王宏无论是从谈判业务还是礼仪、习俗等方面都做了充分的准备。这次迪拜商务洽谈，王宏入乡随俗、投其所好，取得了圆满成功。

分析：国际商务谈判，比国内商务谈判更加复杂。在出国谈判前，我们要做好充分的准备，查询这个国家的谈判风格、谈判特征，针对其谈判风格和特征，寻找应对策略。此外，还要了解这个国家或地区的文化、习俗，尤其是与他们交往的一些禁忌，弄清楚这些后，在交往过程中，才能真正做到入乡随俗，投其所好。正因为王宏做到了这些，这次迪拜商务洽谈才取得了圆满成功。

实践训练

假如你是一家外贸公司的业务员，公司要派你下月到意大利进行商务洽谈，请你收集意大利人的谈判风格和谈判特征，寻找应对策略，并了解这个国家的文化、习俗，弄清与意大利人交往的一些注意事项。

课 后 训 练

一、简答题

1. 美国人的谈判风格和特征是什么？该如何应对？
2. 日本人的谈判风格和特征是什么？该如何应对？
3. 德国人的谈判风格和特征是什么？该如何应对？

二、实训操作

你被派到西班牙进行一次商务洽谈，请收集这个国家的谈判风格和特征，提出应对策略，并查询与该国人进行谈判的礼仪与禁忌。

三、案例分析

中方某公司向韩国某公司出口丁苯橡胶已一年，第二年中方又向韩方报价，以继续供货。中方公司根据国际市场行情，将价格从前一年的成交价每吨下调了120美元（前一年1 200美元/吨），韩方感到可以接受，建议中方到韩国签约。中方人员一行二人到了首尔该公司总部，双方谈了不到20分钟，韩方说："贵方价格仍太高，请贵方看看韩国市场的价，三天以后再谈。"中方人员回到饭店感到被戏弄，很生气，但人已来首尔，谈判必须进行。中方人员通过有关协会收集到韩国海关丁苯橡胶的进口统计，发现从哥伦比亚、比利时、南非等国进口量较大。从中国进口也不少，中方公司是占份额较大的一家。其他国家地区中，南非价格水平最低，但高于中国产品价格。哥伦比亚、比利时价格均高于南非。在韩国市场的调查中，批发和零售价均高出中方公司现报价的30%～40%，市场价虽呈降势，但中方公司的出价是目前世界市场最低的价。为什么韩国人员还这么说？中方人员分析，对手以为中方人员既然来了首尔，肯定急于拿合同回国。可以借此机会再压中方一手。那么韩方会不会不急于订货而找理由呢？中方人员分析，若不急于订货，为什么邀请中方人员来首尔？再说韩方人员过去与中方人员打过交道。有过合同，且执行顺利，对中方工作很满意，这些人会突然变得不信任中方人员了吗？从态度看不像，他们来机场接中方人员，且晚上一起喝酒，保持了良好气氛。通过上述分析，中方人员共同认为韩方意在利用中方人员出国心理再压价。根据这个分析，经过商量，中方人员决定在价格条件上做文章。总的讲，态度应强硬（因为来前对方已表示同意中方报价），不怕空手而归。其次，价格条件还要涨回市场水平（即1 200美元/吨左右）。再者不必用三天给韩方通知，仅一天半就将新的价格条件通知韩方。

在一天半后的中午前，中方人员电话告诉韩方人员："调查已结束，得到的结论是我方来首尔前的报价低了，应涨回去年成交的价位，但为了老朋友的交情，可以下调20美元，而不再是120美元。请贵方研究，有结果请通知我们。若我们不在饭店，则请留言。"韩方人员接到电话后一个小时，即回电话约中方人员到其公司会谈。韩方认为中方不应把过去的价再往上调。中方认为这是韩方给的权利。我们按韩方要求进行了市场调查，结果应该涨价。韩方希望中方多少降些价，中方认为原报价已降到底。经过几回合的讨论，双方同意按中方来首尔前的报价成交。这样，中方成功地使韩方放弃了压价的要求，按计划拿回合同。

思考：

（1）中方的决策是否正确？为什么？

（2）中方运用了什么程序、以什么方式做出决策的？其决策属什么类型？

（3）中方是如何实施决策的？

（4）韩方的谈判中反映了什么决策？

（5）韩方决策的过程和实施情况如何？

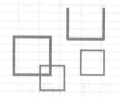

项目九
综合模拟谈判实训

 项目导入

慈溪先锋电器集团有限公司位于杭州湾跨海大桥的南麓，坐落在有小家电之乡美称的宁波慈溪附海开发区。公司主要生产"先锋"牌取暖器、电风扇、饮水机等三大系列产品，是全球最大的取暖器专业生产基地之一。公司创建于1993年，占地25万平方米，建筑面积20万平方米。目前已具备年500万台取暖器、300万台电风扇、100万台饮水机的生产能力。先锋产品畅销全国大江南北并同时销往美国、欧盟、南美、中东、俄罗斯等三十多个国家和地区，"先锋"已成为小家电行业主导品牌，为众多消费者所喜爱。

国美电器（GOME）是中国的一家连锁型家电销售企业，国美电器集团坚持"薄利多销，服务当先"的经营理念，依靠准确的市场定位和不断创新的经营策略，引领家电消费潮流，为消费者提供个性化、多样化的服务，国美品牌得到中国广大消费者的青睐。

国美家电准备与慈溪先锋电器供应商就产品摆放的区域、产品价格、入场费、售后维护、促销、结款等问题展开新一轮的谈判。谈判双方已预约好商谈时间。届时作为慈溪先锋电器企业销售部的经理，你将率领你方的谈判小组如约而至。你需要完成以下任务：就慈溪先锋电器与国美电器宁波分公司关于先锋牌空调扇、电风扇、取暖器等小家电进驻国美电器进行一场综合的模拟商务谈判。

➲ **知识目标**

1. 掌握商务谈判策划书的书写方法。
2. 掌握商务谈判整个过程，包括开局、报价、议价、成交阶段的综合理论知识以及策略技巧。

➲ **能力目标**

1. 能制定商务谈判预案，撰写商务谈判策划书。
2. 能够运用商务谈判各个阶段的策略、技巧进行综合的商务谈判。

所谓模拟谈判，就是从己方人员中选出某些人扮演对手的角色，从对手的谈判立场、观点风格出发同己方一些人员对弈，预演谈判的过程，检查实施既定谈判方案可能产生的效果。可能的话，模拟谈判应安排得如同正式谈判一样。

操作步骤及分析

一、做好谈判前的准备工作

在进场谈判前,供货商要做大量的准备工作。精心的准备和计划,不但能使谈判者在"知己知彼"的基础上主导整个谈判进程,而且可以大大减少预料以外的事情发生,从而有助于达成合理的协议。要做好谈判前的准备工作,调查的内容应包含以下几点。

1. 费用情况

每一个供应商要使其产品进入大型的卖场,涉及各种名目的费用很多,一般包括入场费、节庆费、单品费、特价扣点费、终端堆码陈列费和场外促销费等。对各项费用的标准以及最低下限,供货商应事先做详细的了解,做到心中有数。

2. 结算方式

关于结算方式,虽然买卖双方都有各自的公司政策,买方希望付款时间越晚越好。相反,卖方希望越早越好。买方有义务让卖方了解其公司内部的标准付款条件(例如,在采购设备时,通常有"阶段性付款"的方式,如订金30%,第一次支付30%,验收时支付40%),卖方也可以在报价时提出不同的要求,最后的付款条件需要双方协商而定。

当处于买方市场时,买方通常能以较优的付款条件来要求卖方配合,如记账方式(O/A)为T/T60天甚至90天。但处于卖方市场时,卖方一般会选择较短的付款期来要求买方,如选择"货到付现"或"预付货款"。

3. 竞争者

了解竞争者在该卖场的销售价格、销售情况和投入情况。进场前,供货商对竞争产品在卖场的销售和投入情况进行调研,以此来预测自身产品进场后的销量,增加谈判的筹码。当有同类产品被退场时,往往也是供货商产品进场的好时机。

4. 谈判对手

供货商应对谈判对手进行调研,包括谈判者的个人背景、爱好、工作任务以及目前上司和同事对他的评价等,有时候一个很不起眼的内部信息也会影响整个谈判进程。

二、确定谈判议程

供应商与顾客进行商务谈判一般分为两个阶段:第一阶段是谈产品进场事宜,第二阶段是谈产品进场后的陈列、促销和货款结算等事宜。其具体的谈判内容主要包括以下几个方面。

1)采购产品:质量、品种、规格和包装等。
2)采购数量:采购总量和采购批量(单次的最高订量与最低订量)。
3)送货:交货时间、频率、交货地点、最高与最低送货量、验收方式以及送货产品的保质期等。
4)陈列:陈列面积和陈列位置等。
5)促销:促销保证、促销组织配合和导购员的进场事宜等。
6)价格以及价格折扣优惠:新产品价格折扣、付款折扣、促销折扣、单次订货数量折扣、累计进货数量折扣、年底返利、季节性折扣和提前付款折扣等。

7）付款条件：付款期限、付款方式等。
8）售后服务：包换、包退、包修和安装等。
9）各种费用：进场费、新品费、店庆费、陈列费、节日费、促销费和广告费等。
10）退货：退货条件、退货时间、退货地点、退货方式、退货数量和退货费用分摊等。
11）保底销量：每月产品的最低销售量、末位淘汰的约定和处理方法等。

三、制定商务谈判策划书

一份完整的谈判策划书主要包含以下内容：谈判背景资料调研、谈判的主题和目标、谈判的议程、信任计划、人员组织、谈判的费用预算、谈判地点的选择、模拟谈判、谈判的策略和技巧等。只有做好谈判的预案，才能提高谈判成功率。

四、制订谈判策略技巧

（一）双方谈判实力的判断

谈判双方的实力可以从以下几个方面进行判断：
1）市场状况，包括市场地位、供求关系、竞争状况等。
2）经济实力，包括经营规模、资金状况、企业形象等。
3）谈判人员的素质，包括谈判经验、谈判的操作能力、谈判人员的职业道德等。

（二）根据不同谈判实力制订谈判策略

1．优势条件下的谈判策略

优势条件下进行谈判的策略包括不开先例策略、价格陷阱策略、红脸白脸策略、规定时限策略、最后通牒策略、声东击西策略。

2．劣势条件下的谈判策略

劣势条件下的谈判策略包括疲惫策略、权力有限策略、吹毛求疵策略、联合策略、先斩后奏策略。

3．均势条件下的谈判策略

均势条件下的谈判策略包括私人接触策略、润滑策略、投石问路策略、休会策略。

五、实施商务谈判

（一）商务谈判的开局

1）入场、落座、寒暄都要符合商业礼节。相互介绍己方成员。
2）根据谈判双方的具体情况，在谈判开局前营造良好的谈判气氛。
3）确定谈判议程，并进行开场陈述。
4）有策略地向对方介绍己方的谈判条件，并试探对方的谈判条件和目标。
5）不要轻易暴露己方底线，但也不能隐瞒过多信息而延缓谈判进程。

6）适当运用谈判开局的策略和技巧。

（二）报价

1．报价单的设计

（1）确定报价的内容。报价是围绕谈判的主题与目标，提出自己的主要交易要求。不同的商务谈判类型，由于谈判的主题和目标不同，报价的内容也不完全相同。但是，商品的品牌、数量、质量、包装、价格、储运、支付方式等交易条件，是买卖贸易谈判的基本内容。

（2）报价的语言表述。在商务谈判中，报价必须要做到文字表达准确无误、言简意赅，不能使用如"大概""或许""等等"这些弹性语言。

2．实施报价

1）确定报价的时机。
2）确定报价的方式。
3）确定合理的开盘价。
4）报价时言简意赅，用准确、简单的语言陈述自己的交易条件。
5）选择合适的报价策略。

（三）价格解释与评述

首先询问对方报价的依据，以及在各项主要交易条件下有多大的下降空间，同时要倾听对方的解释和答复，不要随便加以评价，不要随便显露自己的意图。如果对方做类似提问，应该做最少的答复，掌握好哪些该说、哪些不该说。若在此阶段发现双方所提条件和要求差距过大，则可以拒绝，具体做法如下：

1）建议对方撤回原盘，重新考虑一下比较实际的报盘。
2）对价格不做变动，但对一些交易条件，如产品的数量、质量、交付条件、交货日期等做一些变动。

（四）讨价还价

讨价还价中，让步的原则如下：
1）不做无端的让步。
2）让步要恰到好处。
3）在次要问题上根据具体情况首先做出让步，以诱使对方在重要问题上做出让步。
4）不要承诺同等幅度的让步。
5）有效的让步是递减性让步。
6）一次让步的幅度不宜过大，节奏不宜过快。

（五）成交

成交阶段要草拟谈判协议或者合同，并慎重对待协议或合同，逐字审查是否与谈判达成的意见相符合，确认无误后方可签字。

知识链接

一、模拟谈判的含义

模拟即模仿,所谓模拟谈判,就是从己方人员中选出某些人扮演对手,从对手的谈判立场、观点风格出发同己方一些人员对弈,预演谈判的过程,检查实施既定谈判方案可能产生的效果。可能的话,模拟谈判应安排得如同正式谈判一样。

二、模拟谈判的必要性

1)模拟谈判有可能比正式谈判更有针对性,它可以从多种多样的假设中,提取一种最佳的谈判方案,与谈判对手展开有效沟通,并获得成功。

2)模拟谈判可帮助己方人员从中发现问题,对既定谈判方案做出某种修改或加以完善,使谈判策划方案的安排更具有实用性和有效性。

3)模拟谈判为谈判人员提供了一次实践的练习,能训练和提高谈判者的能力。

正因为有这些优点,所以,谈判专家甚至建议用录像机把谈判场面录下来,以便谈判人员从中发现并改善自己的语言、表情、动作的不足,有利于塑造令人信服、钦佩、崇敬的仪表举止。

三、模拟谈判的主要步骤

(一)拟定假设

进行正确的想象练习,首先要拟定正确的假设条件。拟定假设是根据某些既定的事实或常识将某些事物承认(或假设)为事实。根据假设的内容,可以分为以下三类。

1. 对外界客观存在的事物的假设

在商务谈判过程中,要通过对外界客观存在的事物,包括环境、时间和空间的假设进一步摸清事实,知己知彼,找出相应的对策。例如,在一次商务洽谈中,对方如果带着许多材料进入谈判场所,我们需要对此进行正确的判断,并对谈判对手进行摸底调查。

2. 对谈判对手的准确假设

对谈判对手进行准确假设往往能使我方在谈判中占据主导地位,它是商务谈判制胜的法宝。对方在谈判中愿意冒险的程度,对商品价格、运输方式、产品质量等方面的要求,都需要我方根据事实加以假设。同时我方要假设,如果对手通过调研已经摸清我方底细,我方应如何应对?如果对方仅是虚张声势,并未摸清我方底细,那我方又如何应对?

3. 对己方的假设

对己方的假设包括谈判者对自身心理素质、谈判能力的自测与自我评估,以及对己方经济实力、谈判实力、谈判策略、谈判准备等方面的评价。

总之,提高假设的精确度,要以事实为基准拟定假设。所依据的事实越多,假设的精确度就越高。

（二）过程想象

谈判前的想象练习，必须要按照谈判顺序在拟定假设的基础上想象整个谈判过程，演习己方和谈判对手面对面谈判的一切情形，包括谈判时的现场气氛，对方的面部表情，谈判对手可能提出的反对意见，己方的各种答复以及各种谈判方案的选择和各种谈判策略技巧等。

模拟谈判的方法有下列两种：

1）即兴讨论会。即兴讨论会是指由一些具有专业知识和谈判经验的人员组成讨论小组，对已初步拟定的谈判方案进行讨论。每个参加会议的人都可以不受拘束地畅谈自己的意见，但彼此不交锋、不争论。对每个人的不同意见，由专人进行记录整理后，交有关决策者进行研究，为原谈判方案提供宝贵的改进意见，从而使准备工作更加成熟。

2）小组演练。这种方式有点类似于某些对抗性运动比赛项目的训练方式。在小组式谈判中，小组中的部分成员可以扮演成对方的某个谈判角色，模拟对方的谈判风格，站在对方的立场同小组其他成员进行谈判，这样可以使谈判人员身临其境地提出问题和回答问题。通过互相交锋，可以使谈判人员设身处地地考虑问题和处理问题，找出一些原先被忽视的问题，并可以根据对方的不同特点改进谈判对策和谈判方案。

实践训练

一、假设你是慈溪先锋的谈判代表，请为其设计一份完整的商务谈判策划书

二、商务谈判模拟大 PK

学生以 4~5 人一组，请以项目七项目导入的内容为谈判背景，就慈溪先锋电器与国美电器宁波分公司关于先锋牌空调扇、电风扇、取暖器进驻国美电器进行一场综合的模拟商务谈判。谈判务求最终双方取得合作，达到双赢。

谈判按照以下流程进行。

1．背对背演讲（共 5 分钟，双方各 2.5 分钟）

一方首先上场，利用演讲的方式，向观众和评委充分展示己方对谈判的前期调查结论、对谈判案例的理解、切入点、策略，提出谈判所希望达到的目标，同时充分展示己方的风采。一方演讲之后退场回避，另一方上场演讲。具体要求如下：

1）必须按演讲的方式进行，控制时间，声情并茂，力求打动观众和评委。

2）每一方演讲时间不得超过 2.5 分钟。

3）演讲由上场队员中的 1 位来完成，但演讲者不能是己方主谈。

4）在演讲中，演讲者应完成以下几个方面的阐述：介绍本方代表队队员的分工；本方对谈判案例题的理解和解释；对谈判的问题进行背景分析，初步展示和分析己方的态势和优劣势；阐述本方谈判的可接受的条件底线和希望达到的目标；介绍本方本次谈判的战略安排；介绍本方拟在谈判中使用的战术（策略技巧要用到 4 种以上）。

2．正式模拟谈判阶段（20 分钟）

（1）开局阶段　此阶段为谈判的开局阶段，双方面对面（5 分钟）

1）入场、落座、寒暄都要符合商业礼节。相互介绍己方成员。

2）根据谈判双方的具体情况，谈判开局前营造良好的谈判气氛。
3）有策略地向对方介绍己方的谈判条件。
4）试探对方的谈判条件和目标。
5）不要轻易暴露己方底线，但也不能隐瞒过多信息而延缓谈判进程。
6）必须适当运用谈判开局的策略和技巧。

（2）谈判中期阶段（10分钟）

此阶段为谈判的主体阶段，双方随意发言，但要注意礼节。一方发言的时候另一方不得随意打断，等对方说完话之后己方再说话。既不能喋喋不休而让对方没有说话机会，也不能寡言少语任凭对方表现。此阶段双方应完成：

1）对谈判的关键问题进行深入谈判。
2）使用各种策略和技巧进行谈判，但不得提供不实、编造的信息。
3）寻找对方的不合理方面以及可要求对方让步的方面进行谈判。
4）解决谈判议题中的主要问题，就主要方面达成意向性共识。
5）注意运用谈判中期的各种策略和技巧。

（3）最后谈判（冲刺）阶段（5分钟）

1）对谈判条件进行最后交锋，尽量达成交易。
2）在最后阶段尽量争取对己方有利的交易条件。
3）谈判结果应该着眼于保持良好的长期关系。
4）进行符合商业礼节的道别，向对方表示感谢。

案例分析

案例分析 9-1

小孙由于工作需要经常出差与各地区代理商谈判，每次下飞机后对方都会首先问他："您计划在此地停留多长时间？"他一般会毫不犹豫地回答："没有具体期限，看谈判的进展情况吧。"对方询问小孙的行程也许是制订谈判日程的需要或者是安排时间陪小孙转转当地的风土人情，但是小孙每次的回答都是没有具体期限。

思考：你认为小孙这么回答有道理吗？为什么？

分析：有道理。在谈判高手面前你流露出的任何弱点对方都会在谈判桌上大做文章。如果对手知道你谈判的最终期限，他们一定会将主要问题拖延至最后一刻，在融洽的气氛中给你施加巨大的压力，逼你在最后一刻做出让步。

案例分析 9-2

我国某冶金公司要向美国购买一套先进的组合炉，派某高级工程师与美商谈判，为了不负使命，这位高级工程师做了充分的准备工作，他查找了大量有关冶炼组合炉的资料，花了很大的精力对国际市场上组合炉的行情及美国这家公司的历史和现状、经营情况等了解得一清二楚。谈判开始，美商一开口要价 150 万美元。中方工程师列举各国成交价格，使美商目瞪口呆，终于以 80 万美元达成协议。当谈判购买冶炼自动设备时，美商报价 230

万美元,经过讨价还价压到130万美元,中方仍然不同意,坚持出价100万美元。美商表示不愿继续谈下去了,把合同往中方工程师面前一扔,说:"我们已经做了这么大的让步,贵公司仍不能合作,看来你们没有诚意,这笔生意就算了,明天我们回国了。"中方工程师闻言轻轻一笑,把手一伸,做了一个优雅的请的动作。美商真的走了,冶金公司的其他人有些着急,甚至埋怨工程师不该抠得这么紧。工程师说:"放心吧,他们会回来的。同样的设备,去年他们卖给法国只有95万美元,国际市场上这种设备的价格100万美元是正常的。"果然不出所料,一个星期后美方又回来继续谈判了。工程师向美商点明了他们与法国的成交价格,美商又愣住了,没有想到眼前这位中国商人如此精明,于是不敢再报虚价,只得说:"现在物价上涨得厉害,比不了去年。"工程师说:"每年物价上涨指数没有超过6%。你们算算,该涨多少?"美商被问得哑口无言,在事实面前,不得不让步,最终以101万美元达成了这笔交易。

分析:该案例中中方工程师对于谈判技巧的运用更为恰当准确,赢得有利于己方利益的谈判结果也是一种必然。

1. 美方存在的问题

1) 收集、整理对方信息上没有做到准确、详尽、全面。美商凭借其技术的优势性以及多次进行相类似交易的大量经验,轻视对手,谈判前就没有做好信息收集工作,于是在对方大量信息的面前陷于被动,一开始就丧失了整个谈判的主动权。

2) 谈判方案的设计上,美方没有做到多样与多种。在应对中方的多次反击中,仓促应对。①过早地判定问题,美方一开始就轻敌,认为此行不会困难,谈判结果对自己更有利;②只关心自己的利益,美方以其组合炉技术的先进为最大优势,一定会卖个高价,但并未考虑到中方对此的急迫需求与相应的谈判准备,在对方信息攻击下,频频让步。

3) 在谈判过程中,希望用佯装退出谈判以迫使对方做出让步,无奈在对方以资料为基础辨别出其佯装的情况下,该策略失败。

2. 中方胜利的关键

就中方而言,此次谈判胜利的关键点在于对对方信息充分的收集整理,用大量客观的数据给对方施加压力。从收集的内容可看出,不仅查出了美方与他国的谈判价格(援引先例),也设想到了对方可能会反驳的内容并运用相关数据加以反击(援引惯例,如6%),对客观标准做了恰到好处的运用。真可谓做到了"知己知彼,百战不殆"。其次,中方的胜利还在于多种谈判技巧的运用:①谈判前,评估双方的依赖关系,对对方的接收区域和初始立场(包括期望值和底线)做了较为准确的预测,由此才能在随后的谈判中未让步于对方的佯装退出。②谈判中,依靠数据掌握谈判主动权,改变了对方不合理的初始立场。③在还价上,从结果价格大概处于比对方开价一半略低的情况可推测,中方的还价策略也运用得较好。

课后训练

一、简答题

1. 商务谈判过程一般分为几个主要阶段?各阶段的策略技巧是什么?

2．商务谈判人员应具备怎样的个体素质？
3．商务谈判先报价都有哪些利弊？
4．商务谈判开盘报价应遵循什么样的原则？
5．一份完整的谈判策划书主要包含哪些内容？在制订商务谈判策划书时应该注意什么？

二、实训操作

1．假如你是一位小企业的业主，刚签订了一个大的加工合同，需要你的所有员工加班才可以在合同约定的时间内完成。但是你的工人和技术人员知道后，要求你立即给他们的工资加倍，而你不能立即找到替换他们的人，你将如何处理？

2．如果你明天与经济和谈判经验都比你强的外地客商进行会谈，你希望提高自己在谈判中的地位，对接下来的谈判有利，你将选择哪些因素来达到提高自己身价的目的？

3．假如你的企业暂时资金紧张，但很有发展前途，需要银行的贷款，而你想找的那个银行经理是个很难对付的人，那么你该怎么办？

4．如果在谈判一开始对方提出很多苛刻条件，而你又希望谈判继续进行下去，但又想改变这样紧张的气氛，你将怎么做？

5．假如你的一位客户在谈判开始时就抱怨价格太高，却没有提出任何的具体建议，面对这种情况，你该怎么办？

三、案例分析

美国一公司的商务代表迈克尔到法国进行一场贸易谈判，受到法国公司代表的热烈欢迎。法方代表亲自驾车到机场迎接，然后又把迈克尔安排在一家豪华宾馆，使迈克尔有一种宾至如归的感觉，对法方有了很好的印象。

一切安排完毕之后，法国人似无意间问起："迈克尔先生您是不是要准时回国呢？到时还是由我送您去机场。"迈克尔告知了对方自己回程的日期，并感谢对方的安排。从迈克尔的回答法方得知了迈克尔此行的时间是十天。接下来，法方安排迈克尔尽情游览，娱乐节目十分丰富。直到迈克尔到法的第七天才开始谈判，但很快草草结束。第八天重新开始后仍草草收场，第九天还是没有取得实质性进展。直到最后一天，当双方谈到关键问题时，来接迈克尔去机场的车到了，主人建议余下的问题在车上接着谈，迈克尔进退维谷，只好从命。如果不同意，此行白跑一趟；如果不讨价还价，似乎又不甘心。权衡利弊，最终迈克尔只好答应了法国方面的全部条件。

思考：

（1）法国人获悉迈克尔的返程日期后，运用了什么谈判技巧？

（2）法国人是如何迫使迈克尔接受一切谈判条件的？

（3）迈克尔之所以在谈判的过程中处于一种尴尬的境地，是因为他没有把握好什么原则？如果你是迈克尔，遇到这种情况你怎么办？

小资料　商务谈判心理测试

想知道你是哪一种谈判者吗，看看下面的题目中，你选择哪类答案更多些，这会反映出你在谈判中的一贯作风。

1. 你让秘书晚上加班两个小时完成工作，可她说她晚上有事。
   - 黑桃：这是她自己的问题，她自己想办法解决。你是她的上司，她没有权力讨价还价。
   - 红桃：那就算了，你自己加班把工作做完，反正你明白，谁都是不能指望的。
   - 方片：你询问她有什么要紧事，她说她的孩子独自在家，于是你建议说你愿意给她介绍一个临时保姆，费用由你来出。
   - 梅花：你退了一步，让她加班一个小时，而不是两个小时。

2. 你在和上司谈判加薪问题。
   - 方片：你先陈述自己的业绩，然后把自己真实期望的薪水数目说出来。
   - 黑桃：你强硬地说出一个数目，如果他不答应你就准备辞职。
   - 梅花：你提出一个很高的数目，然后准备被他砍下一半——那才是你真实期望的数字。
   - 红桃：你等他说出数目，因为你实在不愿张口。

3. 多年来你一直在男友的父母家度过除夕夜。
   - 红桃：你觉得很委屈，可有什么办法？生活的习俗就是如此。
   - 梅花：好吧，但大年初二或初三他一定要陪你回你的父母家。
   - 方片：你利用春节假期安排了一次国外旅行，这样一来，他就无法要求你回他父母家过除夕了。
   - 黑桃：你整个除夕晚上都闷闷不乐。

4. 忙了整整一个星期，你终于可以在周末好好休息了，可这时男友建议你们和他的朋友一起去跳舞。
   - 红桃：他难得想跳舞，你不愿意让他失望。
   - 黑桃：反正你不会去，他愿意去的话就自己去。
   - 梅花：你建议把跳舞改成聚餐。
   - 方片：你说你很疲倦也很抱歉，然后建议下个星期再一起约朋友去跳舞。

5. 你10岁的侄子总让你给他买这买那，这次他想要个小摩托车。
   - 梅花：你说你最多给他买辆儿童自行车。
   - 黑桃：你断然拒绝，没什么可商量的。
   - 红桃：你让步了，这样他就不会再缠着你了。
   - 方片：好吧，但他应该先去学驾驶。

6. 你的男友拒绝和你分担刷碗的家务。
   - 方片：你耐心地解释说你希望他分担一些家务。
   - 梅花：如果他一周能刷一次碗，你就很满意了。
   - 红桃：他不愿意就算了，还是由你自己来刷。
   - 黑桃：你不能容忍一个不做家务的男人，要不他答应，要不就走人。

7. 你在餐厅用餐，邻座的客人在吸烟，烟都飘到了你这边。
   - 黑桃：你大声提出抗议："现在的人怎么都这么不自觉！"
   - 方片：你微笑着对他解释说烟味呛到你了。
   - 梅花：你请求侍者给你换张桌子。

◇ 红桃：你默默忍受着。可一晚上都不开心。
8. 凌晨三点，你的邻居家里还在开派对。
    ◇ 红桃：你用棉球把耳朵塞住。
    ◇ 黑桃：你打电话给110报警。
    ◇ 方片：你马上去他家敲门，说你需要睡眠。
    ◇ 梅花：你也去加入他们的派对。
9. 和男友从电影院走出来，他想吃泰餐，而你想吃日本菜。
    ◇ 梅花：今晚吃日本菜，下次吃泰餐。
    ◇ 黑桃：就吃日本菜，否则就各自回家！
    ◇ 红桃：好吧，那就吃泰餐吧，如果他真的这么想吃。
    ◇ 方片：既然你们都想去异国情调的餐厅那不如去吃印度餐。
10. 你约一个朋友一起看服装秀，演出已经开始了，她还没有到。
    ◇ 梅花：你自己进去看。
    ◇ 黑桃：你把她的票卖掉了，这能给她一个教训。
    ◇ 方片：你不停给她的手机打电话，询问她到哪里了。
    ◇ 红桃：你一直等着她。
11. 你的同事在会议上吸烟。
    ◇ 红桃：你什么也没说，因为担心他会记恨你。
    ◇ 黑桃：你对他说他至少应该学会尊重别人。
    ◇ 梅花：你对他说应该尽量少吸一些烟，这对他的健康有好处。
    ◇ 方片：你建议休息一会，让想吸烟的人吸一支。
12. 你新买的洗衣机坏了。
    ◇ 梅花：你气愤地打电话给厂家，要求退货或折扣。
    ◇ 红桃：你自责是不是自己没有按照程序操作。
    ◇ 方片：你给消费者协会写信，状告厂家。
    ◇ 黑桃：你去售后服务部大吵大闹。

方片最多：你是具有合作态度的谈判者。

你认为在所有的人际关系中，冲突是不可避免的。你知道如何控制自己的情绪，面对对方的提议表示尊重，尽量避免争吵、个人攻击和威胁。你的倾听和善解人意是实现你自己目的的最有力手段。

你的目的：找到乐观的、让大家都满意的解决方案。

结果：你能找到最佳途径，既解决了问题，又多交了一个朋友。

梅花最多：你是一个妥协派的谈判者。

你认为只要事情能够得到解决，双方都应该做出让步，就像在市场上讨价还价的时候，只能谋取一个中间数值。根据谈判对方的性格特点，你轮番使用胡萝卜和大棒。有的时候强硬，有的时候和解，你的偶像是所罗门国王。

你的目的：在双方利益的中间找到一个妥协点，有时更靠近你，有时更靠近他。

结果：这个方法可以帮助你解决一个问题，但无法从根本上解决，其结果很可能是你和对方都不满意，你们都没有达到自己的目的，只是找到了一个可怜的解决办法而已。

黑桃最多：你是个执拗的谈判者。

你喜欢飞舞的盘子和摔得啪啪响的门，或者说，你喜欢赢！对你来说，一切谈判都是力量的较量，只有坚持到底才能获胜。你一定要求对方让步，拒绝听新的建议，为了维护自己的利益，你可以用牙咬，用指甲抓，不惜使用威胁和暴力。

你的目的：在力量的较量中取胜。

结果：当然，你有的时候会赢，可更多的时候，你的态度会使你的谈判者更加抵制，并在未来长时间里与你对抗。

红桃最多：你是个好说话的谈判者。

你实在太好说话了，在所有的谈判中你都会让步，因为你害怕冲突，愿意让对方满意，维持你们的关系。为此你不惜牺牲自己的利益，忽视自己的意愿，在心中默默咀嚼失望和苦涩。

你的目的：不要让对方发怒，只要满足了他的条件，你就能获得安宁。

结果：不仅你自己感到郁闷，对方也会进一步提出条件，而不是像你设想的那样感激你的善良。

参 考 文 献

[1] 吴建伟,沙龙·谢尔曼. 商务谈判策略[M]. 北京:中国人民大学出版社,2006.
[2] 潘肖珏,谢承志. 商务谈判与沟通技巧[M]. 上海:复旦大学出版社,2006.
[3] 刘燕. 商务谈判技巧[M]. 北京:人民邮电出版社,2010.
[4] 周贺来. 商务谈判实务[M]. 北京:机械工业出版社,2010.
[5] 金依明,杜海玲. 商务谈判实务[M]. 北京:清华大学出版社,2010.
[6] 许洪岩,杨杰. 商务谈判实用教程[M]. 北京:北京交通大学出版社,2011.
[7] 杨雪青. 商务谈判与推销[M]. 北京:北京交通大学出版社,2009.
[8] 窦然. 国际商务谈判与沟通技巧[M]. 上海:复旦大学出版社,2009.
[9] 鄢岳浩. 商务谈判实务[M]. 北京:对外经济贸易大学出版社,2010.
[10] 邓有左. 商务谈判综合实训教程[M]. 北京:北京交通大学出版社,2011.
[11] 郭芳芳. 商务谈判教程——理论·技巧·实务[M]. 上海:上海财经大学出版社,2006.
[12] 吴建伟. 商务谈判策略与案例分析[M]. 北京:清华大学出版社,2017.
[13] 刘蓉. 商务谈判案例与推销技巧[M]. 北京:机械工业出版社,2015.
[14] 张晓艳,李季菊,连玲丽. 商务谈判[M]. 沈阳:东北大学出版社,2015.
[15] 杨晶. 商务谈判[M]. 北京:清华大学出版社,2005.
[16] 蒋春堂. 现代谈判学[M]. 沈阳:辽宁大学出版社,2017.